PRATIQUE DE L'EXPOSITION EN PHOTOGRAPHIE

3e édition

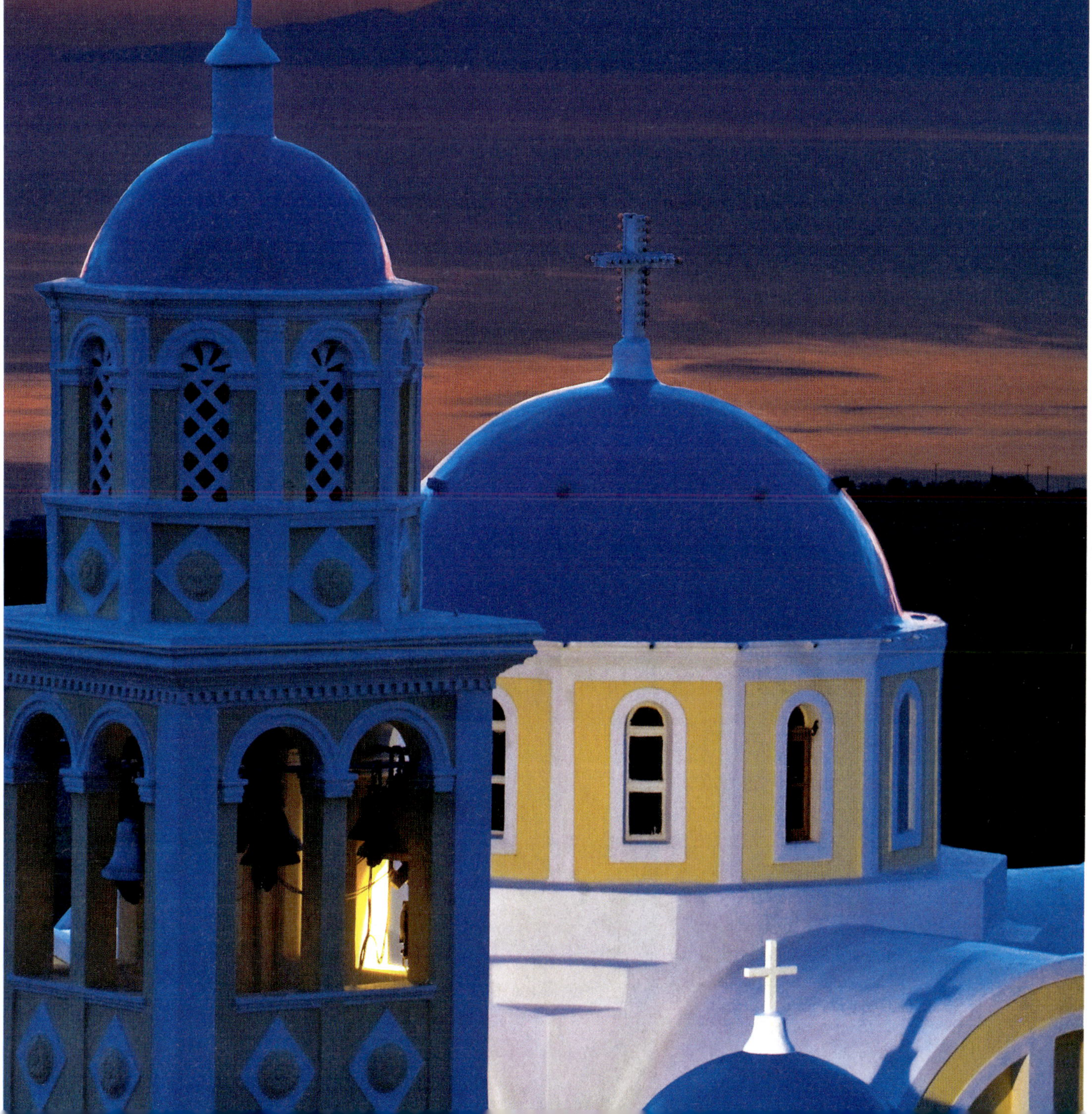

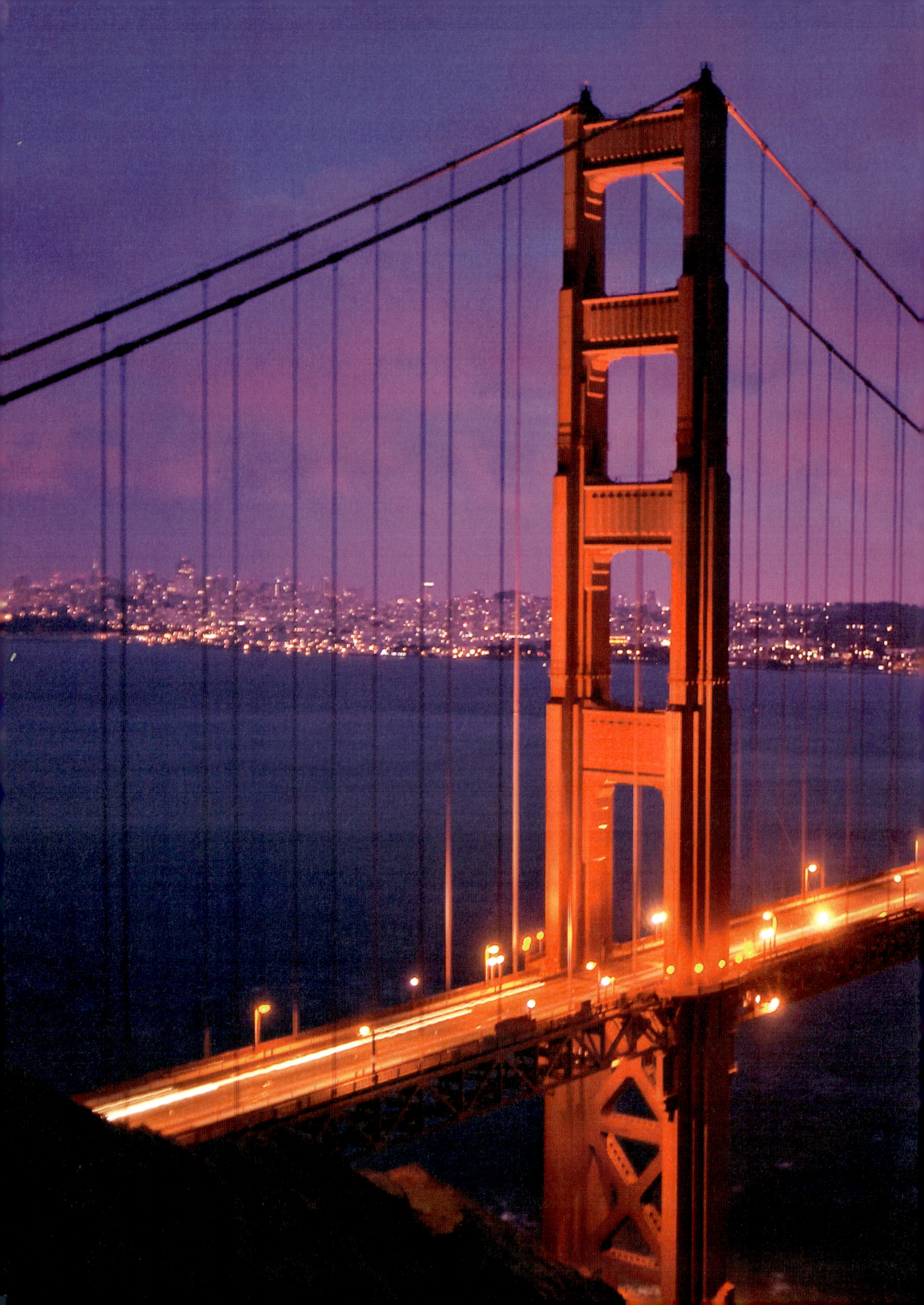

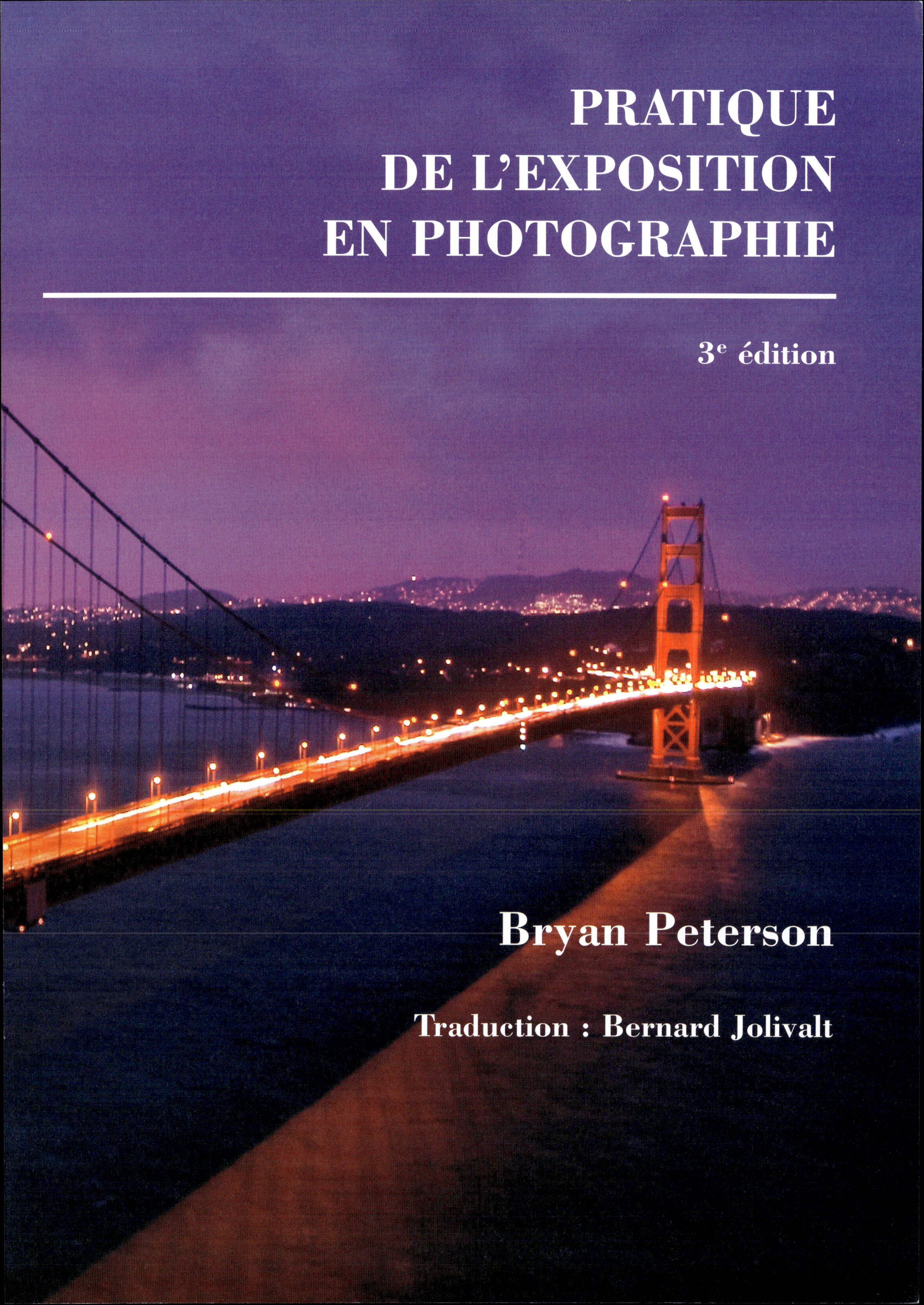

PRATIQUE DE L'EXPOSITION EN PHOTOGRAPHIE

3e édition

Bryan Peterson

Traduction : Bernard Jolivalt

Remerciements

Je ne serais sans doute jamais devenu un auteur à succès sans l'aide et les encouragements des personnes suivantes qui, pour des raisons sans doute connues d'elles seules, m'ont fait confiance : Victoria Craven, Julie Mazur et mon éditrice d'une infinie patience, Alisa Palazzo, sans oublier Bob Fillie, le meilleur concepteur graphique de New York.

Page 1 : Zoom 70-200 mm à 120 mm, 100ISO, 1/3 s à f/14
Pages 2-3 : Zoom 28-70 mm à 28 mm, 200 ISO, 2,5 s à f/8
Page 5 : Zoom 28-70 mm à 32 mm, 200 ISO, 1/13 s à f/14
Pages 6-7 : Zoom 17-55 mm à 20 mm, 125 ISO, 1,6 s à f/2.8
Pages 8-9 : Zoom 12-24 mm à 14 mm, 100 ISO, 2 s à f/5.6
Page 10 : Zoom 17-55 mm à 22 mm, 125 ISO, 6 s à f/14
Pages 12-13 : Nikon D2X, objectif de 15 mm, 100 ISO, f/4
Pages 40-41 : Zoom 70-200 mm, 100 ISO, f/22 à 1/125 s.
Pages 78-79 : Zoom 70-200 mm à 175 mm, 125 ISO, 1/320 s à f/2.8
Pages 100-101 : Zoom 75-300 mm à 300 mm, 1/60 s à f/16
Pages 144-145 : Zoom 12-24 mm, neuf expositions et filtre Lee de type Sunset

Publié par Pearson Education France
47 bis, rue des Vinaigriers
75010 PARIS
Tél. : 01 72 74 90 00
www.pearson.fr

Réalisation p.a.o. : Compo-Méca s.a.r.l.

ISBN : 978-2-7440-9313-5

Understanding exposure
First published in 2010 by Amphoto Books,
an imprint of the Crown Publishing Group,
a division of Random House, Inc., New York.
www.crownpublishing.com
www.amphotobooks.com

ISBN : 978-0-8174-3939-2

This translation published by arrangement with Watson-Guptill, an imprint of The Crown Publishing Group, a division of Random House, Inc.

Toute photographie est un mensonge, mais c'est dans ce mensonge que se révèle une montagne de vérités.
Et l'escalade de cette montagne de vérités est beaucoup plus rapide lorsque les prises s'appuient sur la simple compréhension de l'exposition.

– BRYAN F. PETERSON

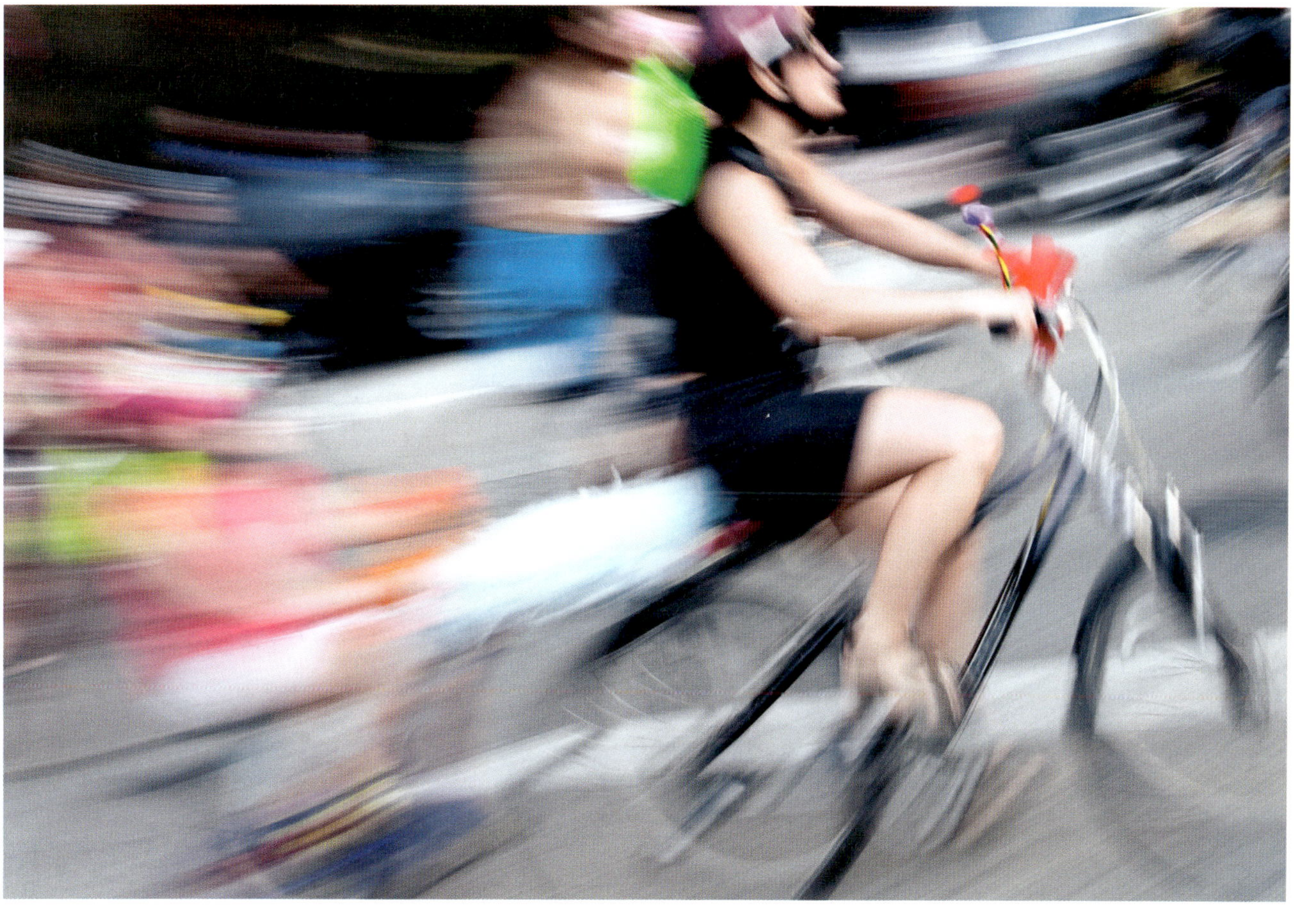

SOMMAIRE

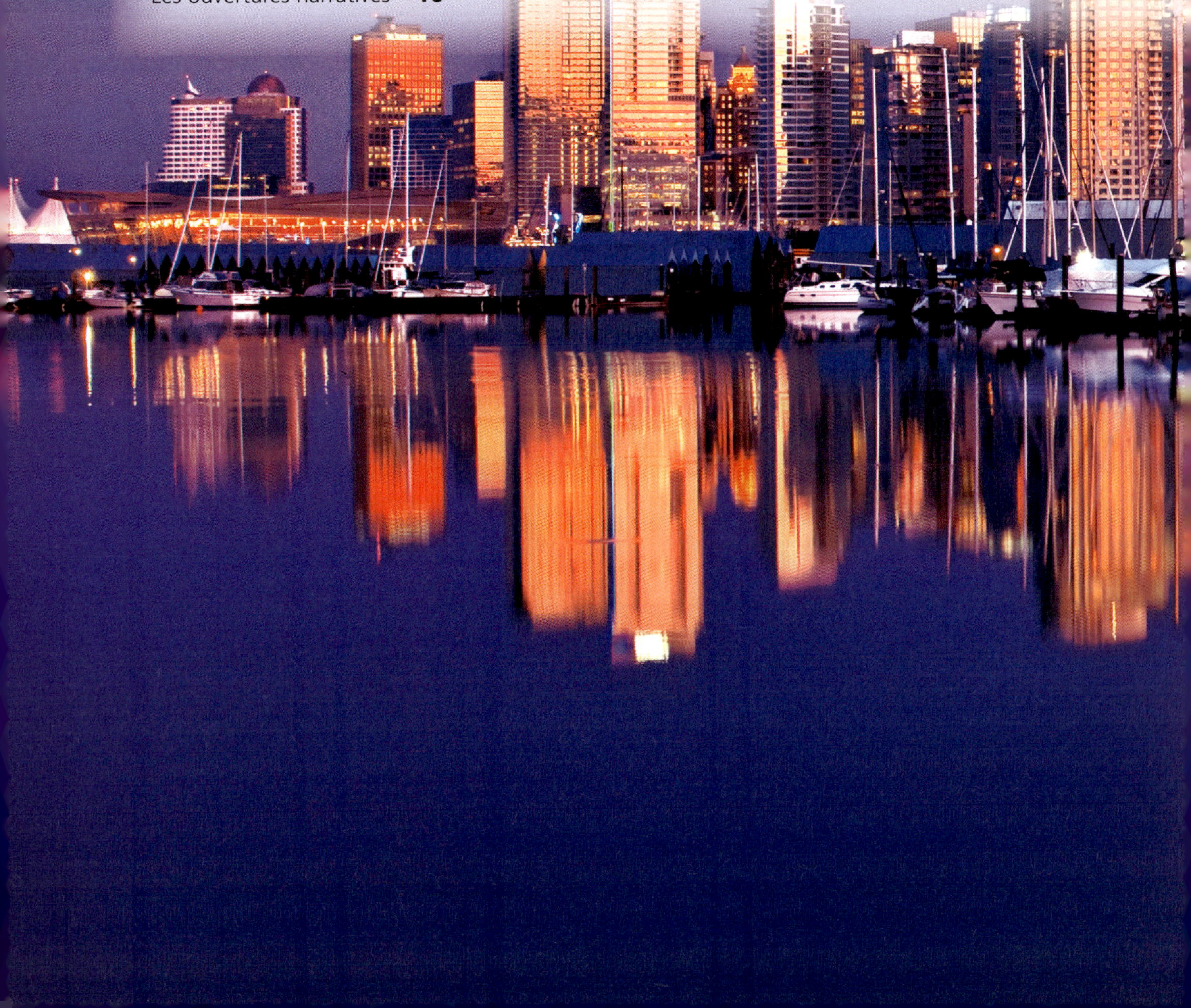

LUMIÈRE 101

FILTRES, TECHNIQUES SPÉCIALES ET FLASHES 145

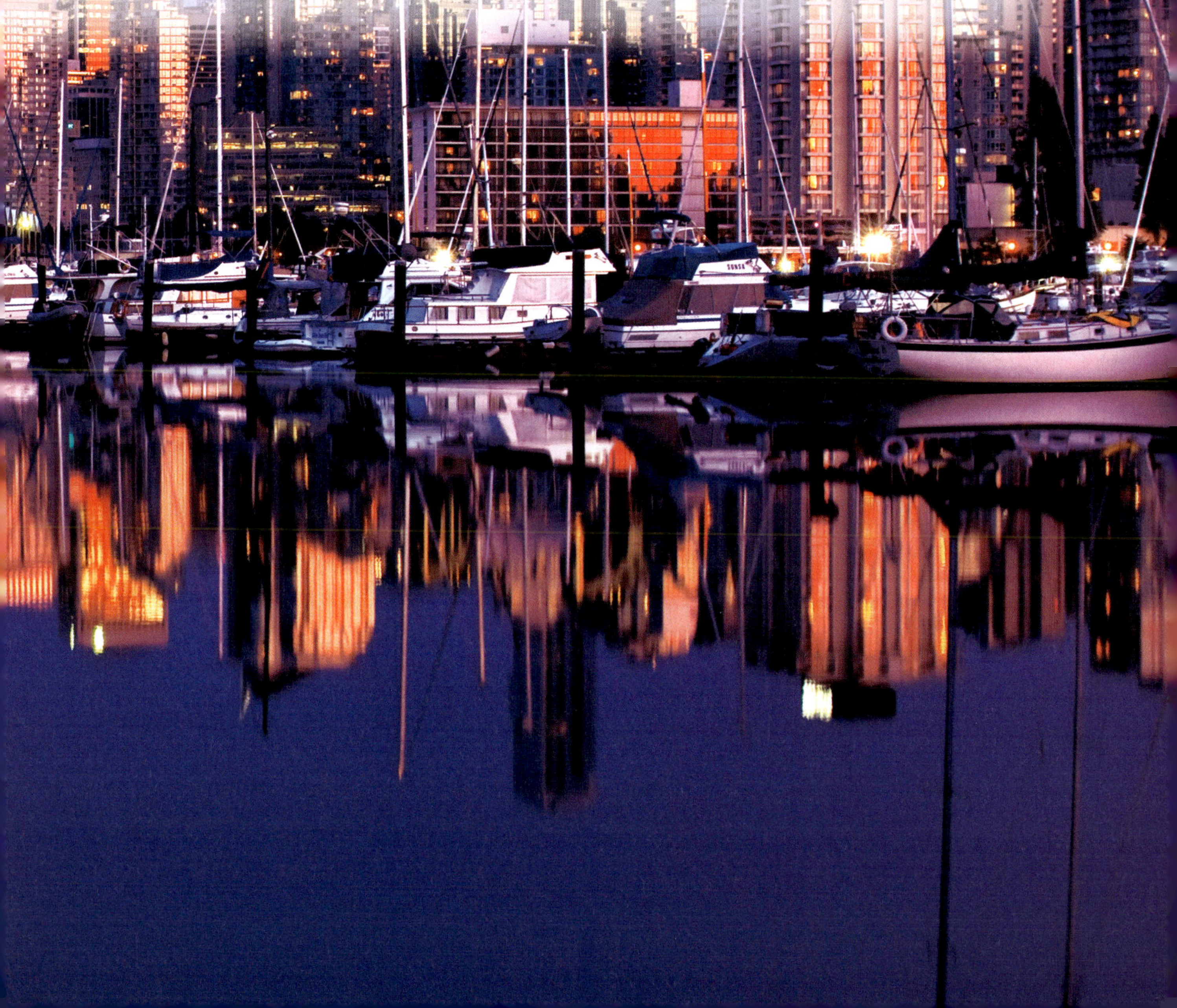

INTRODUCTION

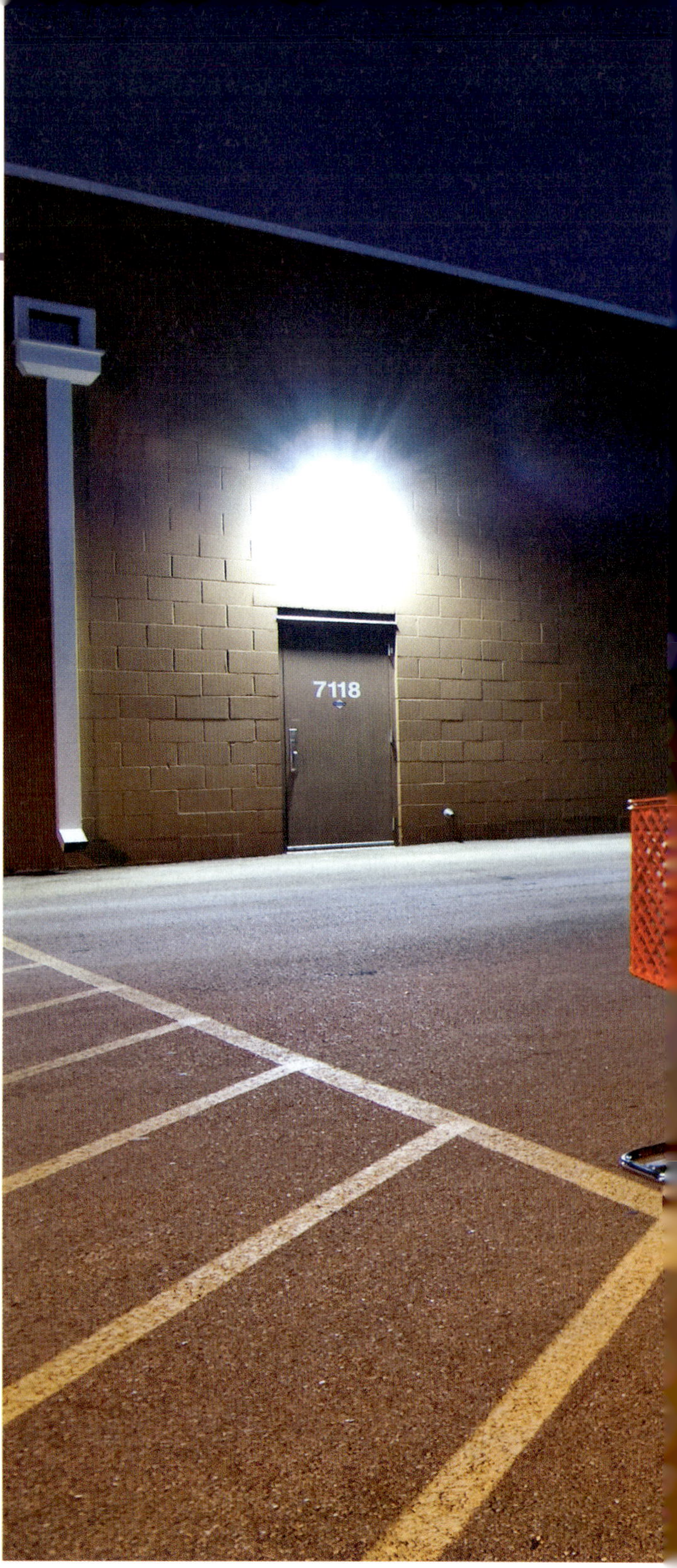

Lors d'un récent atelier en extérieur, l'un de mes stagiaires eut vent du fait que je préparais une nouvelle édition de *La Pratique de l'exposition en photographie.* « Vous êtes vraiment en train de l'écrire ? », me demanda-t-il.

Considérant qu'il s'agissait de la troisième édition, ma réponse fut un laconique : « Eh oui, jamais deux sans trois. » Sa question était sans doute dépourvue d'arrière-pensées, et ma réponse n'était ni désinvolte ni une façon de dire que les deux éditions précédentes avaient tapé à côté de la plaque, bien au contraire. Je suis vraiment content des ventes de la première et de la deuxième édition, de sorte que la véritable question serait : « Pourquoi remettre en jeu une formule gagnante ? » À vrai dire, la question n'est pas là : depuis la sortie de la deuxième édition de *La Pratique de l'exposition en photographie,* en 2004, la photographie numérique a considérablement évolué et, malheureusement, tous ces changements, qui sont des avancées positives dans le domaine de l'exposition, n'ont fait qu'ajouter à la confusion parmi les photographes.

Il m'est cependant agréable d'affirmer que la formule de ce que j'appelle le « triangle photographique », destiné à obtenir une exposition correcte, n'a pas changé d'un iota depuis les débuts de la photographie, ou depuis que j'ai rédigé la première édition de ce livre, en 1990. Et cela malgré l'environnement numérique qui est désormais celui de la photographie, pour des années et des années à venir. Une exposition correcte fut, est et sera toujours un dosage précis, à votre convenance, entre le diamètre de l'orifice du diaphragme (l'ouverture), la durée pendant laquelle le capteur doit être exposé à la lumière (la vitesse d'obturation) et la sensibilité à la lumière (ISO).

Autrefois, le sténopé était un appareil remarquable pour conserver la trace d'une image. C'était essentiellement une sorte de boîte à chaussures étanche à la lumière, avec une pellicule photosensible contre une paroi et une minuscule ouverture sur le côté opposé. Pour autant que je sache, l'appareil photo numérique n'est jamais qu'une boîte à chaussures miniature avec un « film » photosensible d'un côté (le capteur) et un objectif de l'autre. Son apparence est certes très différente de celle d'une boîte en carton, mais le principe fondamental est le même, avec en prime la possibilité d'enregistrer une image beaucoup plus rapidement.

En dépit de ces similarités, diverses raisons m'ont amené à réviser une fois de plus *La Pratique de l'exposition en photographie.* En 2004, quand parut la deuxième édition, la photographie numérique n'était pas encore parvenue à maturité. C'est maintenant le cas et l'on peut affirmer que bien plus de photographes – notamment ceux qui débutent dans la photographie – se sentent encore plus perdus qu'auparavant. Je tiens les fabricants de matériel photo responsables de cette situation.

En effet, à vouloir automatiser la prise de vue au maximum, les appareils photo simples d'antan font désormais penser à l'instrumentation du cockpit d'un avion de ligne. La molette de réglage de la vitesse des anciens boîtiers et la bague de réglage du diaphragme, des notions évidentes auparavant, sont deve-

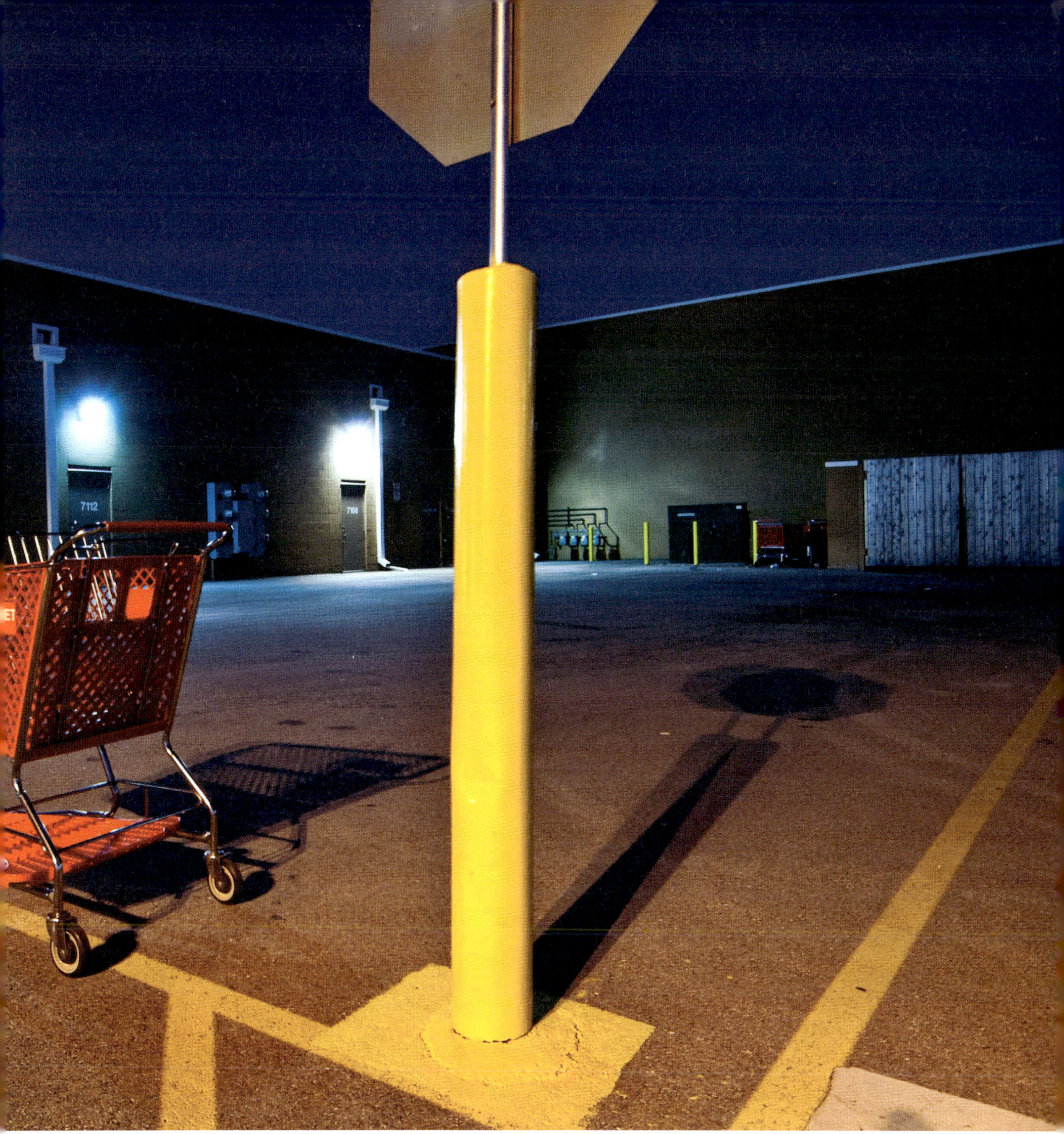

Zoom 12-24 mm à 14 mm, 100 ISO, 2 s à *f*/5.6.

nues des fonctionnalités qui s'appellent à présent mode Paysage, mode Gros plan, mode Portrait, mode Priorité à l'ouverture, mode Rafale, mode Sport, mode Portrait de groupe, mode Priorité à la vitesse. Il existe même un mode Abeille butinant une fleur !

Combinez tous ces modes avec les notions de balance des blancs automatique, de sensibilité ISO automatique et de réglage automatique du flash, et vous comprendrez la perplexité de bon nombre d'utilisateurs. Perplexité encore accrue lorsque l'utilisateur découvre que certains de ces automatismes ne fonctionnent qu'avec certains sujets. Comme en témoignent quotidiennement mes courriers électroniques, rien n'est pire, voire plus embarrassant, pour un photographe débutant, de s'entendre demander comment il a fait pour réussir une aussi belle photo, alors qu'il n'en a absolument aucune idée.

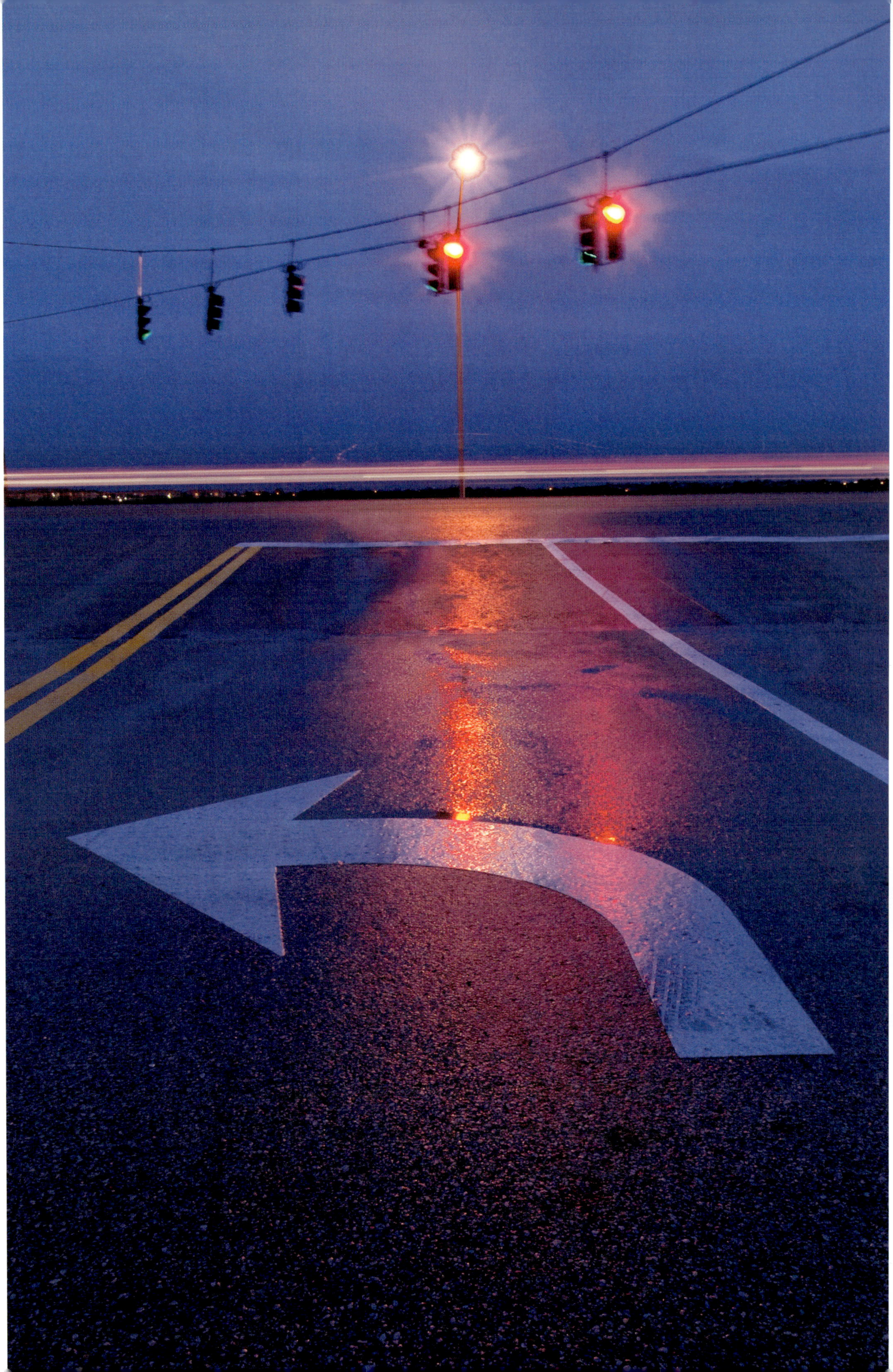

Je me souviens d'une photographe qui avait un coup d'œil remarquable. Elle n'utilisait que son nouveau Nikon D300 équipé de l'objectif de 18-200 mm et, en moins d'un an, elle a suscité l'attention de ses pairs, et par là même leurs questions, du genre « Comment avez-vous exposé telle photo ? ». Elle les esquiva peu à peu pour une simple et bonne raison, à savoir qu'elle n'en avait pas la moindre idée. Dans les premiers courriers électroniques qu'elle m'envoya, elle évoqua la « chance des débutants », au moins en ce qui concernait l'exposition. Elle exprima sa grande frustration de ne pas pouvoir assimiler ce qu'est une exposition. Et bien sûr, je lui suggérais de se plonger dans *La Pratique de l'exposition en photographie*. Trois semaines plus tard, elle m'écrivit de nouveau pour me dire que tout était devenu clair pour elle, et que, désormais, elle photographiait uniquement en mode manuel. Elle comprit, comme tous les stagiaires de mes ateliers, que les automatismes à acquérir n'étaient pas ceux du matériel.

Comprendre l'exposition n'est pas bien difficile, comme l'ont découvert plus de 300 000 photographes. La seule préconisation est de ranger le manuel de l'appareil photo après avoir appris à manier les commandes manuelles. Voici un bon conseil : le barillet de chaque reflex numérique comporte un réglage M et, une fois que vous l'avez enclenché, vous contrôlez tout. Être ainsi aux commandes du boîtier peut sembler intimidant de prime abord, mais ne vous inquiétez pas : je suis là. Au fil des pages, vous prendrez plus d'assurance et volerez de vos propres ailes. Quand vous découvrirez la liberté que procure la possibilité de tout régler vous-même, vous ne pourrez plus vous passer du mode manuel. Il ouvre en effet toutes grandes les portes de la créativité. De page en page, vous découvrirez de nouvelles possibilités photographiques.

Dans cette troisième édition, plus de la moitié des photographies ont été remplacées par de plus récentes. Elles rajeunissent non seulement l'apparence du livre, mais permettent aussi d'aborder de nouveaux domaines. À cette fin, j'ai inclus deux nouveaux et inestimables thèmes qui portent sur deux concepts actuellement très en vogue : la photographie HDR (*High Dynamic Range*, à plage dynamique étendue) et le flash électronique. Cet accessoire, notamment le flash annulaire, est précieux pour tous ceux qui s'intéressent à l'univers de la macrophotographie.

La photographie HDR est une réelle avancée pour tous les photographes avertis, car elle autorise des expositions « extrêmes ». Comme vous l'apprendrez d'ici peu, elle est enracinée dans le triangle photographique. En clair, elle consiste essentiellement à choisir soit l'ouverture la plus créative, soit la vitesse d'obturation la plus créative.

La photographie au flash est un sujet que je n'avais jamais abordé dans ce livre pour une raison assez simple : la plupart des lecteurs des éditions précédentes étaient plutôt enclins à photographier en extérieur pendant leurs week-ends ou en vacances, et le flash ne les tentait guère. Mais surtout, jusqu'à une époque récente, le flash était un domaine compliqué justifiant que des ouvrages entiers lui soient consacrés. J'estimais qu'il était impossible d'en faire le tour en quelques pages. Tout cela a bien évidemment changé. Les fabricants se sont efforcés de faciliter l'utilisation du flash incorporé. La mesure TTL (*Through The Lens*, à travers l'objectif) de l'éclair du flash garantit une exposition automatique assez souvent correcte, de sorte que les conseils fournis dans cette troisième édition de *La Pratique de l'exposition en photographie* devraient vous permettre d'apprendre à exploiter créativement le flash.

Et enfin, cette troisième édition devrait vous permettre à vous, lecteur, de bénéficier de ressources supplémentaires grâce à la technologie la plus révolutionnaire du moment : la connexion Internet à haut débit. J'ai en effet placé en ligne une série de vidéos (NdT : en anglais, comme l'ensemble du site) destinées à conforter tout ce que vous aurez appris dans ces pages. Vous les trouverez sur le site www.ppsop.com/understandingexposure, après avoir répondu à quelques questions que l'ouvrage.

Rappelez-vous que vous n'êtes jamais seul. Si vous êtes confronté à des difficultés, ou si vous vous posez des questions, je ne peux que vous encourager à vous rendre sur le forum de mon site, accessible à l'adresse citée ci-dessus.

Zoom 17-55 mm à 22 mm, 125 ISO, 6 s à *f*/14.

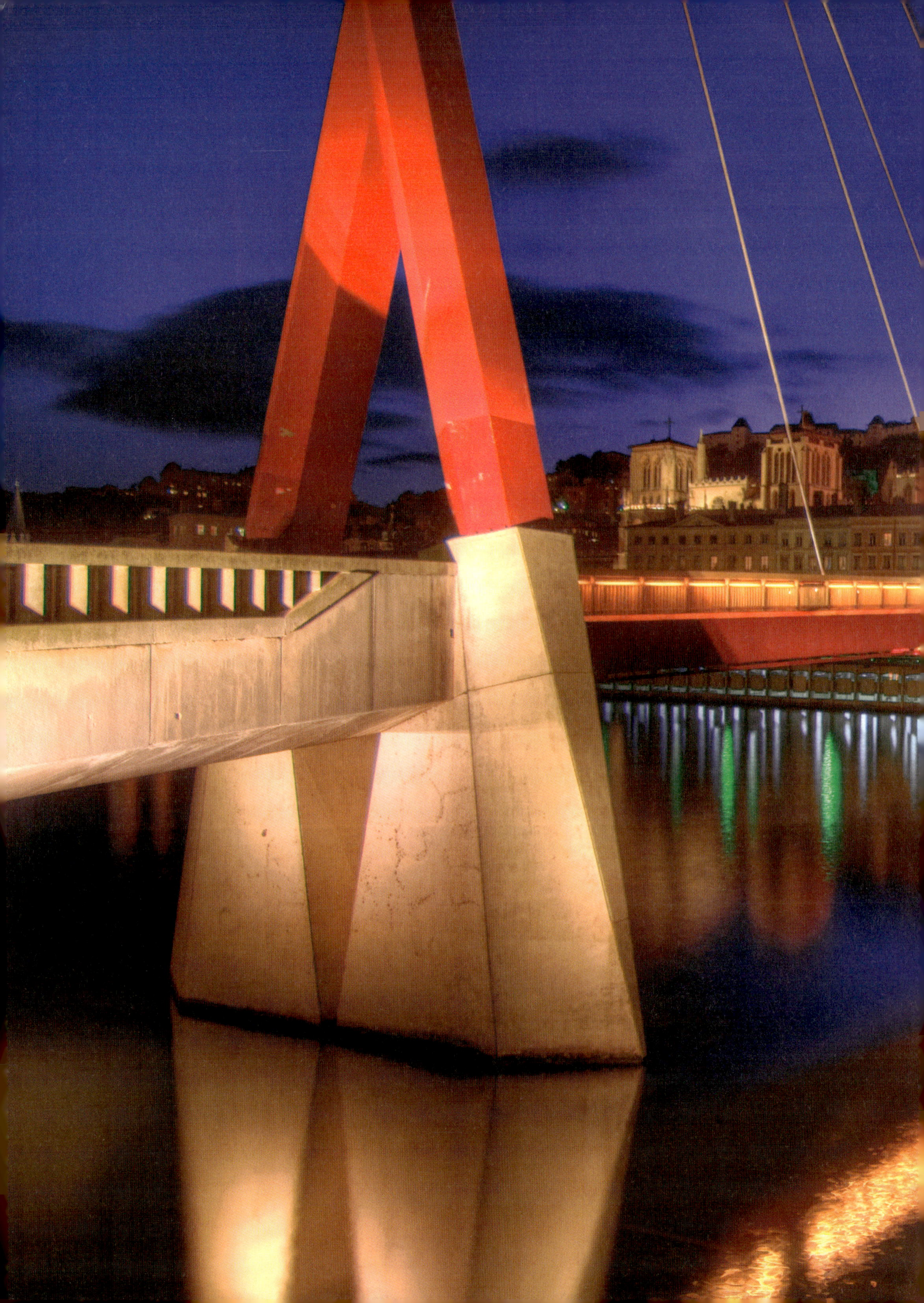

DÉFINIR L'EXPOSITION

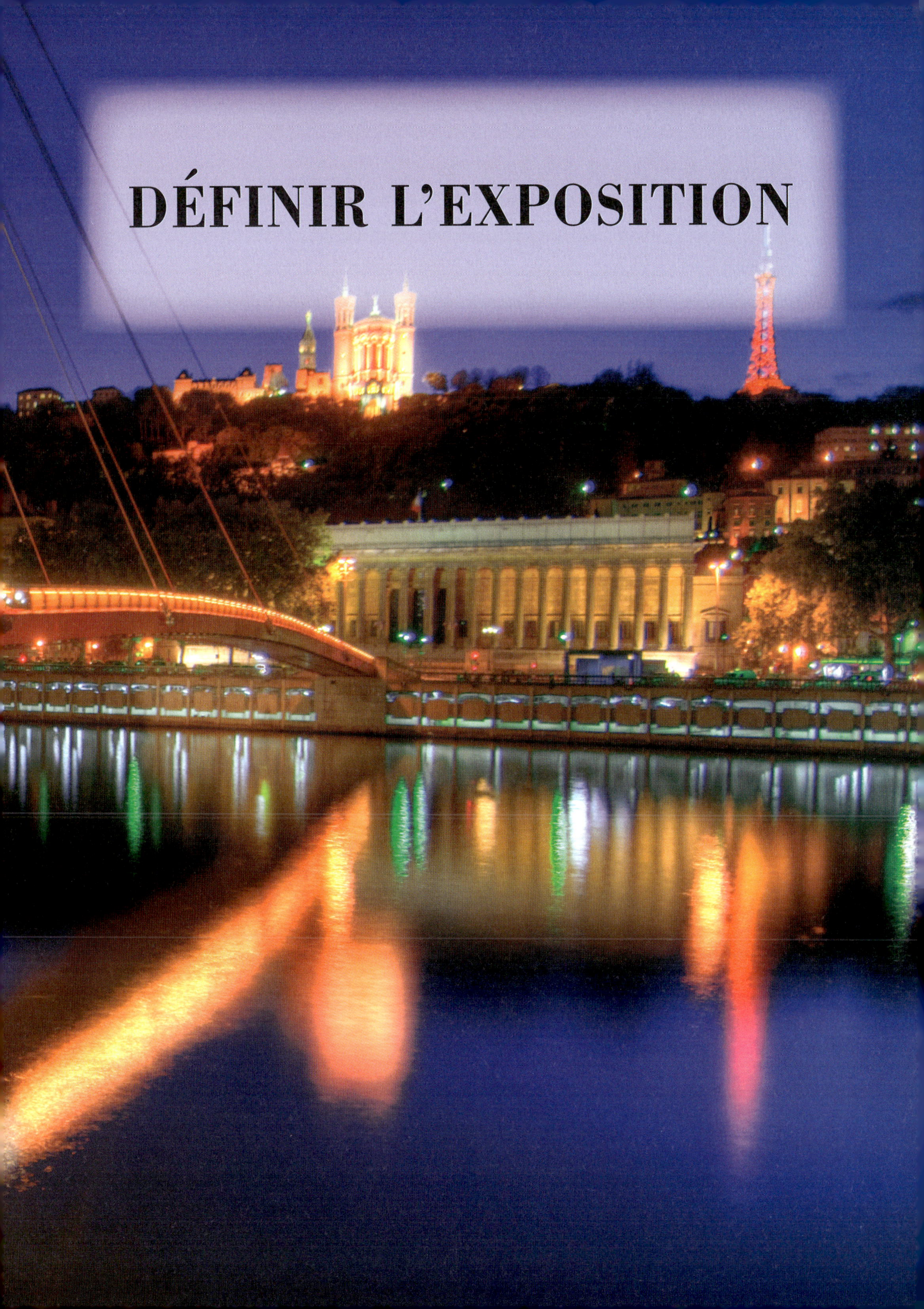

QU'APPELLE-T-ON « EXPOSITION » ?

Tout comme il y a plus d'un siècle et comme dans les années 1970, lorsque j'ai pris ma première photo, tout appareil photo, qu'il soit argentique ou numérique, ne n'est rien d'autre qu'une chambre noire étanche à la lumière avec un objectif d'un côté et une surface photosensible du côté opposé. La lumière traverse l'objectif, dont l'ouverture est réglée par le diaphragme, et, après une certaine durée, ou temps de pose, régie par la vitesse d'obturation, l'image est enregistrée par la pellicule ou par le capteur, dont la sensibilité à la lumière peut être choisie (pellicule) ou réglée (capteur). L'exposition constitue l'ensemble des paramètres contribuant à former une image techniquement réussie.

Le terme « exposition » désigne également le fait de montrer des œuvres, photographiques ou autres, dans une galerie ou dans un musée. Ce n'est pas du tout de cela qu'il s'agit dans ce livre, mais uniquement de l'exposition d'une surface photosensible à la lumière.

Jusqu'au milieu des années 1970, où l'on vit apparaître sur le marché de nombreux appareils photo automatiques, le photographe devait choisir lui-même l'ouverture du diaphragme et la vitesse d'obturation qui, en fonction de la sensibilité de la pellicule, devaient fournir une exposition correcte. Ces réglages étaient – et sont toujours – directement dépendants de la sensibilité de la pellicule ou du capteur, exprimée en ISO (acronyme d'*International Standards Organization,* ou Organisation internationale de normalisation, laquelle a établi l'échelle des sensibilités). Beaucoup de photos sont prises en lumière naturelle. Lorsqu'elle est insuffisante, le photographe utilise un flash ou un trépied.

Aujourd'hui, les appareils photo sont à ce point automatisés que l'on pourrait croire qu'ils se chargent de tout, permettant au photographe de se concentrer uniquement sur la photo qu'il désire obtenir. « Choisissez le mode P, affirme le vendeur de la boutique photo, et l'appareil s'occupe du reste. » Si tout cela pouvait être vrai… La plupart des lecteurs de ce livre possèdent sans doute un appareil photo automatique et sont loin d'être satisfaits de leurs photos. Pourquoi ? Parce qu'un appareil photo automatique ne peut pas tout faire, et parce que vous avez sans doute atteint ses limites.

RÉGLER MANUELLEMENT L'EXPOSITION

Je ne connais aucun autre moyen de régler exactement. Quand vous aurez appris à le faire, ce qui est très facile, vous comprendrez mieux ce qui se passe lorsque vous photographiez en modes semi-automatique ou automatique.

Le mode manuel est généralement enclenché en sélectionnant M sur le barillet (au besoin, reportez-vous au manuel de l'appareil photo). Cela fait, sortez de chez vous et choisissez une partie du paysage à l'ombre, ou n'importe quel endroit si le temps est couvert. Visez le sujet qui vous intéresse, réglez le diaphragme à *f*/5.6, réglez la distance – ce qui s'appelle « faire la mise au point » –, puis réglez ensuite la vitesse jusqu'à ce que, dans le viseur, le posemètre indique qu'elle est correcte. Déclenchez : vous venez de prendre une photo en mode manuel.

La photographie en mode manuel permet de contrôler étroitement l'exposition, et notamment de l'adapter à votre manière de rendre l'image.

UN APPAREIL PHOTO AUTOMATIQUE ne tient pas souvent ses promesses, produisant des photos parfois décevantes (en haut). Enclenchez le mode manuel (en bas) ou, à tout le moins, sachez comment le support photosensible – pellicule ou capteur – réagit à la lumière afin d'être sûr d'obtenir une exposition correcte, même en mode automatique. Remarque : pour bien régler l'exposition, je me suis approché du sujet afin de mesurer la lumière sur son visage ; je me suis ensuite reculé pour cadrer et prendre la photo.

Les deux photos : Zoom 35-70 mm à 35 mm. En haut : *f*/5.6 à 1/500 s en mode Programme. En bas : *f*/5.6 à 1/90 s en mode Manuel.

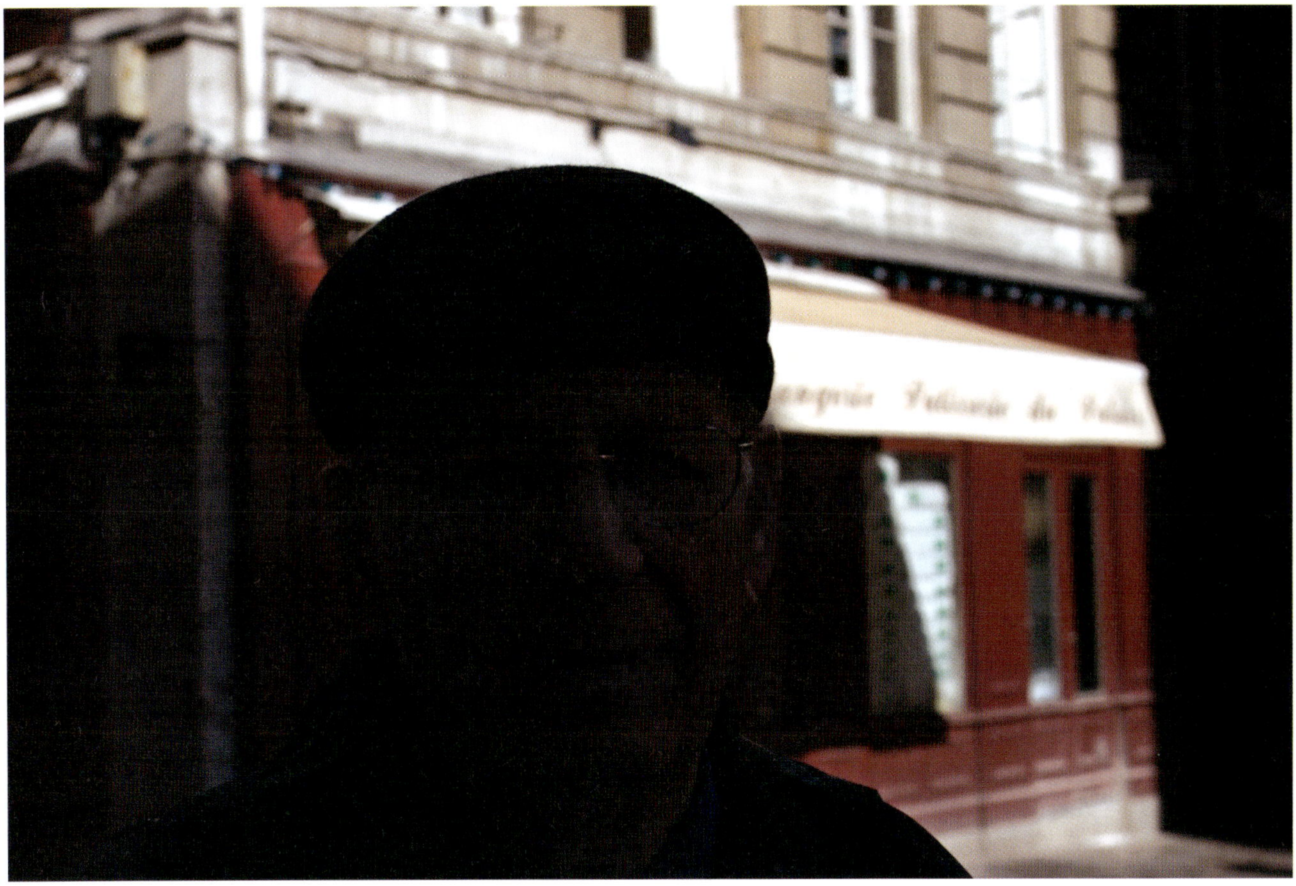

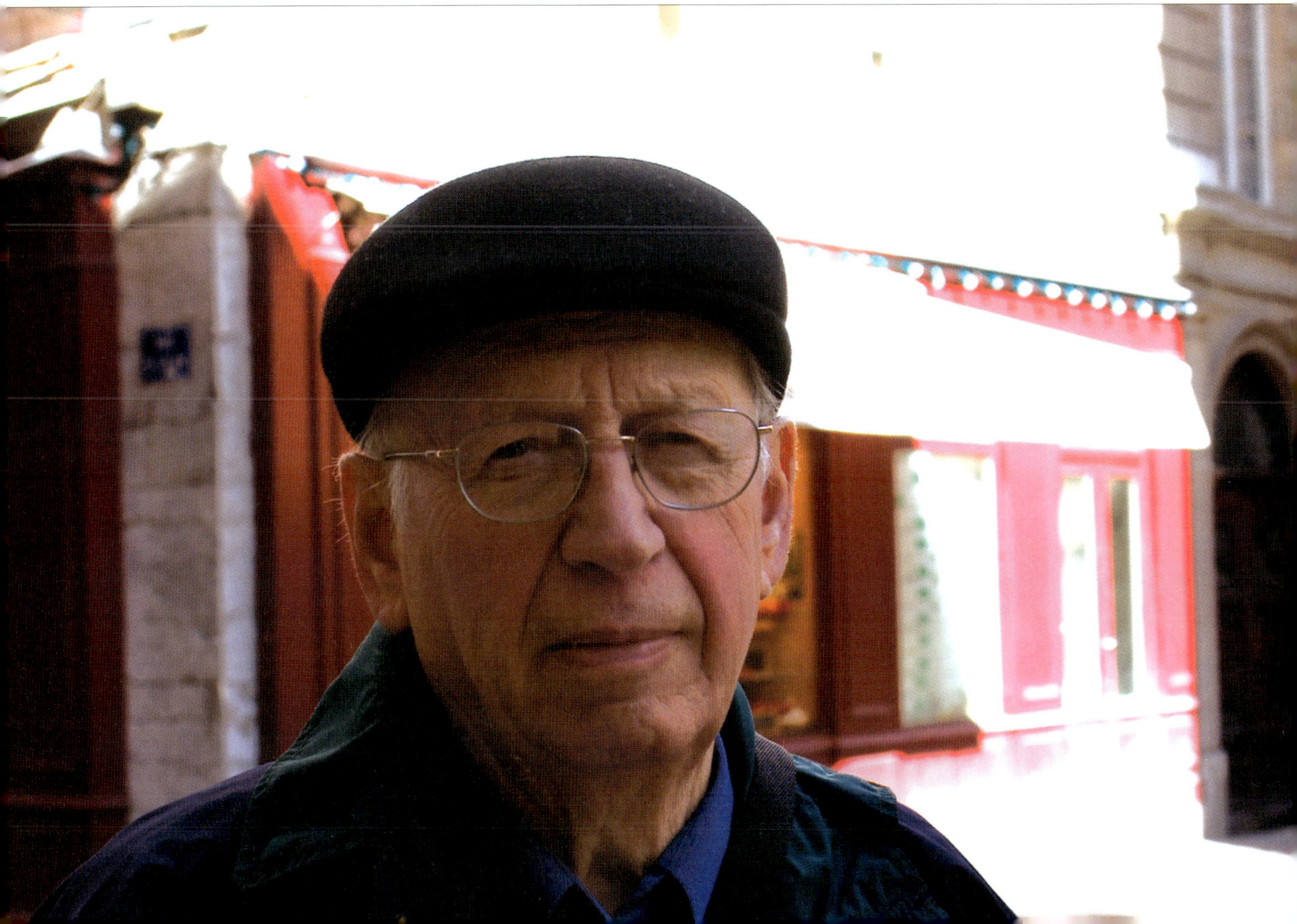

LE TRIANGLE PHOTOGRAPHIQUE

Je recommande de toujours laisser l'ouverture à *f*/5.6 et de ne régler que la vitesse d'obturation. Avant d'aller plus loin dans l'étude de la photographie en mode manuel, vous devez assimiler quelques notions élémentaires à propos de l'exposition.

Une exposition correcte est le résultat du réglage correct de trois paramètres : l'ouverture, la vitesse d'obturation et la sensibilité ISO. Depuis les débuts de la photographie et jusqu'à notre ère numérique, ils sont à la base de toute prise de vue techniquement réussie. Ces trois paramètres forment ce que j'appelle le « triangle photographique ».

Localisez sur le boîtier ou sur l'objectif la bague, le barillet ou la molette qui règle l'ouverture du diaphragme. Lorsque vous actionnez la commande, une série de chiffres se succède dans le viseur ou sur l'écran de contrôle, comme 4, 5.6, 8, 11, 16, 22, voire 32 (sur le zoom non interchangeable de certains bridges, le chiffre le plus élevé ne dépasse pas 8 ou 11). Chacun correspond à une ouverture précise du diaphragme et est appelé « stop » ou, très souvent en jargon photo, « diaph ». Par convention, ces chiffres sont généralement exprimés sous la forme « *f*/ » suivie de la valeur : *f*/4, *f*/5.6, et ainsi de suite. Plus le chiffre est faible, plus l'ouverture est élevée, et inversement.

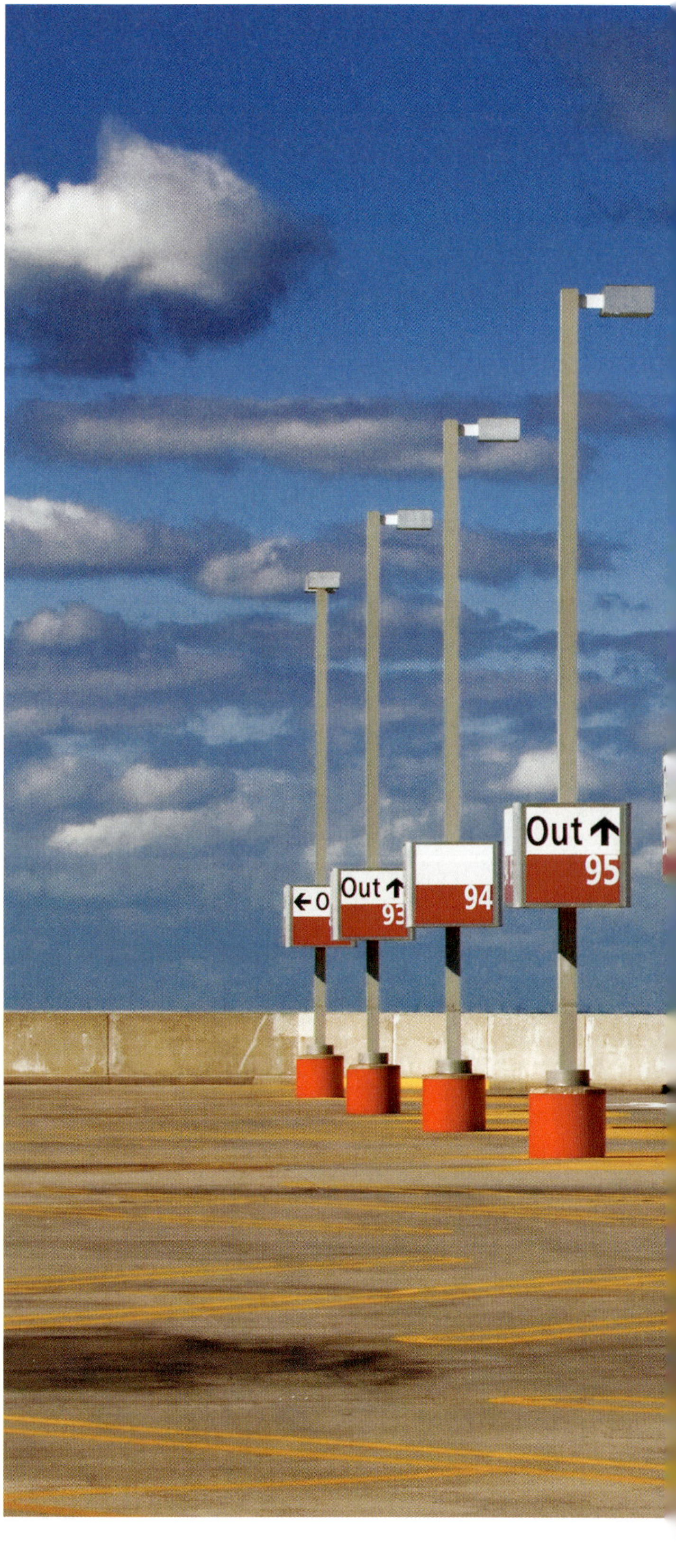

JE MONTE VOLONTIERS SUR LES TOITS DES PARKINGS, car ils offrent souvent un point de vue avantageux. Mais celui-ci, à l'aéroport international de Tampa, en Floride, est le seul que j'aie photographié. Ses panneaux rouges et blancs contrastent sur le bleu du ciel et les nuages, conférant une touche irréelle au décor.

J'ai fixé mon appareil photo équipé du zoom 70-200 mm sur un trépied, fermé le diaphragme à *f*/22 et réglé la distance au premier tiers de la scène, sur le panneau « Out 97 », afin d'obtenir une profondeur de champ maximale. Puis j'ai réglé la vitesse au 1/100 s et j'ai déclenché. Quand je compose une scène au téléobjectif et que je tiens à ce qu'elle soit nette du premier au dernier plan, la technique de la mise au point au premier tiers combinée à l'ouverture la plus petite produit souvent le résultat désiré, comme ici.

Zoom 70-200 mm, 200 ISO, *f*/22 à 1/100 s.

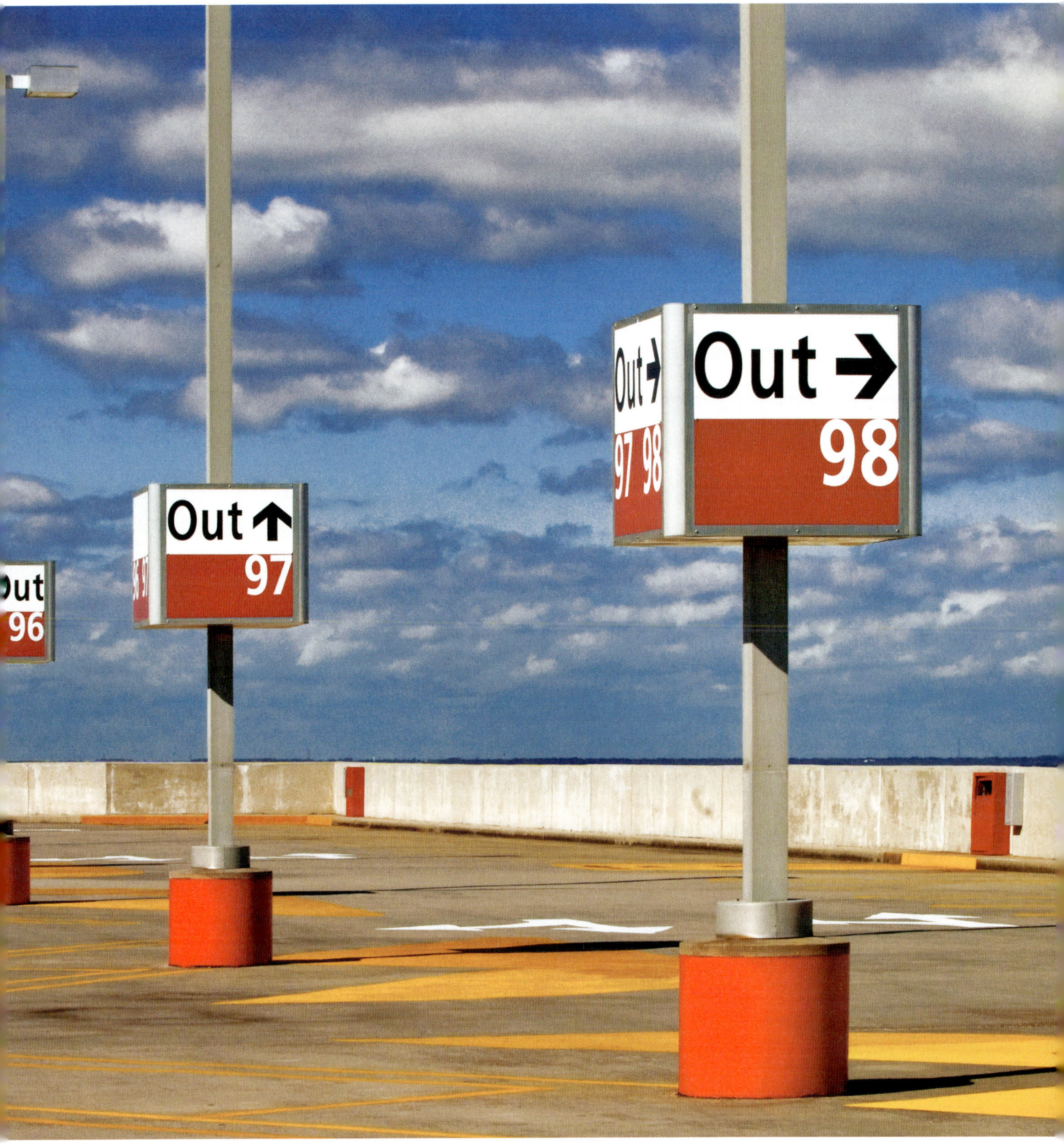

Out
96
Out
97
Out
97 98
Out
98

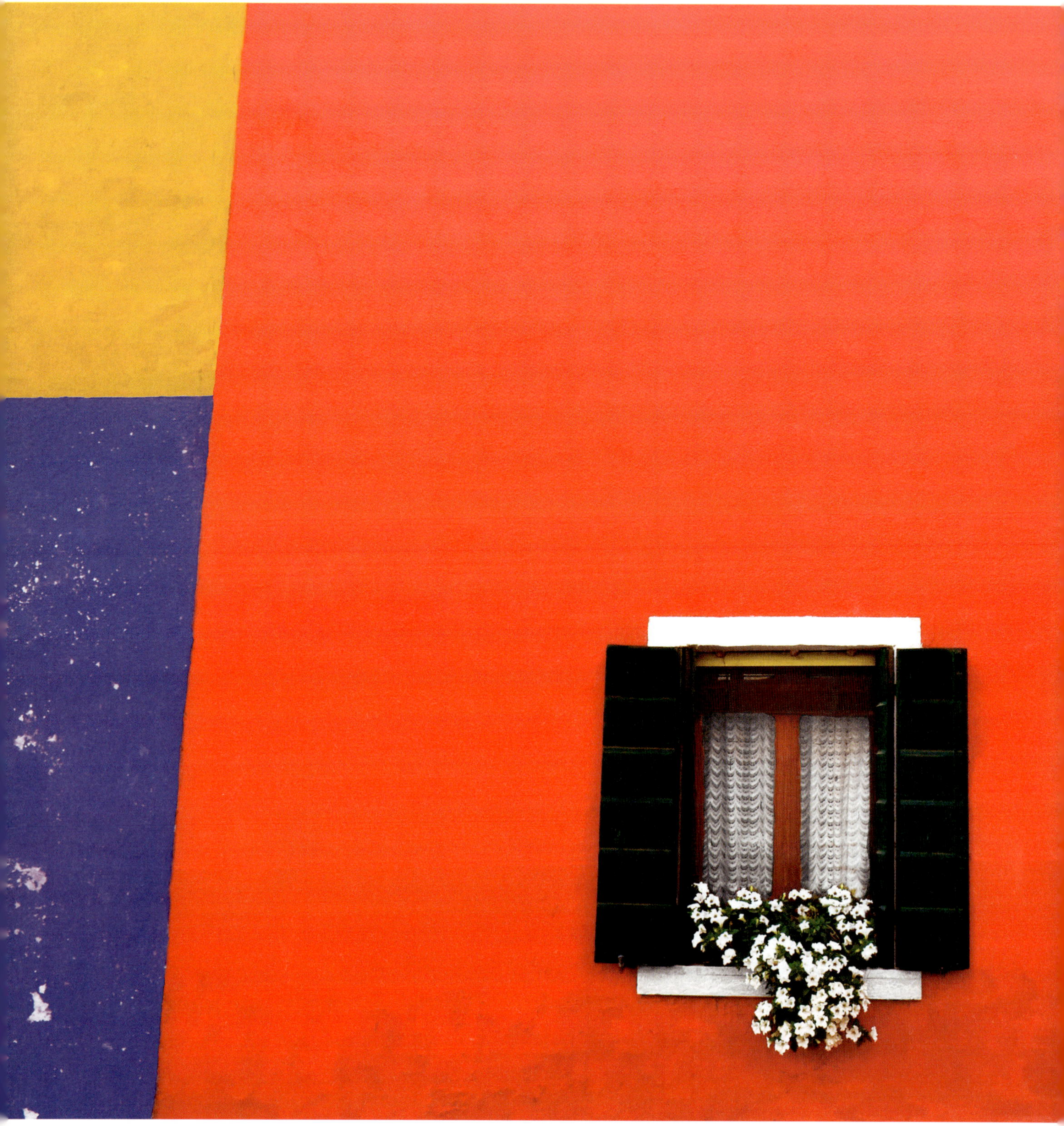

UNE TRAVERSÉE EN FERRY de 45 minutes depuis Venise m'amena à Burano, qui est à mon avis l'île la plus colorée du monde. Si vous aimez la couleur, vous ne serez pas déçu, car les occasions de prendre de belles photos pullulent. C'est ainsi qu'il y a quelques années, j'ai photographié les murs les plus colorés que j'ai jamais vus. L'exposition n'avait posé aucune difficulté car le temps était couvert et, de ce fait, l'éclairage était très régulier. Mon Nikon D2X utilisé à main levée en mode Priorité à l'ouverture, j'ai fermé le diaphragme à *f*/11, puis je me suis contenté de régler la distance et déclencher, laissant le boîtier choisir l'exposition appropriée.

Zoom 35-70 mm, 100 ISO, *f*/8 à 1/15 s.

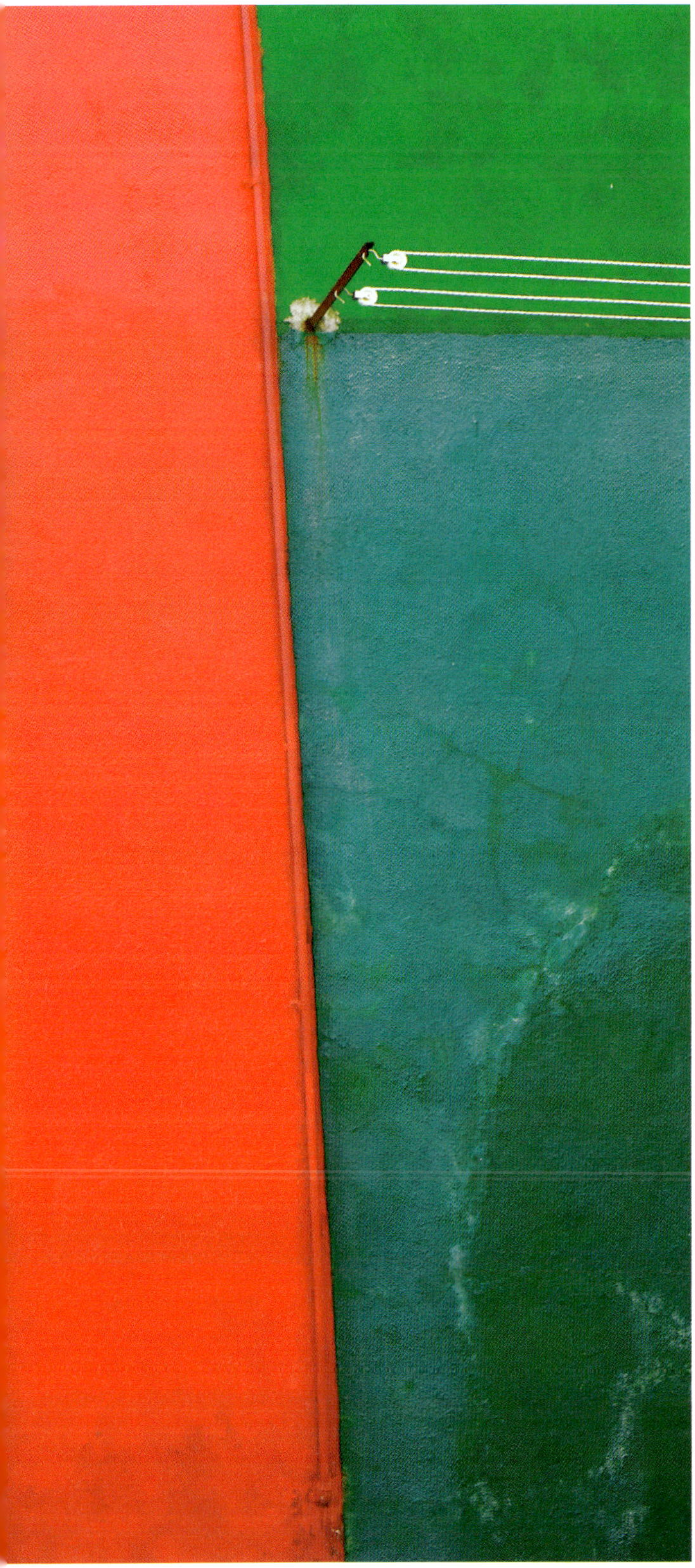

L'explication de ce paradoxe réside dans le fait que la valeur du diaphragme est un quotient. Dans la manière d'exprimer l'ouverture, « *f* » représente la focale, le signe « / » est l'opérateur de division et le chiffre représente l'ouverture du diaphragme (NdT : sur le matériel photo, le point décimal est utilisé au lieu de la virgule ; cette convention est conservée dans la littérature technique). Par exemple, quand vous photographiez avec un objectif de 50 mm ouvert à *f*/1.4, le diamètre du diaphragme est de 35,7 mm. En effet, 50 (la focale de l'objectif) divisé par 1,4 (le réglage du diaphragme) donne 35,7 (diamètre de l'ouverture en millimètres). Il n'est pas indispensable de connaître cette formule pour photographier, mais elle permet de comprendre pourquoi une valeur élevée correspond à un diaphragme fermé et inversement.

Il est en revanche important de savoir que chaque fois que vous fermez le diaphragme de 1 stop, en passant par exemple de *f*/4 à *f*/5.6, le volume de lumière admis dans l'objectif est divisé par deux. De même, quand vous ouvrez le diaphragme de 1 stop, de *f*/11 à *f*/8, par exemple, le volume de lumière double. Il ne faut pas confondre la notion de « stop » avec celle de « cran ». Beaucoup d'objectifs sont en effets crantés par tiers de diaphragme, ou tiers de stop : <u>*f*/4</u>, *f*/4.5, *f*/5, <u>*f*/5.6</u>, *f*/6.3, *f*/7.1, <u>*f*/8</u>, *f*/9, *f*/10, <u>*f*/11</u>, et ainsi de suite (les chiffres soulignés sont les stops standards, les autres des tiers de stop).

Passons à la durée de l'exposition. Selon la marque et le modèle de l'appareil photo, la vitesse d'obturation peut s'étendre d'un très bref 1/8 000 s jusqu'à 30 secondes. La vitesse d'obturation régit la durée pendant laquelle le volume de lumière traversant l'objectif, réglé par le diaphragme, illumine la pellicule ou le capteur. Le même principe du doublement ou de la division par deux de l'ouverture s'applique à la vitesse d'obturation.

Par exemple, réglez la vitesse de votre appareil photo à 500. Il s'agit en réalité d'une fraction : 1/500. Passez à présent de 500 à 250, soit 1/250 de seconde, puis à 1/125 s, 1/60 s, 1/30 s, 1/15 s et ainsi de suite. Chaque fois que vous passez d'une valeur à une autre, dans quelque sens que ce soit, vous décalez la vitesse de 1 stop. Là encore, il est important de savoir que beaucoup d'appareils photo permettent de régler la vitesse par tiers : <u>1/500 s</u>, 1/400 s, 1/320 s, <u>1/250 s</u>, 1/200 s, 1/160 s, <u>1/125 s</u>, 1/100 s, 1/80 s, <u>1/60 s</u> et ainsi de suite (les chiffres soulignés sont les vitesses standards, les autres des tiers de stop). Ces tiers de vitesses témoignent du désir des fabricants d'appareils photo de faciliter l'obtention de l'« exposition parfaite ». Mais, comme vous l'apprendrez par la suite, il est rare que l'exposition parfaite soit souhaitable.

Le troisième élément du triangle photographique est la sensibilité ISO. En argentique ou en numérique, ce réglage a un effet direct sur le couple ouverture/vitesse utilisable. Il est si important qu'il mérite une étude et un exercice particuliers

EXERCICE : COMPRENDRE LES ISO

Pour mieux comprendre les effets de la sensibilité ISO sur l'exposition, imaginez les ISO sous la forme d'abeilles laborieuses. À 100 ISO, vous avez une centaine d'abeilles, à 200 ISO, vous en avez deux cents. Leur travail consiste à récolter la lumière traversant l'objectif pour en faire une image. Sur votre appareil et sur le mien, nous réglons le diaphragme à *f*/5.6 (le volume de lumière transmis est donc le même). Qui, de vous ou de moi, recevra le plus vite l'image ? Vous, car vous possédez deux fois plus de petites abeilles laborieuses à 200 ISO que moi à 100 ISO.

Supposons que le sujet photographié soit une fleur par temps couvert. Quand vous réglez votre vitesse afin d'exposer correctement, vous obtenez 1/250 s. Mais quand j'en fais autant, je dois descendre à 1/125 s, une durée plus longue. C'est parce que vos 200 abeilles font l'image en deux fois moins de temps que mes 100 abeilles.

Que l'appareil soit en mode Manuel ou Priorité à l'ouverture, réglez la sensibilité ISO à 200 – si vous travaillez en argentique et que la sensibilité du film n'est pas de 200 ISO, vous pouvez fausser ce réglage, mais n'oubliez pas de le rétablir après l'exercice. Réglez maintenant l'ouverture à *f*/8 et, l'appareil photo pointé vers un sujet bien éclairé, réglez la vitesse jusqu'à ce que le posemètre indique une exposition correcte. Notez cette vitesse. Mettez à présent la sensibilité ISO à 400 en conservant l'ouverture à *f*/8, l'appareil photo toujours pointé vers le même sujet. Le posemètre indique maintenant une autre vitesse pour l'exposition correcte. Là encore, notez-la puis réglez l'appareil à 800 ISO. Répétez ensuite les étapes ci-dessus.

Quand la sensibilité passe de 100 à 200 ISO, la vitesse passe de 1/125 s à 1/250 s. Ou encore de 1/160 s à 1/320 s. Toutes ces vitesses sont des exemples car, ne sachant pas ce que vous visez, il est impossible de deviner la vitesse que vous utilisez. Mais une chose est sûre : quelle que soit la vitesse choisie, la durée est divisée par deux, du moins approximativement, en augmentant la sensibilité comme dans cet exercice.

Là encore, quand vous augmentez le nombre d'abeilles laborieuses (les ISO), qui passent de 100 à 200, vous réduisez de moitié la durée qu'il leur faut pour accomplir leur tâche. Passer de 1/125 s à 1/250 s revient à réduire la durée de l'exposition par deux, soit 1 stop. Quand vous réglez la sensibilité ISO à 400, la vitesse de 1/125 s est réduite à 1/500 s, ce qui correspond à 2 stops. Vous pouvez refaire cet exercice, mais cette fois avec une vitesse d'obturation constante, le 1/125 s, par exemple. De même que vous décalez le diaphragme ou la vitesse de 1 stop en passant d'une valeur standard à une autre, vous décalez la sensibilité ISO de 1 stop en passant d'une sensibilité standard à une autre.

Le même exercice peut être effectué avec une vitesse d'obturation constante, 1/125 s, par exemple. Vous réglerez alors l'ouverture pour obtenir l'exposition correcte. Si vous décidez de rester dans un mode d'exposition semi-automatique, choisissez le mode Priorité à la vitesse, réglez sur 1/125 s et l'appareil photo se chargera de déterminer l'ouverture appropriée.

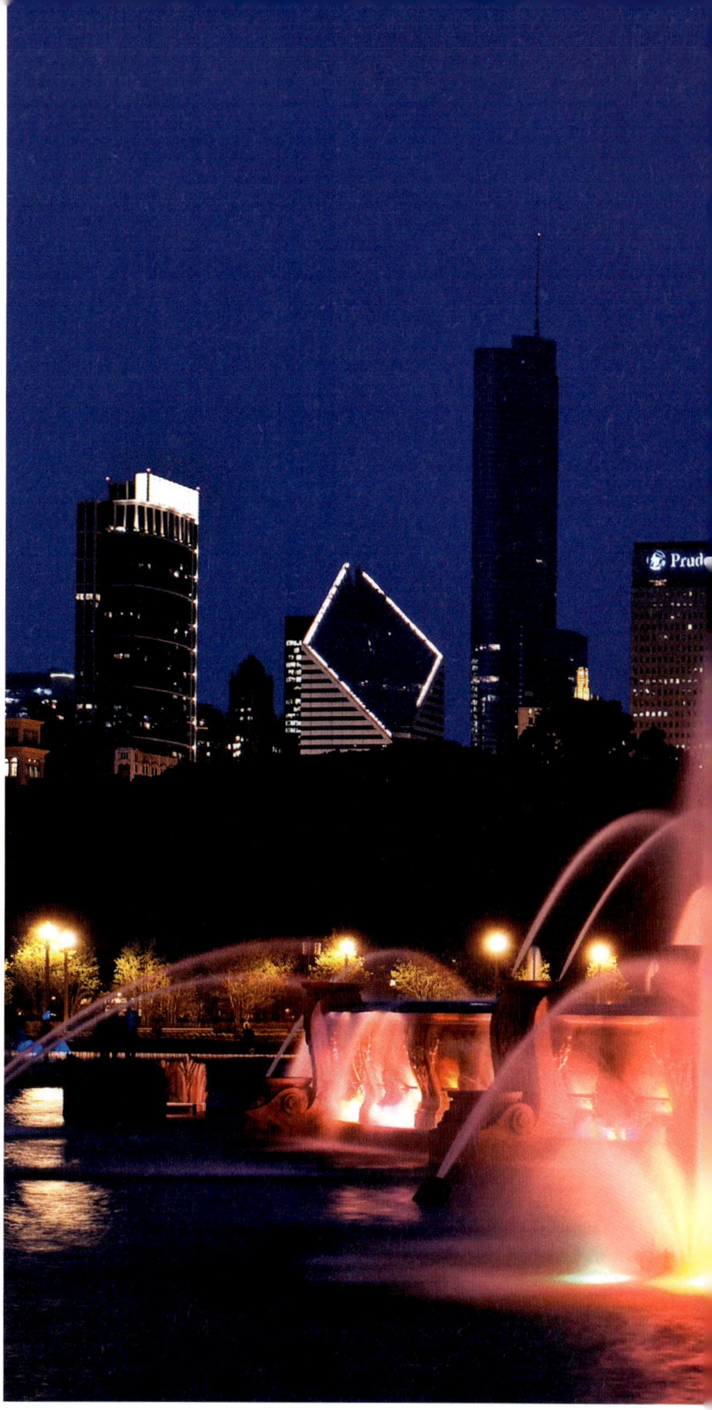

AYANT VÉCU À CHICAGO pendant près d'une année, ma manière de m'organiser pour prendre des photos resta cependant la même qu'à l'époque où je vivais dans l'Oregon, dans les années 1970 et 1980. À cause des pluies d'hiver de l'Oregon et des averses de neige à Chicago, la période propice à la photographie est limitée. De la fin du printemps au début de l'automne, il faut photographier intensivement, car les« six mois d'hiver » reviendraient vite, gelant entre autres les nombreuses fontaines de Chicago.

C'est ce qui m'incita à prendre cette photo. Séduit par la lumière de cette chaude soirée d'été, près de la fontaine de

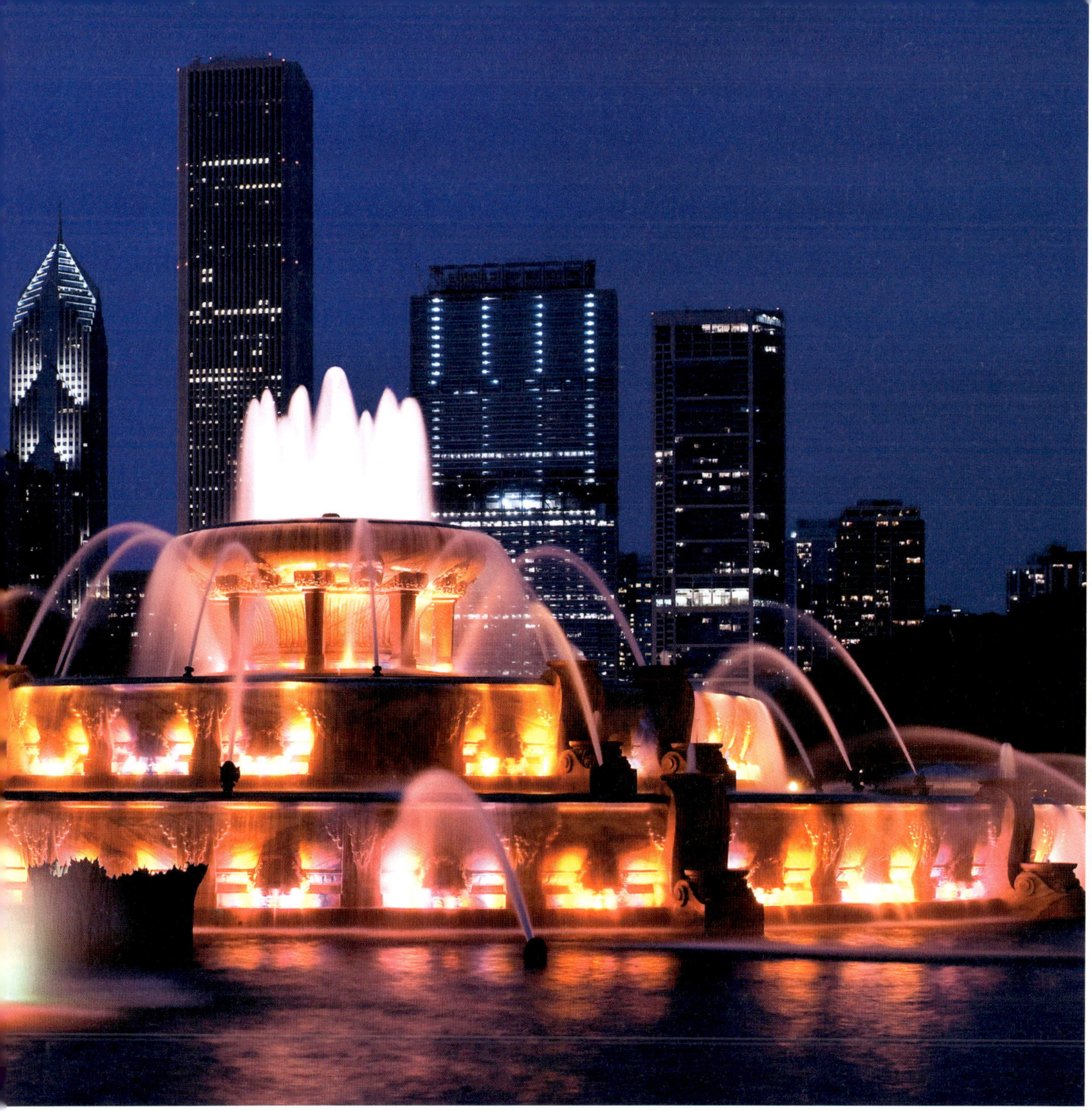

Buckingham, j'installai sur un trépied le Nikon D300 équipé du zoom 12-24 mm. Le diaphragme fermé à *f*/11, je pointai l'objectif vers le ciel crépusculaire et réglai la vitesse d'obturation jusqu'à ce que dans le viseur, 4 secondes correspondent à l'exposition correcte. Puis je cadrai la photo, enclenchai le retardateur et déclenchai pour obtenir l'image montrée ici.

J'aurais pu photographier cette fontaine avec d'autres expositions correctes, mais j'avais choisi de ne rien en faire. D'abord parce que le mouvement de l'eau est comparable à celui d'une chute d'eau. Or, le rendu de ce mouvement ne diffère pas grandement de 8 à 16 secondes, ce qui n'est pas le cas de la pose de 4 secondes utilisée ici. Ensuite parce que non seulement les couleurs de la fontaine changeaient périodiquement, mais il en était de même pour l'intensité de la lumière. Une pose trop longue risquait se saisir ces changements, ce qui aurait affecté non seulement l'exposition initiale, mais aussi les couleurs. Quand vous photographiez du mouvement au crépuscule, vous devez toujours vous interroger sur la durée d'exposition qui le rendra le mieux. Pour une autoroute encombrée sur un fond urbain, une pose de 8 secondes est pleinement justifiée. Mais pour cette même autoroute sans trafic, une durée d'exposition de 1 seconde peut être suffisante. J'ai réussi à prendre le mouvement de l'eau à 4 secondes à *f*/11 à 200 ISO, sachant que *f*/11 est considéré comme une « ouverture à rendement élevé » offrant le meilleur piqué. Si j'avais réglé l'appareil photo à 1 600 ISO tout en voulant photographier à *f*/11, j'aurai dû poser à 1/2 s. Bien que le mouvement de l'eau ait alors été discernable, la couleur et le contraste n'auraient été aussi vigoureux. Or, les ISO élevés se caractérisent par des couleurs et du contraste moins forts.

Zoom 12-24 mm à 24 mm, 200 ISO, *f*/11 à 4 s.

AU CŒUR DU TRIANGLE : LE POSEMÈTRE

Le moment est venu de passer à ce que je considère comme le cœur du triangle photographique : le posemètre. Il s'agit d'un instrument de mesure incorporé à l'appareil photo, qui réagit à l'intensité de la lumière frappant sa cellule.

Grâce à un couplage électronique, le posemètre de l'appareil photo sait, par exemple, que le diaphragme est réglé à *f*/11 et que la sensibilité est de 200 ISO. Il calcule la vitesse d'obturation à appliquer et m'invite à la régler. Il indique ensuite dans le viseur ou sur un écran de contrôle si la vitesse choisie est la bonne. Le posemètre est l'outil indispensable pour déterminer l'exposition correcte.

Pour que vous assimiliez parfaitement cette notion, imaginez que le diamètre de l'ouverture du diaphragme – à *f*/11 une fois de plus – est celui du robinet d'un évier. La manette du robinet est le barillet des vitesses et dans l'évier se trouvent 200 abeilles, chacune avec son petit seau vide. L'eau du robinet est la lumière. La tâche du posemètre de l'appareil photo est de déterminer la durée pendant laquelle le robinet doit rester ouvert pour pouvoir remplir tous les seaux avec de l'eau (de la lumière, dans le contexte photographie). Comme le posemètre sait qu'il y a 200 seaux et que l'ouverture est de *f*/5.6, il peut en déduire la durée pendant laquelle l'eau (lumière) doit s'écouler pour remplir tous les seaux.

Si l'eau coule trop longtemps, les seaux débordent (excès de lumière). En photographie, on appelle cela une « surexposition » ; l'image est trop claire et les couleurs délavées. À l'inverse, si le robinet est fermé trop tôt par rapport à ce que préconise le posemètre, les seaux sont insuffisamment remplis (manque de lumière). Il en résulte une sous-exposition (image trop sombre).

Fort de ces notions élémentaires, obtiendrez-vous à chaque fois une photo parfaitement exposée rien qu'en vous fiant au posemètre ? Pas tout à fait, mais la lecture de toutes les pages qui précèdent vous a permis de comprendre les subtilités d'une exposition. Vous connaissez à présent les relations entre le diaphragme (ouverture), le temps de pose (vitesse d'obturation) et la sensibilité ISO. La plupart des occasions de photographier sont fondées sur la meilleure ouverture ou sur la meilleure vitesse. Mais qu'entend-on par « meilleure ouverture » ou « meilleure vitesse » ? Apprendre à « voir » les diverses expositions créativement correctes est un grand pas vers la maîtrise photographique.

LES INFORMATIONS D'EXPOSITION SUR L'ÉCRAN DE CONTRÔLE

Que faut-il entendre par « régler la vitesse jusqu'à ce qu'elle corresponde » ? Et comment saurez-vous que l'exposition correcte est indiquée ? Quand vous visez ou que vous consultez l'écran de contrôle alors que le mode Manuel est enclenché, l'échelle du posemètre peut indiquer une surexposition (illustration du haut), car le point de repère est vers le Plus, ou une sous-exposition (illustration du milieu-haut) car le point de repère est vers le Moins. Le but de la manœuvre consiste à régler la vitesse – ou dans certains cas le diaphragme – jusqu'à ce que le repère soit sur 0 (illustration du milieu-bas).

Il peut arriver que le réglage exactement sur 0 soit impossible à cause de valeurs d'éclairage variées et changeantes, dans la scène. Si le point de repère est à 1/3 de stop, voire 2/3 de stop du 0, l'exposition sera vraisemblablement acceptable à condition que le point se trouve du côté Moins « – » (illustration du bas). Vous devrez autant que possible éviter de griller les hautes lumières. Une photo légèrement sous-exposée est toujours préférable à une photo surexposée.

Remarque : Enclencher le mode Priorité à la vitesse ou Priorité à l'ouverture supprime la nécessité de placer le point de repère à la position 0, car l'appareil photo règle automatiquement l'exposition correcte, en théorie du moins. Le côté du Plus « + » et du Moins « – » varie selon les appareils photo. Par exemple, sur les Canon, le « + » est à droite du 0, le « – » à gauche. Et aussi, sur certains appareils photo, dont Canon et Nikon, les paramètres d'exposition sont affichés à droite, dans le viseur, au lieu du bas.

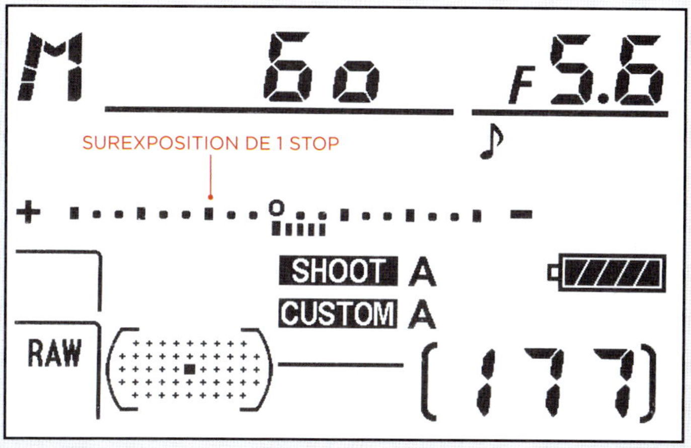

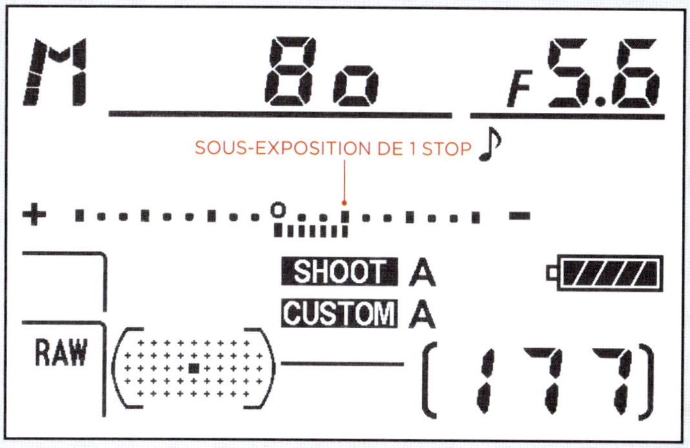

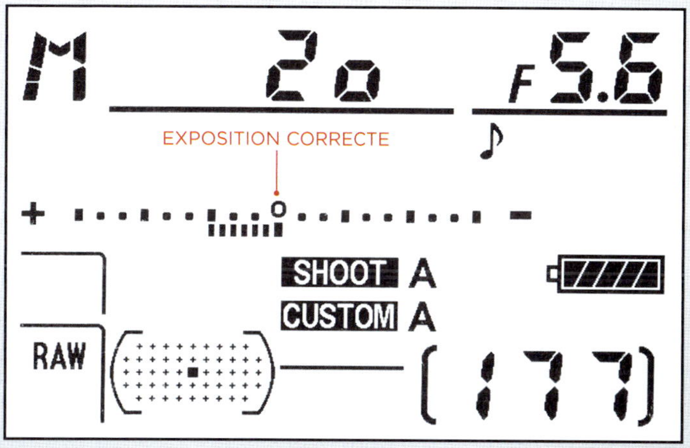

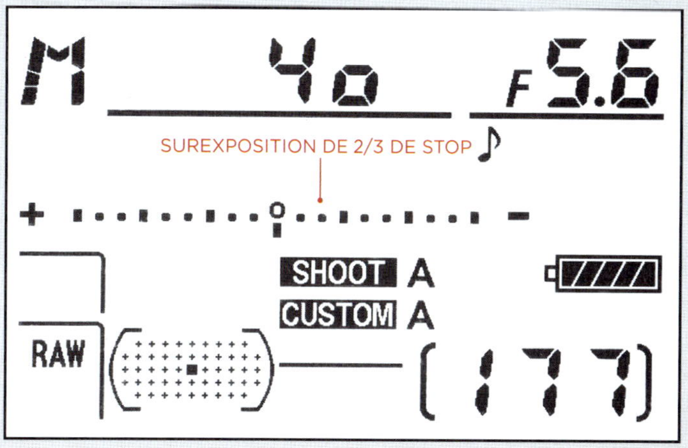

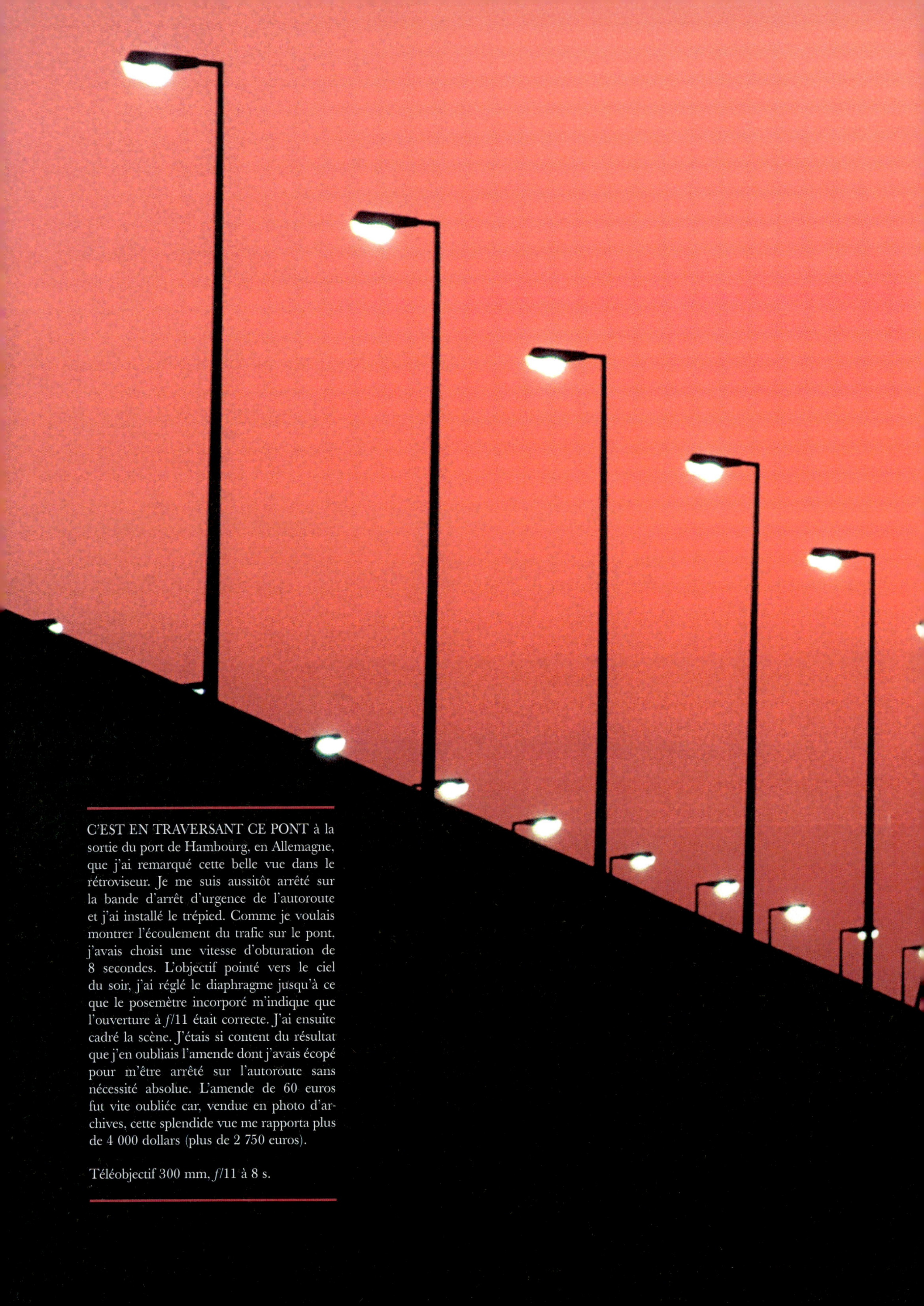

C'EST EN TRAVERSANT CE PONT à la sortie du port de Hambourg, en Allemagne, que j'ai remarqué cette belle vue dans le rétroviseur. Je me suis aussitôt arrêté sur la bande d'arrêt d'urgence de l'autoroute et j'ai installé le trépied. Comme je voulais montrer l'écoulement du trafic sur le pont, j'avais choisi une vitesse d'obturation de 8 secondes. L'objectif pointé vers le ciel du soir, j'ai réglé le diaphragme jusqu'à ce que le posemètre incorporé m'indique que l'ouverture à *f*/11 était correcte. J'ai ensuite cadré la scène. J'étais si content du résultat que j'en oubliais l'amende dont j'avais écopé pour m'être arrêté sur l'autoroute sans nécessité absolue. L'amende de 60 euros fut vite oubliée car, vendue en photo d'archives, cette splendide vue me rapporta plus de 4 000 dollars (plus de 2 750 euros).

Téléobjectif 300 mm, *f*/11 à 8 s.

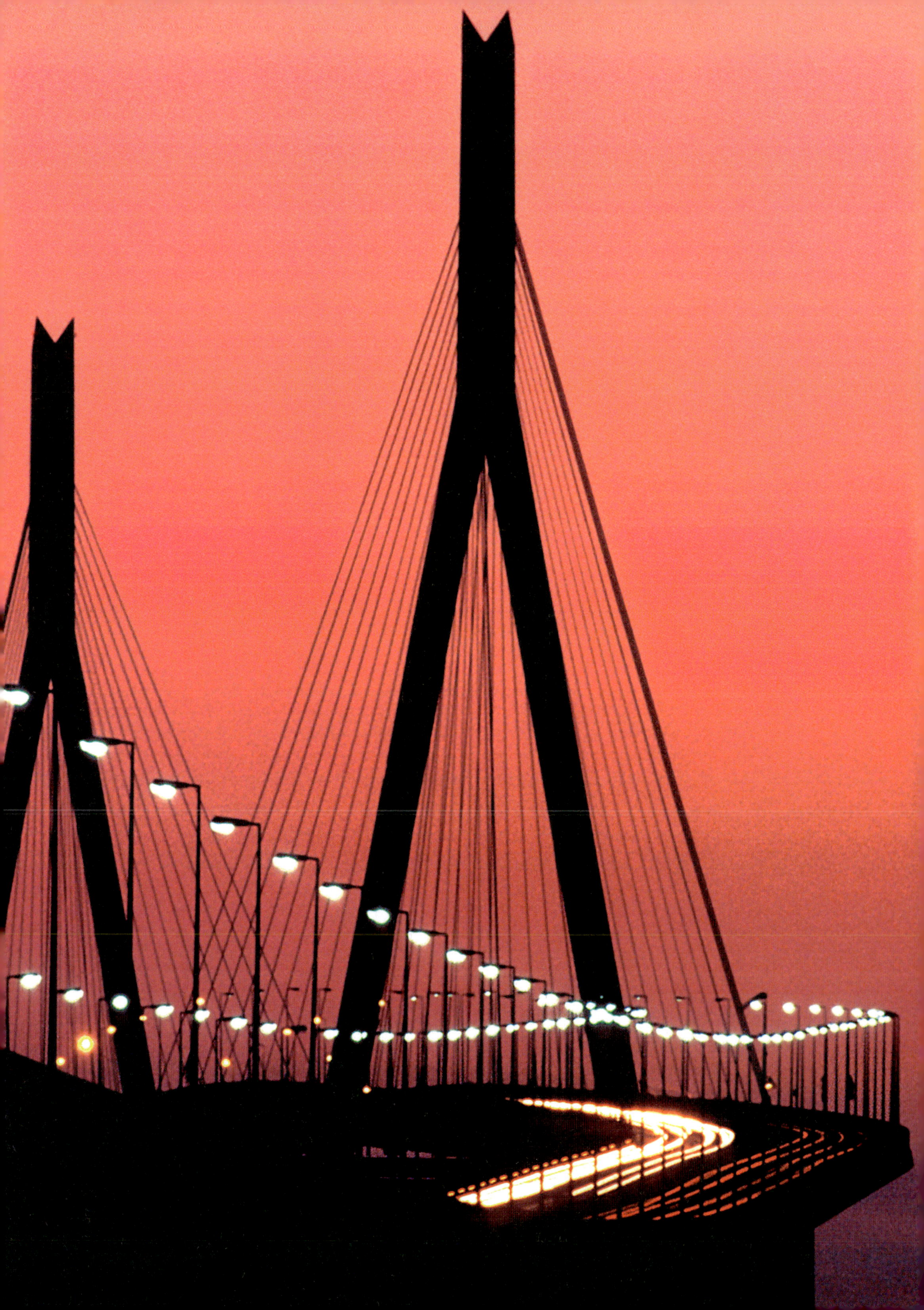

LA BALANCE DES BLANCS

À mon avis, juste après l'histogramme, le réglage de la balance des blancs est la commande la plus surfaite d'un appareil photo numérique. Tant que personne ne m'aura prouvé le contraire, je continuerai à ne régler la balance des blancs qu'une fois pour toutes.

Avant d'aborder la question de la balance des blancs et de celle que j'ai choisie, je voudrais d'abord parler des composants de couleur ainsi que de la température de couleur. Toute image en couleur produite par un appareil photo numérique – par « synthèse additive de la couleur », comme disent les spécialistes – contient un dosage des trois couleurs : rouge, vert et bleu. Leur quantité dépend entre autres de la température de couleur de la lumière. Plus une couleur tire sur le rouge, plus sa température de couleur est faible ; en revanche, plus une couleur tire sur le bleu, plus sa température de couleur est élevée.

La température de couleur est mesurée selon une échelle centigrade basée sur le zéro absolu, soit – 273,15 °C. En fait, l'échelle de température que nous connaissons est simplement décalée vers le zéro absolu, où cesse toute agitation atomique. La couleur de la lumière dans laquelle nous baignons tout au long de la journée est définie par sa température, qui s'étend approximativement de 2 000 à 11 000 Kelvin (NdT : et non « degrés Kelvin », une erreur fréquemment commise). Une température de couleur de 7 000 à 11 000 K est considérée comme froide. C'est le cas des teintes bleutées. Une température de couleur de 2 000 à 4 000 K est considérée comme chaude. C'est le cas des teintes rougeâtres. Enfin, une température de couleur entre 4 000 et 7 000 K est considérée comme « naturelle » (dosage à peu près homogène de rouge, de vert et de bleu).

La lumière froide est celle du temps couvert, pluvieux, brumeux ou neigeux, ou celle dans les ombres découvertes par temps ensoleillé (du côté de la façade nord d'une maison, par exemple). La lumière chaude est celle du temps ensoleillé. Elle apparaît un peu avant le lever du soleil et dure deux heures environ. Elle réapparaît ensuite deux heures avant le coucher du soleil et dure jusqu'à vingt ou trente minutes après que le soleil a disparu.

Au cours des six dernières années de ma période argentique, 90 % de mes photos étaient prises avec de l'Ektachrome Kodak E100VS, une pellicule inversible, pour diapositives, très saturée. L'un des problèmes auxquels me confronta la photographie numérique fut l'incapacité de produire des fichiers bruts aux couleurs aussi saturées, jusqu'à ce que je découvre la balance des blancs Nuageux.

Quand je photographiais sur de la pellicule par temps couvert, pluvieux, neigeux ou brumeux, ou dans les ombres découvertes par temps ensoleillé, je plaçais un filtre réchauffant 81A ou 81B sur l'objectif pour éliminer la dominante bleutée. Il ajoutait du rouge à la scène, qui contrebalançait l'excès de bleu. J'aime bien les teintes chaudes.

Je règle toujours la balance des blancs sur Nuageux. Si vous estimez que son effet est trop marqué, vous pourrez toujours opter pour Auto, Lumière naturelle, Ombre, Tungstène, Fluorescente ou Flash en postproduction, à supposer bien sûr que vous avez photographié en Raw (une autre bonne raison pour choisir ce format).

Mon choix de balance des blancs vous étonne peut-être. Je photographie rarement en intérieur, que ce soit en lumière du jour, en éclairage incandescent, fluorescent, au sodium ou à vapeur de mercure. Quand je photographie dans des intérieurs riches en éclairage artificiel, et seulement dans ce cas, je sélectionne la balance des blancs appropriée, comme Incandescent (pour les ampoules domestiques) ou Fluorescent (pour les tubes luminescents). Je suis essentiellement un photographe d'extérieur, comme sans doute la plupart des lecteurs de ce livre. Les seules exceptions sont la photographie d'objets sur fond blanc, dans mon mini-studio, ou la prise de vue sur commande, auquel cas j'utilise un certain nombre de projecteurs pour éclairer l'intérieur. Dans ces deux cas, je choisis la balance des blancs Flash.

Je ne travaille qu'à certains moments du jour. Les jours d'été ensoleillés, je photographie au petit matin et en fin d'après-midi. La lumière dure de midi, entre 11 heures et 15 heures, est celle que j'appelle « la lumière de la piscine », car s'il y en a une dans les parages, c'est là que vous me trouverez, en train de me prélasser au soleil.

Réchauffer mes photos avec la balance des blancs Nuageux équivaut à photographier avec de la pellicule Kodak E100VS. Je ne modifie que rarement ce réglage, que le temps soit ensoleillé, couvert, pluvieux, brumeux ou neigeux. Si, en de très rares occasions, je décide de choisir une autre balance des blancs, c'est en post-traitement que je la sélectionne, après avoir transféré les photos en Raw dans l'ordinateur. Photographier en pleine journée semble être la règle pour beaucoup de débutants. C'est pourquoi la teinte chaude apportée à vos photos, qui évoque le petit matin ou le soir, attirera assurément l'attention. Vous pourrez faire croire à votre entourage que vous êtes un lève-tôt ou que vous photographiez tard le soir. Mais attention : les ombres, longues le matin et le soir, indiqueront à quel moment la photo a été prise. Cela n'échappera pas à la sagacité d'un bon observateur. Et si vous envisagez de confectionner ces ombres longues avec Photoshop, je vous souhaite bien du plaisir.

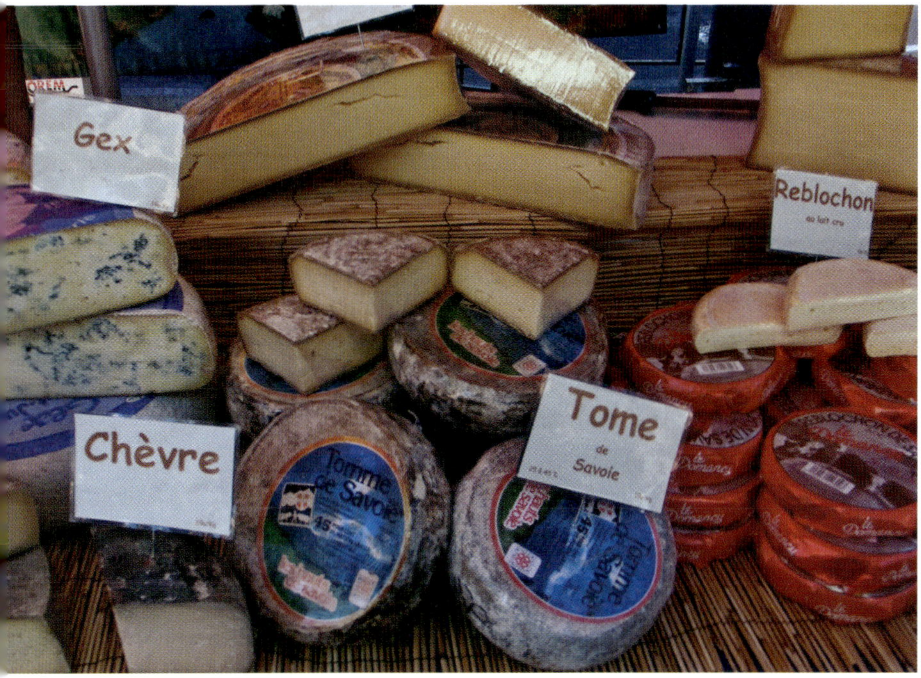

LA PHOTO À GAUCHE est un exemple classique de lumière par temps couvert avec la balance des blancs réglée sur Auto. Comme prévu, celle-ci s'est bien acquittée de sa tâche, à savoir l'enregistrement fidèle de la couleur. Et comme la lumière est riche en bleu, cet excès de bleu a été conservé. Comparez à présent avec la photo ci-dessous prise avec la balance des blancs Nuageux. Elle est manifestement plus chaude. Ce choix de la balance des blancs est personnel, mais cela vaut la peine de l'essayer.

Les deux photos : Zoom 17-55 mm à 24 mm, 200 ISO, *f*/11 à 1/125 s.

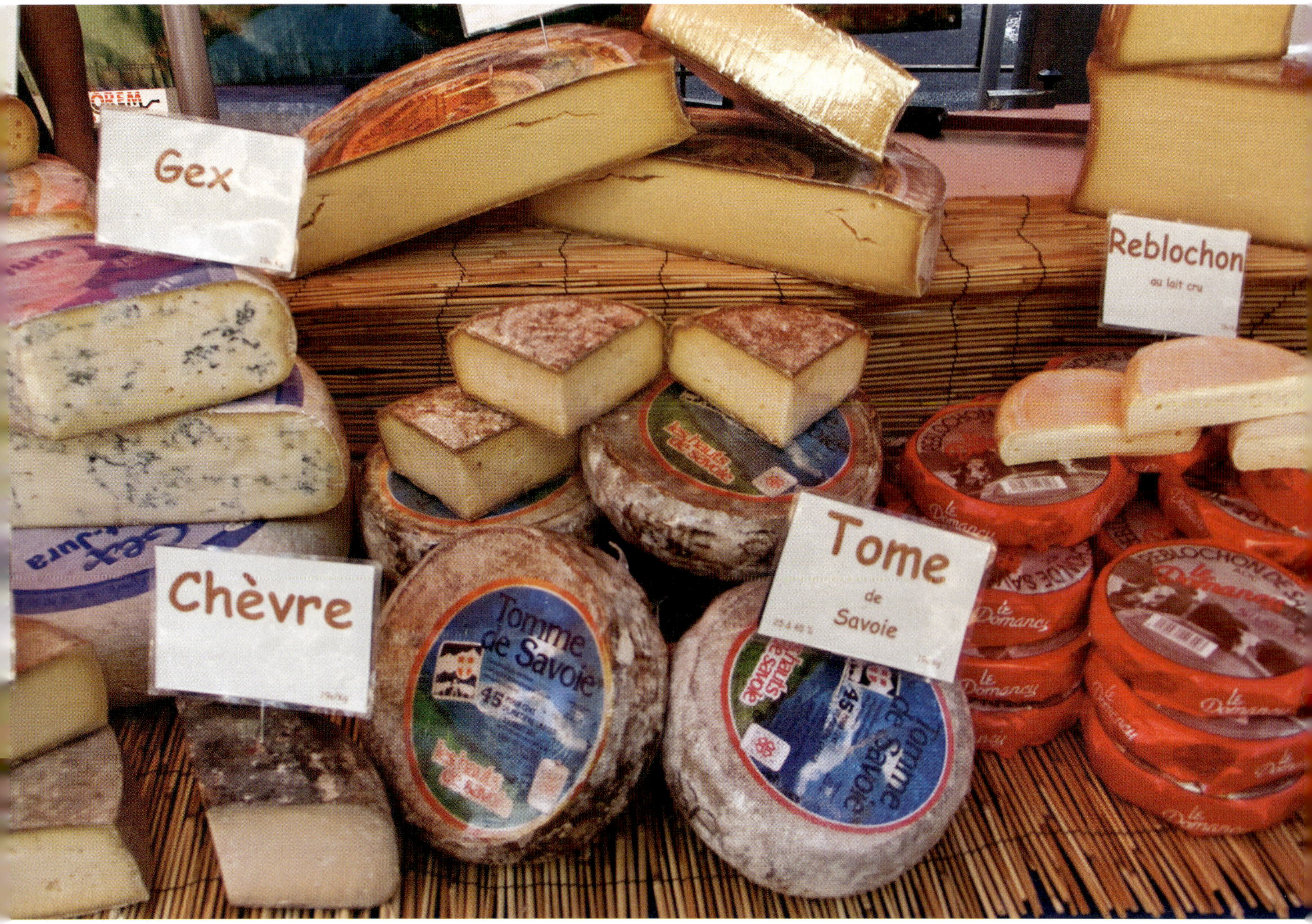

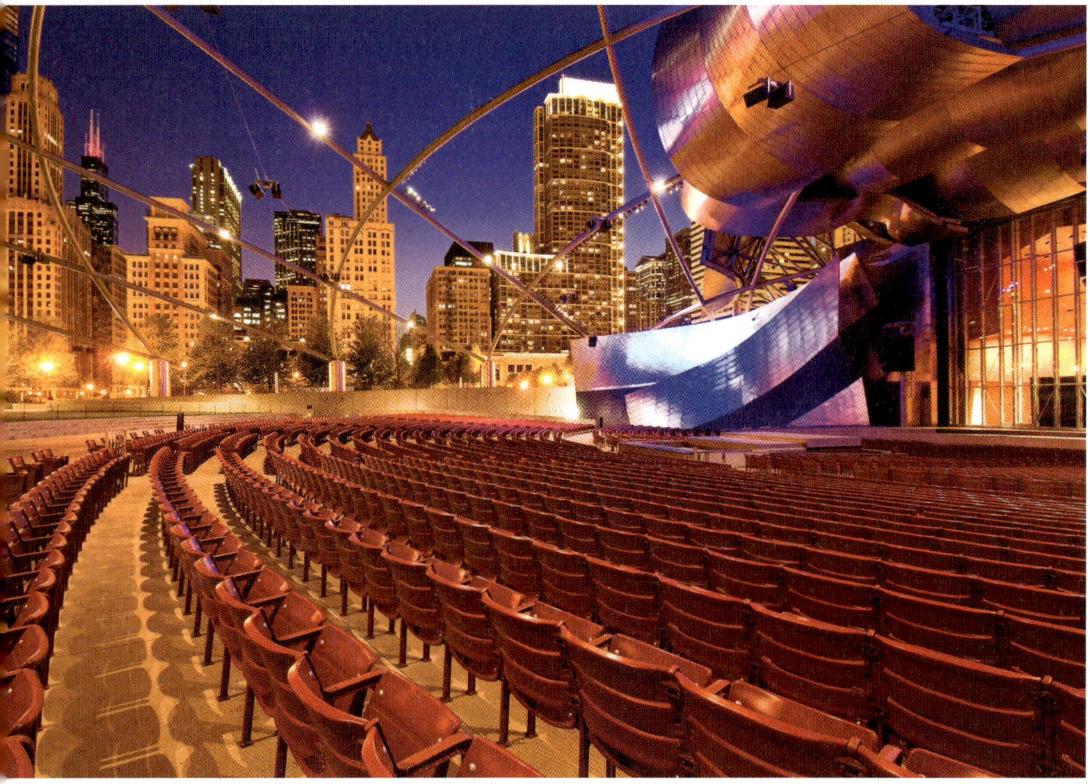

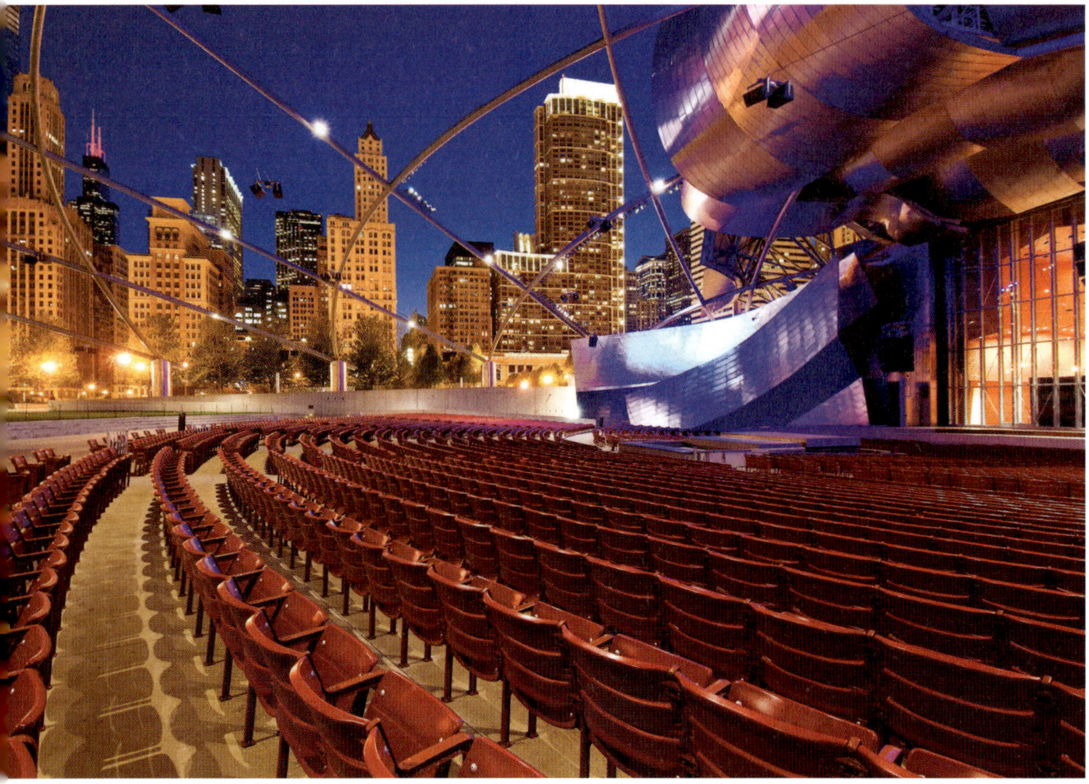

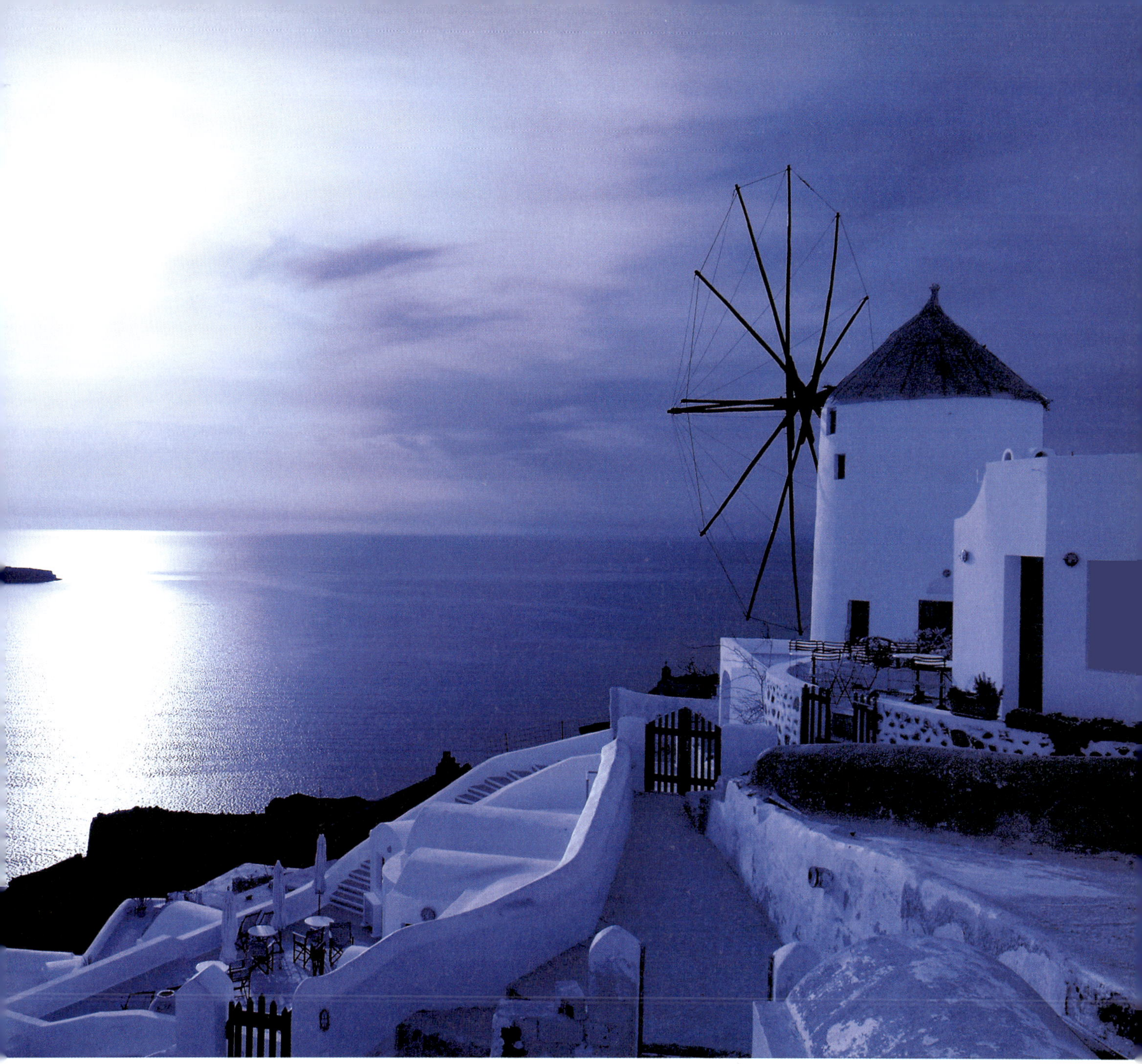

LA BALANCE DES BLANCS NUAGEUX enrichit la photo. C'est pourquoi je l'utilise pour 99 % de mes photos en extérieur, toute la journée, même si elle est ensoleillée. Mais, au crépuscule, j'opte souvent pour la balance des blancs Incandescent et je prends au moins une ou deux photos avec chaque réglage. Je peux alors comparer la richesse et la profondeur du ciel bleu dans les deux vues et son effet sur l'ensemble de la composition.

À titre d'exemple, la seule différence entre les deux photos d'un amphithéâtre dans Millenium Park, à Chicago, est le choix de la balance des blancs. La focale et l'exposition sont identiques, mais la photo du haut, plus chaude, a été prise avec la balance des blancs Nuageux, tandis que celle d'en bas l'a été avec la balance des blancs Incandescent.

Si bien sûr vous photographiez au format Raw et que vous oubliez de sélectionner le mode Incandescent, vous pourrez toujours le faire en post-traitement, avec un logiciel. Mais ceux qui ne photographient qu'en JPEG ont intérêt à essayer les deux balances des blancs. La balance des blancs est parfois appelée « tungstène », par allusion au métal du filament des ampoules, ou « WB » (White Balance) sur certains appareils photo.

Les deux photos : Zoom 11-24 mm à 14 mm, 200 ISO, *f*/16 à 2 s. Page opposée, en haut : BB Nuageux. En bas : BB Incandescent.

VOICI UNE PETITE ASTUCE : un moulin à vent solitaire se trouvait à l'extrémité ouest de l'île. J'étais déterminé à obtenir un « clair de lune » en misant sur la balance des blancs incandescent. Elle sert à photographier en intérieur, avec des ampoules domestiques. Mais en lumière du jour, elle applique une forte dominante bleue qui, avec une légère sous-exposition, reproduit parfaitement le bleu du soir, comme ici. L'appareil photo tenu à la main et en mode Priorité à l'ouverture, j'ai réglé le diaphragme à *f*/8 et déclenché. Et voilà un clair de lune (presque) plus vrai que nature.

Zoom 17-55 mm à 17 mm, 100 ISO, *f*/8 à 1/250 s.

SIX EXPOSITIONS CORRECTES, MAIS UNE SEULE CRÉATIVEMENT CORRECTE

Il n'est pas rare que, dans mes ateliers photo, un stagiaire me pose cette question : « Quelle est la différence entre les divers couples ouverture/vitesse utilisables, sachant que, pour le posemètre, toutes ces expositions sont correctes ? » Que ce soit en mode Priorité à l'ouverture, Priorité à la vitesse ou même en manuel, vous pourriez penser que, si le posemètre indique un réglage correct, il suffit de déclencher.

Le problème est que cette approche est hasardeuse. Elle peut parfois donner la bonne photo, mais ce n'est jamais acquis d'avance. Si vous voulez simplement exposer correctement le sujet, vous pouvez vous contenter du réglage proposé par le posemètre. Avec un peu de chance, vous obtiendrez peut-être même une exposition correcte. Mais je présume que la plupart des lecteurs de ce livre veulent aller plus loin que la simple photo techniquement réussie, et désirent réaliser des photos créativement correctes.

La plupart des situations de prise de vue offrent au moins six couples ouverture/vitesse possibles, qui produiront chacun une exposition correcte. Mais un seul couple seulement correspond à l'exposition créativement correcte.

Nous savons que l'exposition correcte n'est que le résultat d'une vitesse d'obturation et d'une ouverture appropriées pour la sensibilité ISO en vigueur. L'exposition créativement correcte, elle, est toujours fondée sur l'unique ouverture ou sur l'unique vitesse produisant l'exposition désirée.

Supposons que vous soyez au bord de la mer et que vous preniez des photos de puissantes vagues s'écrasant contre des rochers. La sensibilité est à 100 ISO et l'ouverture à *f*/4. En réglant la vitesse, vous obtenez l'exposition correcte – indiquée par le posemètre – avec une vitesse de 1/500 s. Ce n'est cependant qu'une option parmi les autres couples ouverture/vitesse envisageables. Si vous divisez par deux la quantité de lumière admise, en fermant le diaphragme de *f*/4 à *f*/5.6, vous devez compenser en doublant le temps de pose, en choisissant donc 1/250 s. Si vous réduisez encore une fois le diaphragme de 1 stop, de *f*/5.6 à *f*/8, vous devrez de nouveau compenser le temps de pose de 1 stop, soit 1/125 s. En continuant de la sorte, vous parcourez tous les couples ouverture/vitesse possibles autrement, soit *f*/11 à 1/60 s, puis *f*/16 à 1/30 s et enfin *f*/22 à 1/15 s. Ce sont les six réglages qui produiront chacun une exposition techniquement correcte. J'insiste sur le terme « techniquement », qui ne tient pas du compte du fait qu'à *f*/4 au 1/500 s l'éclaboussement de la vague sur les rochers sera figé, tandis qu'à *f*/22 au 1/15 s, les éclaboussures auront plutôt l'aspect de traînées conférant un aspect cotonneux au sujet.

L'approche créative plutôt que seulement technique sera extrêmement gratifiante pour peu que vous vous donniez la peine de choisir judicieusement le couple ouverture/vitesse qui produira l'exposition la plus créative et la plus dynamique. Le choix de l'exposition vous incombant toujours, pourquoi ne pas la rendre aussi créative que possible ?

AU CRÉPUSCULE, la grande roue d'une fête foraine offre l'occasion de montrer la grande différence entre les trois expositions identiques, en termes de quantité de lumière reçue par la surface photosensible, et leurs différences d'un point de vue créatif (page opposée et double page suivante). Les trois photos ont été prises sur de la pellicule Kodak E100S avec le Nikon F5 équipé du grand angulaire de 20 mm, l'ensemble étant fixé sur un trépied. La photo en haut a été prise à *f*/8 à 1/4 s, celle d'en bas à *f*/11 à 1/2 s. La photo des pages 32-33 a été prise à *f*/16 à 1 seconde.

En haut : Objectif 20 mm, *f*/8 à 1/4 s. En bas : Objectif 20 mm, *f*/11 à 1/2 s.

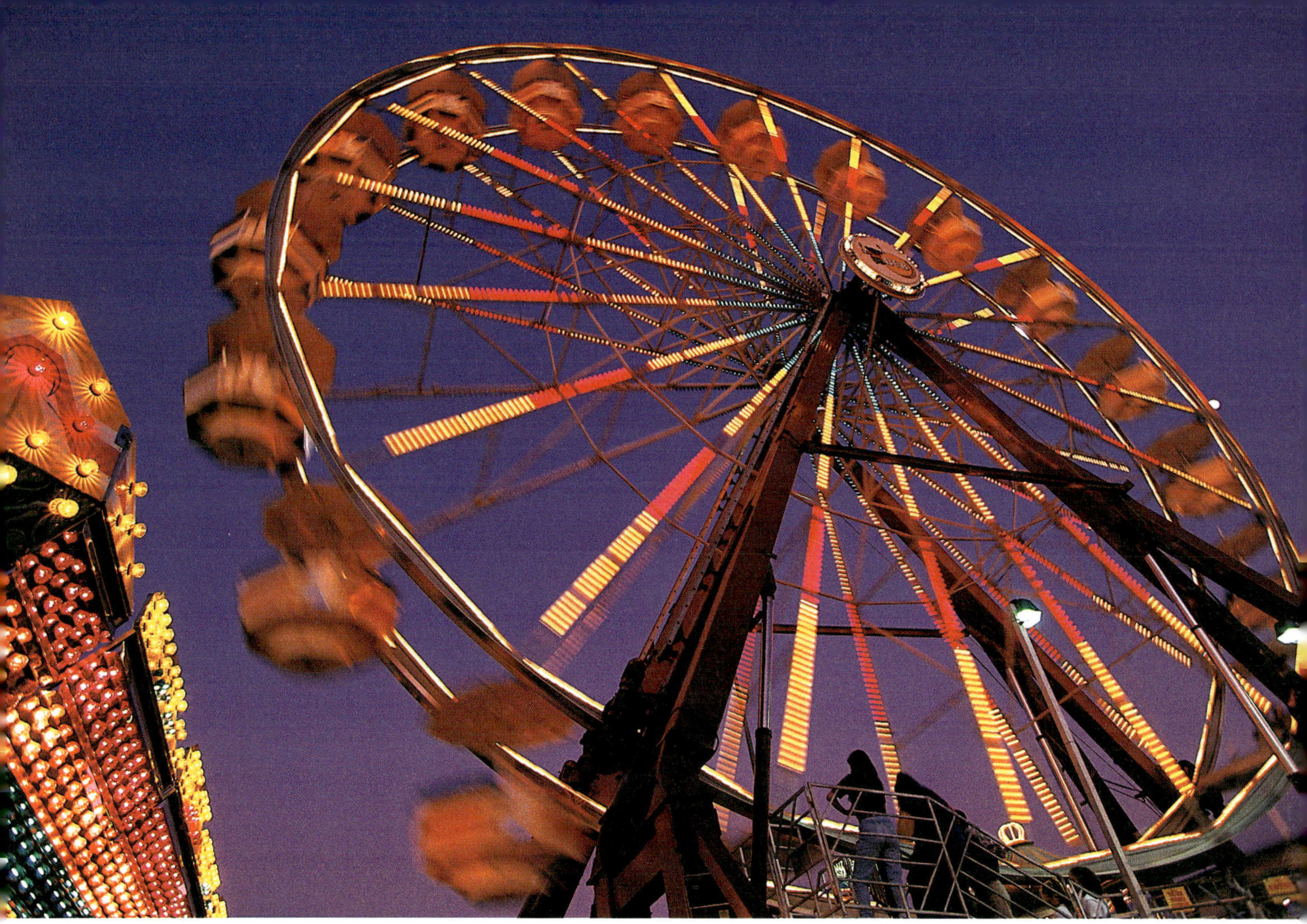

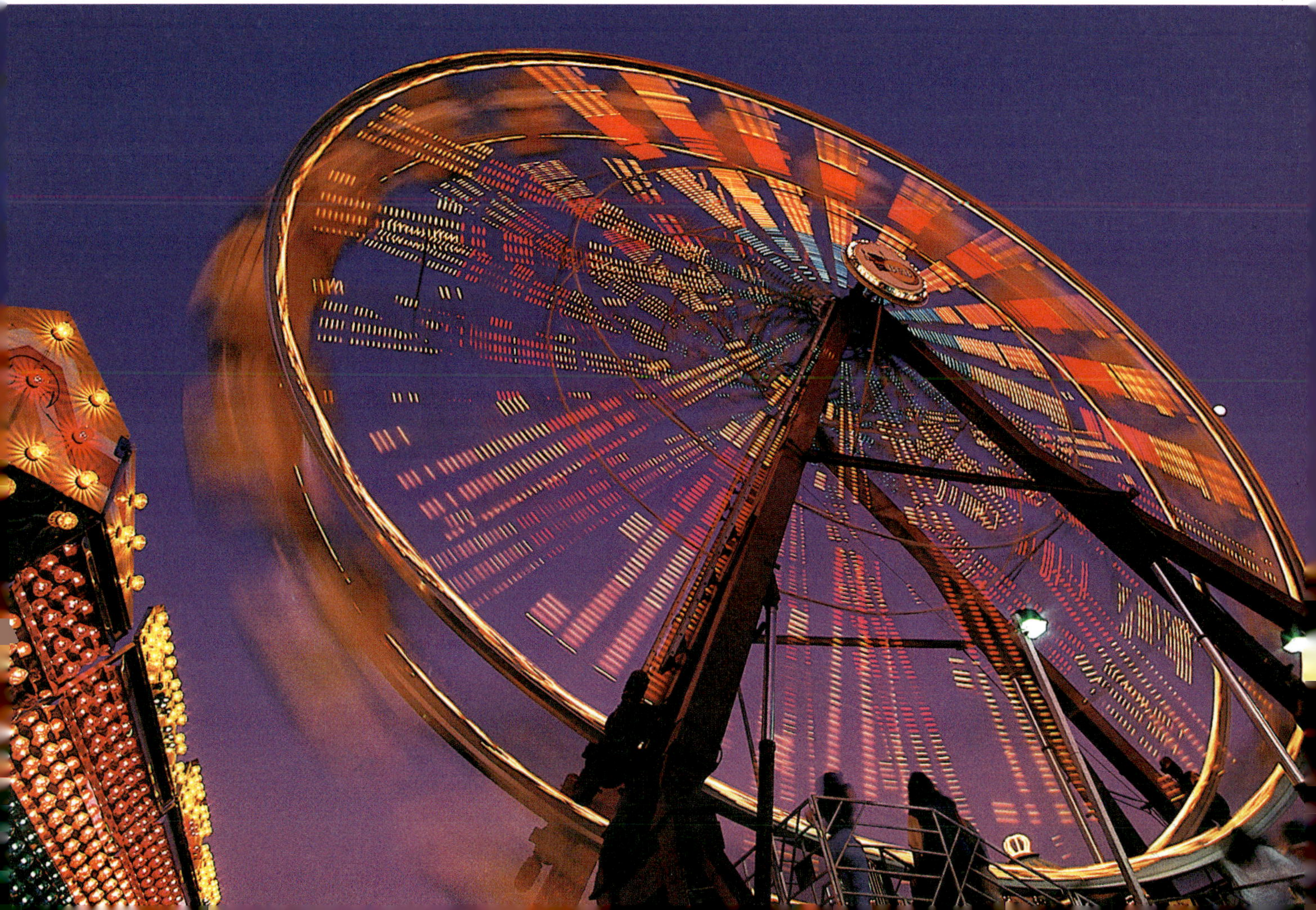

UN EXERCICE COMME CELUI-CI est très révélateur. La prochaine fois que vous visiterez une fête foraine, vous n'hésiterez sans doute pas à utiliser les temps de pose les plus longs, comme pour cette photo, prise à la vitesse la plus lente des trois prises de vue, qui est la plus créative et la plus intéressante.

Objectif 20 mm, *f*/16 à 1 s.

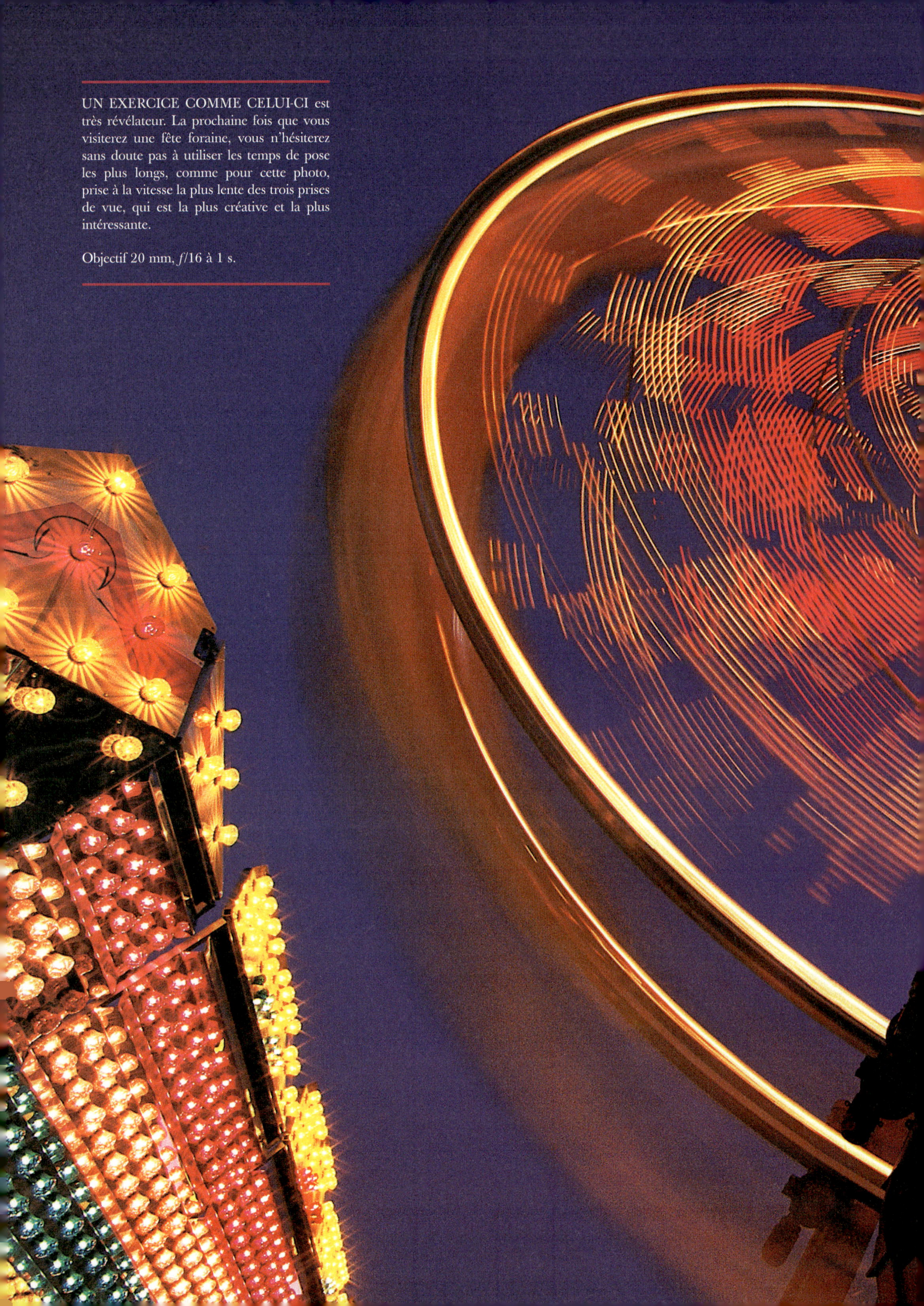

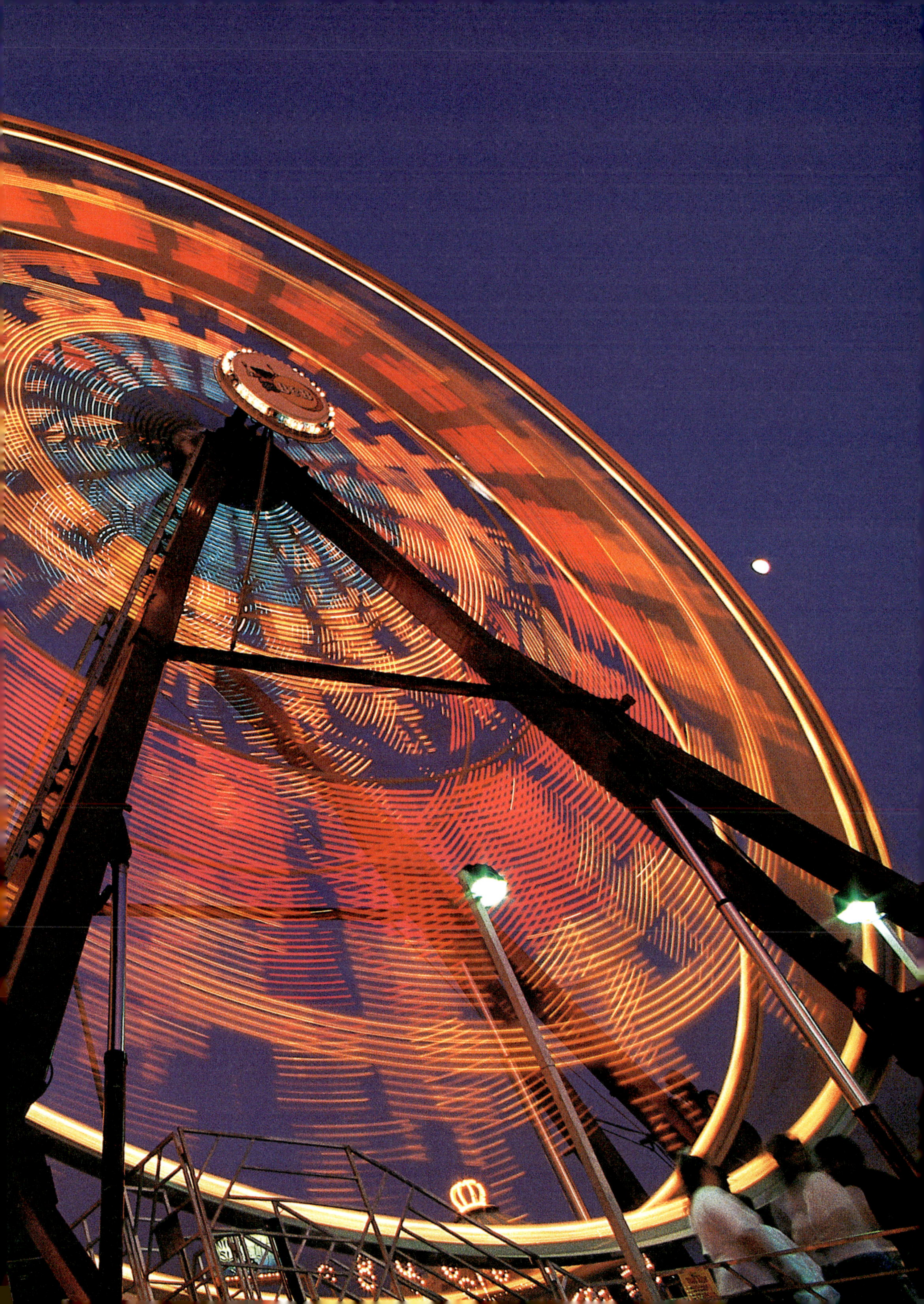

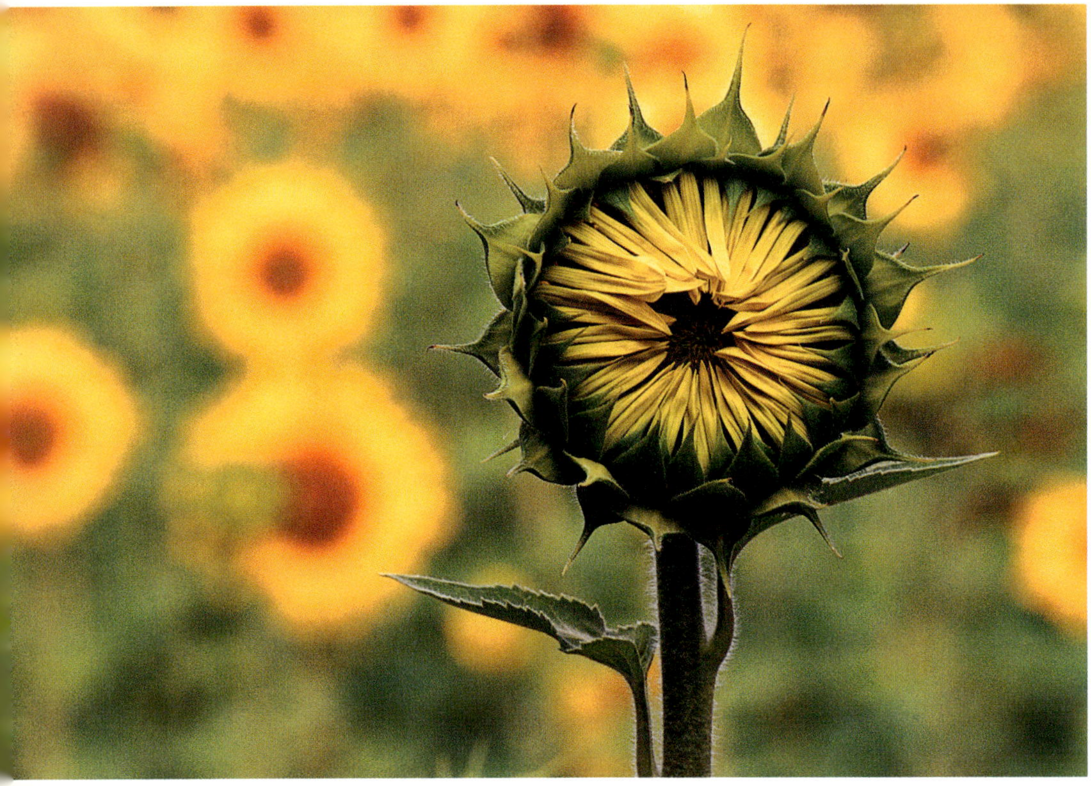

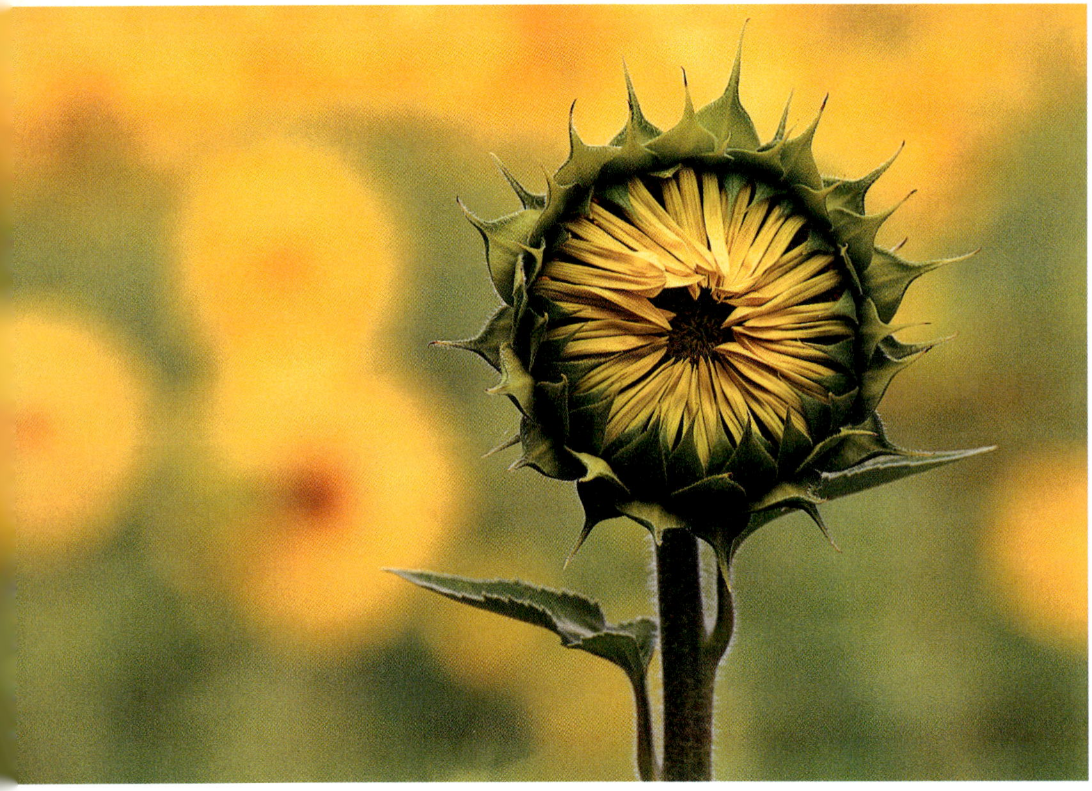

L'APPAREIL PHOTO ET L'OBJECTIF 80-400 mm fixés sur un trépied, le zoom réglé à 300 mm, j'ai pris cette photo à *f*/16 à 1/60 s, la deuxième à *f*/8 à 1/250 s et la troisième à *f*/4 à 1/1 000 s. Ces trois prises de vue sont exactement les mêmes en termes de quantité de lumières, mais différentes au niveau de la créativité. Remarquez comme l'ouverture de *f*/4 isole la fleur de l'arrière-plan alors que, en fermant le diaphragme à *f*/16, la profondeur de champ un peu plus étendue rend les autres fleurs un peu moins floues.

Toutes les photos : Zoom 80-400 mm à 300 mm. En haut à gauche : *f*/16 à 1/60 s. En bas à gauche : *f*/8 à 1/250 s. À droite : *f*/4 à 1/1 000 s.

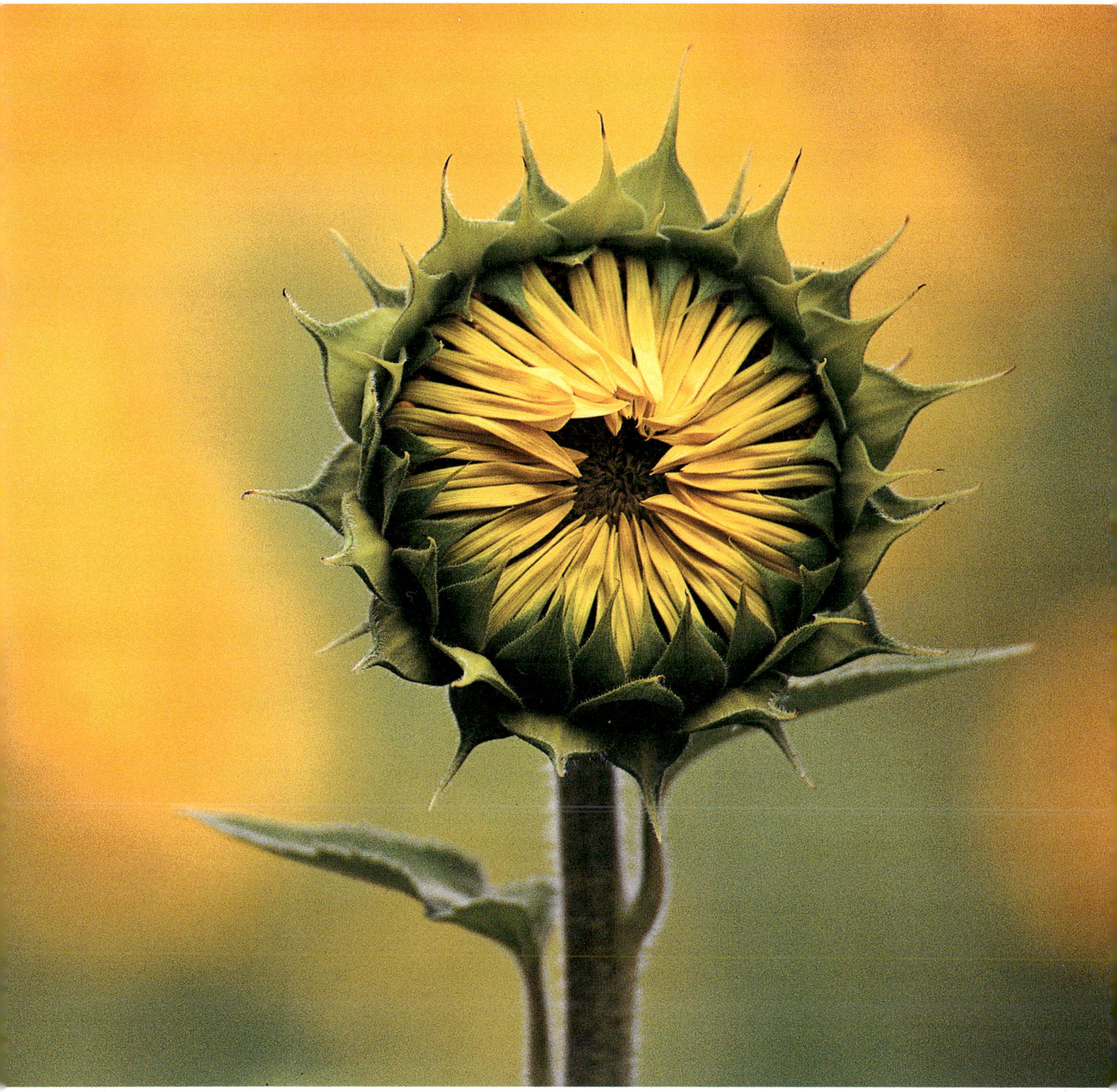

EXERCICE : VOIR L'EXPOSITION CRÉATIVEMENT CORRECTE

Approfondissons cette notion d'exposition créativement correcte. Choisissez un sujet statique, comme une fleur, ou demandez à quelqu'un de poser pour un portrait. Choisissez aussi un sujet en mouvement, comme une chute d'eau ou un enfant sur une balançoire. Si possible, photographiez par temps couvert et cadrez de manière à ce que le ciel ne soit pas visible dans le cadrage.

L'appareil photo fixé sur un trépied et la sensibilité ISO réglée à 200, choisissez le mode Manuel. Habituez-vous à travailler dans ce mode, car c'est ainsi que vous prendrez vos meilleures photos. Ouvrez maintenant le diaphragme au maximum, comme *f*/2, *f*/2.8, *f*/3.5 ou *f*/4 selon les caractéristiques de votre objectif. Arrangez-vous pour cadrer le sujet serré, puis réglez la vitesse jusqu'à ce qu'elle corresponde à l'exposition correcte. Prenez ensuite une photo.

Fermez ensuite le diaphragme de 1 stop (en le passant, par exemple, de *f*/4 à *f*/5.6), compensez la vitesse de 1 stop afin de conserver une exposition correcte, puis prenez une photo. Faites ensuite passer l'ouverture de *f*/5.6 à *f*/8, et ainsi de suite, stop par stop, en n'oubliant pas de compenser la vitesse afin que l'exposition reste correcte. Notez pour chaque photo le diaphragme et la vitesse (NdT : ces informations techniques figurent dans les métadonnées

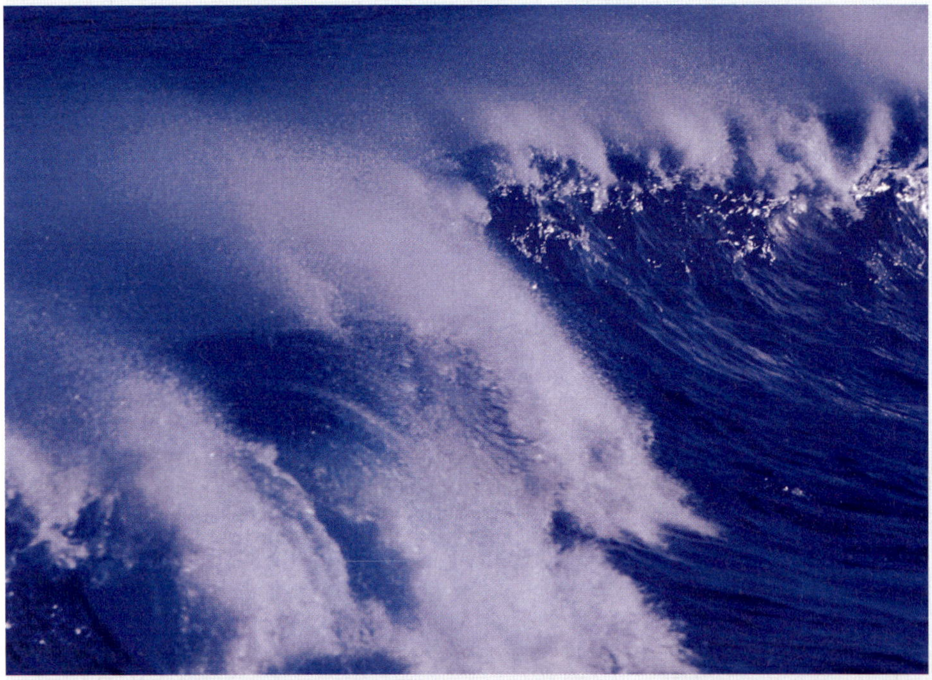

DEUX VAGUES, DEUX EFFETS, uniquement grâce à une modification de l'exposition. L'appareil photo et l'objectif sont les mêmes mais, pour la photo ci-dessus, j'ai réglé la vitesse à 1/500 s pour figer le mouvement. Par conséquent, le diaphragme était très ouvert, notamment parce la sensibilité était de 50 ISO. La mesure de la lumière avait été faite sur le ciel bleu près de l'horizon, ce qui donna *f*/4. J'ai ensuite cadré et pris la photo.

Je voulais donner à la photo de droite un aspect plus cotonneux et plus irréel. J'ai donc calé le diaphragme à *f*/32, sachant que cette ouverture minuscule m'obligerait à utiliser une vitesse plus lente, soit 1/8 s.

Les deux photos : Zoom 80-200 mm à 200 mm. Ci-dessus : *f*/4 à 1/500 s. À droite : *f*/32 à 1/8 s.

EXIF du fichier d'image). Selon l'objectif utilisé, vous obtiendrez au moins six couples ouverture/vitesse. Bien que les expositions soient identiques en termes de quantité de lumière transmise à travers l'objectif, des différences seront visibles au niveau de la définition d'ensemble et du flou. La fleur sera vraiment extraite du fond sur une photo, ou parmi d'autres fleurs à *f*/16 et *f*/22 (voir photos des pages 34 et 35). Avec un diaphragme très fermé, des éléments situés à l'arrière-plan peuvent se révéler gênants dans un portrait.

Et qu'en est-il de la photo de chute d'eau ? Les traînées cotonneuses n'apparaissent qu'en fermant à *f*/16 ou *f*/22. Et la photo de l'enfant sur une balançoire ? Un temps de pose bref fige son mouvement, mais une vitesse lente produira un effet de fantôme. Consultez vos notes techniques et voyez quels couples ouverture/vitesse vous semblent les plus créatifs.

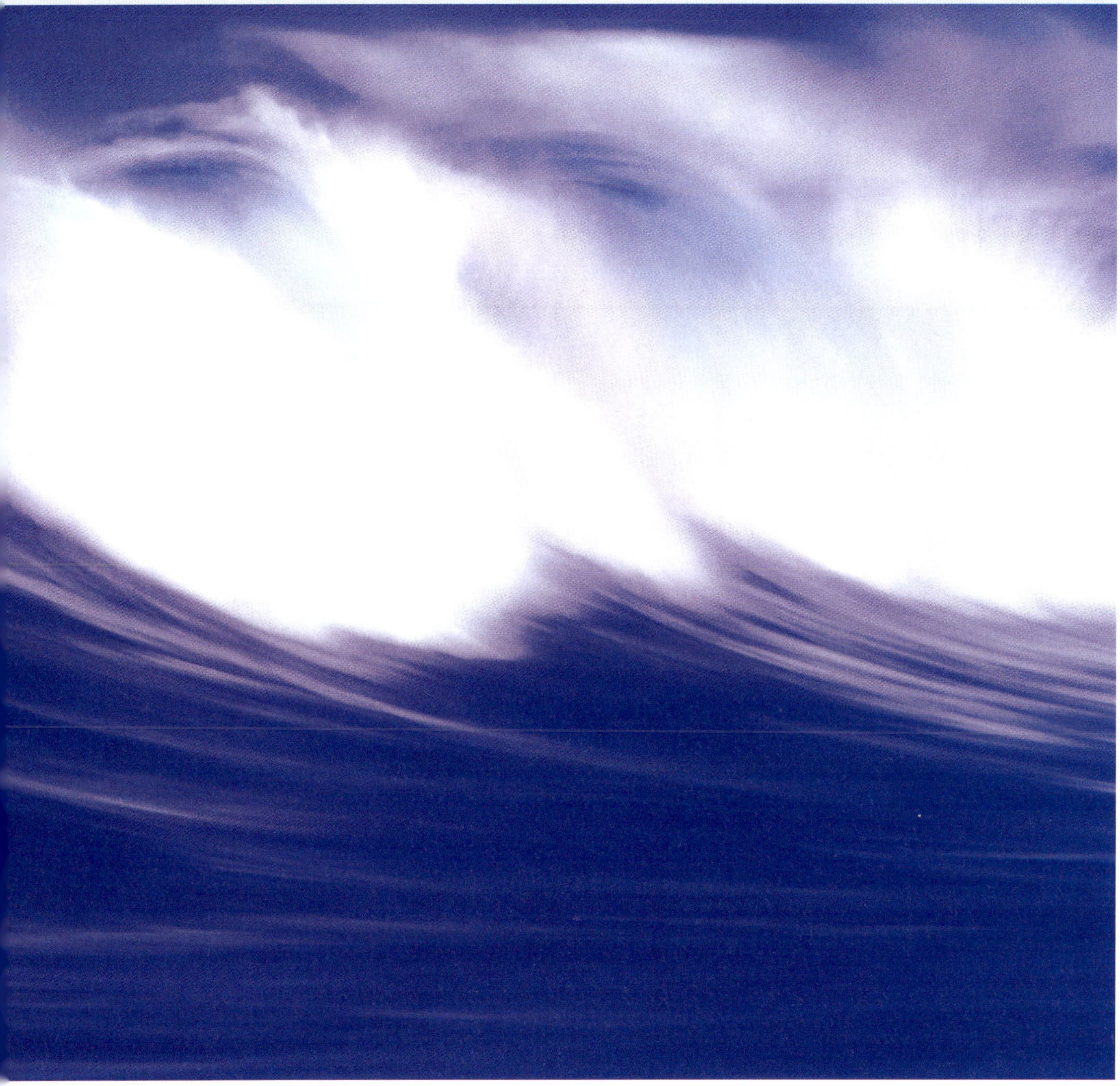

SEPT OPTIONS D'EXPOSITION CRÉATIVE

Sachant que toutes les opportunités de prise de vue autorisent pas moins de six couples ouverture/vitesse, comment déterminerez-vous le meilleur ? Vous devez surtout et avant tout décider si vous voulez simplement prendre une photo ou obtenir une exposition créative. Comme nous l'avons vu, une scène peut être photographiée avec différentes expositions, mais seulement une ou deux seront créatives.

Vous pouvez agir sur les trois paramètres de l'exposition – la sensibilité ISO, la vitesse et l'ouverture – afin d'obtenir les sept types d'exposition mais, de ces paramètres, seules la vitesse et l'ouverture jouent un rôle dans la réussite de l'exposition créative. Les petites ouvertures comme *f*/16, *f*/22 et *f*/32 sont l'élément créatif de ce que j'appelle des « expositions narratives » (option d'exposition 1), c'est-à-dire des photos à grande profondeur de champ (ce principe optique est expliqué au début du prochain chapitre). Les grandes ouvertures, comme *f*/2.8, *f*/4 et *f*/5.6, produisent ce que j'appelle des « expositions à thème singulier », ou « expositions isolantes » (option 2), c'est-à-dire des photos à profondeur de champ étroite. Les ouvertures intermédiaires sont pour moi des expositions « Qu'importe ! » (option 3) pour lesquelles la profondeur de champ n'est pas un souci. En photographie rapprochée et en macrophotographie, l'ouverture est le paramètre qui produit des halos flous circulaires ou hexagonaux, selon la forme de l'orifice du diaphragme (option 4).

Les vitesses élevées comme 1/250 s, 1/500 s ou 1/1 000 s, sont l'élément créatif qui figent l'action (option 5) tandis que les vitesses lentes comme 1/60 s, 1/30 s et 1/15 s sont l'élément créatif du filé (option 6). Les vitesses très lentes comme 1/4 s, 1/2 s et 1 seconde sont l'élément créatif qui restitue le mouvement (option 7). Toutes ces options correspondent aux sept expositions créatives à votre disposition pour obtenir l'exposition la plus créative. Les deux autres chapitres sont consacrés à une étude plus approfondie de l'ouverture et du diaphragme, tels qu'ils se rapportent à ces sept situations.

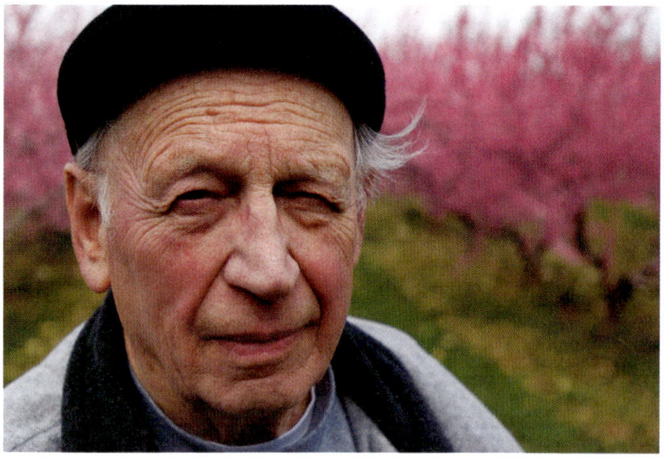

f/2.8 à 1/1 000 s.

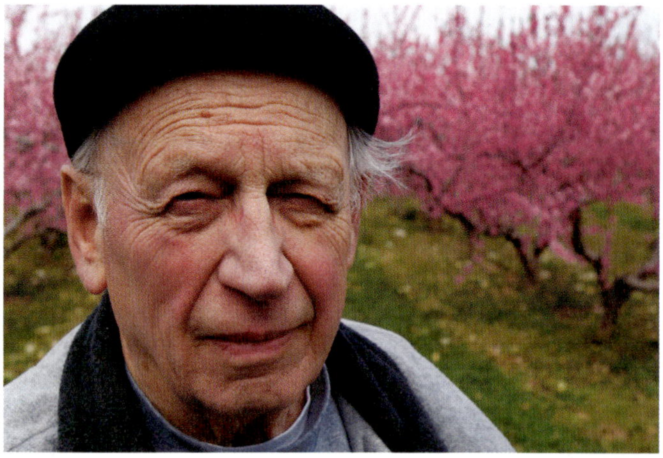

f/8 à 1/125 s.

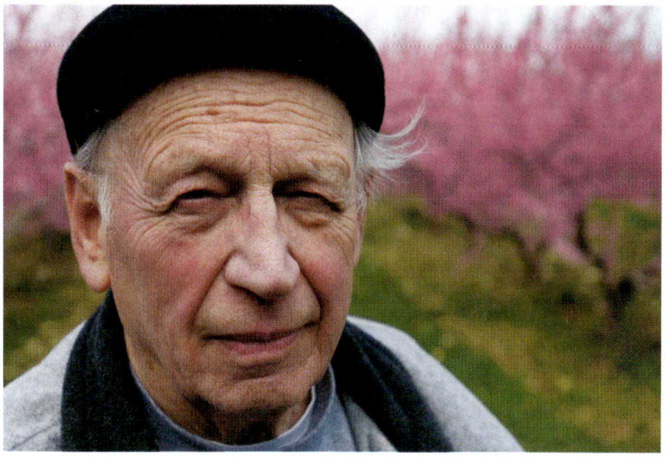
f/4 à 1/500 s.

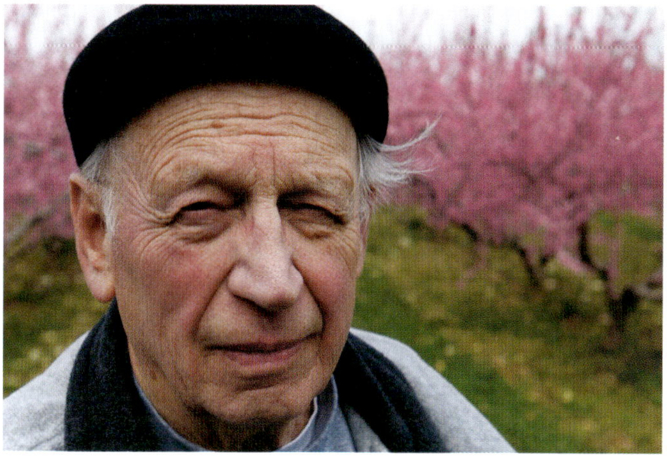
f/5.6 à 1/250 s.

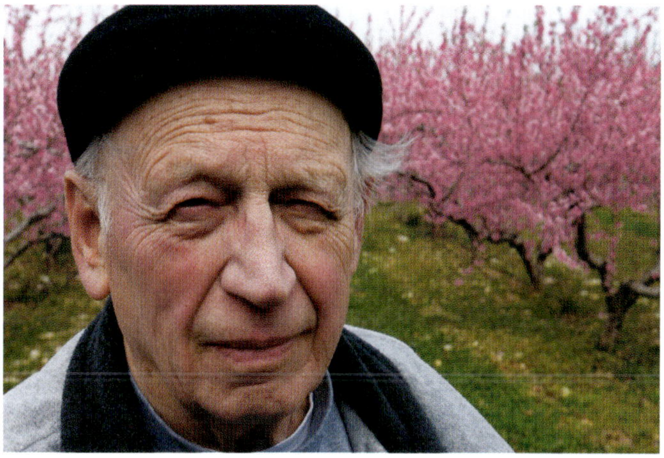
f/11 à 1/60 s.

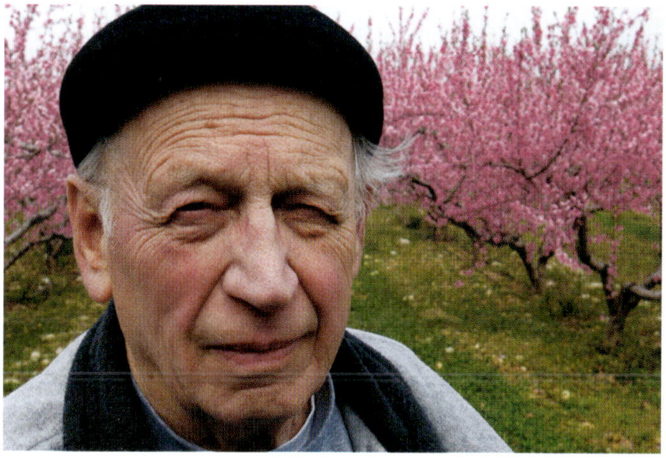
f/16 à 1/30 s.

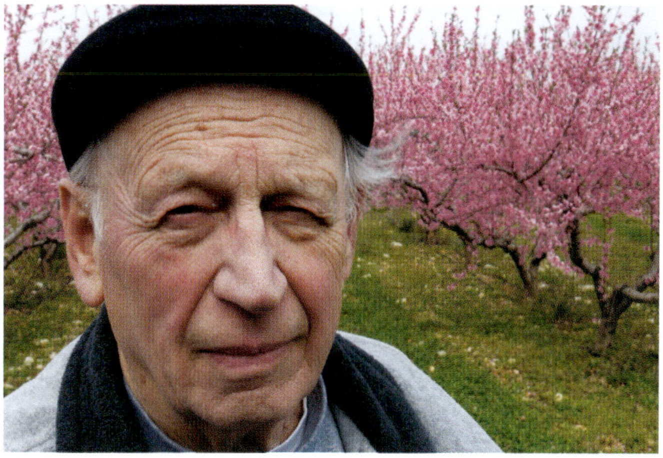
f/22 à 1/15 s.

UN COUP D'ŒIL RAPIDE sur ces sept photos montrant mon père peut ne pas révéler que chacune est légèrement différente de la précédente. Mais observez l'arrière-plan qui devient de plus en plus net d'une photo à l'autre. La différence est frappante entre la première et la dernière photo de la série.

En termes de quantité de lumière, ces photos sont les mêmes. Elles diffèrent essentiellement au niveau de la profondeur de champ. Le type d'arrière-plan désiré – flou ou bien défini – déterminera en fin de compte laquelle de ces sept photos est « correcte » à vos yeux.

Toutes les photos : Zoom 35-70 mm à 35 mm.

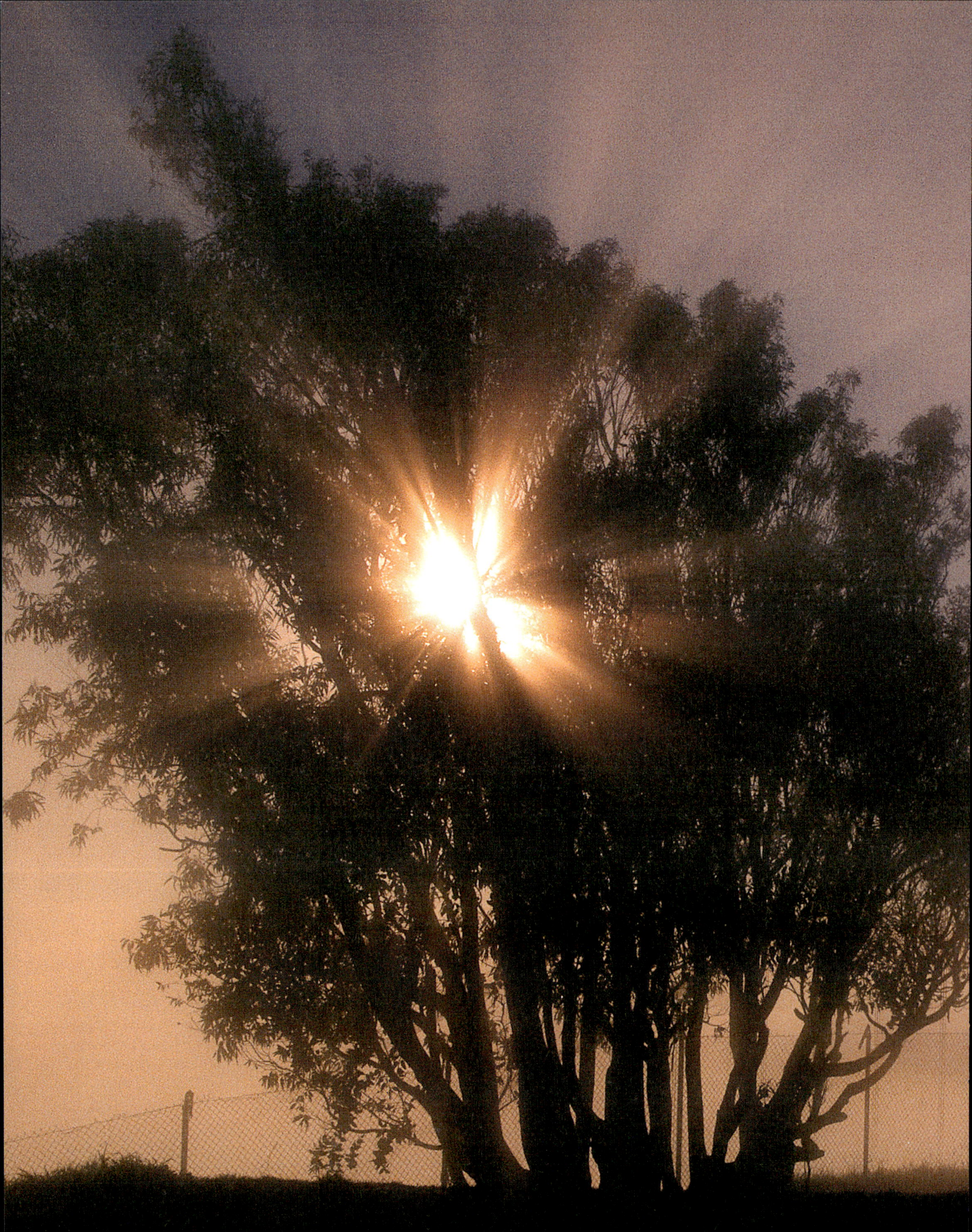

OUVERTURE

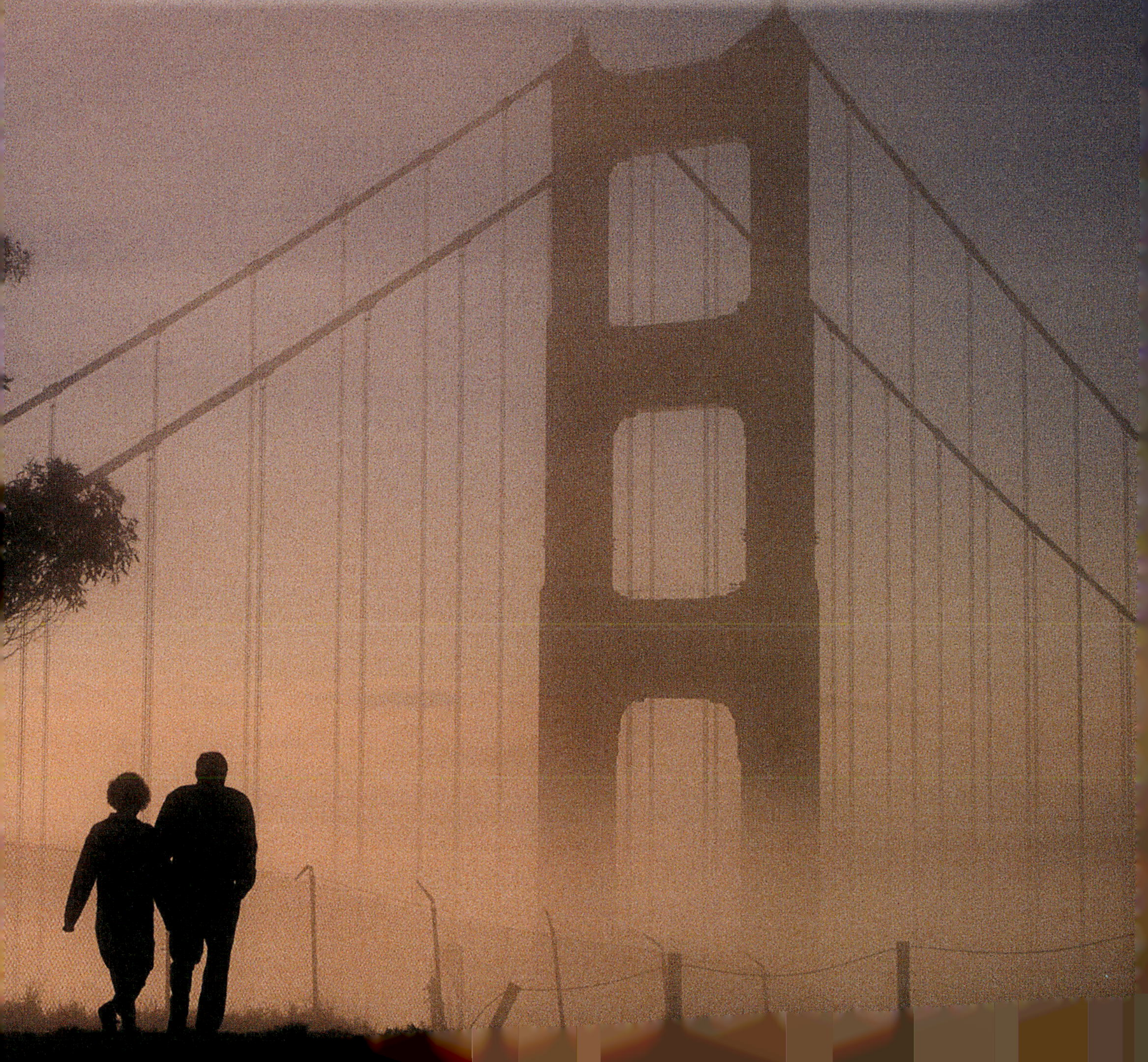

OUVERTURE ET PROFONDEUR DE CHAMP

L'ouverture est un orifice formé par les lamelles du diaphragme. Ces dernières sont généralement au nombre de six mais il peut y en avoir beaucoup plus. Selon votre équipement, vous réglez le diaphragme, soit en tournant une bague sur l'objectif, soit en appuyant sur des boutons, soit en actionnant une molette. Ce faisant, le diamètre de l'orifice diminue ou augmente, modifiant la quantité de lumière parvenant à la surface photosensible (capteur ou pellicule).

La valeur de diaphragme la plus petite – 1.4, 2, 2.8 ou 4, selon l'objectif – correspond à l'ouverture maximale, qui admet le maximum de lumière. Vous photographiez alors à l'ouverture maximale du diaphragme. Quand vous passez d'une valeur de diaphragme faible à une valeur plus élevée, vous réduisez le diamètre de l'orifice (vous diaphragmez).

Les valeurs de diaphragme les plus élevées sont généralement 16, 22 ou 32 (ou bien 8 et 11 pour un bridge à objectif fixe).

Pourquoi régler l'ouverture du diaphragme ? Comme les niveaux d'éclairement peuvent varier du sombre au clair, vous devez pouvoir régler le flux de lumière parvenant au capteur. Vous réglez à cette fin le diamètre de l'orifice. En toute logique, cela signifie que si vous photographiez sur une plage de sable blanc baignée de soleil aux Caraïbes, vous devez fermer le diaphragme afin que l'orifice soit minuscule. Et cela signifie corollairement que si vous photographiez dans la pénombre d'une cathédrale gothique, vous devez ouvrir le diaphragme au maximum afin que l'objectif puisse transmettre un maximum de lumière vers la surface photosensible.

Bien que cette façon de procéder soit techniquement recommandable, je ne l'applique pas du tout, car elle produit des résultats discutables. Pourquoi ? Parce qu'elle n'accorde aucune importance à un paramètre pourtant déterminant : le réglage de la profondeur de champ.

Qu'est-ce que la profondeur de champ ? Il s'agit de la zone de netteté en deçà et au-delà du plan de mise au point. Comme vous l'avez sans doute remarqué en regardant des photos, certaines sont nettes partout, par exemple de la fleur au premier plan jusqu'aux montagnes au loin. Or, quand vous effectuez la mise au point sur la fleur, vous remarquez dans le viseur que les montagnes sont floues. Et quand la mise au point est effectuée sur les montagnes, c'est la fleur qui est floue. Plus d'un de mes stagiaires m'a dit : « J'aimerais bien avoir un de ces appareils photo professionnels capables d'assurer la netteté partout. » Ils n'en reviennent pas quand je leur réponds que leur appareil photo peut le faire. Dans le même esprit, une fleur nette sur un fond de couleurs floues est le résultat d'une exploitation créative de la profondeur de champ.

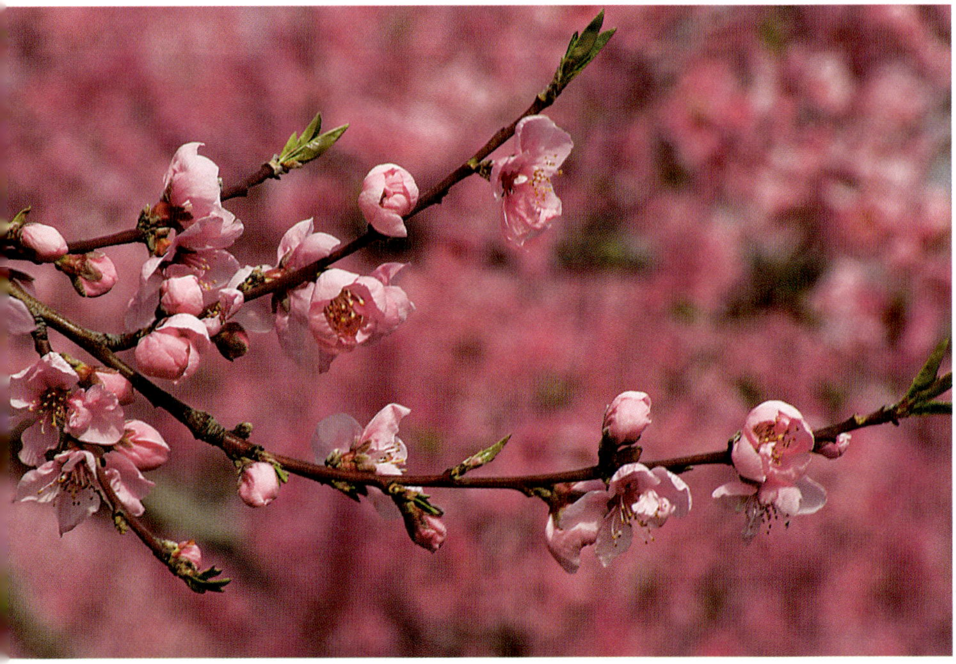

C'EST TOUJOURS VOUS qui décidez du rendu de l'arrière-plan, pour peu que vous sachiez contrôler la zone de netteté. Cela est particulièrement vrai avec un téléobjectif. La photo à gauche a été prise à *f*/32 afin que la branche soit nette, mais aussi afin que l'arrière-plan soit plus défini que la photo de la page opposée, grâce à une profondeur de champ plus étendue octroyée par une ouverture de diaphragme plus petite. Je préfère la version la plus floue.

Les deux photos : Zoom 80-400 mm à 400 mm. À gauche : *f*/32 à 1/30 s. Page opposée : *f*/5.6 à 1/1 000 s.

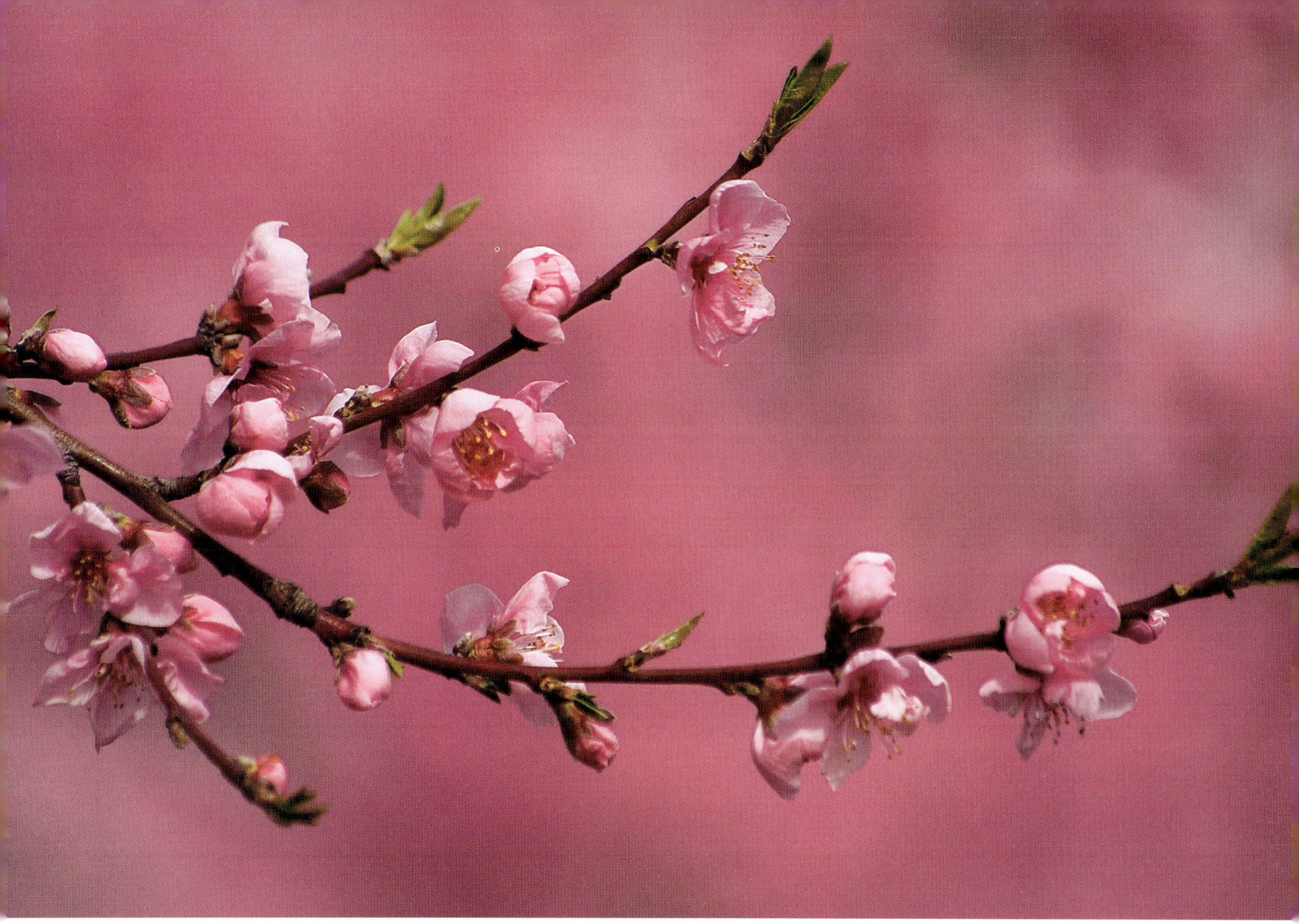

Quels sont les facteurs régissant la profondeur de champ ? Plusieurs paramètres entrent en jeu : la focale de l'objectif, la distance entre la lentille frontale, le sujet et l'ouverture sélectionnée. De ces trois paramètres, l'ouverture est le plus important.

Théoriquement, l'objectif n'effectue la mise au point que sur un seul plan. Tous les éléments qui se trouvent en deçà ou au-delà sont d'autant plus flous qu'ils sont éloignés de ce plan de netteté. Mais comme vous observez dans le viseur la scène au travers de l'ouverture maximale du diaphragme, il est crucial que vous sachiez apprécier l'étendue de la profondeur de champ. La lumière renvoyée par le sujet se forme sur la surface photosensible (capteur ou pellicule), mais c'est l'ouverture qui détermine comment cette image se « forme ». Selon une loi optique, plus le diaphragme est fermé (à des valeurs comme 16, 22 ou 32), plus la zone de netteté de la photo est étendue. En revanche, quand le diaphragme est presque grand ouvert, à 2.8, 4 ou 5.6, la zone de netteté est plus étroite, confinée au sujet. Les éléments plus proches ou plus éloignés deviennent des taches plus ou moins floues.

À l'inverse, lorsque ce même sujet est photographié avec une ouverture beaucoup plus petite, comme *f*/22, l'angle du cône image – dont la pointe se trouve sur le point focal (mise au point) et dont la base est le diamètre de l'orifice du diaphragme – est considérablement réduit. De ce fait, la profondeur de foyer du côté de la surface sensible – autrement dit la profondeur de champ –, est beaucoup plus étendue. Notez que la notion de netteté est subjective : théoriquement, n'est net que ce qui se trouve sur le plan de netteté. La netteté de part et d'autre de ce plan dépend d'un cercle de confusion dont le diamètre est d'autant plus étroit que la focalisation est proche du plan du capteur (ou du film) et l'angle du cône image aigu. Plus le cercle de confusion est grand, plus le flou est important. Notez que l'impression de netteté hors du plan de netteté dépend également de la distance à laquelle l'image finale est regardée.

Ces notions peuvent vous paraître obscures, bien qu'elles aient été simplifiées à outrance. Retenez simplement que plus le diamètre de l'ouverture est réduit, plus la zone de netteté est étendue. Cela signifie-t-il que vous devez systématiquement rechercher à tout rendre net dans une photo, au lieu d'avoir des zones floues ? Certainement pas, car c'est le sujet et la zone de netteté que vous voudrez ménager qui déterminera le choix de l'ouverture, laquelle diffère d'une photo à une autre.

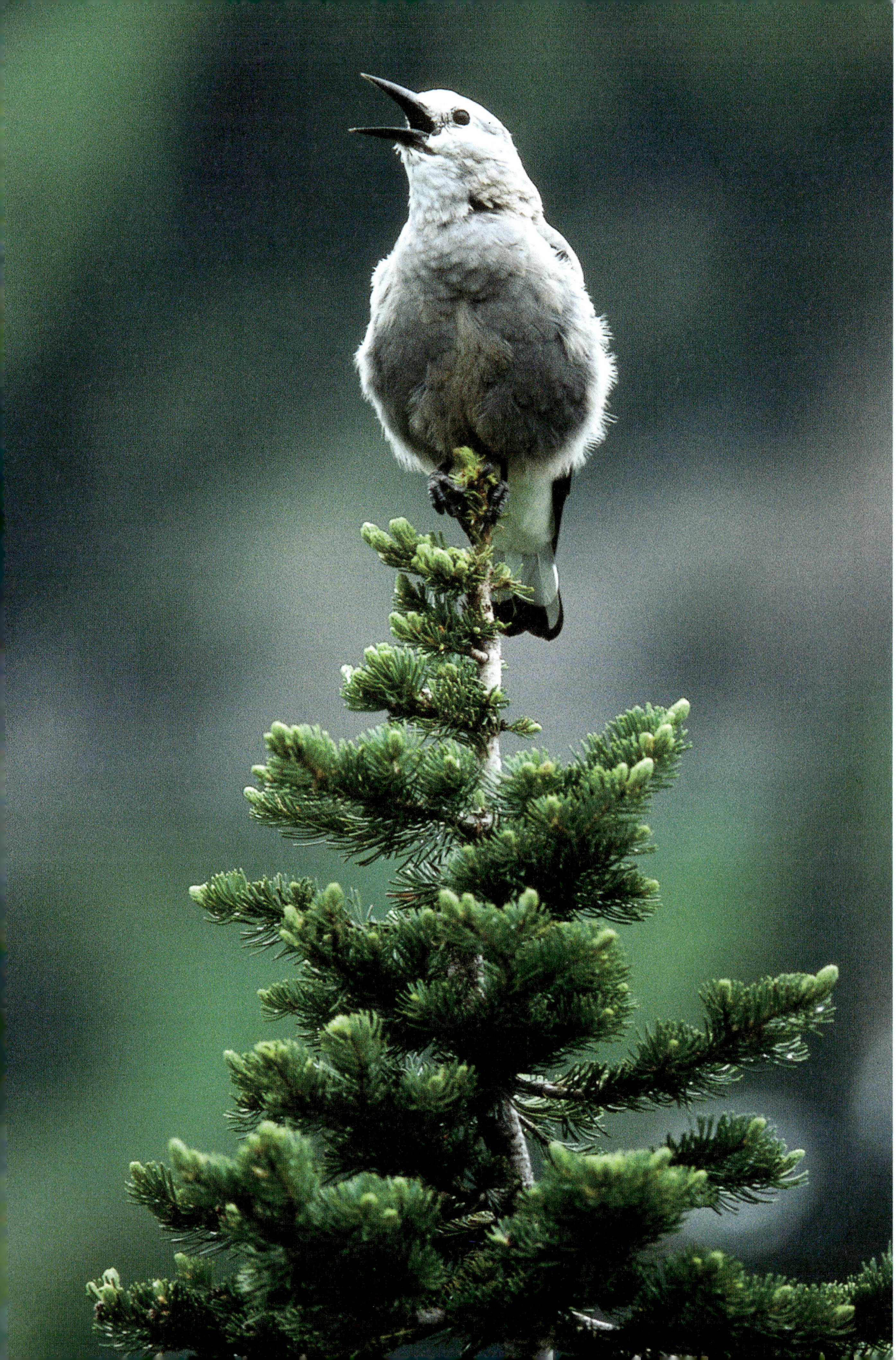

ALORS QUE J'ÉTAIS ASSIS près d'un feu de camp, un cassenoix de Clark se posa à proximité. Ce petit passereau est aussi surnommé le « voleur du campement », car il parvient à saisir des petits objets et s'envoler avec. Le zoom réglé à 300 mm me permit de le cadrer en haut de l'arbre. La distance me séparant de l'oiseau étant assez réduite et la végétation à l'arrière-plan se trouvant à 5 ou 6 m en arrière, le sujet fut facilement isolé du fond. L'ouverture à *f*/5.6 y contribua beaucoup.

Zoom 35-70 mm à 35 mm, *f*/5.6 à 1/500 s.

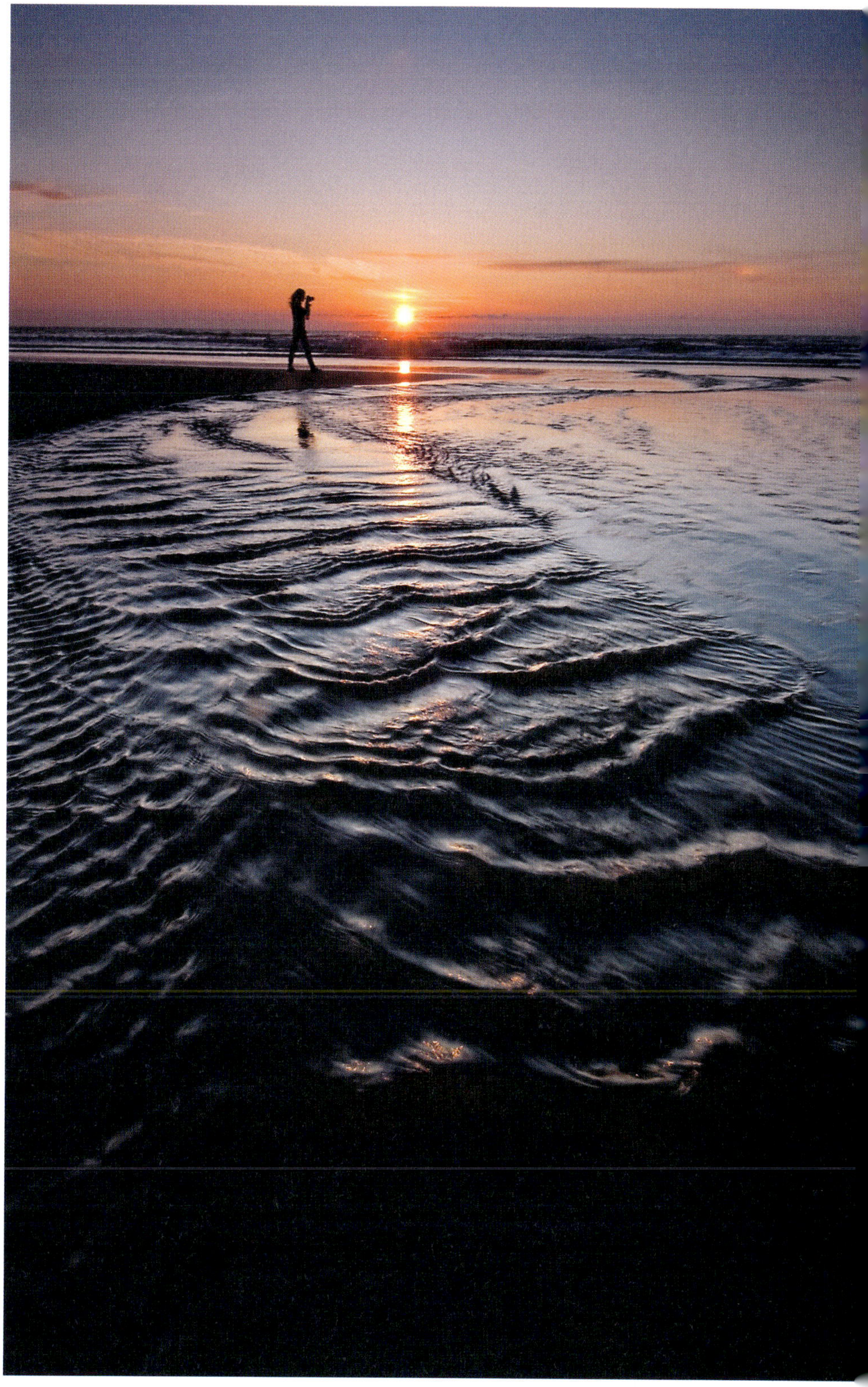

PHOTOGRAPHIER UN COUCHER DE SOLEIL sur la côte de l'Oregon en octobre relève plus de la chance que d'autre chose. On peut dire que mes stagiaires et moi, nous en avons eu en cette fin de semaine, car nous avons eu du soleil et seulement du soleil pendant trois jours. Heureusement pour moi, l'une des stagiaires photographiait un vol de mouettes au nord, pendant que je cadrais un courant qui s'écoulait vers l'océan. Sa silhouette forme non seulement un point d'intérêt, mais donne aussi une échelle et de la profondeur à l'ensemble de la composition. Contrairement à la photographie de la page opposée, l'image est nette partout, du tout premier plan jusqu'à l'infini, notamment grâce à un diaphragme très fermé.

Zoom 12-24 mm à 14 mm, 200 ISO, *f*/22 à 1/30 s, filtre gris dégradé de 3 stops.

LES OUVERTURES NARRATIVES

Il existe trois situations de prise de vue pour lesquelles le choix de l'ouverture est crucial. La première est ce que j'appelle une « composition narrative ». C'est simplement une photo qui, comme son nom l'indique, raconte une histoire. Comme tout écrit bien structuré, elle doit comporter une introduction (le sujet au premier plan), un développement (le sujet situé sur le plan intermédiaire) et une conclusion (le sujet à l'arrière-plan). Une telle photo pourrait montrer un ballot de paille au premier plan qui introduit la présentation d'une grange rouge 15 à 30 m plus loin (le sujet principal) se détachant sur un ciel bleu emplit de petits nuages blancs, à l'arrière-plan, qui concluent le cheminement du regard.

Les amateurs chevronnés et les professionnels recourent souvent au grand angulaire, comme le 35 mm, le 28 mm, le 24 mm ou le 20 mm – nous parlons ici de photos en plein format, équivalent aux 24 × 36 –, pour réaliser ces compositions narratives. L'une des principales raisons qui ont fait le succès des zooms grand angulaire – le 17-35 mm, par exemple – est sa capacité à couvrir toutes les focales susceptibles de produire des photos narratives.

Il arrive parfois qu'une composition narrative doive être prise avec un petit téléobjectif de 75 à 120 mm ou avec une focale « normale », de 45 à 60 mm, mais, quel que soit votre choix, une constante s'impose : un diaphragme aussi fermé que possible est la règle.

En réalisant vos compositions narratives, vous vous demanderez parfois sur quoi faire la mise au point. Si vous l'établissez sur le ballot de paille, dans notre exemple, la grange rouge et le ciel risquent d'être flous. Mais si la mise au point est faite sur la grange et le ciel, c'est le ballot qui sera flou. La solution à ce dilemme très fréquent est simple : ne pas effectuer la mise au point sur un élément de la photo dans le viseur, mais plutôt avec la bague de mise au point.

Il fut un temps où les photographes préféraient la focale fixe au zoom, car son piqué était meilleur. De plus, ce type d'objectif comportait une échelle de profondeur de champ qui permettait de régler la mise au point avec la garantie que tout ce qui devait être net le serait. Mais, avec la prolifération des zooms de grande qualité, la plupart des photographes ont abandonné la focale fixe au profit de l'objectif à focale variable. L'inconvénient est qu'ils ne bénéficient plus de l'échelle de profondeur de champ pour composer leurs images, pourtant fort commode.

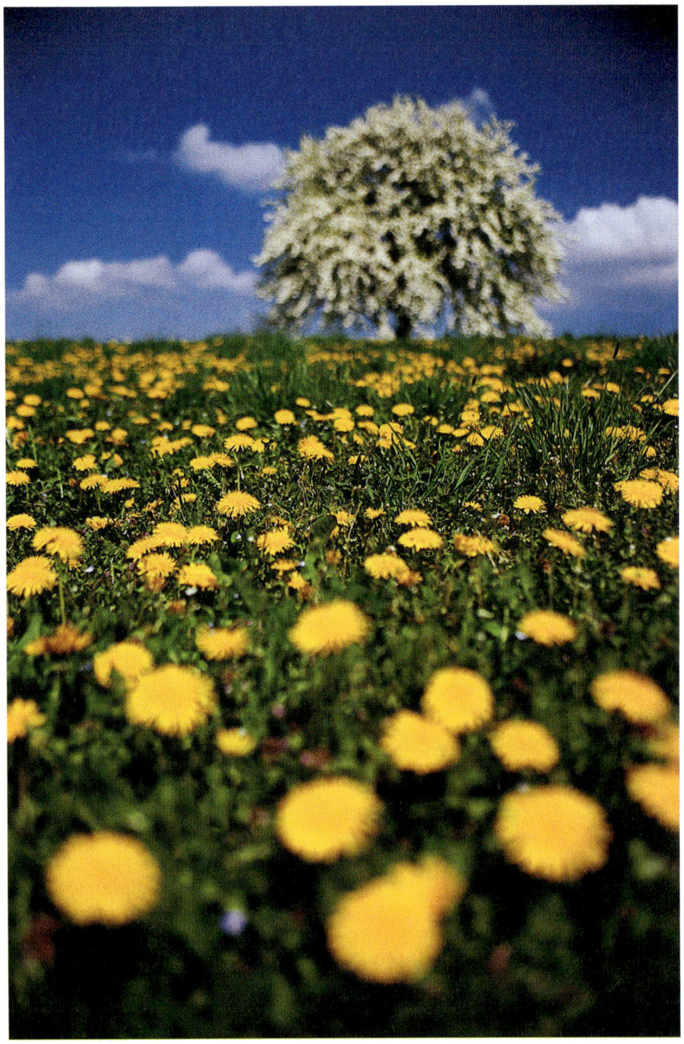

Il reste cependant les repères de distance. Ce sont les mêmes que ceux sur lesquels se fondait l'échelle de profondeur de champ. Comme une composition narrative exige une profondeur de champ maximale, vous commencez par fermer le diaphragme à *f*/22, puis vous amenez le repère de la distance en regard du repère de mise au point fixe de l'objectif. La focale de l'objectif détermine la distance à prendre en compte.

UNE SCÈNE COMME CELLE-CI doit être nette partout. C'est pourquoi j'ai diaphragmé mon zoom 20-35 mm à *f*/22 et préréglé la distance en mettant le repère correspondant à 60 cm en face du repère fixe de la bague de mise au point. Dans le viseur, la scène était tout sauf nette car, pendant la visée, le diaphragme est ouvert au maximum, à *f*/2.8 en l'occurrence, même si vous l'avez réglé à *f*/22. C'est seulement après avoir appuyé sur le déclencheur que le diaphragme se ferme à *f*/22 et que la profondeur de champ s'étend. L'exposition terminée, il se rouvre à *f*/2.8. Grâce à la profondeur de champ maximale du grand angulaire produite par l'ouverture narrative et un préréglage de la mise au point à 60 cm, la photo est nette partout.

Les deux photos : Zoom 20-35 mm à 20 mm, *f*/22 à 1/30 s.

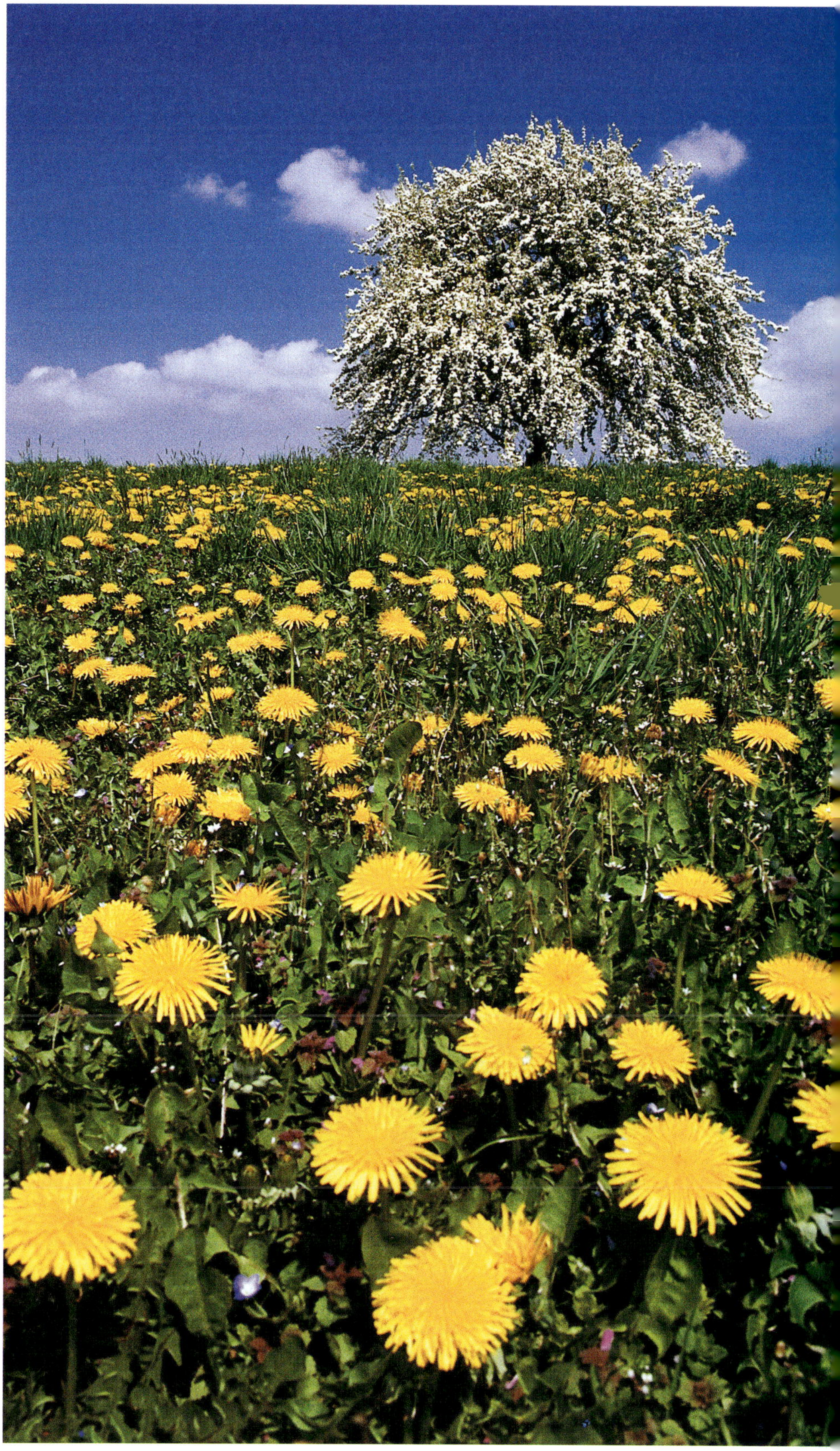

DE LA DIFFRACTION À LA SATISFACTION

Je reçois presque toutes les semaines des courriers de mes stagiaires et de mes lecteurs à propos de la fermeture du diaphragme à *f*/16 ou à *f*/22.

Deux sites de photographie reconnus ont même exhumé cette vieille info selon laquelle, lorsque le diaphragme est très fermé, comme *f*/16 ou *f*/22, la diffraction de la lumière à intérieur de l'objectif est plus discernable. Ce phénomène optique provoque une perte de contraste et de piqué.

C'est pourquoi je tiens à mettre au clair ce que de nombreux photographes professionnels savent déjà : photographier à *f*/22 peut être génial et les inquiétudes à propos de la perte de contraste et de piqué sont aussi dépassées que la crainte du bogue de l'an 2000.

En trente-cinq ans de photographie, je ne me souviens pas qu'un client m'ait recommandé de ne jamais travailler à *f*/22. Je ne me souviens même pas que Getty Images ou Corbis, les deux plus grandes agences d'illustration photographique du monde, m'aient demandé de ne pas leur envoyer de photos prises à *f*/22. Ce genre de reproche ne m'a jamais été fait et ne le sera jamais.

Fermer à *f*/22 produits une profondeur de champ extrêmement étendue, notamment avec un grand angulaire. Avec cet objectif et un soupçon de créativité, vous choisirez un premier plan digne d'intérêt, car c'est ce qui donnera l'illusion de profondeur et mettra les lignes de fuite en valeur. Le seul moyen d'obtenir de la netteté du tout premier plan jusqu'à l'arrière-plan consiste à utiliser une ouverture de *f*/22, qui est le diaphragme le plus fermé de bon nombre d'objectifs, et donc celui garantissant la zone de netteté acceptable la plus vaste.

Bref, la question du diaphragme à *f*/22 n'a jamais été un problème en photographie argentique et ne l'est pas en photographie numérique. La diffraction existe certes, mais elle ne devrait jamais vous empêcher de prendre une photo exigeant une profondeur de champ extrême. La satisfaction d'une belle photo est votre gratification. Conclusion : n'hésitez pas à faire preuve de créativité à *f*/22 !

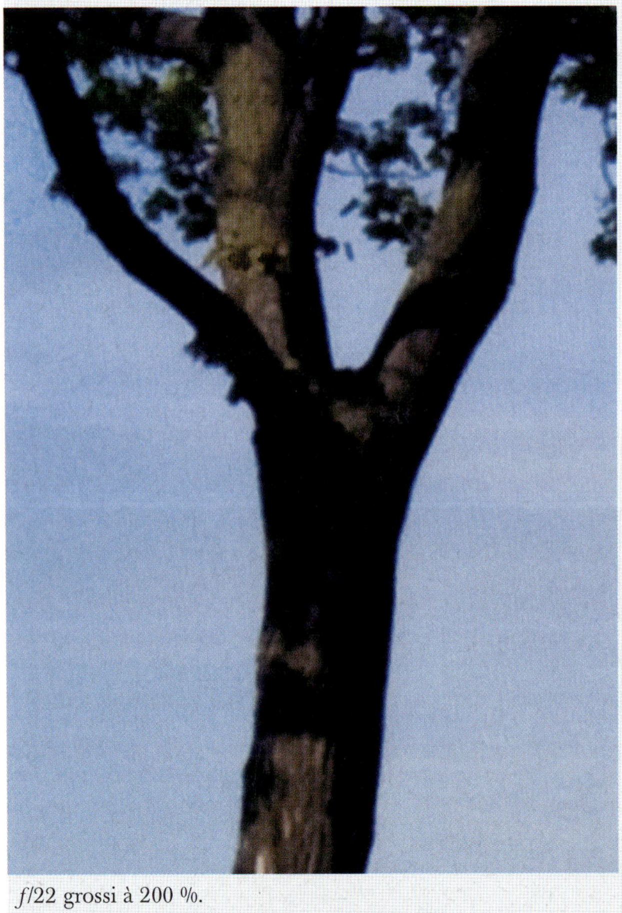

f/22 grossi à 200 %.

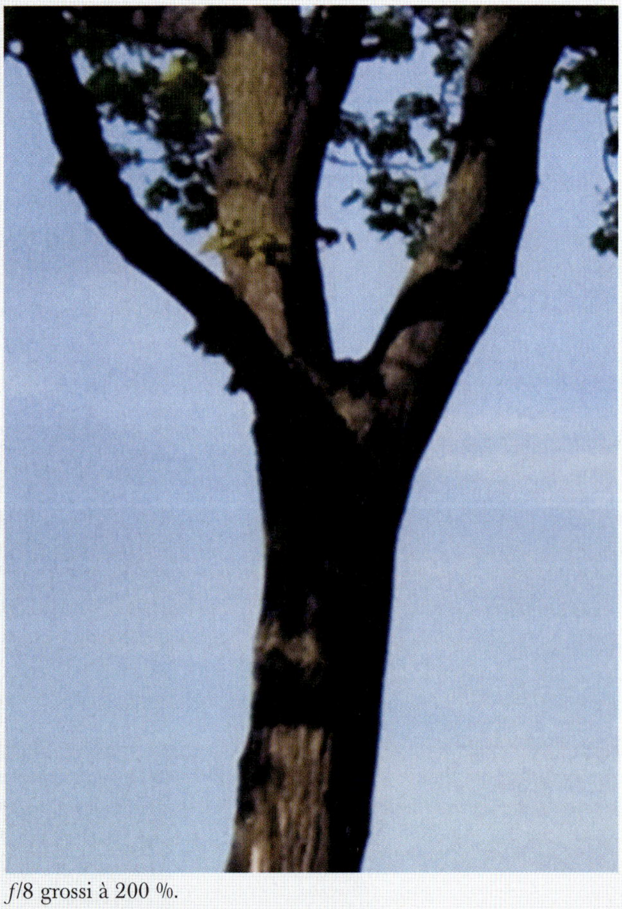

f/8 grossi à 200 %.

CES DEUX PHOTOS ont été prises avec le même objectif à la même focale, et l'exposition est la même en termes de quantité de lumières. Pourtant, la différence de netteté est flagrante. La première photo a été prise avec le très décrié diaphragme fermé à *f*/22, la seconde au diaphragme « recommandé » de *f*/8.

Je préfère personnellement la photo prise à *f*/22 car elle bénéficie d'une zone de netteté acceptable maximale, indispensable pour l'effet recherché. À *f*/8, l'image n'aurait pas été nette du premier plan à l'arrière-plan. Comme vous avez la preuve sous les yeux, il va de soi que pour les images créatives, vous opterez pour le diaphragme fermé à *f*/22, car c'est la seule valeur produisant la profondeur de champ nécessaire.

Examinez l'agrandissement à 200 % à la page opposée. La différence de netteté dans les divers plans est presque nulle, bien que je doive admettre que, à *f*/8, le contraste est plus élevé dans l'écorce de l'arbre. Mais là encore, c'est bien parce que la photo est montrée à 200 %. La très légère perte de contraste à *f*/22 n'est pas rédhibitoire.

Les deux photos : Zoom 12-24 mm à 16 mm, 200 ISO. En haut : *f*/22 à 1/100 s. En bas : *f*/8 à 1/800 s.

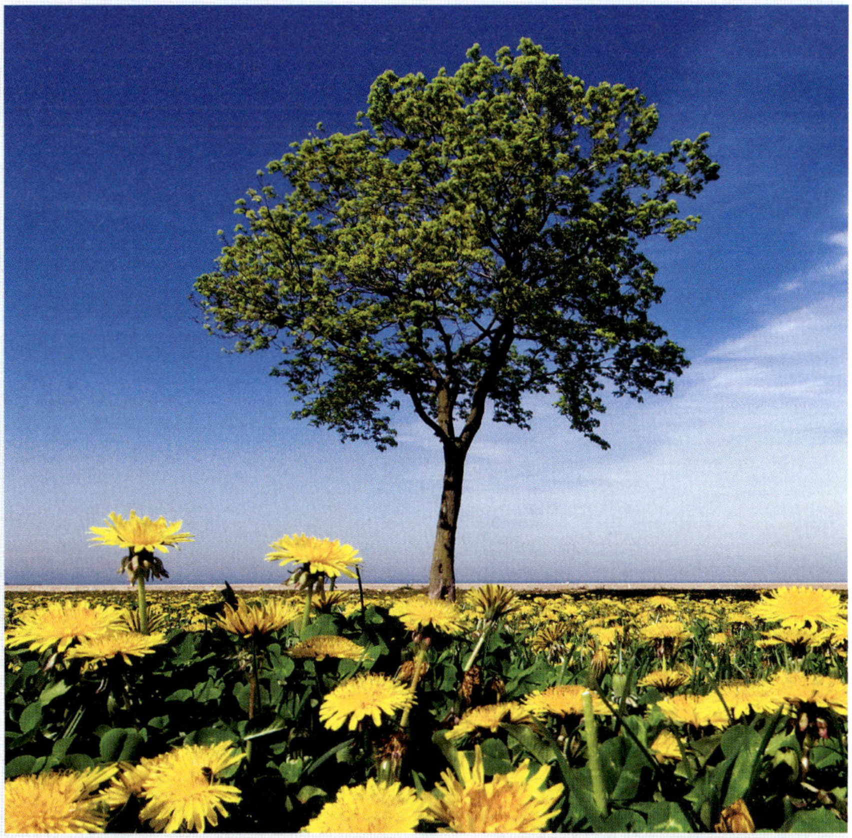

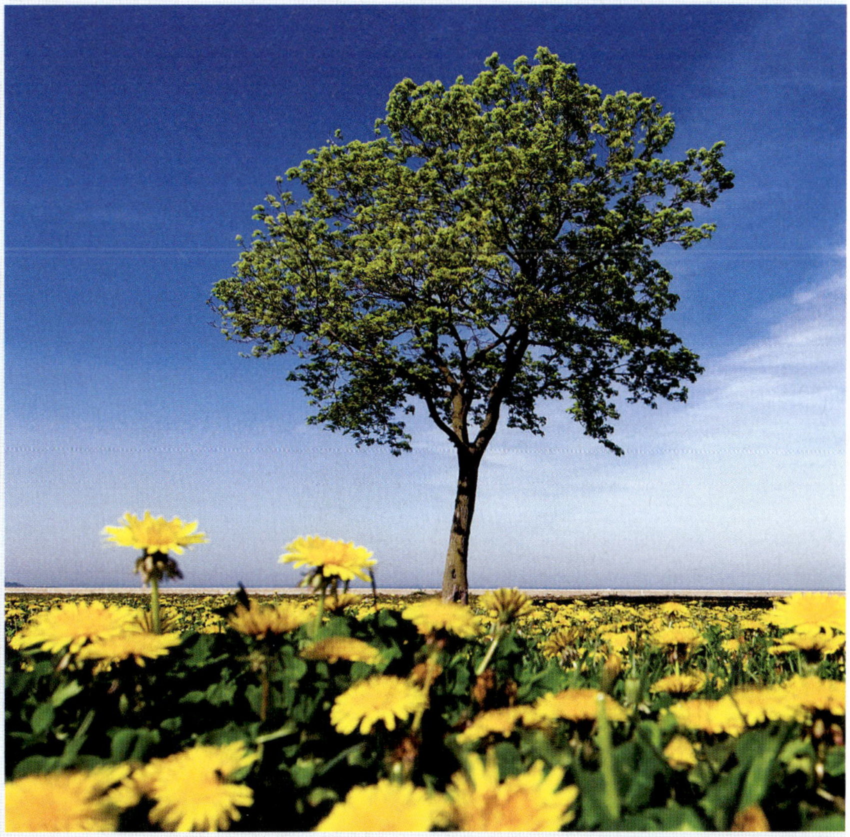

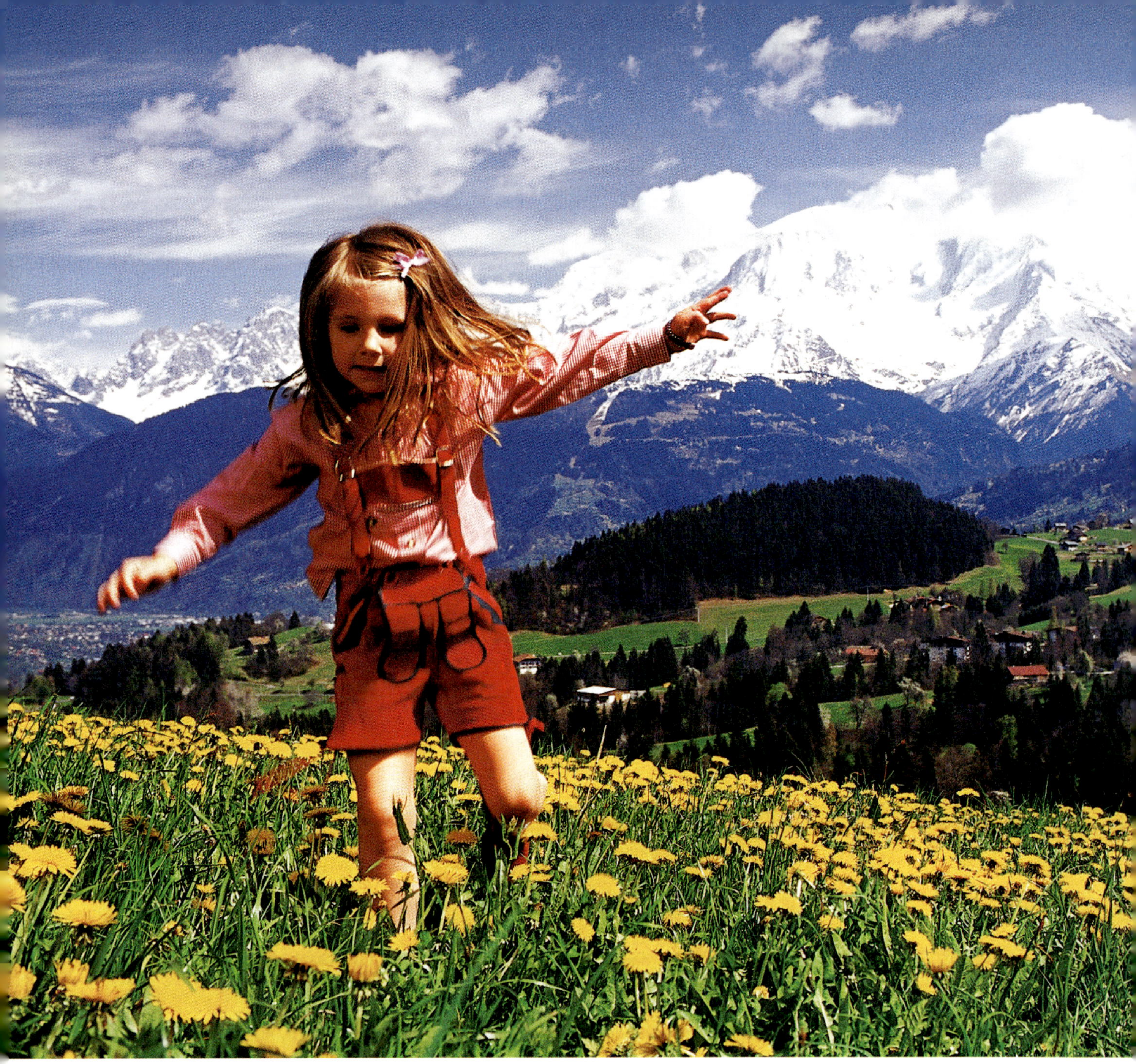

DES FLEURS AU PREMIER PLAN aux montagnes à l'arrière-plan, la profondeur de champ de cette photo est extrême. J'avais installé mon appareil photo pour effectuer un cadrage narratif des fleurs et des montagnes mais, quand ma fille Sophie est arrivée en courant dans le pré, je ne pouvais manquer cette photo. Le diaphragme fermé à *f*/16 et la mise au point déjà réglée pour obtenir une profondeur de champ maximale, j'ai pris une série de photos en mode Priorité à l'ouverture.

Zoom 35-70 mm à 35 mm, *f*/16 à 1/60 s.

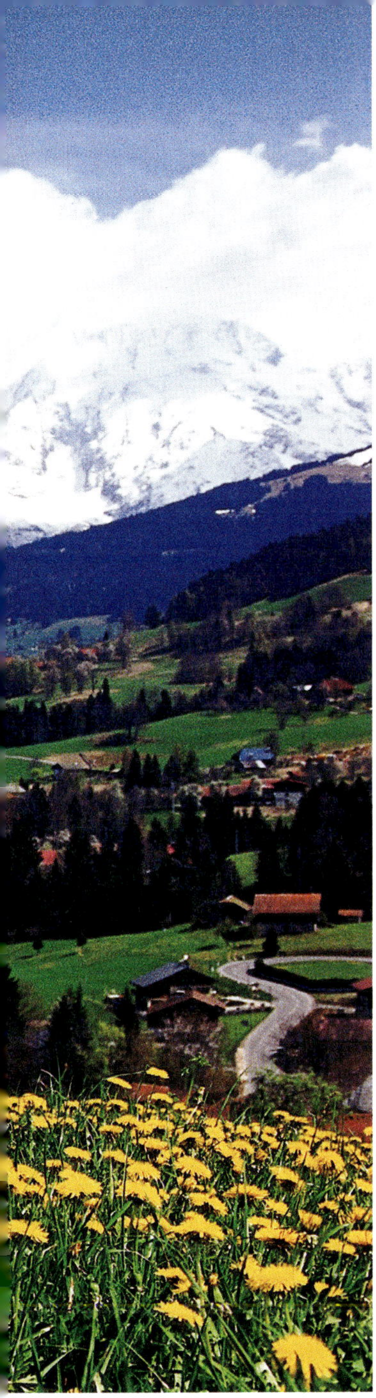

CE CADRAGE « À L'INTÉRIEUR DE L'IMAGE », comme on dit techniquement, est le bienvenu pour cette photo. Sans diaphragmer au maximum, à la plus petite ouverture, cette vue aurait beaucoup perdu. Deux branches d'un saule pleureur, sur la rive de la Saône, à la hauteur de Lyon, forment un cadre idéal. L'appareil photo sur trépied, équipé du zoom 12-24 mm fermé à *f*/22, la mise au point a été effectuée à 1 mètre. La lumière ayant été mesurée sur les façades, la vitesse a été réglée jusqu'à ce que 1/80 s corresponde à celle préconisée par le posemètre. Comme le saule pleureur se trouvait dans une ombre découverte et que l'exposition avait été mesurée sur les maisons, les branches sont réduites à des silhouettes. Leur forme bien découpée et leur proximité contrastent avec le paysage, produisant une image d'une grande profondeur et dont l'échelle est clairement suggérée.

Zoom 12-24 mm, 125 ISO, *f*/22 à 1/80 s.

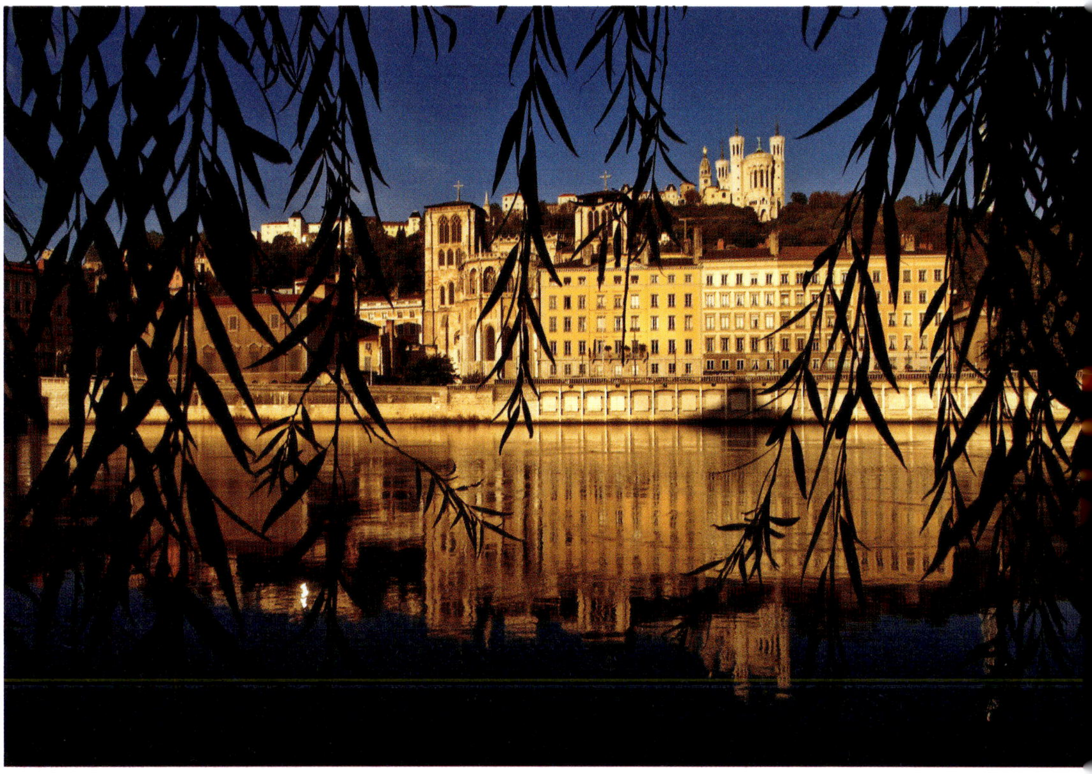

LA VISION AU GRAND ANGULAIRE

Développer la vision au grand angulaire n'est pas aussi difficile que vous pourriez le penser. Se débarrasser de la croyance selon laquelle cet objectif rapetisse tout et met tout à distance est indispensable pour comprendre pourquoi vous devriez l'utiliser plus souvent, surtout lorsque vous désirez obtenir des photos narratives.

Le grand angulaire a tendance à tout éloigner. C'est pourquoi vous devez placer un élément de grande importance au tout premier plan, afin de le meubler. Je dis bien au « tout premier plan », car c'est là le secret d'un cadrage réussi avec un grand angulaire.

Imaginez un moment que vous ayez préparé votre salon en prévision d'une soirée où tout le monde dansera. Où rangez-vous les tables et les chaises ? Vous les poussez contre le mur du fond afin de libérer de la place au milieu de la pièce. Le salon semble alors bien vide et, si les invités remarquent tant ce vide, c'est parce que personne n'a commencé à danser. Mais dès qu'un couple apparaît, suivi d'un autre et d'autres encore, le salon s'anime et ne paraît plus du tout vide. C'est pareil avec un grand angulaire : il produit d'abord une dérangeante impression de vacuité, qui disparaît cependant sitôt qu'un sujet meuble le premier plan.

ÊTES-VOUS LIMITÉ AU GRAND ANGULAIRE pour les compositions narratives ? Certainement pas, mais les courtes focales sont souvent mises à contribution à cause de leur capacité à englober un vaste paysage et aussi à cause de leur profondeur de champ étendue. Des compositions peuvent être prises au téléobjectif, en veillant à ce que la netteté soit répartie dans toute la photo. Je recommande pour cela à mes stagiaires d'effectuer la mise au point au premier tiers de la distance et, bien sûr, de fermer le diaphragme au maximum. Il suffit ensuite de déclencher.

Beaucoup de photographes ne sont pas tentés d'utiliser le téléobjectif pour faire de la photographie rapprochée. Et pourtant, s'ils le faisaient, leurs images – notamment celles qui sont narratives – seraient dix fois meilleures. Quand vous cherchez à cadrer très large, vous êtes tenté de reculer pour embrasser le plus grand champ possible. Essayez à présent de vous rapprocher, d'être plus près des fleurs, des rochers ou de tout autre élément situé au premier plan. Cette photo d'une piscine gonflable offre l'occasion de se rapprocher du premier plan avec un grand angulaire. Ci-dessous, la scène est chargée d'éléments divers, mais le premier plan n'a pas été exploité. En s'approchant du bord (en bas), le résultat est nettement plus graphique et plus coloré.

Les deux photos : Zoom 20-35 mm, *f*/16 à 1/125 s.

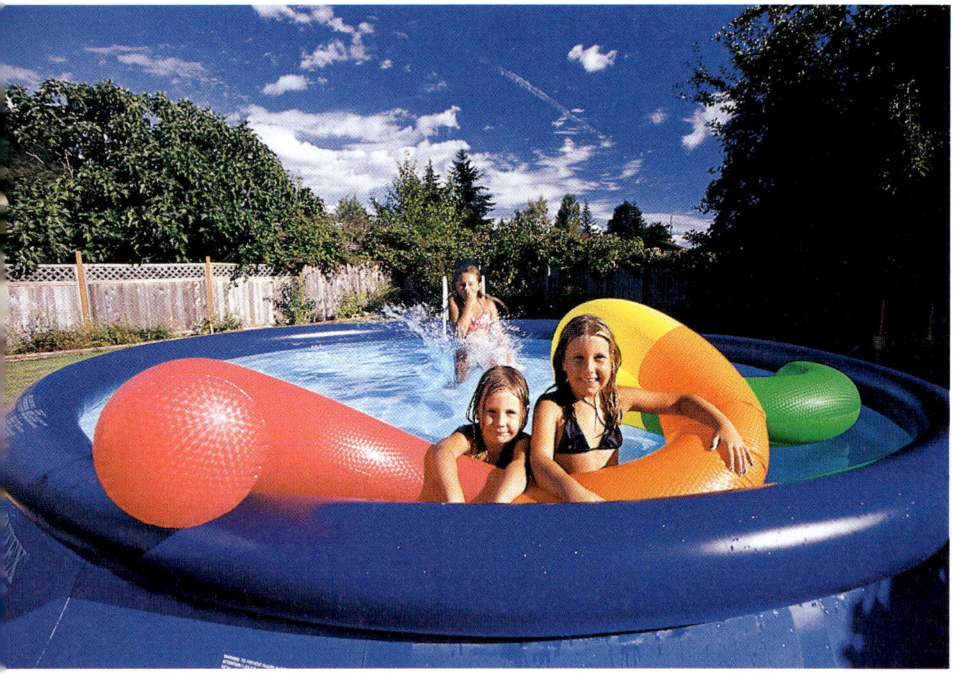

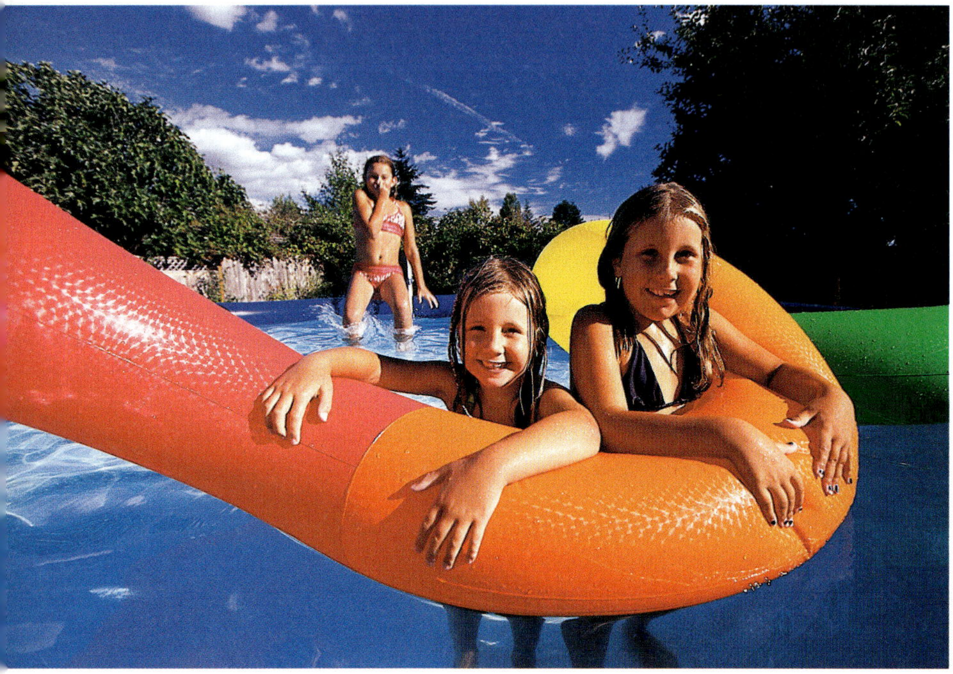

DE PAR SA NATURE, une route est une ligne de force qui conduit le regard à travers la scène. Après m'être rangé sur le bas-côté, j'avais installé l'appareil photo et le zoom 75-300 sur un trépied, réglé la focale à 130 mm et fermé le diaphragme à *f*/32. Puis j'ai effectué la mise au point au premier tiers de la distance. L'objectif pointé vers le feuillage vert, j'ai réglé la vitesse en appliquant une sous-exposition de 2/3 de stop (soit 1/25 s au lieu de 1/15 s recommandé par le posemètre, comme expliqué dans les pages 23 et 134-135). J'ai ensuite cadré la scène puis pris une série de photos.

Zoom 75-300 mm à 130 mm, *f*/32 à 1/25 s.

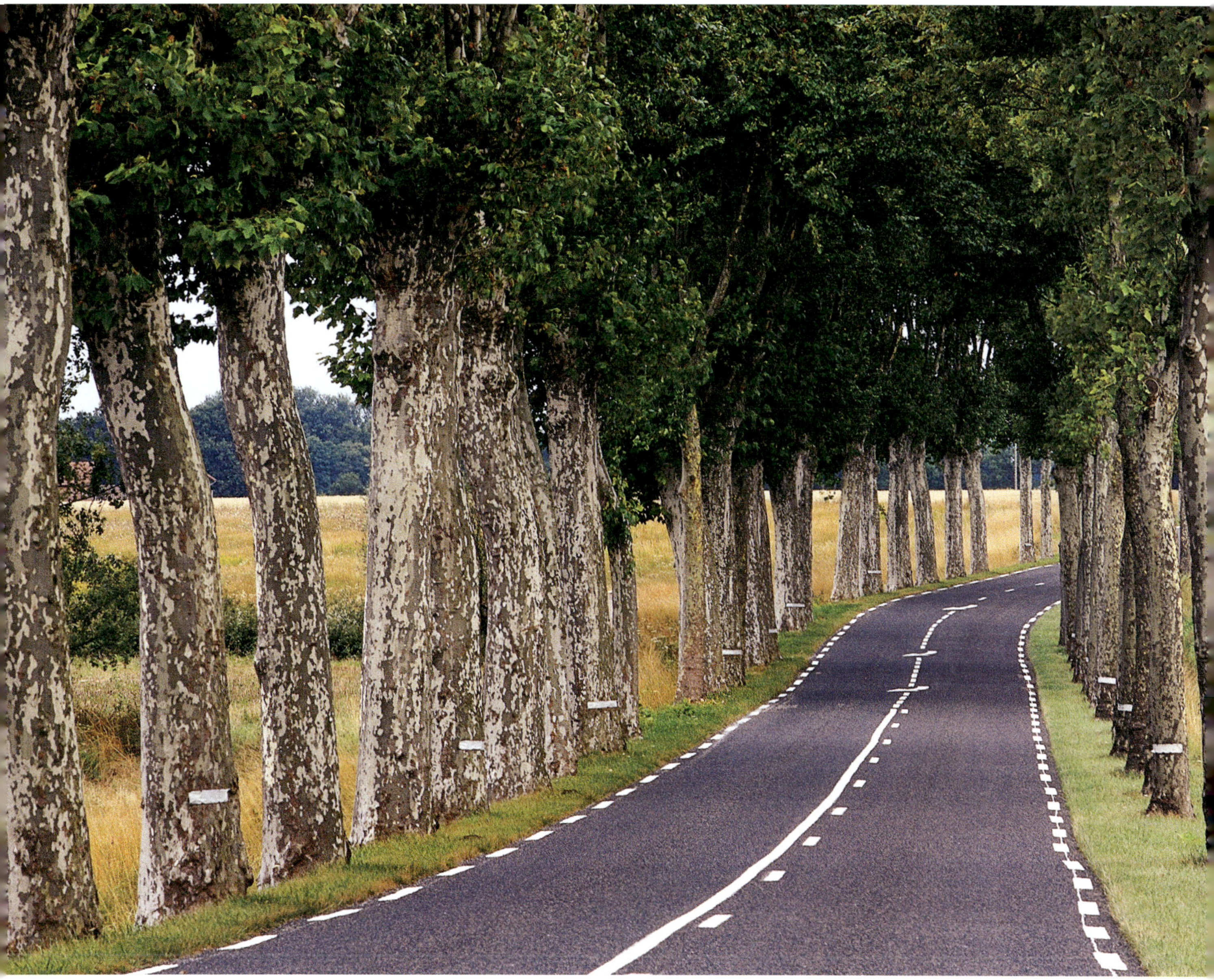

CONSEIL POUR LA PROFONDEUR DE CHAMP

Quand il s'agit de photographier des compositions narratives qui doivent être nettes du premier plan à l'arrière-plan, mes stagiaires me demandent souvent à quelle distance il faut faire la mise au point. Voici ma formule infaillible, en toutes circonstances (NdT : fondée sur la notion d'hyperfocale).

Avec un appareil photo à petit capteur et avec un objectif dont l'angle de vue est de 75 degrés – autrement dit, un grand angulaire de 18 mm –, vous commencez par fermer le diaphragme à *f*/22, puis vous effectuez la mise au point à environ 1,5 m. Ensuite, en mode Manuel, vous réglez la vitesse puis vous déclenchez. Si l'appareil photo est en mode Priorité à l'ouverture, contentez-vous de déclencher, car la vitesse sera réglée automatiquement. La profondeur de champ sera d'environ 1 mètre à l'infini.

En numérique, avec un zoom grand angulaire 12-24 mm et une focale entre 12 et 16 mm, fermez à *f*/22, visez un élément à environ 1 mètre puis procédez comme expliqué précédemment. La profondeur de champ sera d'environ 60 cm à l'infini – soit dit en passant, vous devez débrayer l'autofocus.

Si votre appareil photo est à capteur plein format et que la focale est de 14 à 24 mm, faites simplement la mise au point à 1 mètre. À *f*/22, la profondeur de champ sera de 60 cm à l'infini. Avec une focale de 25 à 28 mm, la mise au point doit être effectuée à 1,50 m ; la profondeur de champ s'étendra alors de 1 mètre à l'infini.

LE COEFFICIENT DE CAPTEUR DES APPAREILS PHOTO À OBJECTIF FIXE

Si votre appareil photo est à objectif fixe (non interchangeable), vous savez sans doute que le champ couvert par les focales du zoom n'est pas le même que celui des appareils photo à capteur plein format (24 × 36). Son zoom est peut-être libellé 7-21 mm ou 9-72 mm, ou encore 9.7-48.5 mm.

Pour savoir de quoi il s'agit lorsqu'il est question de focales dans ce livre, vous devez savoir comment convertir les angles de vue de votre zoom en angles de vue plein format. Le zoom 7-21 mm équivaut à un 38-105 mm, le zoom 9-72 mm à un 35-280 mm et le 9.7-48.5 mm à un 38-190 mm.

L'angle de vue maximal du zoom de la plupart des appareils photo à objectif fixe ne dépasse pas 62 degrés, l'équivalent d'un modeste 35 mm en plein format. Or, ce dernier produit rarement des compositions narratives fortes, car il n'est pas assez grand angulaire. C'est pourquoi, quand il est question de profondeur de champ, vous devez ne pas oublier que la focale minimale qui vous est accessible est 35 mm – reportez-vous à la page 53 pour savoir comment régler la distance pour obtenir une profondeur de champ maximale.

Appareil photo à objectif fixe et profondeur de champ

Un appareil photo à objectif fixe est incapable de produire une grande profondeur de champ, même avec le diaphragme à *f*/2.8, ce qui équivaut à *f*/11 sur un reflex ! À *f*/4, la profondeur de champ équivaut à *f*/16 avec un reflex et, à *f*/5.6, elle équivaut à *f*/22. En fermant à *f*/8, l'équivalent est *f*/32 et, à *f*/11, vous obtenez la faramineuse profondeur de champ d'un équivalent *f*/64.

Un autre avantage des ouvertures octroyant des profondeurs de champ aussi étendues se situe au niveau des vitesses d'obturation. Par exemple, lorsque je photographie une composition narrative au 35 mm, avec mon reflex, je ferme à *f*/22 pour obtenir une profondeur de champ maximale. Avec une sensibilité de 100 ISO et en supposant que la scène soit éclairée latéralement par la lumière du soir, la vitesse est d'environ 1/30 s. Avec un temps de pose aussi long, le trépied est plus que recommandé. Par ailleurs, vous pourriez choisir de photographier la même scène à *f*/5.6 (l'équivalent, pour la profondeur de champ, de *f*/22 avec un reflex plein format) et subséquemment, vous pourriez aussi utiliser une vitesse de 4 stops plus élevée, autrement dit un fulgurant 1/500 s. Qui aurait besoin d'un trépied à cette vitesse ?

De même, quand vous photographiez des fleurs en gros plan ou des gouttelettes de rosée sur un brin d'herbe – à supposer que vous disposiez d'une fonction Macro –, vous pouvez photographier à *f*/8 ou à *f*/11, l'équivalent de *f*/32 ou *f*/64, et obtenir une fois de plus une zone de netteté à laquelle les possesseurs de reflex ne peuvent que rêver. Et comme le sait tout utilisateur de reflex, photographier à *f*/32 avec un objectif macro impose l'usage du trépied, car la vitesse d'obturation est souvent trop lente pour photographier à main levée. Mais, là encore, avec une ouverture à *f*/8 (un équivalent *f*/32) vous photographierez les mêmes gouttelettes de rosée à une vitesse beaucoup plus élevée, et souvent sans devoir recourir au trépied.

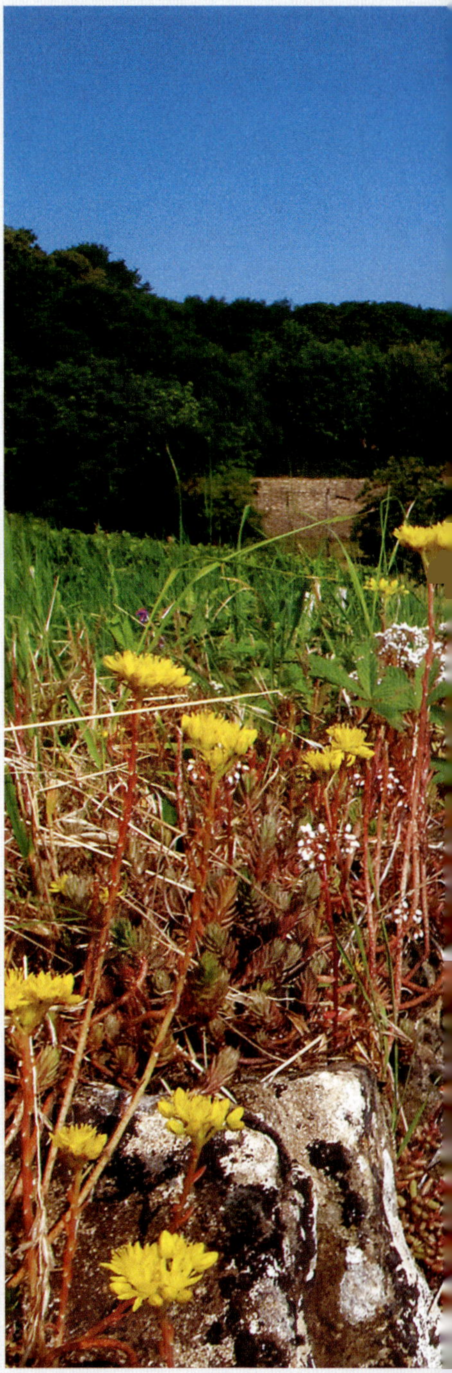

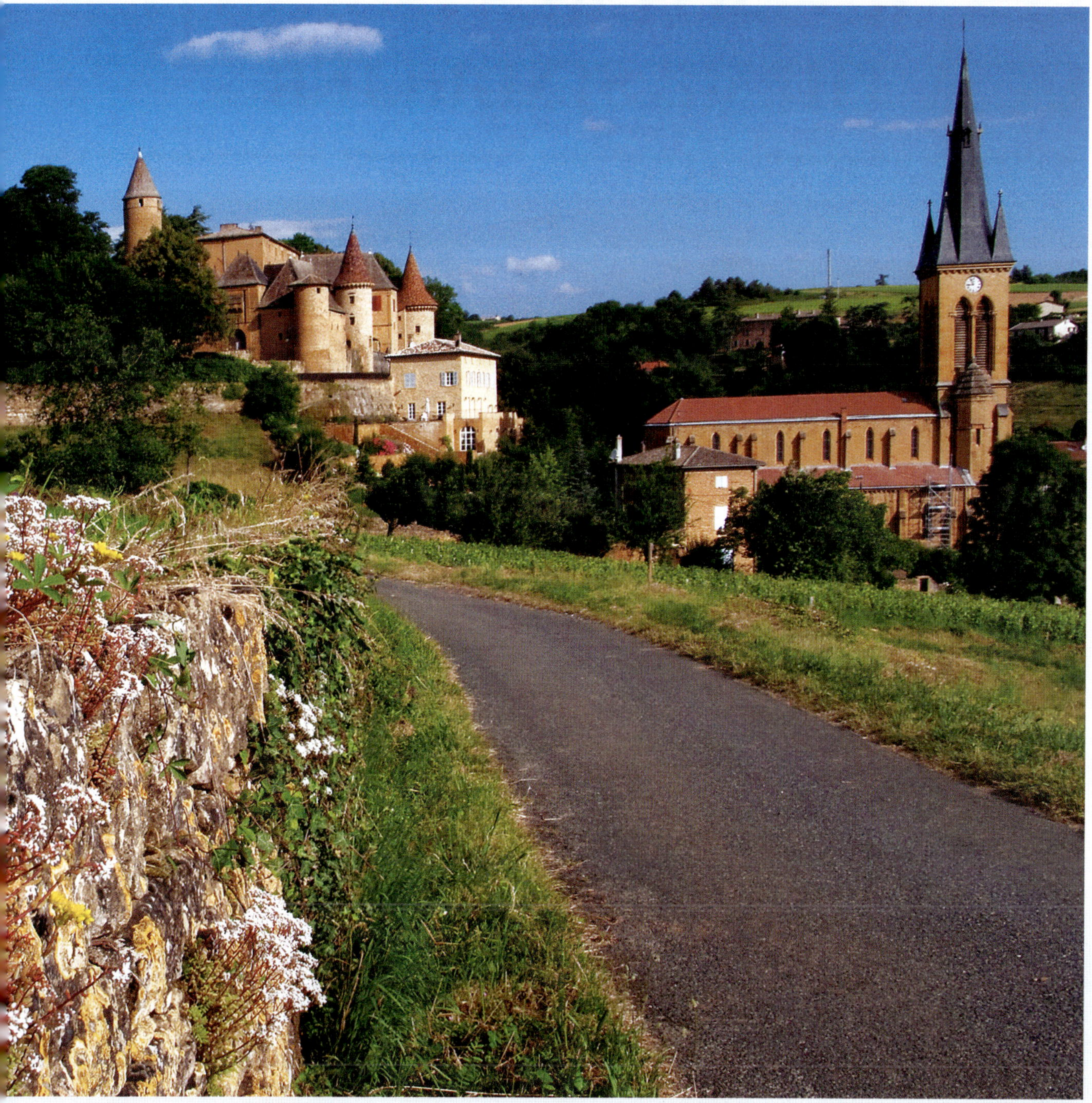

NORMALEMENT, POUR UNE SCÈNE comme celle-ci dans le Beaujolais, j'aurais sorti mon Nikon D300 ainsi que le trépied. Mais ce jour-là, j'avais choisi de voyager léger et de n'emporter que mon compact, un Leica D-Lux 4. Heureusement, comme la plupart des compacts, il offre une formidable profondeur de champ, même à *f*/8, qui équivaut à *f*/32 sur un reflex. Inutile de préciser que le trépied était inutile car, avec une sensibilité de 100 ISO, la vitesse était de 1/400 s. Cela nous amène à cette question : « Pourquoi ne pas utiliser cet appareil photo en permanence, surtout s'il est léger et dispense d'emporter un trépied ? » Les raisons sont multiples, la plus importante étant que la taille de l'image, malgré ses impressionnants 11 mégapixels, est insuffisante pour une exploitation commerciale ou par une agence d'illustration photographique. De plus, les possibilités sont limitées à cause de la plage de focale effective de 24 à 60 mm.

Il serait agréable de pouvoir voyager vraiment léger avec un appareil photo encore plus performant. Mon rêve serait un appareil photo similaire au Leica D-Lux 4, mais avec un capteur à 16 mégapixels et un zoom effectif de 20-400 mm. Étant donné la rapidité des progrès technologiques, ce genre d'appareil photo devrait voir le jour d'ici très peu d'années. J'en suis tout impatient (mon dos aussi).

Leica D-Lux 4, 100 ISO, *f*/8 à 1/400 s.

LES OUVERTURES ISOLANTES, OU À THÈME SINGULIER

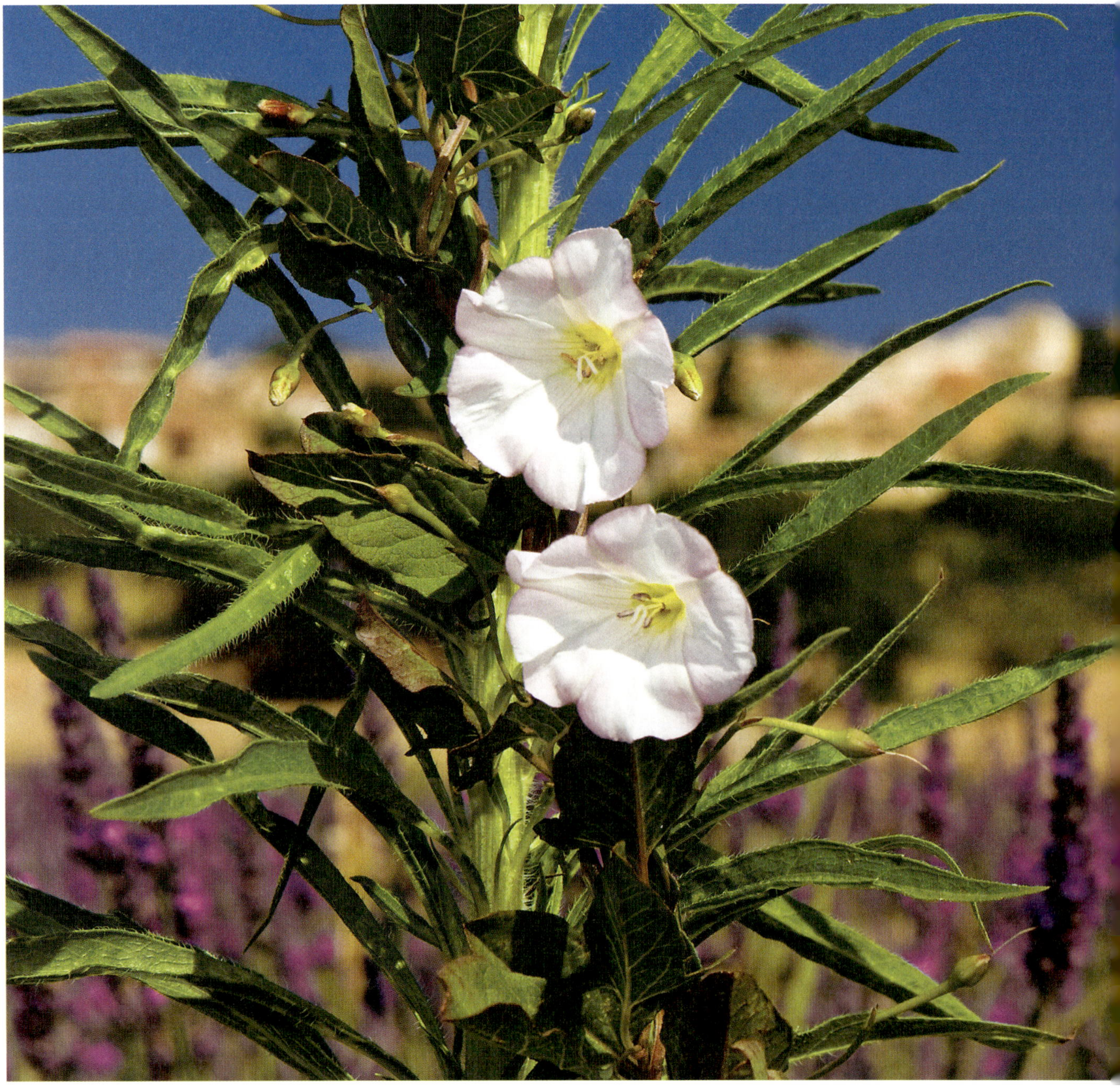

LE DÉCOR FLOU ne met en valeur que ces deux liserons. C'est le but de la mise au point sélective. Afin que la prépondérance visuelle se porte sur les fleurs, j'ai d'abord effectué une mise au point rapprochée puis j'ai délibérément choisi une ouverture maximale, qui est ici de *f*/6.3. Le Nikon et le zoom 28-70 mm fixés sur le trépied, j'ai réglé la focale à 30 mm, ce qui permet d'élargir modérément le champ et de suggérer les environs tout en conservant les fleurs comme sujet principal. J'ai ensuite réglé la vitesse jusqu'à ce que 1/400 s corresponde à celle préconisée par le posemètre, puis j'ai pris une série de photos.

Zoom 28-70 mm à 30 mm, *f*/6.3 à 1/400 s.

La seconde situation de prise de vue pour laquelle le choix de l'ouverture est crucial est ce que j'appelle une « composition isolante » ou « à thème singulier ». Ici, la netteté est délibérément limitée à une partie précise de l'image, les autres éléments – ceux au premier plan aussi bien que ceux à l'arrière-plan – étant rejetés dans le flou. Cet effet découle directement du choix de l'ouverture.

L'angle de vue du téléobjectif étant étroit, ainsi que sa profondeur de champ, cet objectif est souvent le plus approprié pour ce genre de photos. Aux grandes ouvertures comme *f*/2.8, *f*/4 ou *f*/5.6, la profondeur de champ est minimale. Un portait – pris sur le vif ou posé – se prête bien à cet effet, de même qu'une fleur ou n'importe quel sujet devant ressortir d'une scène quelque peu chargée. Quand une mise au point sélective est effectuée sur un seul sujet, le premier plan et/ou l'arrière-plan flou obligent l'attention à se porter dessus. C'est ce que l'on appelle la « prépondérance visuelle » : notre système de vision accorde de l'importance à tout que ce qui est net.

LE BOUTON DE CONTRÔLE DE LA PROFONDEUR DE CHAMP

Existe-t-il un moyen, sur un appareil photo, de déterminer la meilleure ouverture pour une composition à thème singulier ? Oui : le bouton de contrôle de la profondeur de champ. Tous les appareils photo n'en sont pas équipés et, lorsqu'il est présent, son usage est souvent méconnu.

Son utilisation est pourtant des plus simples : quand ce bouton est enfoncé, le diaphragme est fermé à la valeur sélectionnée, montrant dans le viseur la profondeur de champ telle qu'elle apparaîtra sur la photo. Vous pouvez ainsi la régler à vue et vérifier la netteté et/ou le flou de chaque élément et de chaque plan.

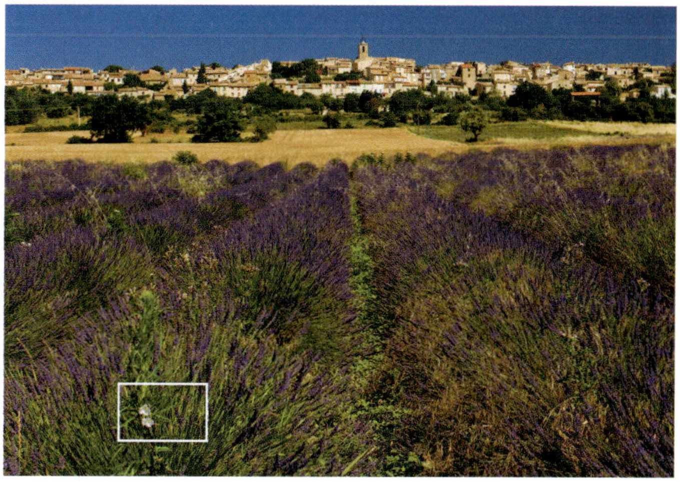

EXERCICE : MAÎTRISER LE BOUTON DE CONTRÔLE DE LA PROFONDEUR DE CHAMP

Bien que simple à utiliser, le bouton de contrôle de la profondeur de champ est quelque peu déroutant pour beaucoup de photographes. La remarque classique que j'entends lors de mes stages est : « Le viseur devient tout sombre ! » Surmonter cette impression n'est pas difficile, il faut juste un peu de pratique. Si votre appareil photo est doté de ce bouton, voici l'exercice que je propose : ouvrez d'abord le diaphragme au maximum, à *f*/2.8, *f*/3.5 ou *f*/4. Réglez ensuite le zoom à 70 mm ou plus et faites la mise au point sur un objet proche, en cadrant assez large pour que l'arrière-plan soit visible. Appuyez ensuite sur le bouton de contrôle tout en regardant dans le viseur. Il ne se passe rien. Fermez maintenant le diaphragme à *f*/8 et observez l'arrière-plan dans le viseur. Vous avez sans doute remarqué que le viseur s'est assombri, mais avez-vous vu que l'arrière-plan est devenu moins flou ? Fermez maintenant le diaphragme à *f*/16 et enfoncez de nouveau le bouton, en observant toujours l'arrière-plan. Eh oui, le viseur est devenu encore plus sombre, mais le fond est presque net, n'est-ce pas ?

Chaque fois que vous réduisez l'ouverture du diaphragme, les éléments en deçà et au-delà du plan de mise au point deviennent plus nets. Autrement dit, la zone de netteté – la profondeur de champ – s'étend.

Allez maintenant dehors avec votre téléobjectif, un 200 mm, par exemple, et diaphragmez à *f*/16. Cadrez une fleur ou un visage. La mise au point effectuée, appuyez sur le bouton de contrôle de la profondeur de champ. Le viseur s'assombrit à cause du diaphragme fermé, mais remarquez surtout comme l'avant et l'arrière du sujet ont gagné de la netteté. Pour que l'environnement du sujet devienne flou, ouvrez à *f*/5.6. L'arrière-plan est moins net. Le bouton de contrôle de la profondeur de champ est utile pour simplifier le contenu d'une scène particulièrement chargée.

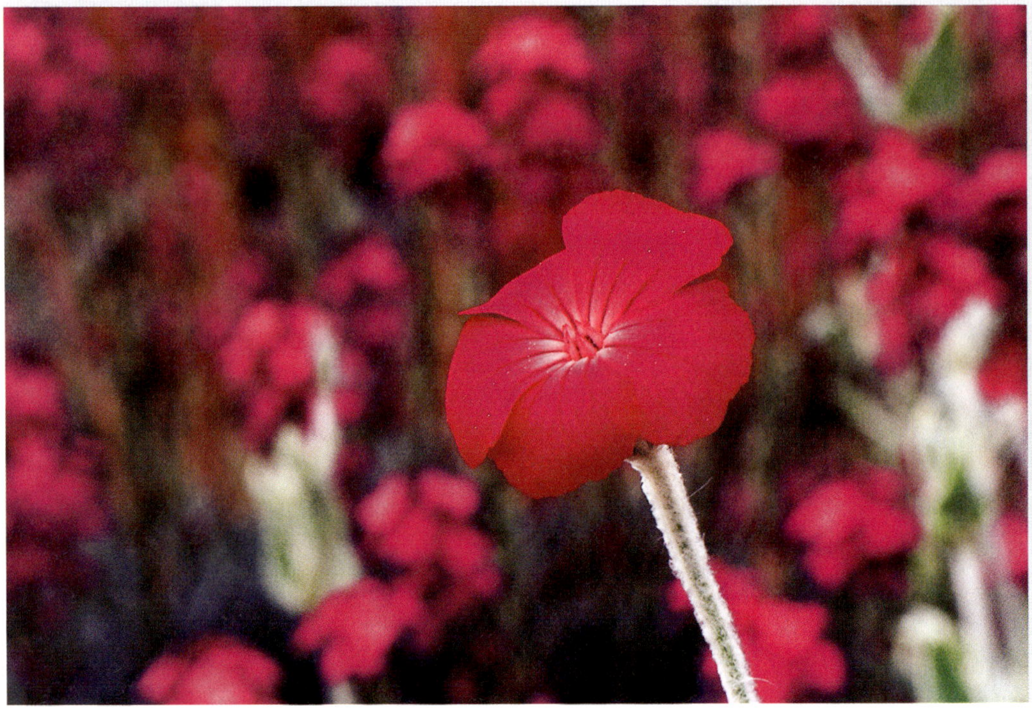

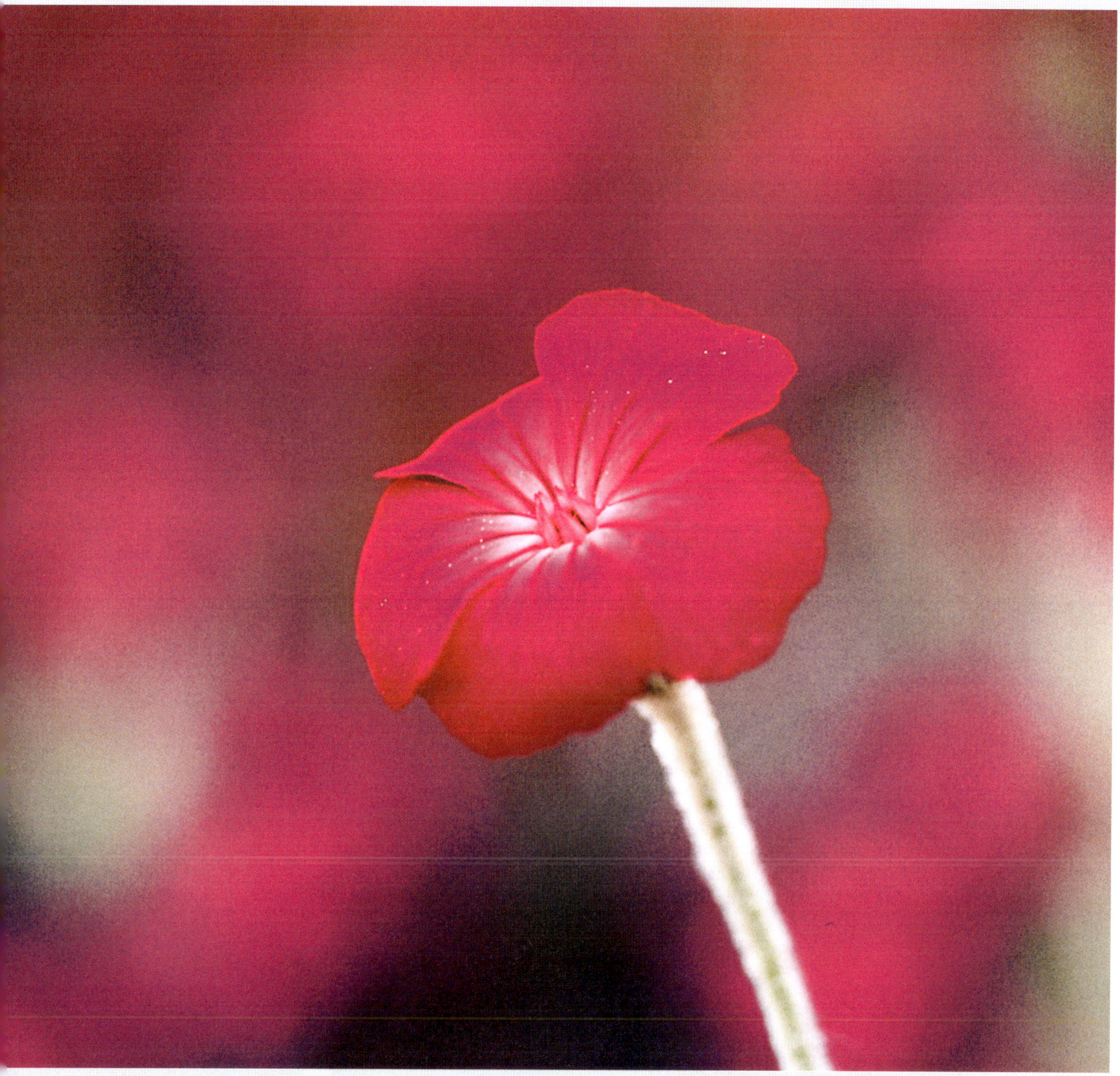

DANS L'EXEMPLE pris à *f*/22 (page opposée), remarquez combien l'image est chargée. La fleur n'est pas mise en valeur. Enfoncer le bouton de contrôle de la profondeur de champ m'a permis de constater ce problème avant la prise de vue. J'ai donc ouvert le diaphragme tout en gardant l'œil au viseur et le bouton enfoncé. L'arrière-plan devenait de plus en plus flou au fur et à mesure que je réglais l'ouverture. À *f*/5.6, la composition était plus dépouillée (ci-dessus). La fleur se détache parfaitement sur l'arrière-plan de couleurs floues et atténuées. Je tenais à ce que l'attention ne se porte que sur le sujet. Le seul moyen d'y parvenir est d'ouvrir le diaphragme. Avec un téléobjectif, la profondeur de champ est alors particulièrement étroite.

Les deux photos : Zoom 75-300 mm à 280 mm. Page opposée : *f*/22 à 1/30 s. Ci-dessus : *f*/5.6 à 1/500 s.

LE CONTRÔLE DE PROFONDEUR DE CHAMP DU PAUVRE

Tous ceux dont l'appareil photo n'est pas doté d'un bouton de contrôle de profondeur de champ sont privés d'un précieux outil. Il existe toutefois deux solutions. La première est que si ce bouton vous manque vraiment, il vaut mieux acheter un second boîtier (de la même marque bien sûr, afin de pouvoir utiliser tous vos objectifs). La seconde, plus économique, est une astuce : l'œil au viseur, déverrouillez l'objectif et tournez-le d'un quart de tour, comme pour l'ôter, mais sans en arriver là. En agissant ainsi, le diaphragme se ferme à la valeur sélectionnée et l'objectif s'assombrit, révélant la profondeur de champ.

C'est ce procédé que j'appelle le « contrôle de profondeur de champ du pauvre ». Examinez soigneusement l'image dans le viseur et, si la répartition du flou vous convient et si vous êtes satisfait de l'apparence des différents plans, pivotez l'objectif dans l'autre sens jusqu'à ce que le clic du verrouillage retentisse, puis déclenchez. Sinon, si vous désirez un arrière-plan plus flou, ouvrez le diaphragme à la prochaine valeur (de *f*/5.6 à *f*/4, par exemple), pivotez de nouveau l'objectif d'un quart de tour et vérifiez le rendu dans le viseur.

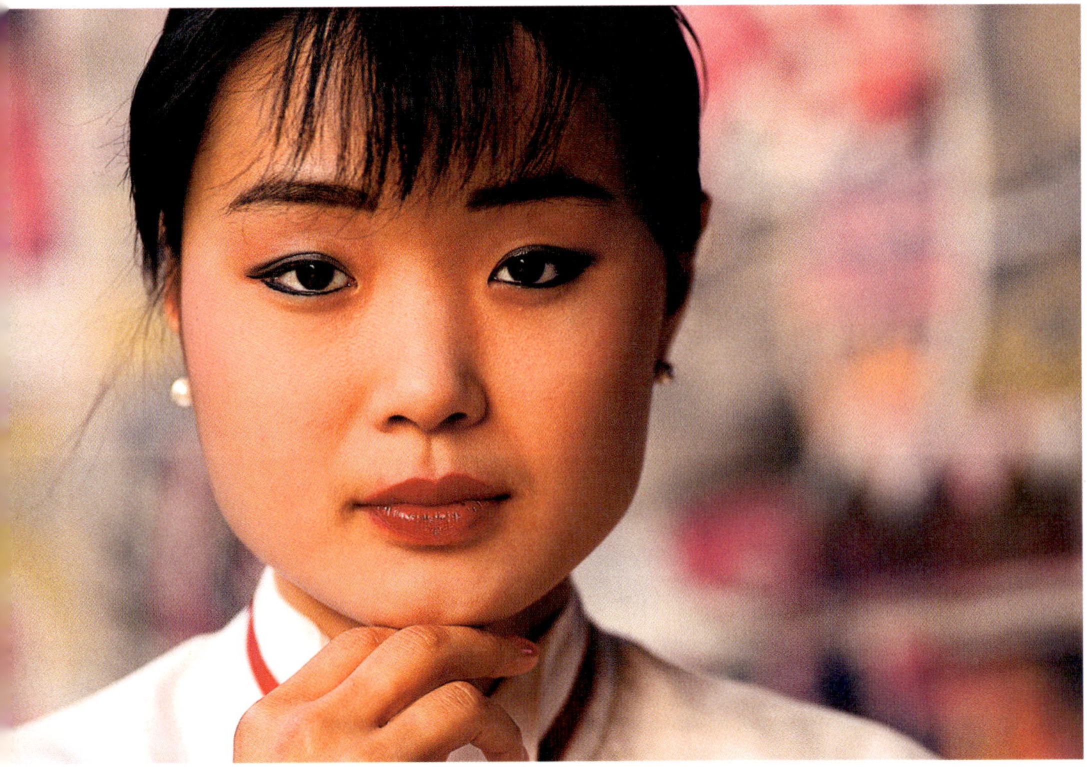

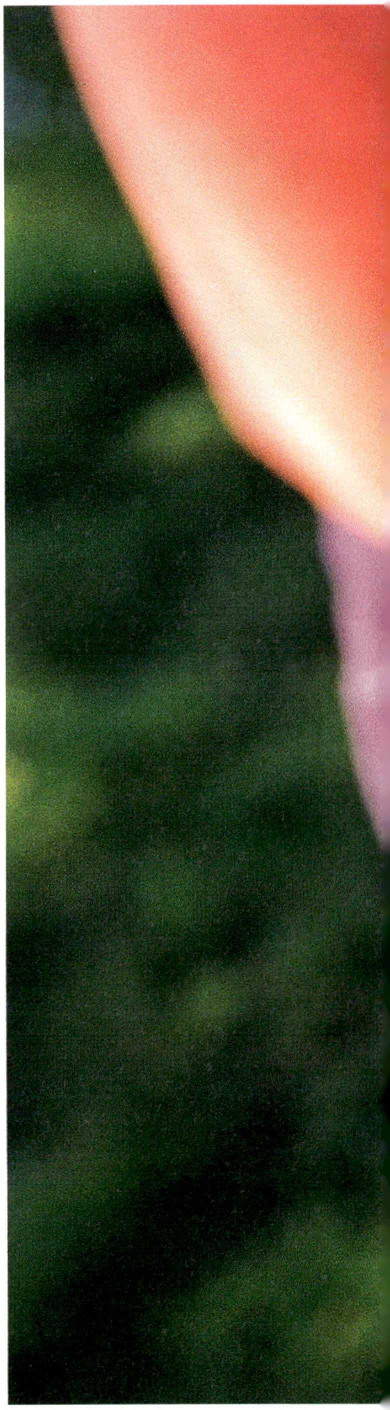

OBTENIR UN ARRIÈRE-PLAN FLOU bigarré est très facile avec un téléobjectif, un diaphragme grand ouvert et un arrière-plan riche en couleurs. Jetez un coup d'œil à ce portrait. Je me suis servi d'un téléobjectif et de sa faible profondeur de champ pour transformer l'arrière-plan en taches de couleurs floues et atténuées. La femme se trouvait à 3 m environ du fond, un grand morceau de tissu coloré. La photo a été prise en mode Priorité à l'ouverture, la vitesse étant calculée par l'appareil photo

Zoom 75-300 à 200 mm, *f*/5.6.

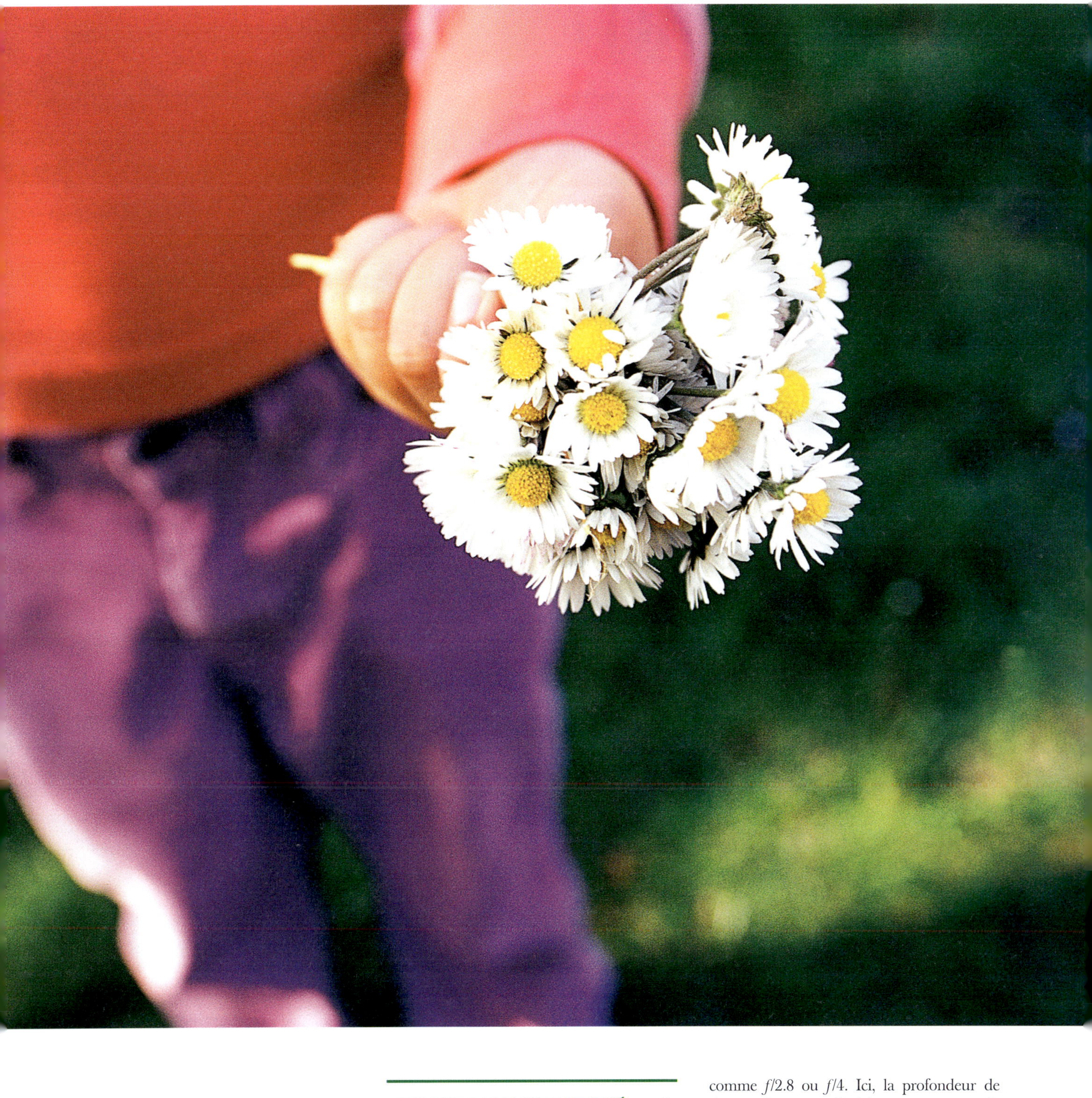

BIEN QUE RAREMENT UTILISÉ pour la création d'images à thème singulier, le grand angulaire peut cependant être utile pour isoler un sujet. Il faut pour cela exploiter sa capacité à effectuer une mise au point rapprochée et choisir une ouverture isolante, comme *f*/2.8 ou *f*/4. Ici, la profondeur de champ fortement limitée par une grande ouverture du diaphragme place la prépondérance visuelle sur le bouquet de fleurs.

Zoom 35-70 à 35 mm, *f*/2.8 à 1/1 000 s.

LES OUVERTURES DE TYPE « QU'IMPORTE ! »

Lorsqu'une situation photographique n'est ni narrative ni à thème singulier, l'ouverture du diaphragme importe-t-elle vraiment ? Oui et non. Je m'explique. Le monde regorge de compositions de type « Qu'importe ! ». Quand vous photographiez un portrait, qu'importe le mur en pierre qui se trouve derrière. De même, qu'importe l'ouverture lorsque vous photographiez des feuilles mortes tombées sur un chemin forestier, en automne. Ou, plus exactement : qu'importe l'ouverture si tout ce qui est dans l'image se trouve sur un même plan !

Dans les pages consacrées aux images narratives et à thème singulier, aucune photo n'a été prise à *f*/8 ou à *f*/11. Ce n'est assurément pas parce que je n'utilise jamais ces ouvertures. À vrai dire, j'y recours beaucoup, mais seulement lorsque la profondeur de champ n'est pas un souci. Ces ouvertures sont pour moi des ouvertures intermédiaires. Elles servent rarement à raconter une histoire (netteté partout grâce à une grande profondeur de champ) et elles n'isolent pas le sujet (zone de netteté étroite).

Supposons que vous trouviez un coquillage posé sur le sable d'une plage. Vous prenez votre appareil photo, vous réglez la focale à 50 mm, vous vous placez exactement à la verticale du sujet, vous le cadrez, puis vous réglez l'ouverture à *f*/8 ou à *f*/11. Étant donné que le coquillage et le sable sont exactement à la même distance de mise au point, cette scène

QU'IMPORTE L'OUVERTURE utilisée pour cette photo prise à Burano, en Italie. Le linge, la femme qui l'étend, le mur bleu et les volets verts sont tous à la même distance de mise au point. Le problème de la profondeur de champ ne se pose donc pas. C'est un cas typique d'utilisation d'une ouverture de *f*/8 à *f*/11. L'appareil tenu à la main et le diaphragme à *f*/8, j'ai pointé l'objectif uniquement vers le mur bleu, à gauche de la femme, puis j'ai réglé la vitesse jusqu'à ce que 1/400 s corresponde à celle préconisée par le posemètre. J'ai ensuite cadré la scène.

Pour une photo comme celle-ci, vous devez déclencher d'abord et vous poser les questions ensuite. Car qui sait pendant de temps le personnage vaquera à ses occupations ? Vous vous demandez peut-être si je lui ai fait signer une autorisation de publier. Oui, mais seulement minimale. Juste avant que la femme disparaisse derrière sa fenêtre, je lui ai lancé un « Buon giorno », j'ai montré mon appareil photo et ajouté « Bella foto » et suis allé vers sa porte. Le message était clair ; elle descendit dans la rue. J'ai des pense-bêtes en différentes langues me permettant d'expliquer qui je suis, ce que je fais et la nécessité pour moi d'obtenir l'autorisation d'exploiter les photos que je viens de prendre de la personne. Avec l'aide d'un voisin qui parlait un peu l'anglais, elle m'accorda l'autorisation, mais seulement pour des ouvrages techniques et didactiques. Cette photo ne pourra donc jamais être utilisée pour la publicité d'un produit ou dans le catalogue d'une agence de voyage.

Zoom 70-200 mm, 100 ISO, *f*/8 à 1/400 s.

peut être photographiée avec n'importe quelle ouverture. Cela s'applique à toutes les compositions dans lesquelles les éléments photographiés se trouvent sur le même plan de mise au point. Toutefois, au lieu de choisir une ouverture au hasard comme le font beaucoup de photographes amateurs, je recommande de sélectionner l'ouverture critique, c'est-à-dire celle offrant le meilleur rendement optique, autrement dit le meilleur contraste et le meilleur piqué. Cette ouverture se situe généralement de *f*/8 à *f*/11.

Pour comprendre pourquoi les ouvertures de diaphragme de *f*/8 à *f*/11 sont si performantes, vous devez en savoir un peu plus sur la fabrication des objectifs et comment la lumière les traverse. La plupart des objectifs sont constitués d'un ou de plusieurs groupes de lentilles. Au centre optique de l'objectif se trouve une région circulaire que traverse la lumière, où le rendement de l'objectif est optimal. Il se trouve que le diamètre approximatif de cette zone privilégiée, appelée « sweet spot » (il n'existe aucun terme approchant, en français), est celui du diaphragme fermé entre *f*/8 et *f*/11. Par contre, lorsque le diaphragme est ouvert à *f*/2.8, par exemple, la lumière qui se propage près de la paroi interne du fût de l'objectif est de moindre qualité, entre autres à cause d'infimes réflexions parasites périphériques. Lorsque le diaphragme est très fermé, ce sont des phénomènes de diffraction déjà évoqués page 48 qui diminuent le rendement de l'objectif.

Pour toutes ces raisons, qu'importe l'ouverture du diaphragme pour des photos dans lesquelles le problème de la profondeur de champ ne se pose pas, du moment que, en prime, ces ouvertures de *f*/8 à *f*/11 sont celles qui exploitent au mieux les qualités optiques de l'objectif ?

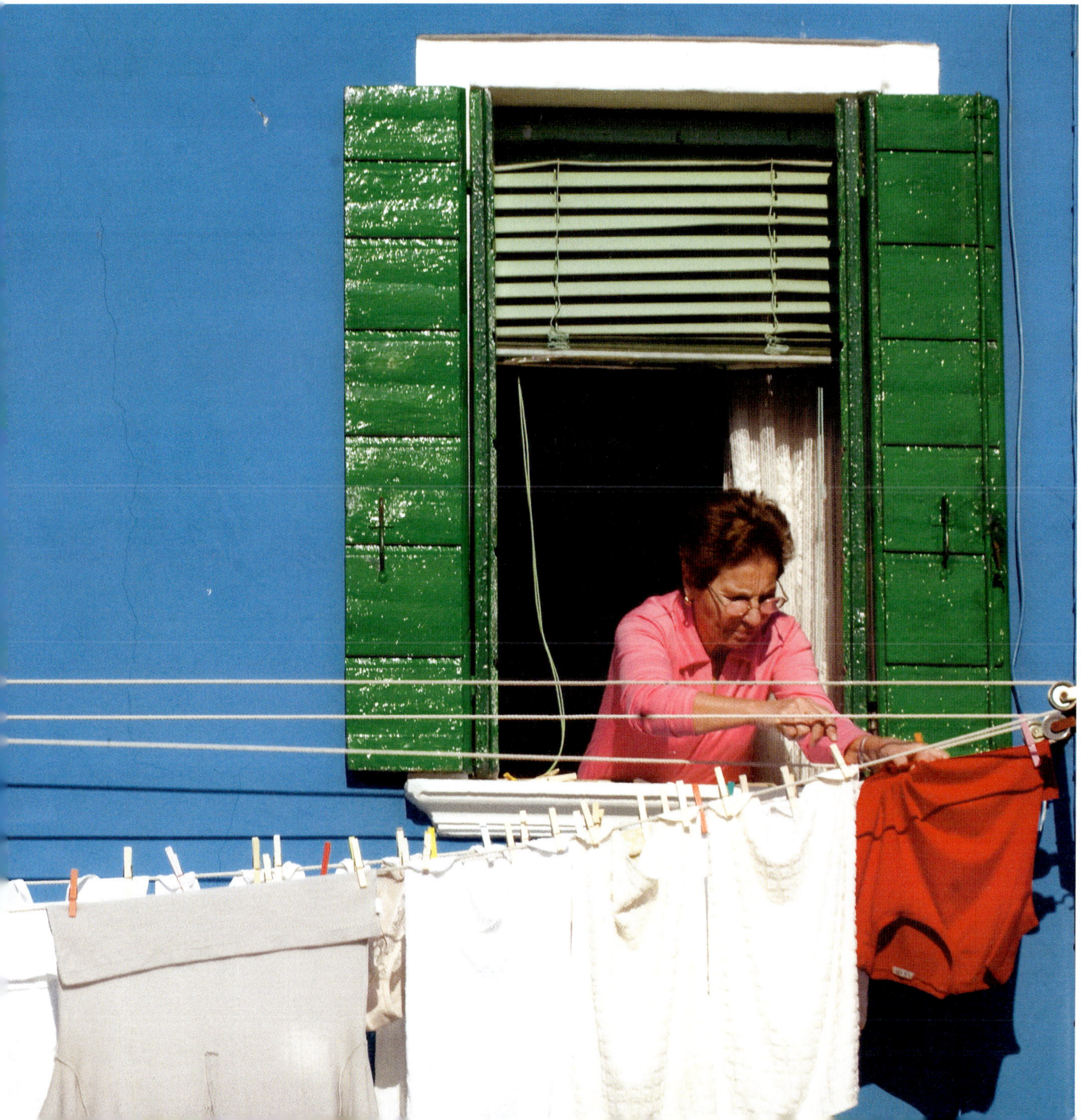

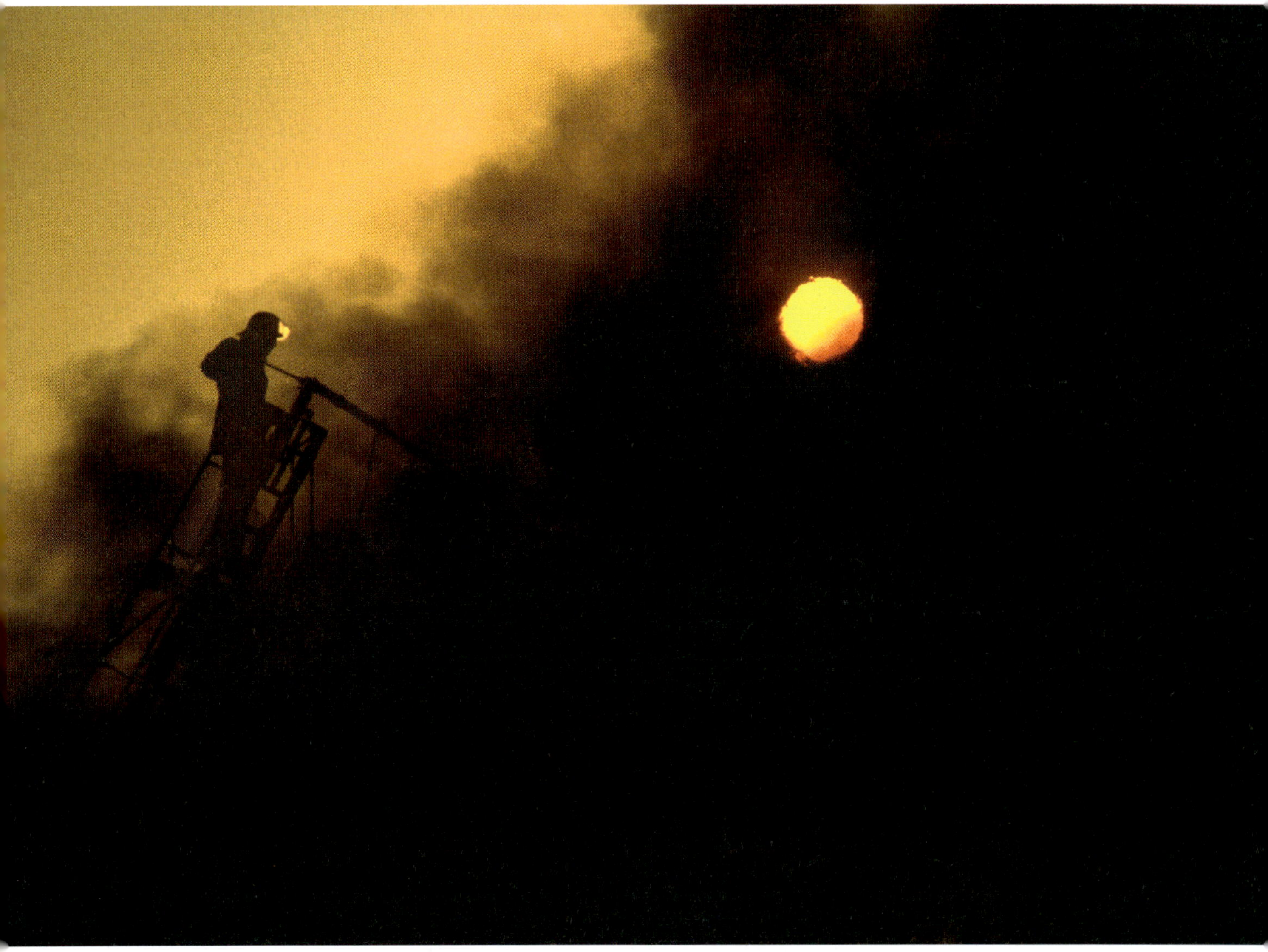

L'ASSOURDISSANTE SIRÈNE des pompiers sembla d'abord provenir de l'intérieur de mon studio. Comme je sentais de la fumée, je sautai du lit à toute vitesse et recherchai l'origine du feu. Par la baie vitrée, je vis qu'un énorme entrepôt à gauche était en proie aux flammes. En quelques secondes, j'étais dans la rue en train de photographier l'incendie.

Une image qui me frappa fut un épais nuage de fumée duquel émergeait un pompier, sur un fond de lever de soleil rougeoyant. L'appareil photo équipé d'un 105 mm tenu à la main, j'optais rapidement pour une ironique ouverture de type « Qu'importe ! », à *f*/8, afin de photographier le pompier qui s'attaquait vaillamment aux flammes.

Objectif 105 mm, *f*/8.

IL M'EST SOUVENT ARRIVÉ d'affirmer à mes stagiaires que chaque photo que nous prenons n'est qu'un « autoportrait de notre propre psychisme ». Il est évident pour moi que cette photo a été influencée par ce conflit, un beau matin, qui déchira la famille, les uns désirant rester une année de plus à Lyon, les autres voulant rentrer aux États-Unis. Les bonnes raisons de rester en France ne manquaient pas, de même que les bonnes raisons de retourner au pays. Et, comme par hasard, la chanson que l'on entendait alors était un morceau du groupe Clash, le bien nommé, dont les paroles étaient « Dois-je rester ou dois-je partir ? » D'où cette composition « Qu'importe ! » d'un feu de signalisation Ô combien équivoque.

Zoom 70-200 mm, 200 ISO, *f*/8 à 1/30 s.

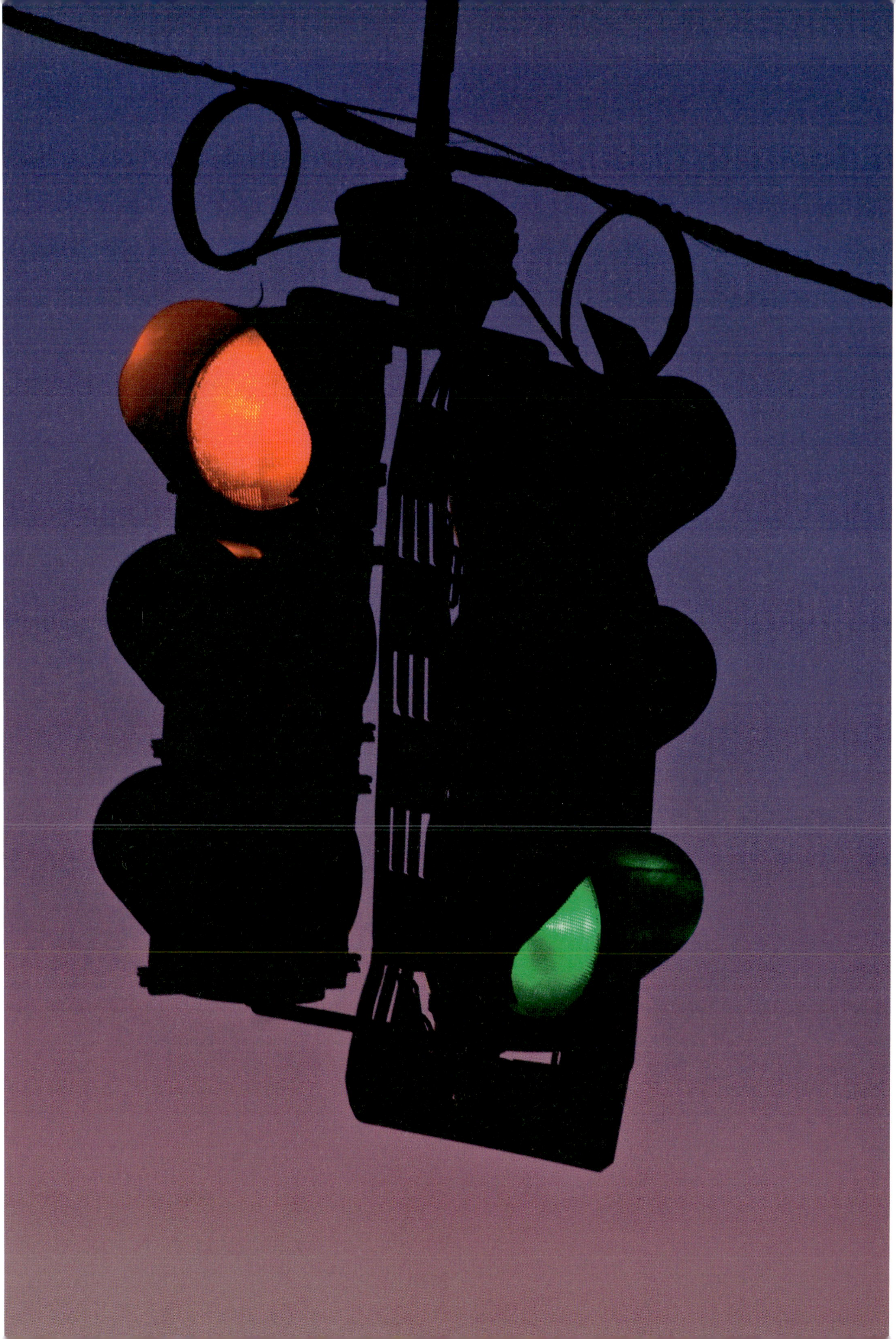

OUVERTURE ET MACROPHOTOGRAPHIE

La proxiphotographie et la macrophotographie sont très prisées des amateurs et des professionnels. Des sujets aussi évidents que les fleurs, les papillons et les autres insectes ne devraient cependant pas vous faire manquer d'autres occasions de photographie rapprochée qui vous attendent dans les friches industrielles et les parkings. Au cours des stages que j'anime, je me suis aperçu qu'un nombre grandissant de mes élèves pointent leur équipement de macrophotographie vers le monde industriel, où ils prennent de magnifiques photos.

Quand il s'agit de photographier de très près, vous découvrez rapidement que bon nombre des ouvertures s'appliquant au monde « normal » s'appliquent également au petit monde de la macro. Même si le sujet est minuscule, vous devez décider si la profondeur de champ doit être étendue (zone de netteté de quelques centimètres seulement) ou étroite (zone de netteté de quelques millimètres seulement). Ou alors, le sujet peut justifier une ouverture de type « Qu'importe ! »

Il existe des différences entre la photographie à l'échelle normale et la photographie rapprochée. Il n'est pas rare, en proxiphotographie, de placer l'appareil photo au ras du sol, tenu à la main en vous couchant au sol, ou calé contre un sac de microbilles, ou encore fixé sur un trépied très bas. Le moindre décalage du point de vue fausse considérablement la mise au point. Et comme tout est démultiplié dans le monde de la proxiphotographie, un souffle de vent à 6 ou 7 km/h produit dans le viseur le même effet qu'une bourrasque à 70 km/h.

Comme la profondeur de champ s'amenuise en se rapprochant du sujet, elle finit par être très étroite en macrophotographie. Elle se répartit ainsi : un quart en deçà du sujet et une moitié au-delà. Or, normalement, elle est répartie ainsi : un tiers en deçà du sujet et deux tiers au-delà. Inutile de préciser qu'une stabilité absolue est indispensable pour réussir des gros plans.

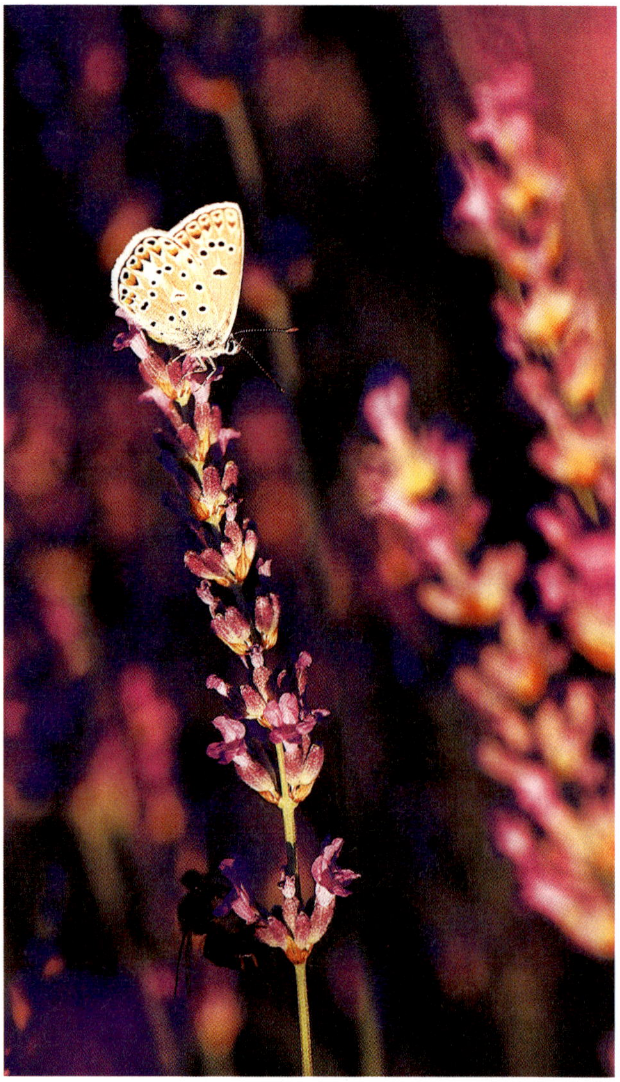

SOUVENT, LA FONCTION MACRO de votre zoom ne permet pas de cadrer aussi serré vous le voulez. La solution passe alors par les tubes-allonges. Vendus généralement par lot de trois éléments de longueurs différentes, ces tubes creux s'interposent entre le boîtier et l'objectif, autorisant une mise au point plus rapprochée. Comme le montre le premier exemple, le zoom 75-300 mm macro ne permet pas de s'approcher d'assez près du papillon.

Pour cadrer plus serré, j'ai fixé l'appareil photo sur un trépied, ouvert le diaphragme à *f*/5.6 afin que la profondeur de champ soit limitée, réglé la vitesse jusqu'à ce que 1/1 000 s convienne, puis j'ai interposé un tube-allonge de 12 mm qui m'a permis de m'approcher de plus près du papillon et de le cadrer avec la fleur. La profondeur de champ étant d'autant plus réduite que le sujet est proche, j'ai choisi un angle assurant un parallélisme entre les ailes et le capteur. Plus j'ai réglé la vitesse préconisée, soit 1/60 s.

Ci-dessus : Zoom 75-300 mm à 75 mm, *f*/5.6 à 1/100 s. Page opposée : Zoom 75-300 mm à 30 mm, tube-allonge de 12 mm, *f*/5.6 à 1/60 s.

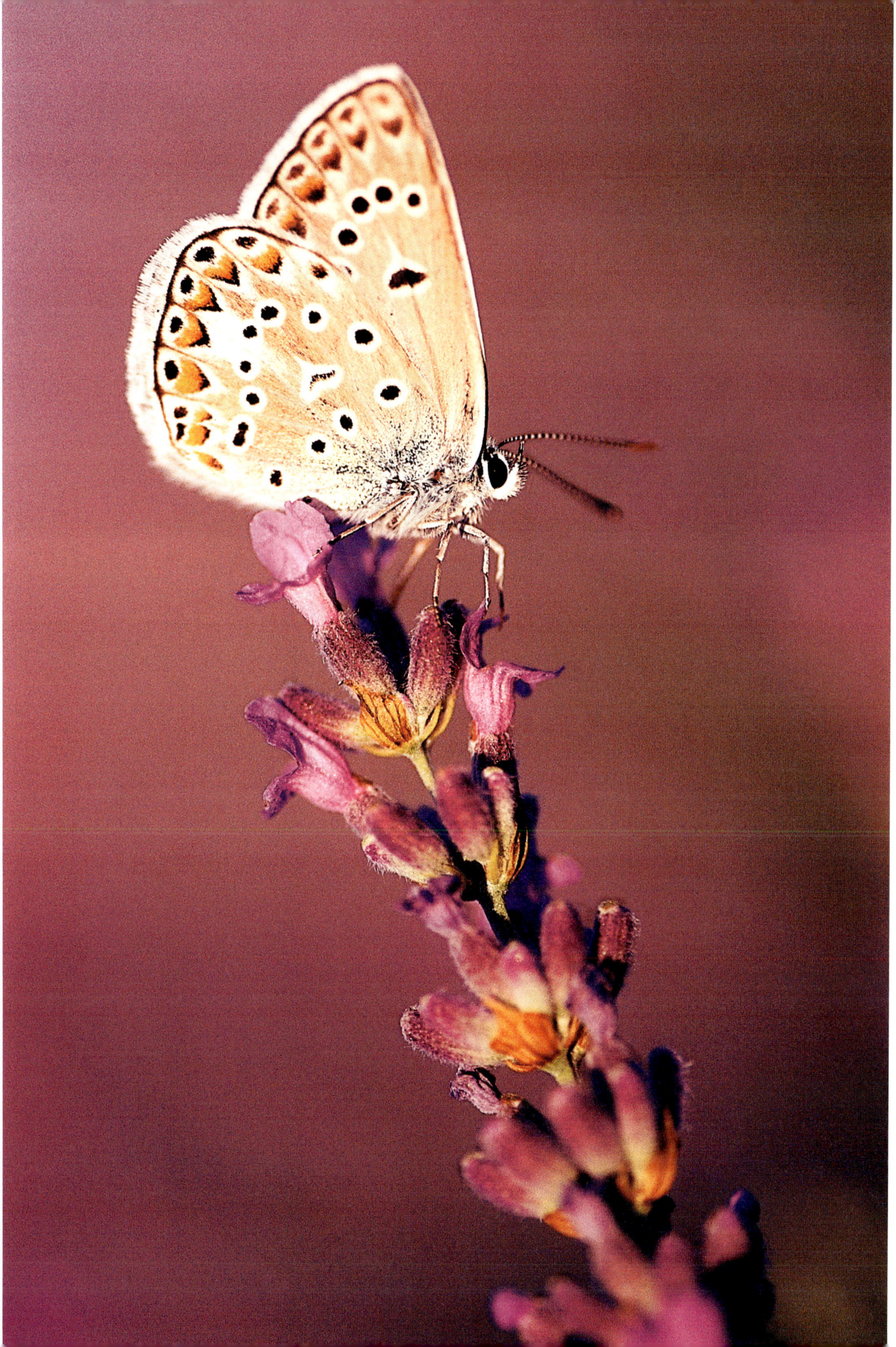

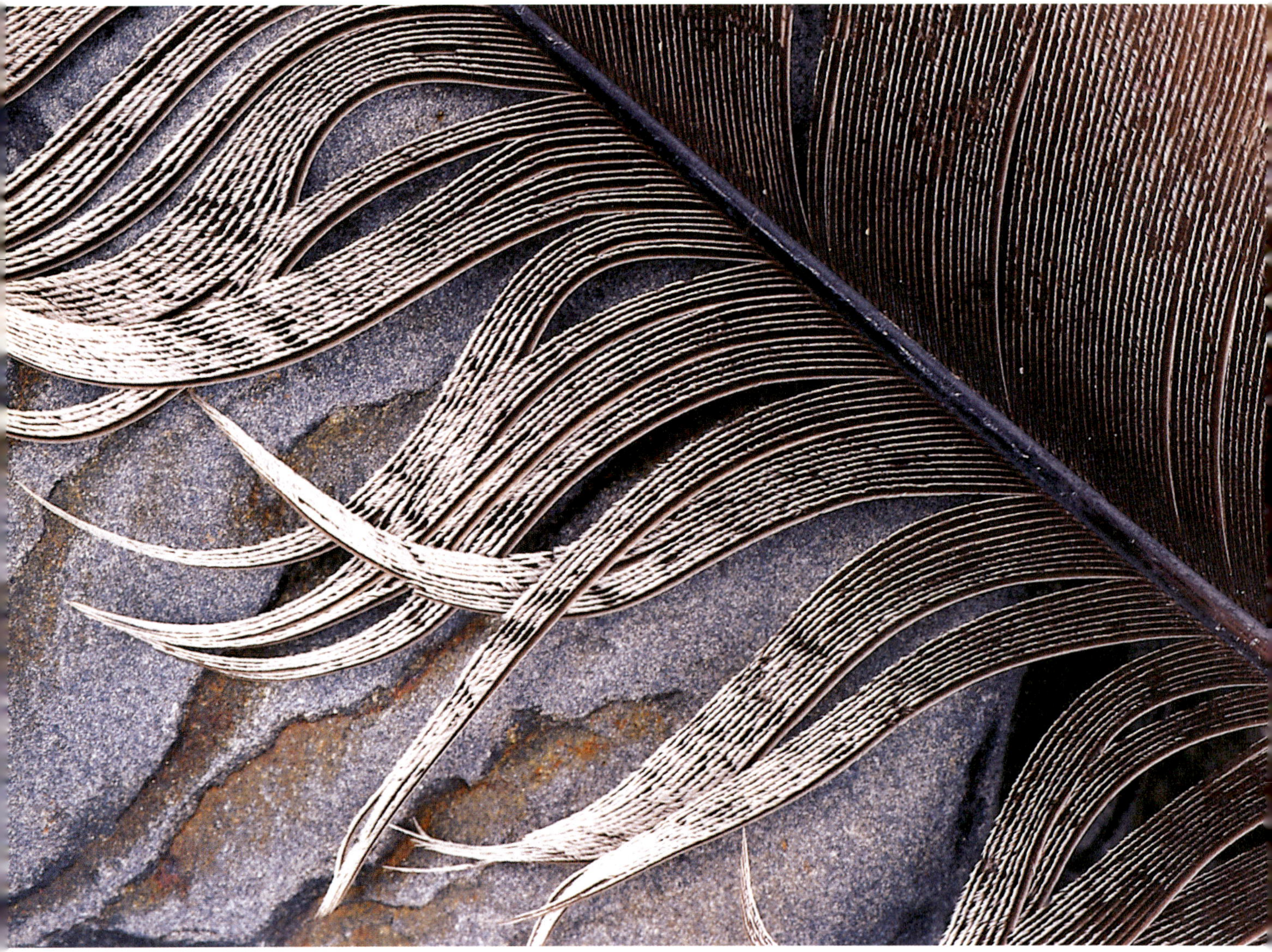

ACCESSOIRES MACRO ET AVANTAGES DE L'OBJECTIF FIXE

Différents objectifs et accessoires sont destinés à la photographie rapprochée. Pour les reflex, ce sont les objectifs macro ou les zooms dotés d'une fonction Macro ou gros plan, et ainsi que les tubes allonge, les convertisseurs macro et les bonnettes.

Vous trouverez pour les appareils photo à objectif fixe, non interchangeable, des bonnettes qui se vissent sur l'objectif. Depuis quelque temps, les appareils photo compacts offrent une mise au point très rapprochée, qui est généralement la plus performante quand le zoom est en position grand angulaire. C'est pour cette raison que je suis tombé littéralement amoureux de mon Leica D-Lux 4, dont la focale équivalente à un 24 mm plein format autorise la mise au point à seulement 1 cm.

Les utilisateurs d'appareils photo à objectif fixe bénéficient de possibilités de proxiphotographie supérieures à celle d'un reflex équipé de son zoom standard. Comme expliqué à la page 54, le diaphragme à *f*/11 d'un compact est l'équivalent d'un *f*/64 sur un reflex. La profondeur de champ est immense ! Je possède certes un objectif macro qui ferme à *f*/32, mais 1 stop de plus, à *f*/64, serait fabuleux. Il ferait vraiment la différence pour beaucoup de mes macrophotos.

La vitesse d'obturation est évidemment lente à *f*/32, et il faudrait que j'attende pendant des heures qu'une légère brise cesse pour pouvoir travailler correctement à *f*/64. Cela nous amène à un autre avantage des compacts : leur profondeur de champ est non seulement exceptionnelle à *f*/11, mais, à ce diaphragme, la vitesse d'obturation est relativement rapide. Si vous cherchez de bonnes raisons pour vous initier à la photographie rapprochée, celle-ci en est une. Il vous reste à vérifier si votre objectif possède une position Macro ou s'il peut recevoir une bonnette.

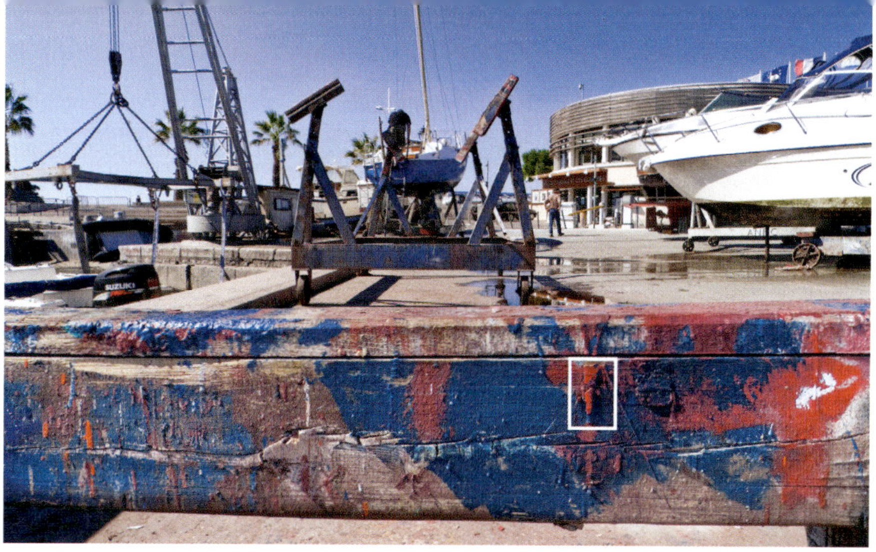

CETTE PLUME DÉPOSÉE sur un rocher m'a offert l'occasion de réaliser une proxi-photographie avec mon objectif macro. Le diaphragme fermé à *f*/22, j'ai réglé la vitesse jusqu'à ce que 1/15 s convienne, puis j'ai pris une série de photos.

Micro-Nikkor 70-180 mm à 180 mm, *f*/22 à 1/15 s.

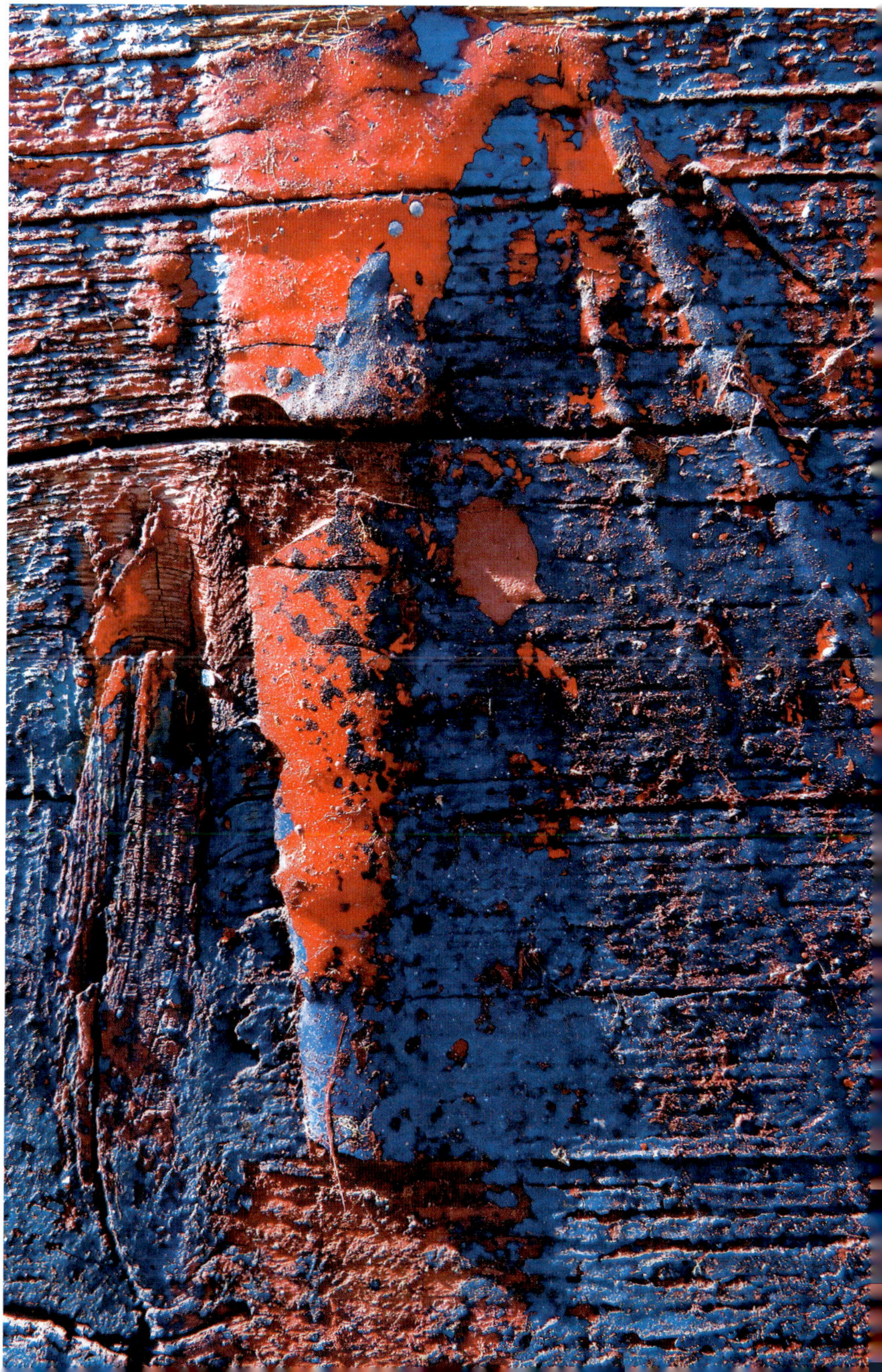

J'AI DÉCOUVERT CE BATEAU en cale sèche à Cassis, sur la Côte d'Azur. Les quelques taches de peinture visibles sur la coque m'offrirent l'occasion de réaliser quelques photos abstraites. Le Leica D-Lux 4 réglé à *f*/8 à 100 ISO, en mode Priorité à l'ouverture, j'ai réglé la vitesse jusqu'à ce que 1/500 s corresponde.

Leica D-Lux 4, 100 ISO, *f*/8 à 1/500 s.

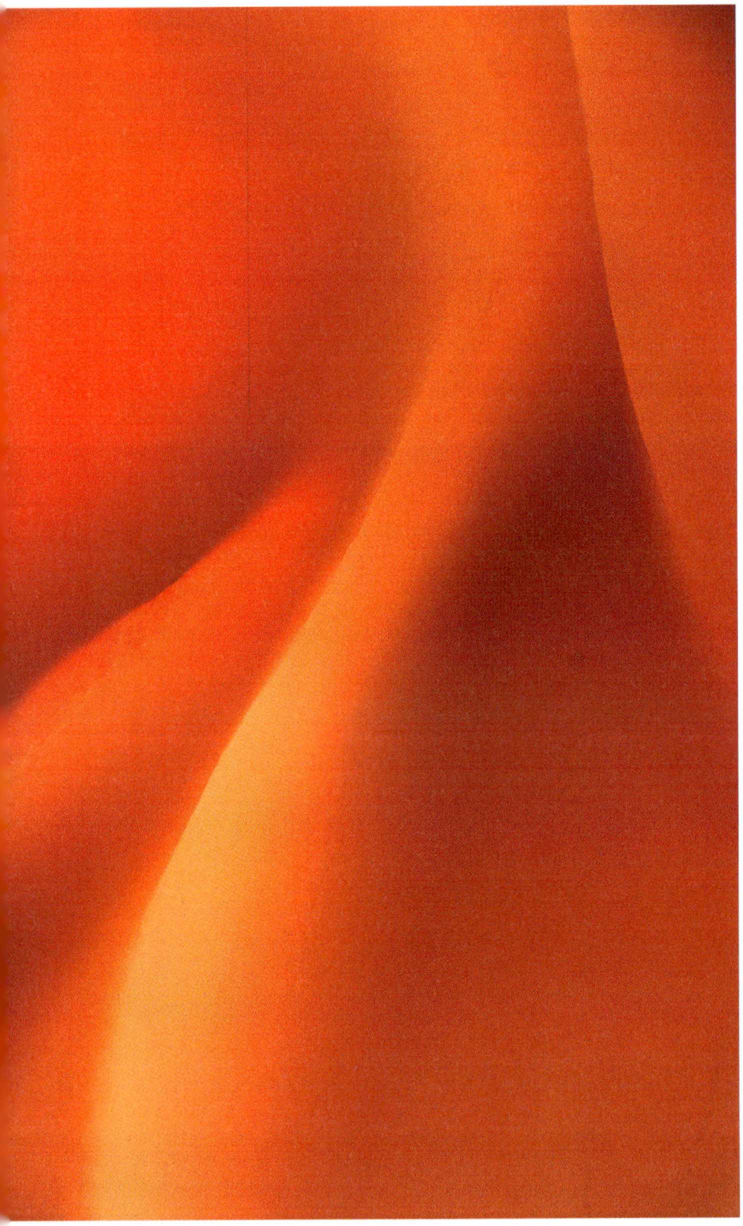

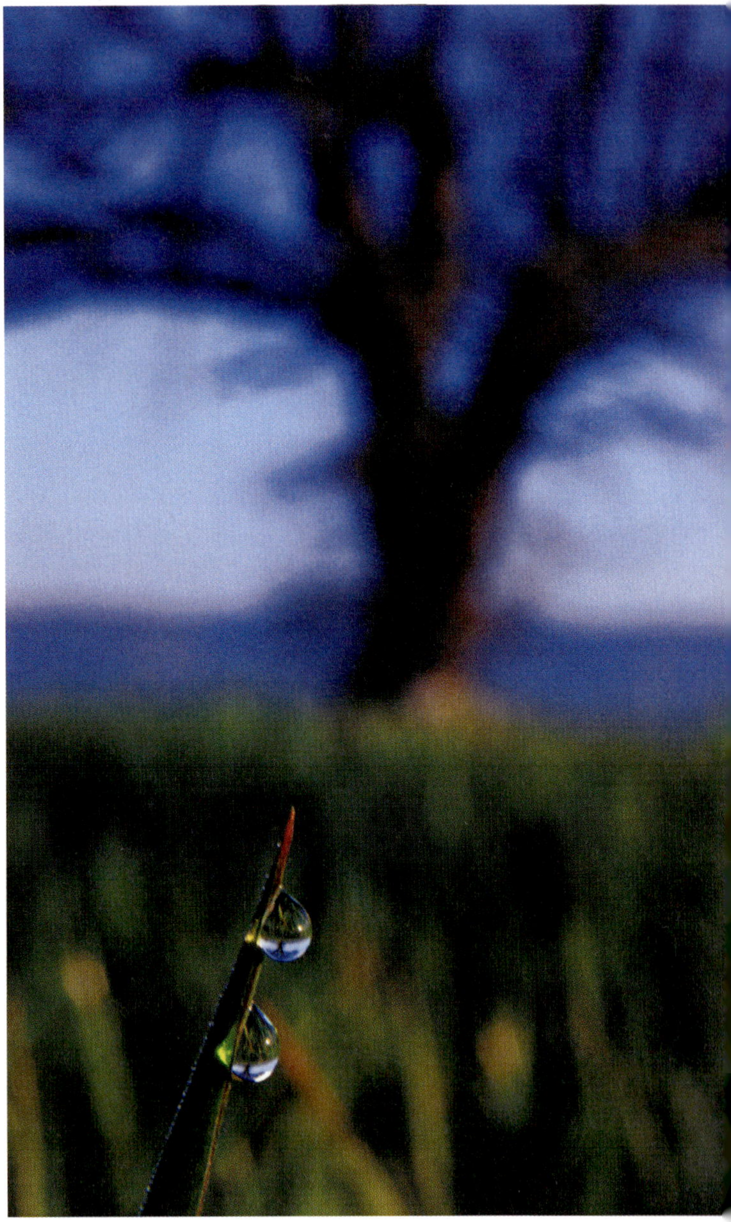

JUSQU'À QUEL POINT peut-on se rapprocher du sujet ? Très près, en interposant un tube-allonge court entre le grand angulaire et le boîtier. Cette photo est un détail de rose. L'appareil photo fixé sur un trépied, j'ai monté le zoom 35-70 mm sur un tube-allonge de 12 mm, ce qui m'a aussitôt donné accès à un univers de courbes et de tonalités sensuelles. Pour rendre cette sensualité au travers de la douceur des formes et des tons, le diaphragme devait absolument être ouvert à *f*/4, et surtout pas fermé.

Zoom 35-70 mm à 35 mm, tube-allonge de 12 mm, *f*/4 à 1/60 s.

VOUS CHERCHEZ une bonne raison pour vous lever tôt ? En voici une : c'est au petit matin que les champs et les prés sont couverts de gouttelettes de rosée. J'avais installé mon zoom 35-70 mm, en mode Macro et à 70 mm de focale, face à un brin d'herbe sur lequel perlaient deux gouttes. Pour obtenir une netteté maximale et situer ce brin dans son décor, j'ai diaphragmé à *f*/22.

Une autre photo, prise cette fois avec le Micro-Nikkor 70-180 mm, montre un autre aspect de ce brin d'herbe. L'appareil photo calé contre un sac de microbilles, j'ai réussi à ne montrer que les deux gouttelettes avec, dedans, l'image inversée, comme avec un fish-eye, du champ et de l'arbre qui se trouvaient derrière. Le déclenchement fut effectué à distance. Je pris plusieurs photos à des moments où la légère brise se calmait. Me coucher dans ce champ en pantalon K-way pour prendre ces photos fut une bonne idée.

Ci-dessus : 35-70 mm à 35 mm, mode Macro, *f*/22 à 1/8 s. Page opposée : Micro-Nikkor 70-180 mm à 180 mm, *f*/32 à 1/4 s.

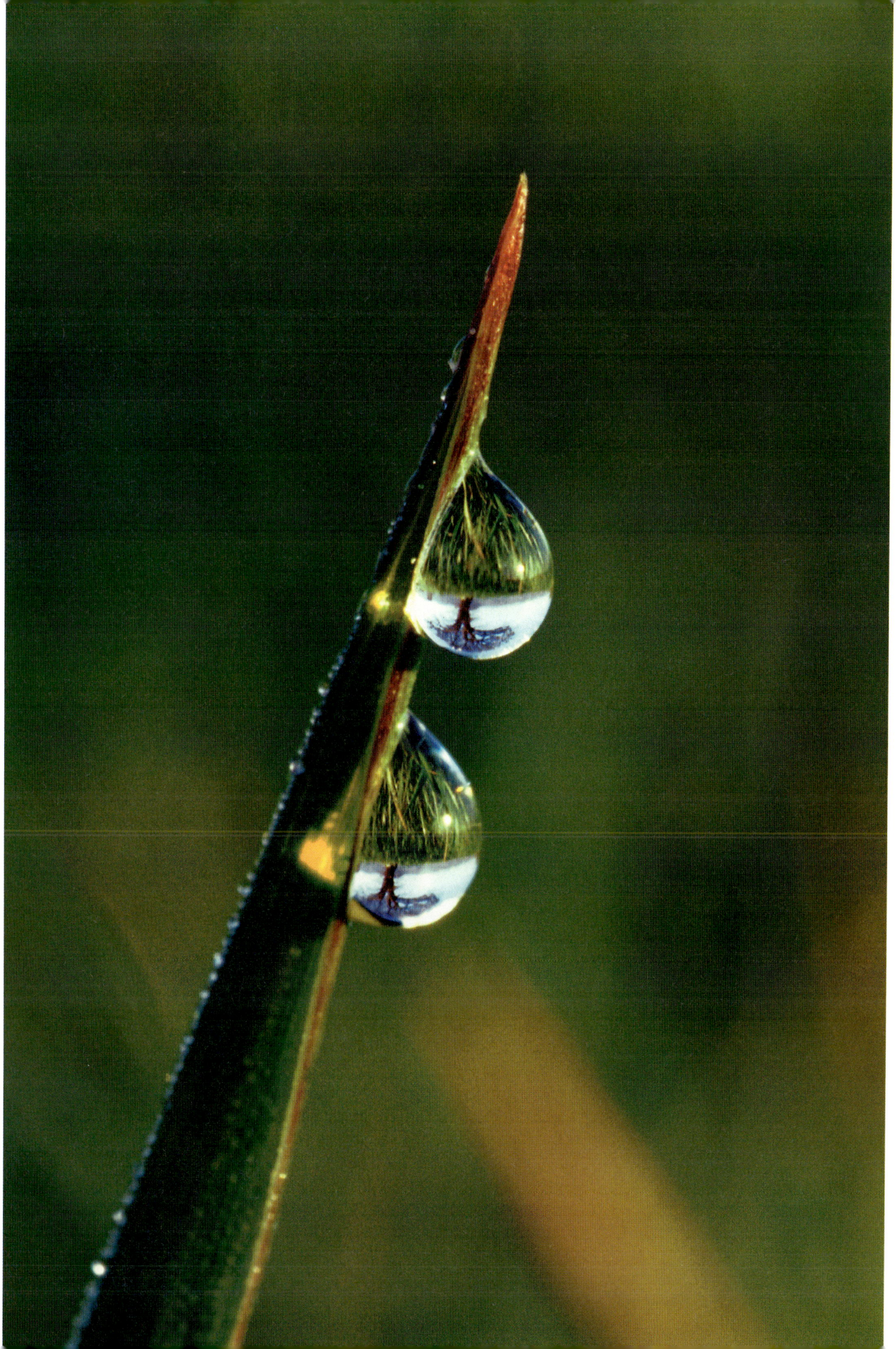

MÉLANGE D'EAU ET D'HUILE

Un concours de photo se déroule tous les mois sur le site de mon école en ligne (www.ppsop.com) et jamais il n'eut autant de succès qu'en février 2009. Le thème était « Les motifs » et, comme d'habitude, la règle absolue était que la photo ne devait en aucun cas avoir été confectionnée avec Photoshop. Beaucoup de courriers électroniques exprimèrent un vif intérêt pour la photo d'Angie Wright classée en deuxième position. Sa photo simple, mais percutante, d'eau et d'huile avait suscité des interrogations teintées d'incrédulité : « Mais comment a-t-elle fait ? »

Ayant moi-même découvert cette technique quelques années auparavant, cette photo raviva mon intérêt pour d'autres photos d'eau et d'huile. Elle est facile à mettre œuvre. L'astuce consiste à bien choisir l'arrière-plan coloré et à être patient. Penché sur l'appareil photo pointé vers le bas à la verticale, fixé sur un trépied, il faut attendre que le mélange changeant produise un arrangement esthétique. C'est parfois un peu long, mais cela en vaut la peine.

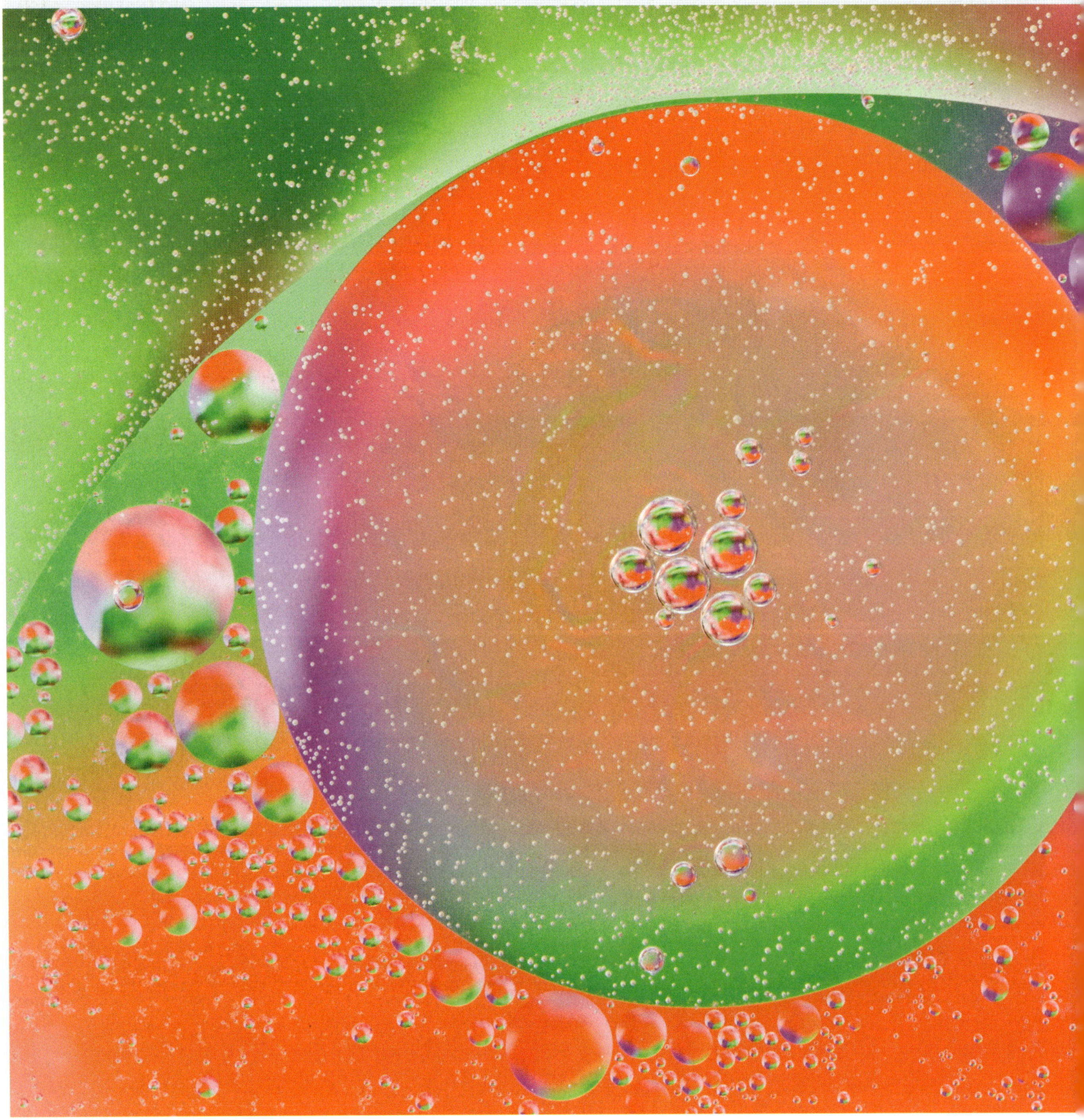

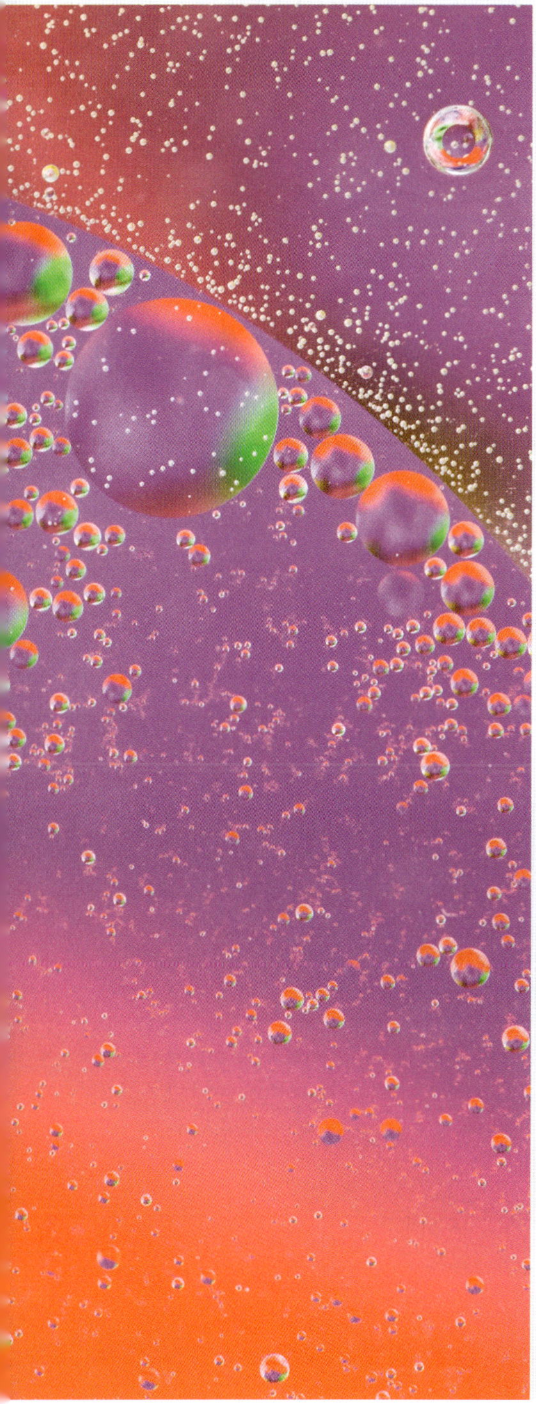

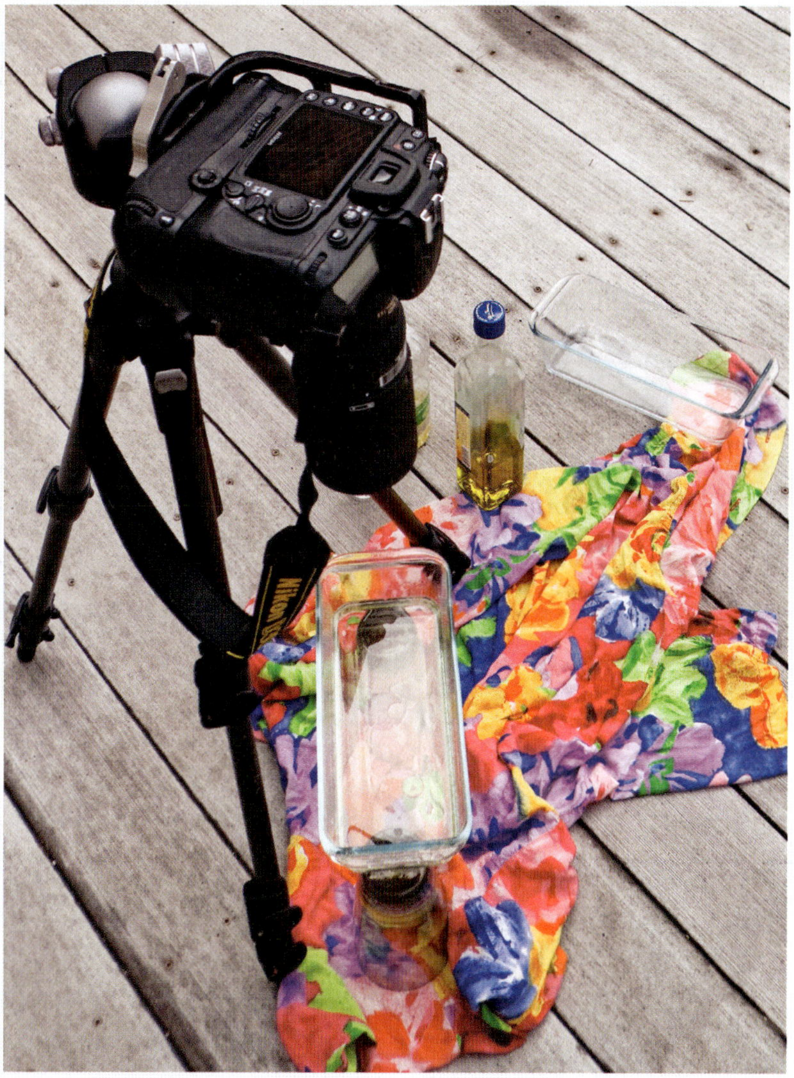

L'INSTALLATION N'EST PAS COMPLIQUÉE. J'ai utilisé ici un moule à pain en Pyrex posé sur deux grands verres à boire. L'arrière-plan est formé d'une chemise à fleurs très colorée. J'ai ensuite rempli le moule à pain aux deux tiers avec de l'eau, puis j'ai ajouté quelques gouttes d'huile comestible.

Le gros plan a été pris avec le Nikkor de 200 mm en mode Macro. Un objectif macro n'est pas indispensable, mais vous devrez alors utiliser un jeu de tubes-allonges. En interposant ces derniers entre le boîtier et un objectif de 60 à 100 mm de focale, vous pourrez photographier de très près et réaliser d'incroyables images. Et permettez-moi de rappeler que cette technique ne doit rien à Photoshop.

Nikkor 200 mm macro, 200 ISO, *f*/11 à 1/60 s.

DIAPHRAGME ET HALOS

Vous avez certainement vu au cinéma d'innombrables scènes qui se déroulent la nuit dans des rues éclairées. Quand la mise au point est faite sur un visage proche, avez-vous remarqué les cercles ou les hexagones que forment les lumières au loin, hors de la zone de netteté ? C'est un phénomène optique, dû au fait que, en photographie rapprochée, toute source lumineuse présentant un flou de netteté adopte la forme de l'orifice du diaphragme. La distance entre le plan de mise au point et la source lumineuse à l'arrière-plan détermine le diamètre et la diffusion de la tache. Ces taches sont appelées « halos ».

Pour obtenir des halos flous bien ronds, il faut ouvrir le diaphragme au maximum car ce n'est qu'à cette ouverture que l'orifice est parfaitement circulaire (NdT : le diaphragme des objectifs Summarit de Leica, à 11 lamelles, est quasiment rond à toutes les valeurs, sans parler de celui du vieux 135 mm Taïr de Krasnogorski, à 20 lamelles.) Les autres ouvertures sont hexagonales. Que vous utilisiez un objectif macro, qui ouvre au maximum entre *f*/2.5 et *f*/4, ou un téléobjectif macro ou monté sur des tubes-allonges qui ouvre au maximum entre *f*/3.5 ou *f*/5.6, vous devez impérativement ouvrir le diaphragme au maximum pour que son orifice soit parfaitement circulaire.

Si vous avez un faible pour les formes hexagonales, utilisez un objectif à diaphragme à six lames. Plus il sera fermé, moins l'hexagone sera flou. Vous pourrez exploiter le symbolisme de cette forme dans vos compositions.

Enfin, n'oubliez pas de photographier le soleil. Il m'est arrivé plus d'une fois de photographier un brin d'herbe ou une graminée sur fond de soleil levant ou couchant rendu sous la forme d'un énorme disque lumineux flou, produit par la dispersion de ses rayons défocalisés.

EXERCICE : LUMIÈRES DE NOËL, MAIS PAS QUE

Placez-vous à distance du sapin de Noël et cadrez les guirlandes allumées avec votre objectif équipé d'une lentille additionnelle – à moins que l'objectif possède une fonction Macro ou que vous utilisiez un petit téléobjectif monté sur des tubes-allonge. Faites la mise au point sur votre main placée devant l'objectif. À l'arrière-plan, les lumières des guirlandes deviennent des formes complètement floues.

Là encore, le diaphragme doit être ouvert au maximum pour que ces formes soient circulaires. Mais, pour obtenir des polygones réguliers, fermez le diaphragme à *f*/8 ou à *f*/11. Si l'appareil photo est doté d'un bouton de contrôle de la profondeur de champ, appuyez dessus et observez la forme des halos dans le viseur.

Cette technique est utilisable à d'autres moments que lors de la période de Noël. Les réverbères, les éclairages dans les immeubles et même les phares et les feux des voitures peuvent former des halos flous. Cadrez ces sources lumineuses en mode Macro, à au moins 3 m de distance, et appréciez le spectacle. Ces halos peuvent agrémenter une photo lors d'une double exposition – ou surimpression – de scènes urbaines, le soir ou la nuit : prenez une photo avec la mise au point nette et une autre complètement floue en décalant la mise au point.

ESCLAVAGISTE comme il sait l'être, mon frère Jim m'avait fait promettre que, un jour de congé, je l'aiderais à construire sa maison à Kodiak, en Alaska. Ce jour-là, je sortis à l'aube dans le froid arctique et je n'eus pas à aller loin pour découvrir d'innombrables possibilités de gros plans. Je cadrai une graminée sur fond de halos flous colorés. Grâce au diaphragme ouvert à *f*/4, j'étais certain d'obtenir des halos bien ronds. À cause du contre-jour, je mesurai la lumière sur l'herbe à mes pieds, réglai la vitesse au 1/125 s, puis je cadrai la photo.

Zoom 70-180 mm micro à 180 mm, *f*/4 à 1/125 s.

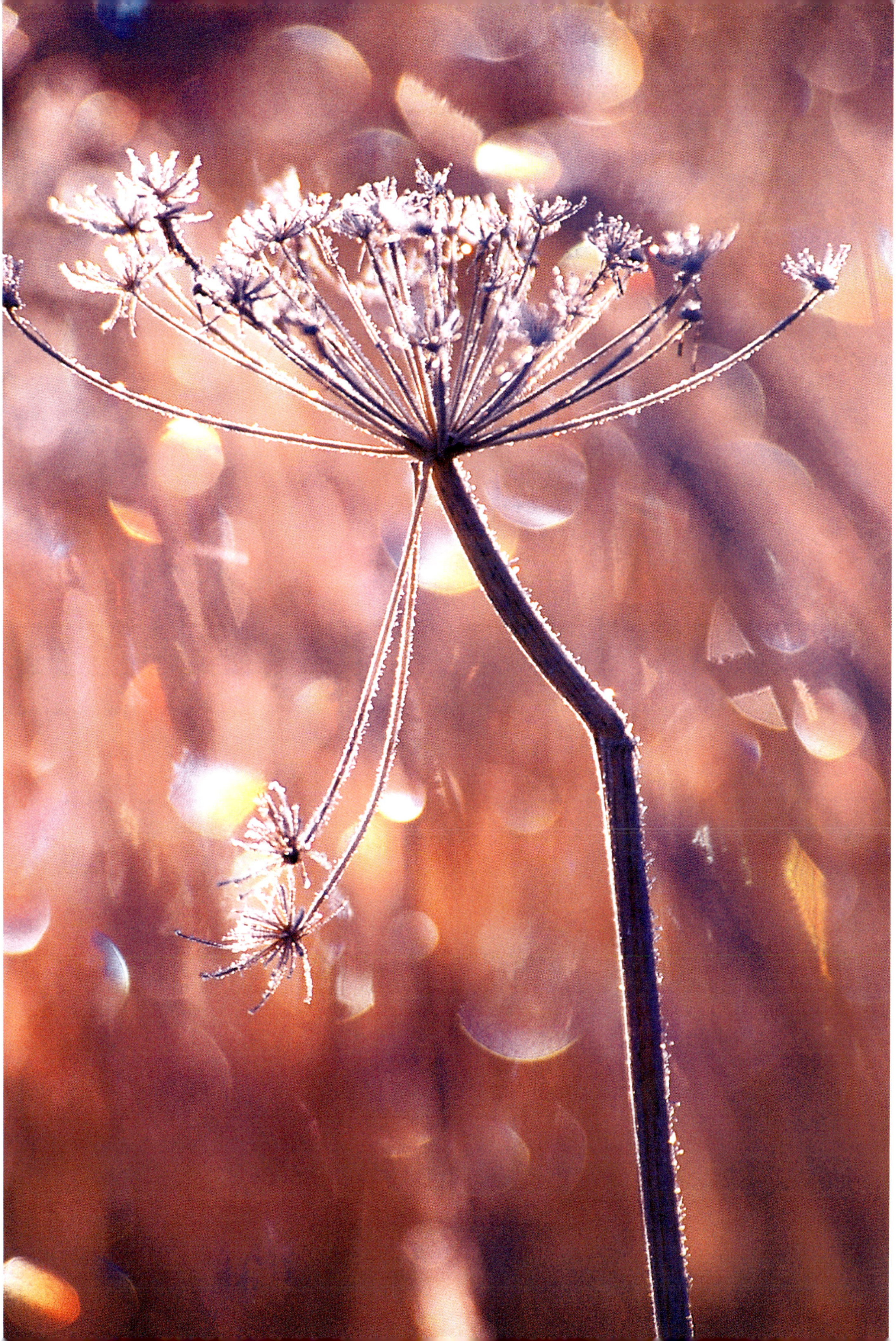

EXERCICE : LE CERCLE PARFAIT

Lorsque vous photographiez une lumière floue, au loin, avec un objectif macro ou avec une bonnette – de préférence une bonnette Canon 500D – ou encore avec des tubes-allonges, celle-ci adopte la forme de l'orifice. Là encore, pour obtenir un cercle parfait, vous devez ouvrir le diaphragme au maximum, que ce soit à *f*/4, *f*/3.5 ou *f*/2.8.

Quand vous aurez appris à cadrer un sujet avec comme fond un halo de lumière flou, vous produirez assurément un plus grand nombre de très bonnes photos. C'est au cours des premières minutes après le lever du soleil et au cours des quelques dernières minutes avant le coucher du soleil que vous pourrez l'inclure dans une composition et obtenir de beaux effets de disque incandescent.

Ne vous limitez pas au seul soleil, car n'importe quelle source de lumière hors de la zone de netteté peut produire le même effet : une lampe de poche, une allumette, une lanterne sous un porche, des phares et feux de voiture, un intense reflet sur un lac ou sur un cours d'eau, les illuminations de Noël et les réverbères.

Jugez par vous-même : réduisez la lumière dans le salon ou dans la cuisine et allumez une lampe de poche. Posez-la sur un coin de table, dirigée vers l'appareil photo en mode Macro ou équipé d'une bonnette ou de tubes-allonges. Placez maintenant devant l'objectif un verre avec une fourchette, une paille, voire une brosse à dents dedans, et faites la mise au point sur la fourchette, la paille ou les poils de la brosse. Que voyez-vous ? Un disque lumineux flou derrière le sujet net. Rappelons que, pour qu'il soit parfaitement circulaire, le diaphragme doit impérativement être ouvert au maximum.

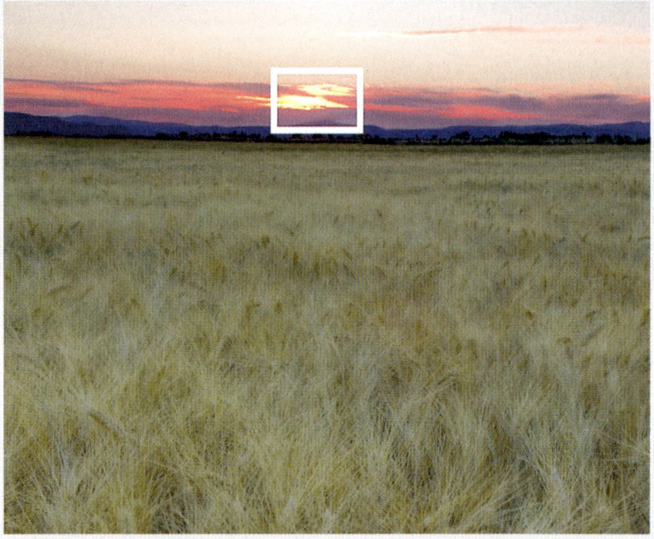

CETTE PHOTO A ÉTÉ PRISE au soleil levant. Je pris trois épis de blé que je tins dans ma main gauche. L'appareil photo fixé sur le trépied et équipé du Micro-Nikkor de 60 mm, ainsi que d'un filtre Tube fluorescent chaud pour renforcer le magenta dans le ciel, j'effectuais le point sur les épis tenus devant le soleil. Je pus voir aussitôt, dans le viseur, un grand disque lumineux aux bords estompés (le soleil) sur lequel se découpaient les trois épis de blé. Pour être sûr que le disque serait bien rond, et non hexagonal, j'ouvris le diaphragme au maximum, à *f*/2.8. Il ne restait plus qu'à régler la vitesse et à déclencher.

Micro-Nikkor 60 mm, *f*/2.8.

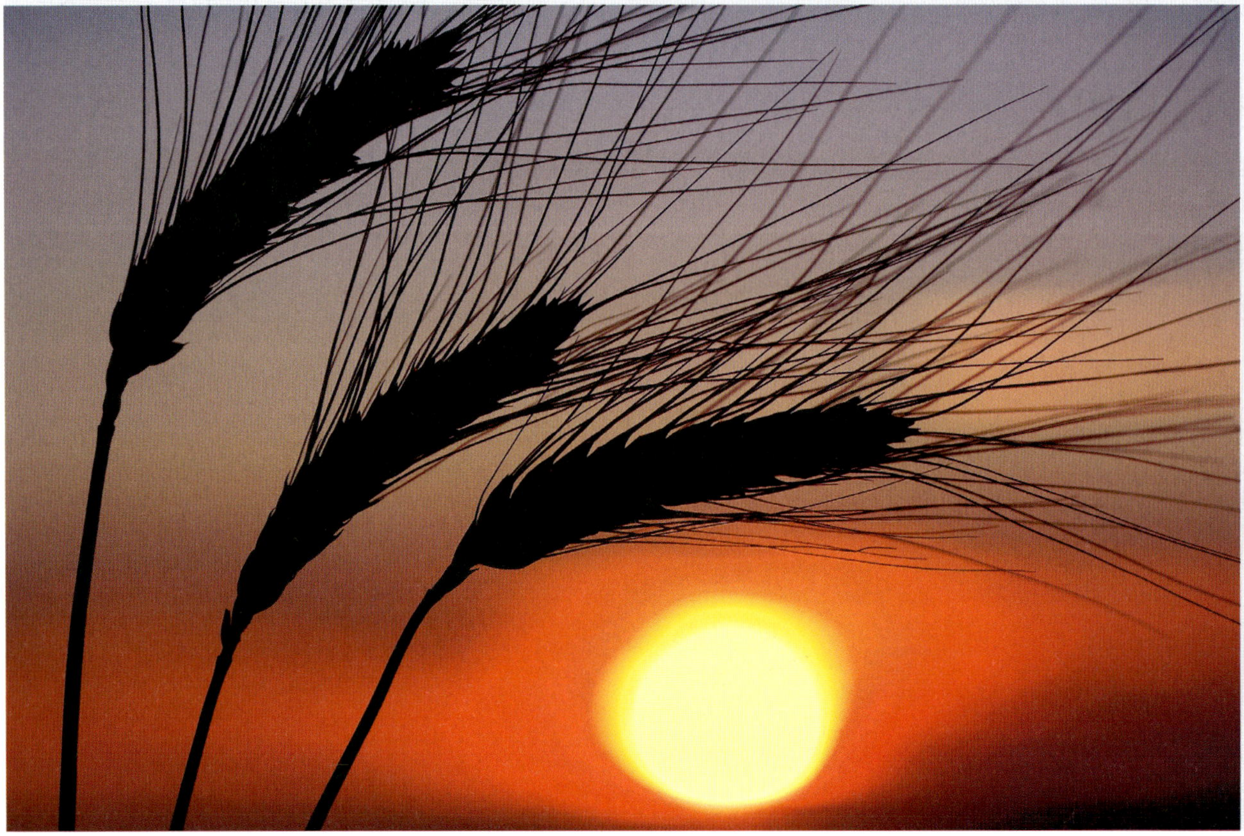

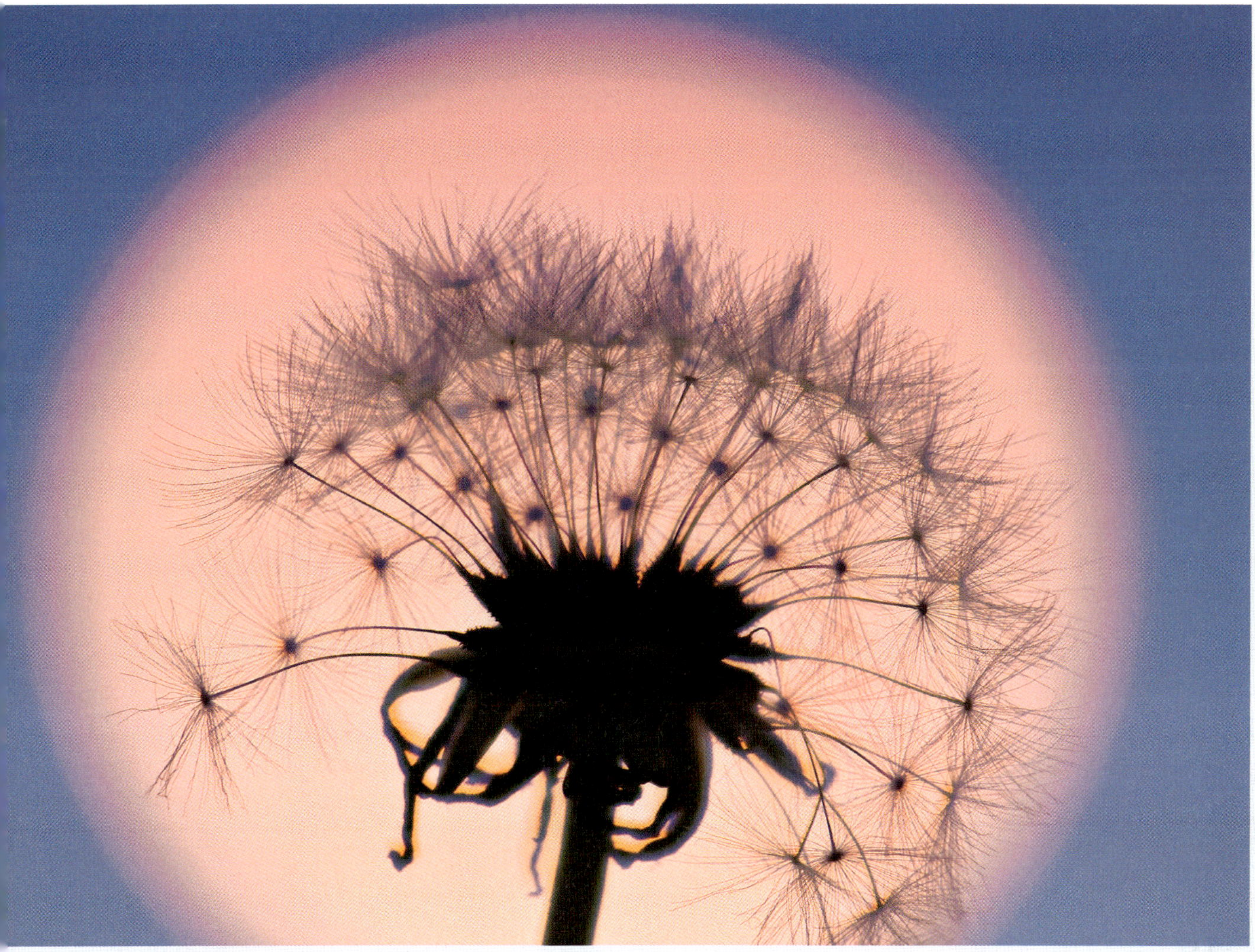

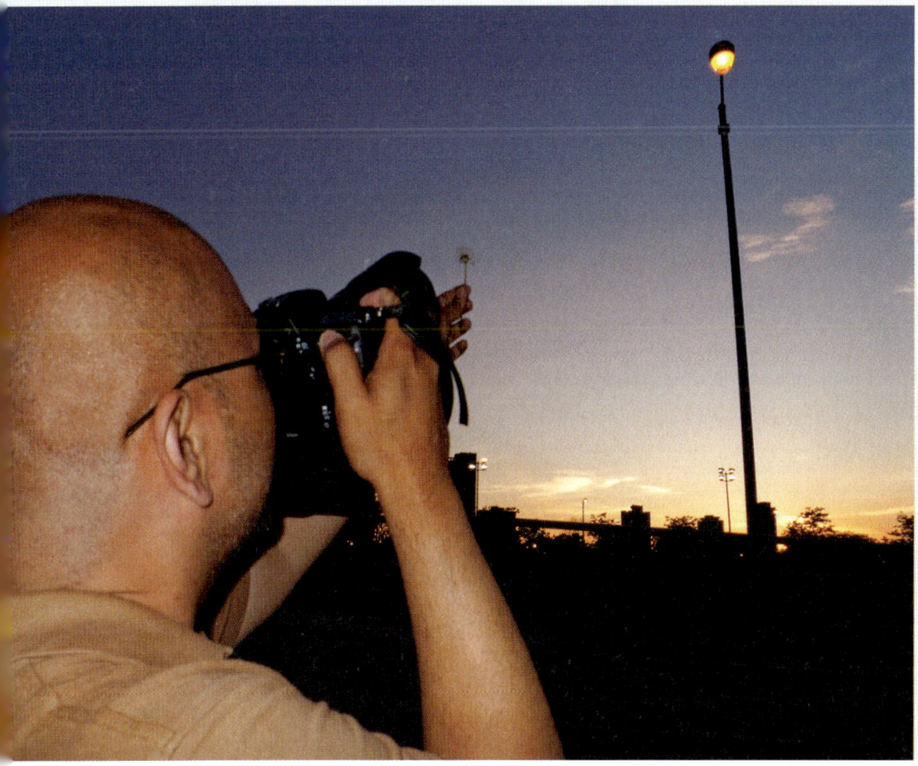

L'EXERCICE que j'ai récemment effectué à Chicago avec l'un de mes stagiaires, Eugene Almazan, démontre que cette technique fonctionne avec n'importe quel nombre de sources lumineuses. Nous étions en train de photographier le panorama urbain depuis North Beach lorsque je lui proposai de se retourner et de photographier un réverbère sur un parking.

Je cueillis un pissenlit qui poussait là et demandai au stagiaire de monter le Micro-Nikkor de 105 mm sur son Nikon D300 fixé sur un trépied, et d'ouvrir le diaphragme au maximum, à *f*/2.8. Je lui demandai ensuite de tenir le pissenlit à bout de bras et de faire la mise au point dessus en le centrant dans le halo du réverbère. La photo ci-dessus montre l'effet très graphique produit par la source lumineuse circulaire complètement floue.

Micro-Nikkor 105 mm, *f*/2.8.

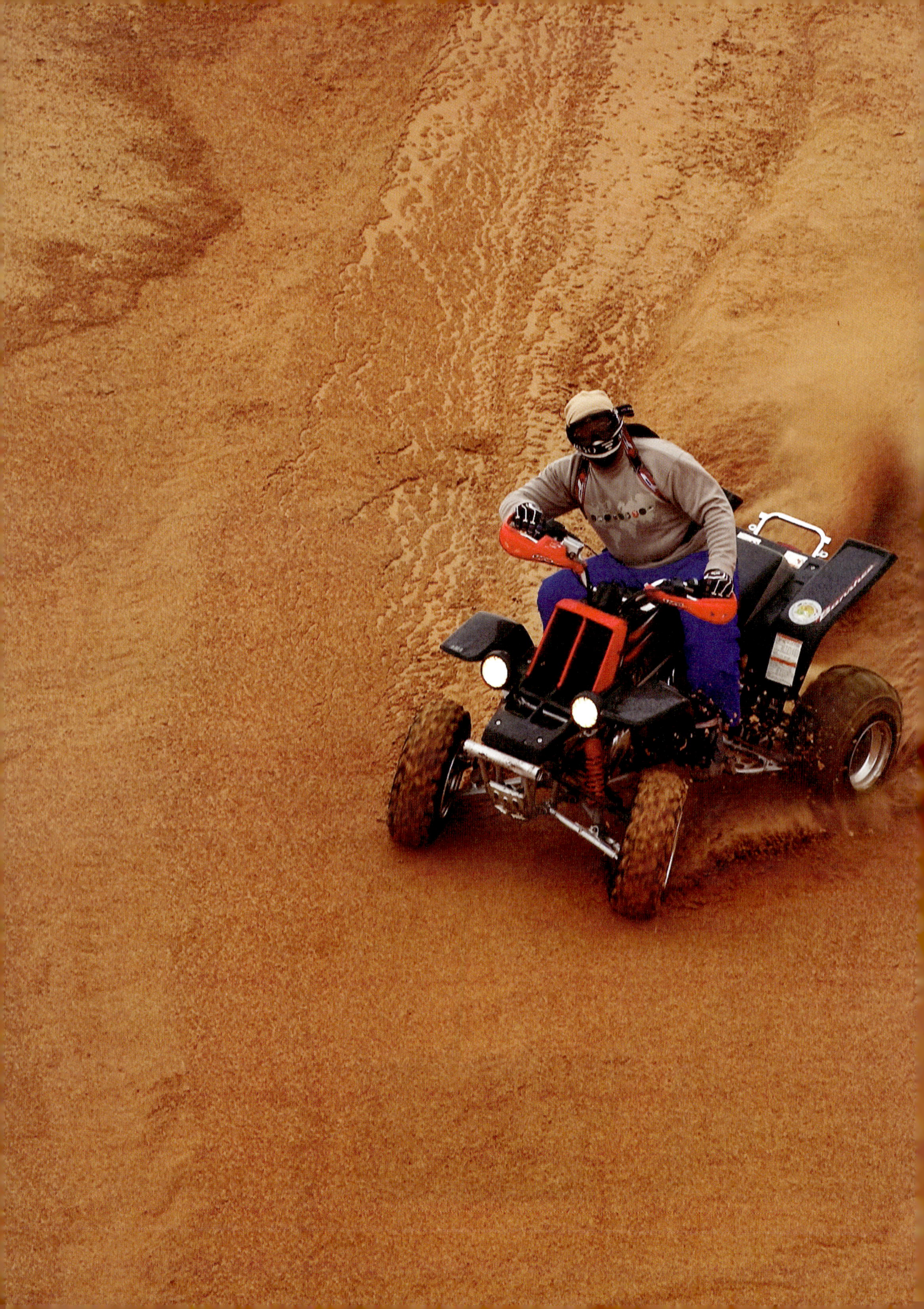

VITESSE D'OBTURATION

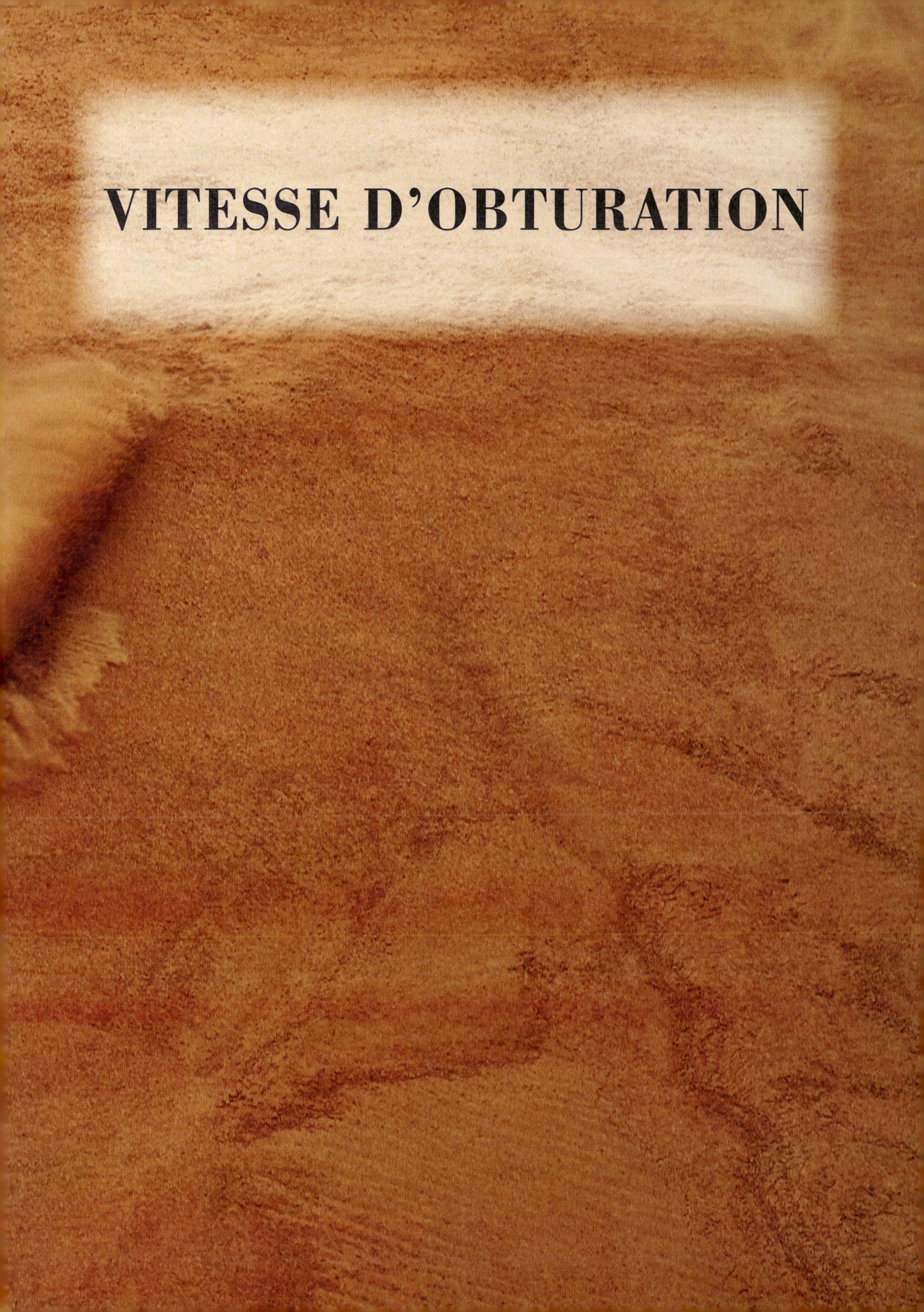

L'IMPORTANCE DE LA VITESSE D'OBTURATION

Le rôle de l'obturateur est d'admettre la lumière sur la surface photosensible – film ou capteur – pendant une durée déterminée. Tous les reflex et la majorité des compacts permettent de sélectionner cette durée en choisissant une vitesse d'obturation. Elle régit notamment l'évocation du mouvement dans vos photos, que ce soit en bougeant l'appareil au cours de la prise de vue ou en laissant le sujet se déplacer dans le champ. Une vitesse d'obturation rapide fige le sujet, tandis qu'une vitesse d'obturation lente produit un flou de mouvement.

Jusqu'à présent, nous avions abordé la vitesse d'obturation dans le cadre des expositions créatives, mais nous l'étudierons à présent sous un autre aspect. Elle doit être votre priorité absolue dans deux cas : lorsque la scène est mouvementée et lorsque l'appareil photo est fixé sur un trépied, en lumière faible. Les occasions de photographier le mouvement ne manquent pas. Vous devrez pour cela commencer par sélectionner la vitesse d'obturation appropriée puis régler le diaphragme.

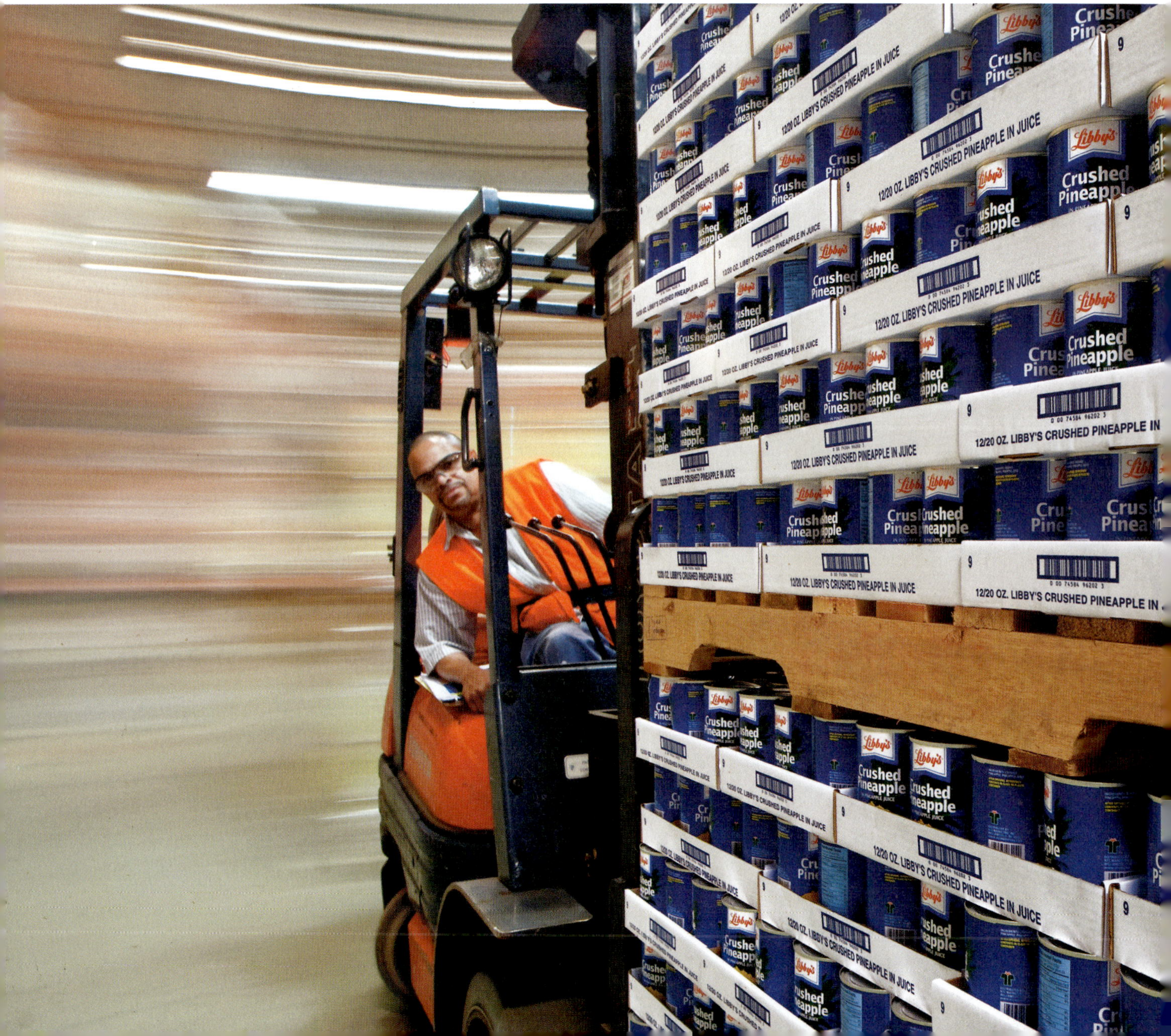

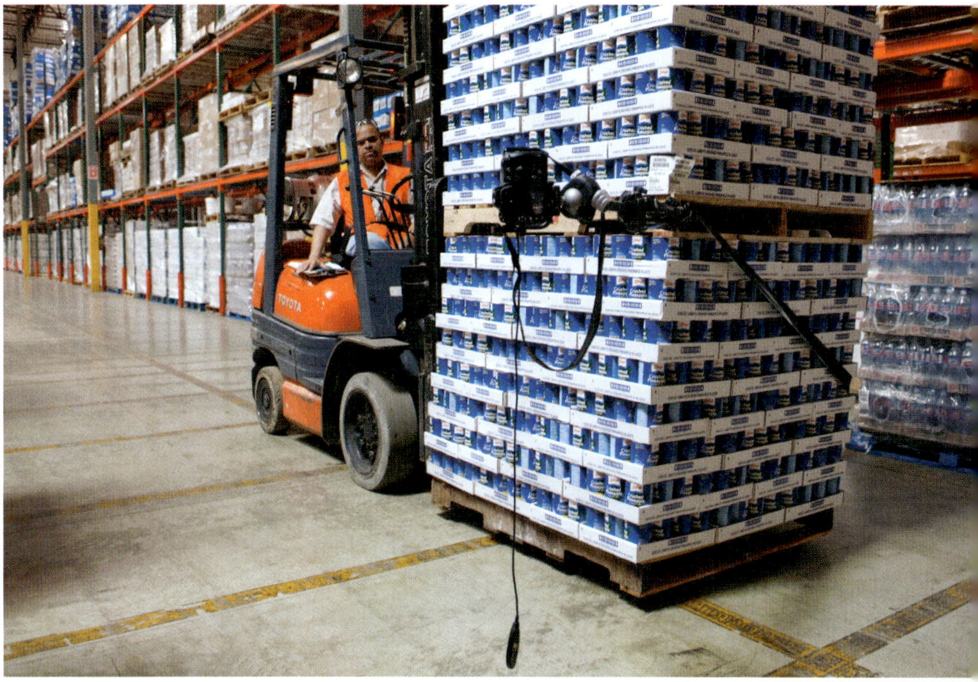

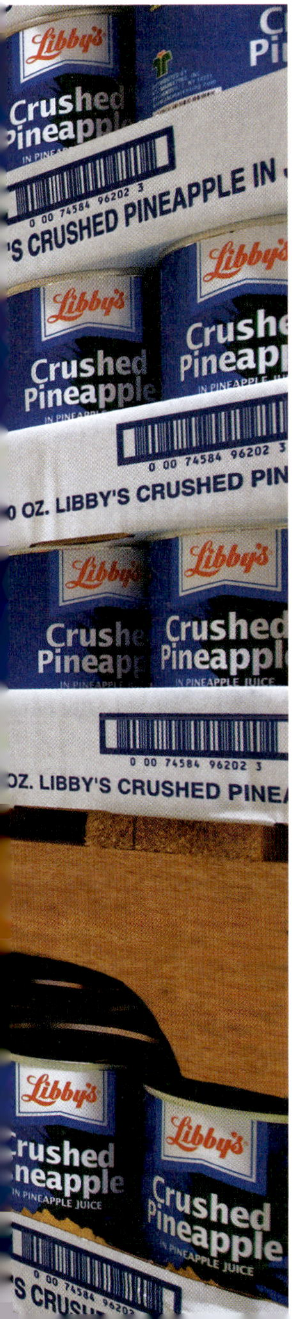

J'AVAIS RÉCEMMENT REÇU une commande pour un reportage à Orange County, en Californie. Une société de logistique, Flex Solutions, voulait suggérer sa rapidité et son efficacité à sa clientèle. Les photos devaient être pleines de mouvement. Les angles de prise de vue s'annonçaient assez acrobatiques.

Des 1 250 photos que je pris au cours de ces deux journées de reportage, un bon tiers le fut en fixant l'appareil photo à quelques-uns des nombreux chariots élévateurs qui circulaient dans les 18 600 m^2 d'entrepôts. Demandez à n'importe quel photographe professionnel quel est l'accessoire indispensable pour ce genre de prises de vue, et il vous répondra : « Du ruban adhésif. » Le trépied entièrement étiré, mais pas déployé, je le glissai à l'intérieur de la palette centrale. Après avoir arrimé le trépied en porte-à-faux à la palette, avec du ruban adhésif, j'étais prêt pour les prises de vue.

L'appareil photo et son objectif fixés en toute sécurité sur la tête du trépied, le conducteur conduisit son chariot parmi les travées pleines de marchandises. Je marchais derrière lui à pas rapides, déclenchant l'appareil à distance avec un câble, en mode Priorité à l'ouverture. Avec le diaphragme à *f*/22, le temps de pose variait de 1/4 s à 1 seconde selon l'éclairage ambiant dans les différentes ailes de l'entrepôt. Comme les locaux étaient éclairés par des ampoules, j'avais choisi la balance des blancs Incandescent. Bon nombre de photos furent exploitables. Mon conseil : ne jamais oublier le ruban adhésif.

Zoom 12-24 mm à 12 mm, 200 ISO, *f*/22 à 1/2 s.

LA BONNE VITESSE POUR LE BON SUJET

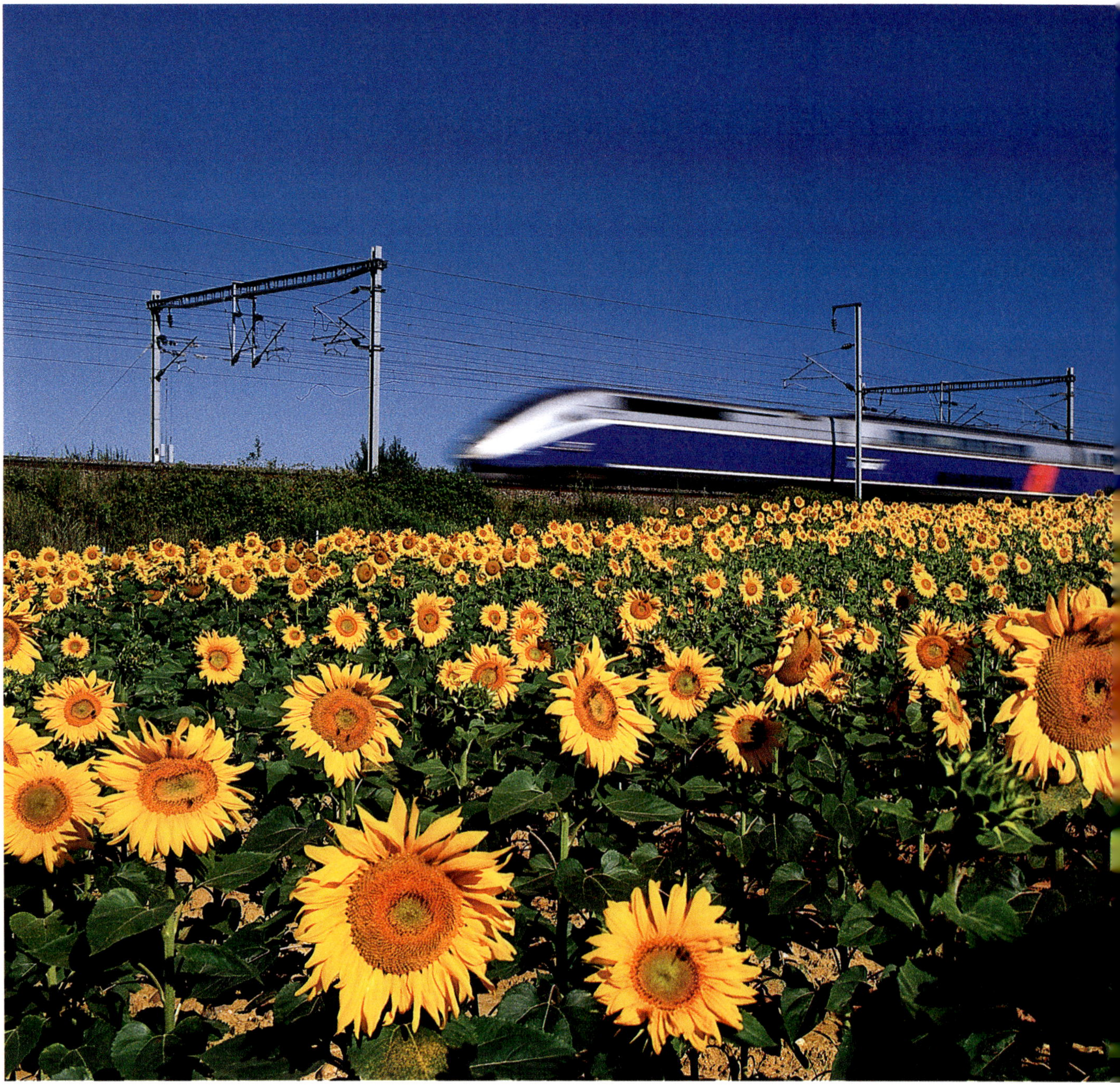

ENTENDANT LE BRUIT d'un train qui arrivait, je détournai mon attention des tournesols que je photographiai et je zoomais de 70 à 35 mm pour obtenir une composition narrative montrant à la fois les grandes fleurs et le train lancé à toute vitesse. Je réglai rapidement la vitesse à 1/60 s et fermai le diaphragme jusqu'à ce que *f*/22 corresponde à l'ouverture correcte. L'appareil photo fixé sur le trépied, je déclenchai au moment où passait le TGV lancé à pleine vitesse. Le flou de mouvement suggère la vitesse élevée du train et le paysage inciterait même le plus inconditionnel des voyageurs aériens à se laisser tenter par le train.

Zoom 35-70 mm à 35 mm, 200 ISO, *f*/22 à 1/60 s.

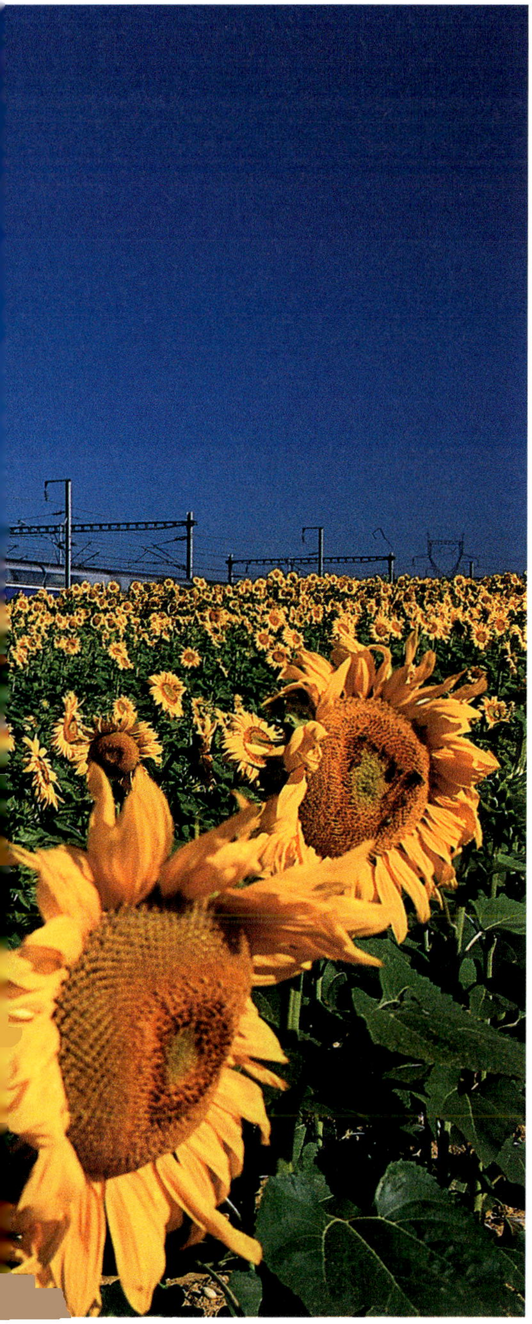

De tous les réglages de base, la vitesse d'obturation est sans aucun doute le plus créatif. C'est elle en effet qui permet de figer le mouvement, et ainsi d'étudier les détails les plus fins du sujet qui, autrement, seraient devenus flous à cause du bougé. C'est aussi par le réglage judicieux de la vitesse d'obturation que le photographe peut représenter le mouvement, ou encore suggérer la vélocité en suivant le sujet dans le viseur, obtenant ainsi un filé.

La chute d'eau est l'un des sujets en mouvement les plus classiques. Dans cette situation, la vitesse d'obturation peut être exploitée créativement de deux manières : soit pour figer l'eau grâce à un temps de pose très bref, soit pour obtenir des traînées cotonneuses grâce à un temps de pose plus long. Des chevaux courant dans un pâturage par une belle journée d'automne peuvent être suivis au 1/60 ou au 1/30 s. Dans ce filé suggérant l'action, le décor sera réduit à des traînées, tandis que l'essentiel du sujet sera net. Un enfant qui joue avec un ballon, des rues au crépuscule sont autant de sujets pleins de mouvement. Une vitesse d'obturation longue, de 8 ou 15 secondes – en utilisant un trépied, bien sûr – transformera la rue en un flot de traînées blanches et rouges produites par les véhicules traversant votre composition.

LES VITESSES DE BASE

Bien que les vitesses figurant sur le barillet ou affichées dans le viseur soient des nombres entiers comme 60, 125, 250 ou 500, ce sont en réalité des fractions de seconde : 1/60 s, 1/125 s, 1/250 s, 1/500 s... Sur les appareils photo récents, des vitesses intermédiaires sont sélectionnables, comme 1/60 s, 1/80 s, 1/100 s, 1/125 s, 1/160 s, 1/200 s, 1/250 s... Ces valeurs supplémentaires sont commodes pour peaufiner l'exposition. Nous y reviendrons dans le chapitre consacré à la lumière.

En plus de ces vitesses, beaucoup d'appareils photo sont dotés d'une pose B (comme *Bulb*, « ampoule flash » en anglais). C'est un vestige de l'époque du flash au magnésium, quand le photographe ouvrait l'obturateur, mettait à feu une ampoule remplie de filaments de magnésium grâce à un déclencheur qui portait un filament de tungstène à incandescence, puis fermait l'obturateur. Aujourd'hui, la pose B sert à utiliser des temps de pose plus longs que la vitesse la plus lente sélectionnable avec le barillet ou la molette. L'appareil photo doit bien sûr être parfaitement immobilisé et un déclencheur souple, ou une télécommande, doit être utilisé.

FIGER LE MOUVEMENT

La première photo que je vis où cette technique de gel du mouvement était utilisée montrait une jeune femme qui rejetait vivement en arrière ses cheveux abondamment mouillés, formant une longue gerbe. Chaque goutte, chaque cheveu était finement détaillé. Comme il nous est rarement possible d'observer ces menus détails dans la réalité, le mouvement figé nous paraît toujours étonnant et nous impressionne.

En règle générale, une vitesse d'obturation rapide est indispensable pour figer le mouvement. Ce point est particulièrement crucial lorsque le sujet se déplace transversalement, comme lors d'une course automobile, lorsque les concurrents passent devant les tribunes. La vitesse d'obturation doit alors être d'au moins 1/500 s ou 1/1 000 s. Outre les courses auto ou moto, beaucoup d'autres manifestations se prêtent au gel de l'action, comme les sauts des dauphins dans un parc aquatique ou le saut de l'obstacle lors d'une course hippique, ou encore les figures lors des sports de glisse (ski, skate…).

Trois facteurs doivent être pris en compte pour figer une action : la distance entre l'appareil photo et le sujet, la direction de son déplacement et la focale utilisée. Commencez par évaluer la distance : 3 m ? 30 m ? Plus vous êtes proche de l'action, plus la vitesse d'obturation doit être élevée. Déterminez ensuite si le déplacement s'effectue dans l'axe de l'objectif ou perpendiculairement à celui-ci. Choisissez ensuite la focale la mieux appropriée.

Par exemple, si vous photographiez un cavalier de rodéo avec un objectif normal ou avec un grand angulaire, à une dizaine de mètres de distance, une vitesse de 1/500 s ou plus est nécessaire pour figer l'action. Mais si vous êtes à 30 m, la taille apparente du sujet ainsi que l'amplitude de ses mouvements diminuent considérablement ; une vitesse de 1/125 s sera suffisante. En cadrant serré à 15 m, avec un téléobjectif de 200 mm – c'est comme si vous étiez à 3,75 m –, 1/500 s sera nécessaire. Si le cavalier et son cheval sont cadrés serré, soit avec un téléobjectif soit en vous approchant d'eux, et qu'ils courent transversalement, le 1/1 000 s s'impose.

ALORS QUE J'ACHETAIS une petite plaquette représentant les poissons de la côte, à la boutique de plongée de mon hôtel à Maui, à Hawaii, je surpris la conversion entre deux personnes de la région annonçant « une forte houle à North Shore » pour le lendemain. Tôt le lendemain matin, je me rendis à l'endroit où les grosses vagues et les surfeurs devaient se rencontrer. Après être descendu par un étroit sentier, je repérais un endroit idéal pour les prises de vue. Dans la demi-heure qui suivi, plusieurs surfeurs étaient arrivés ainsi que de belles vagues de 6 à 9 m de hauteur.

L'appareil photo équipé du zoom monté sur un monopode, je réglai la vitesse à 1/1 000 s et le diaphragme à *f*/5.6, selon les indications de la cellule et du ciel (la mesure de la lumière sur le ciel est expliquée page 130). Le ciel bleu est un emplacement parfait pour mesurer la lumière tôt le matin ou tard le soir, lorsque la scène contient beaucoup de blanc, comme c'est le cas de la vague et de la gerbe, sur la photo. Le blanc est redoutable, car il fausse la cellule et, très souvent, les photos qui en contiennent beaucoup paraissent de ce fait grisâtres. Pour éviter cet inconvénient, je mesure toujours sur le ciel, à environ 30° au-dessus de l'horizon. À cet endroit, il est à peu près neutre, pour autant qu'il ne soit ni trop sombre ni trop lumineux.

En moins d'une heure, je pris bon nombre de photos vraiment intéressantes, surtout grâce aux talentueux surfeurs. Comme l'action se déroulait à un rythme effréné, j'avais opté, sur le Nikon, pour le mode AF-Servo qui assure une mise au point continue du sujet suivi dans le viseur.

Zoom 200-400 mm, monopode, 100 ISO, *f*/5.6 à 1/1 000 s.

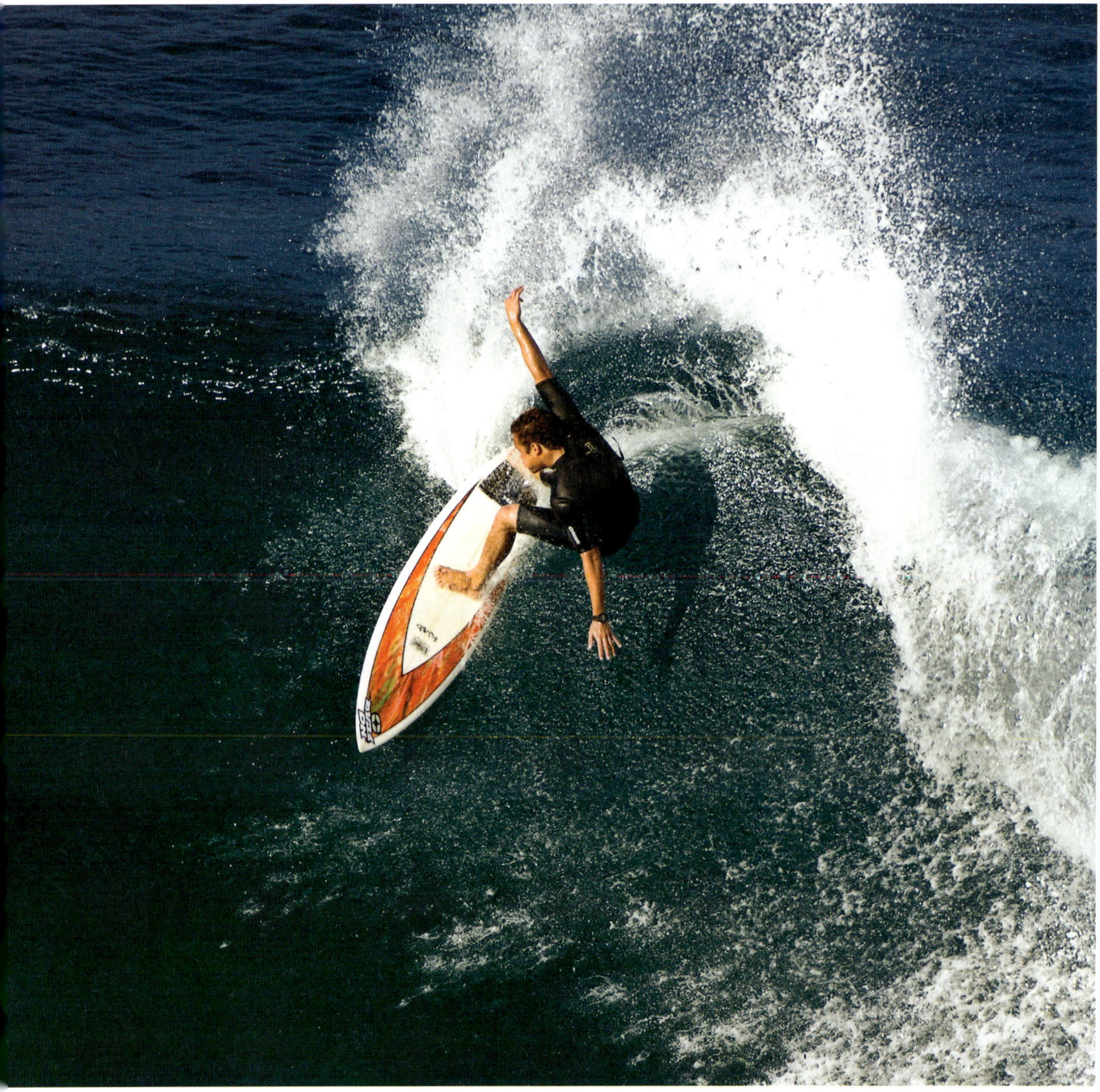

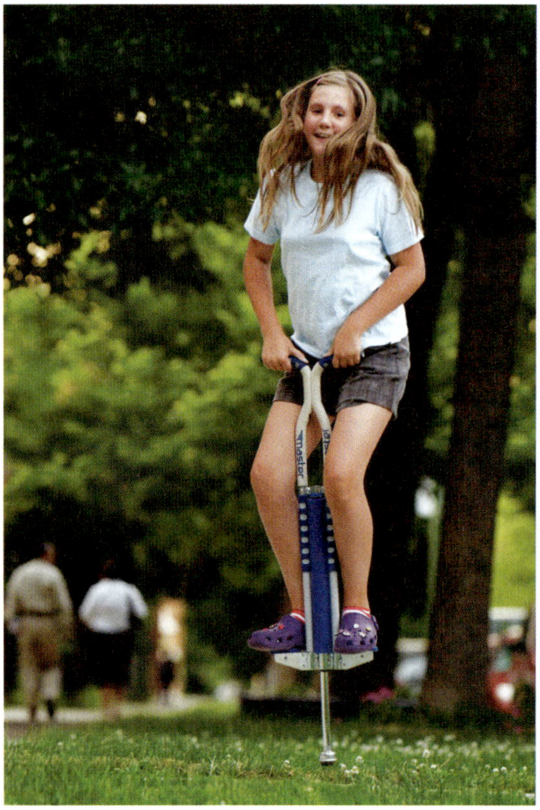

QUAND MA FILLE reçut un bâton sauteur pour ses douze ans, je fus aussi surpris qu'elle. Elle ne s'y attendait pas et je ne savais même pas qu'un tel objet existait. C'est d'ailleurs pour cela que je ne suis jamais chargé de trouver les cadeaux d'anniversaire.

Le 1/500 s est suffisant pour figer tout mouvement vertical. Comment obtenir cette vitesse est une autre affaire. En raison de la faible lumière du soir, je fus obligé d'augmenter la sensibilité à 1 200 ISO, ce qui n'empêcha pas de devoir ouvrir à *f*/4. En plus de montrer une action figée, cette photo prouve combien le reflex est peu bruité, même aux ISO élevés. Mais je dois préciser que la couleur et le contraste ne sont pas ceux que j'aurai souhaités. Ils résultent de l'inévitable compromis entre ce bruit discret et les ISO élevés, quand la lumière est faible.

Zoom 70-200 mm à 200 mm, 1 200 ISO, *f*/4 à 1/500 s.

LES ENFANTS ADORENT les flaques. Les nombreux petits jets d'eau disposés sur les dalles en marbre de la place des Terreaux, à Lyon, sont autant d'invitations à sauter dans l'eau qui les entoure. J'avais placé l'appareil photo au ras du sol et mis les enfants du voisinage au défi de sauter par-dessus l'eau.

La façade de l'hôtel de ville étant baignée par la lumière du soir, tandis que la fontaine se trouvait dans une ombre découverte, je savais que la photo serait très graphique, car la silhouette de l'enfant se découperait sur les chaudes teintes de l'arrière-plan. J'ai d'abord réglé la focale de mon zoom 17-35 mm. À 20 mm, la largeur de l'angle de vue permettrait non seulement de cadrer l'enfant, mais aussi de montrer toute la place avec l'hôtel de ville au fond. J'ai ensuite réglé la vitesse à 1/500 s, mesuré la lumière sur la façade en mode Spot, puis j'ai réglé l'ouverture jusqu'à ce que *f*/9.5 corresponde à une sous-exposition de –2/3 de stop (voir pages 23 et 134). J'ai ensuite invité les enfants à sauter.

Cette photo est la meilleure d'une série de vingt vues. Comme l'exposition avait été mesurée sur la façade ensoleillée, le premier plan – y compris l'enfant – est fortement sous-exposé et réduit à une silhouette.

Zoom 17-35 mm à 20 mm, *f*/9.5 à 1/500 s.

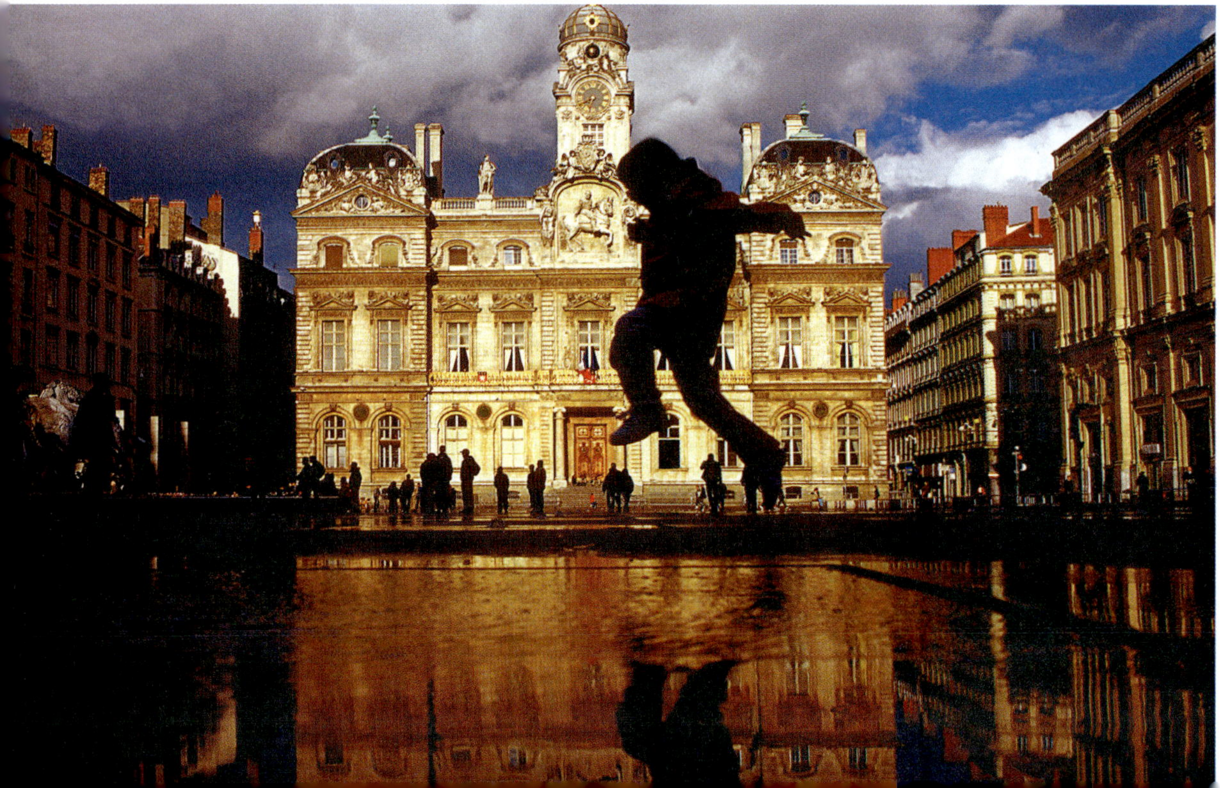

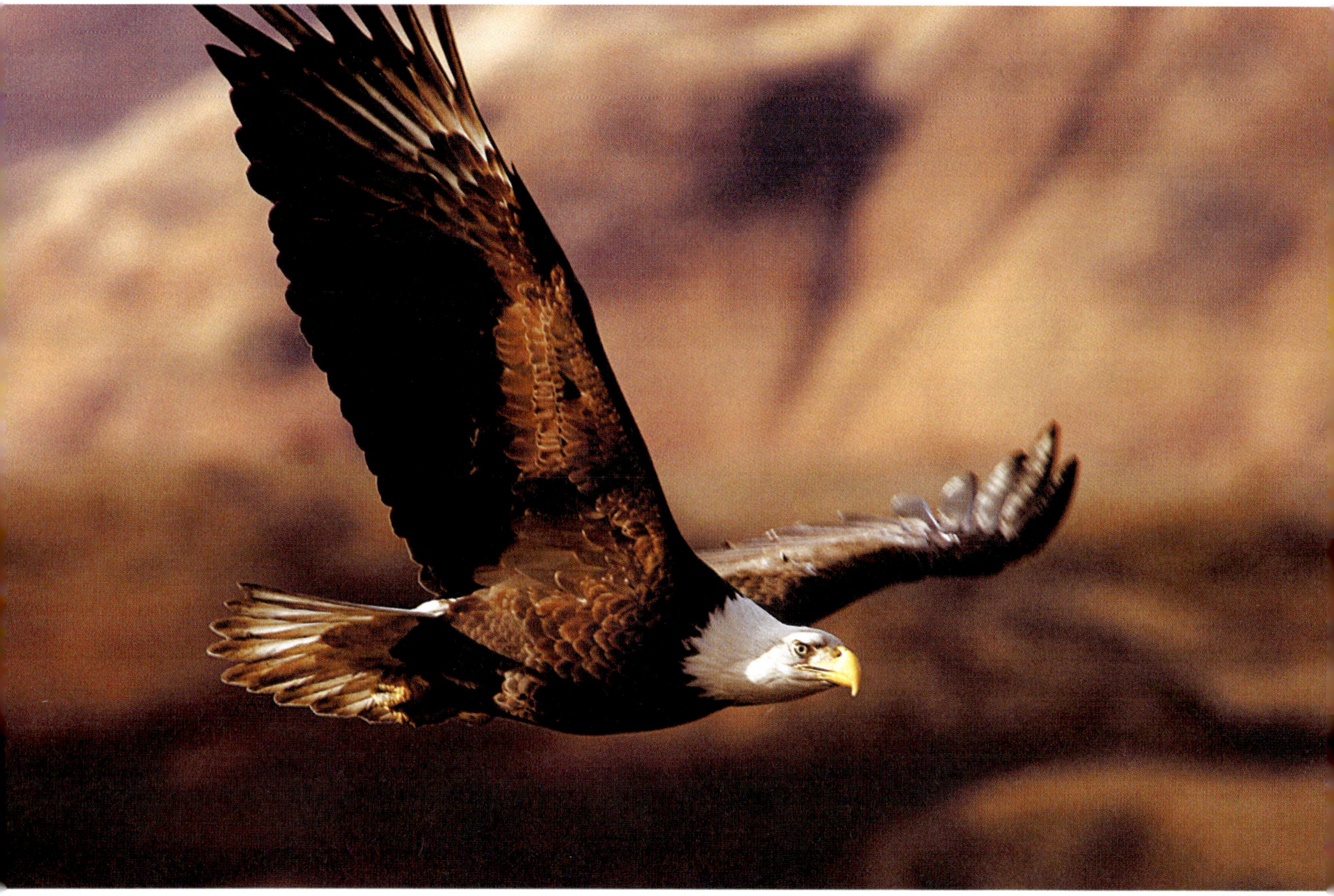

À MES DÉBUTS de photographe, j'avais passé beaucoup d'heures – depuis un affût qui n'était autre que la fenêtre du garage – à photographier les oiseaux qui fréquentaient une mangeoire. Elle en attirait beaucoup, surtout l'hiver quand la nourriture est rare. Je photographiai ainsi bon nombre de juncos ardoisés, de mésanges à tête noire et de pinsons.

Quand j'ai aidé mon frère à construire sa maison en Alaska, nous avons tous deux photographié des aigles. À la place des boulettes de graisse, des graines de mil et de tournesol et du beurre de cacahuètes qui faisaient le bonheur des petits oiseaux, nous avions disposé de gros morceaux de saumon sur des planches en contreplaqué. Quittant leur perchoir sur un arbre voisin, les aigles se laissaient glisser jusqu'à l'appât les serres en avant, le saisissaient et s'éloignaient rapidement. Photographier des oiseaux en vol, notamment de gros volatiles comme les aigles, exige une vitesse d'obturation élevée afin de figer l'action. Ils peuvent en effet voler entre 50 et 65 km/h. Après avoir activé la mise au point automatique, je réglais la vitesse à 1/500 s. Le soleil dans mon dos, j'ai mesuré la lumière sur le ciel bleu au-dessus des collines au loin, puis j'ai réglé le diaphragme jusqu'à ce que *f*/9 corresponde à l'exposition correcte. Puis j'ai cadré et photographié le ballet des aigles dans la chaude lumière du matin.

Zoom 80-400 mm à 400 mm, *f*/9 à 1/500 s.

MOTEUR ET RAFALE

Les appareils photo argentiques haut de gamme sont équipés d'un moteur d'avancement du film ou peuvent en recevoir un, tandis que beaucoup d'appareils photo numériques ont une fonction Rafale. Sans ces dispositifs, la réussite de beaucoup de photos d'action serait aléatoire, car il est souvent difficile d'anticiper le moment fort où il faut déclencher. Le moteur et le mode Rafale permettent de déclencher un peu avant le pic de l'action et de continuer à photographier jusqu'à 1 ou 2 secondes après, en espérant que, dans la série de photos, une ou plusieurs soient réussies. La cadence de prise de vues dépend de l'appareil photo. Certains n'offrent qu'une cadence lente d'environ deux images par seconde, d'autre offrent en plus une cadence rapide, jusqu'à sept images par seconde.

LE FILÉ

Contrairement à la photographie du mouvement avec un appareil photo immobile, comme dans les pages précédentes, le filé consiste à suivre le sujet lors de son déplacement. Une vitesse d'obturation lente – généralement de 1/60 s à 1/8 s – est nécessaire pour réussir cet effet.

Les courses automobiles sont un sujet de choix pour le filé. Installé sur le bord de la piste ou dans une tribune, vous cadrez une voiture au loin, puis vous la suivez en veillant à ce qu'elle reste exactement au même endroit dans le viseur. Vous déclenchez dès que la voiture passe devant vous. Le suivi doit être fluide car le

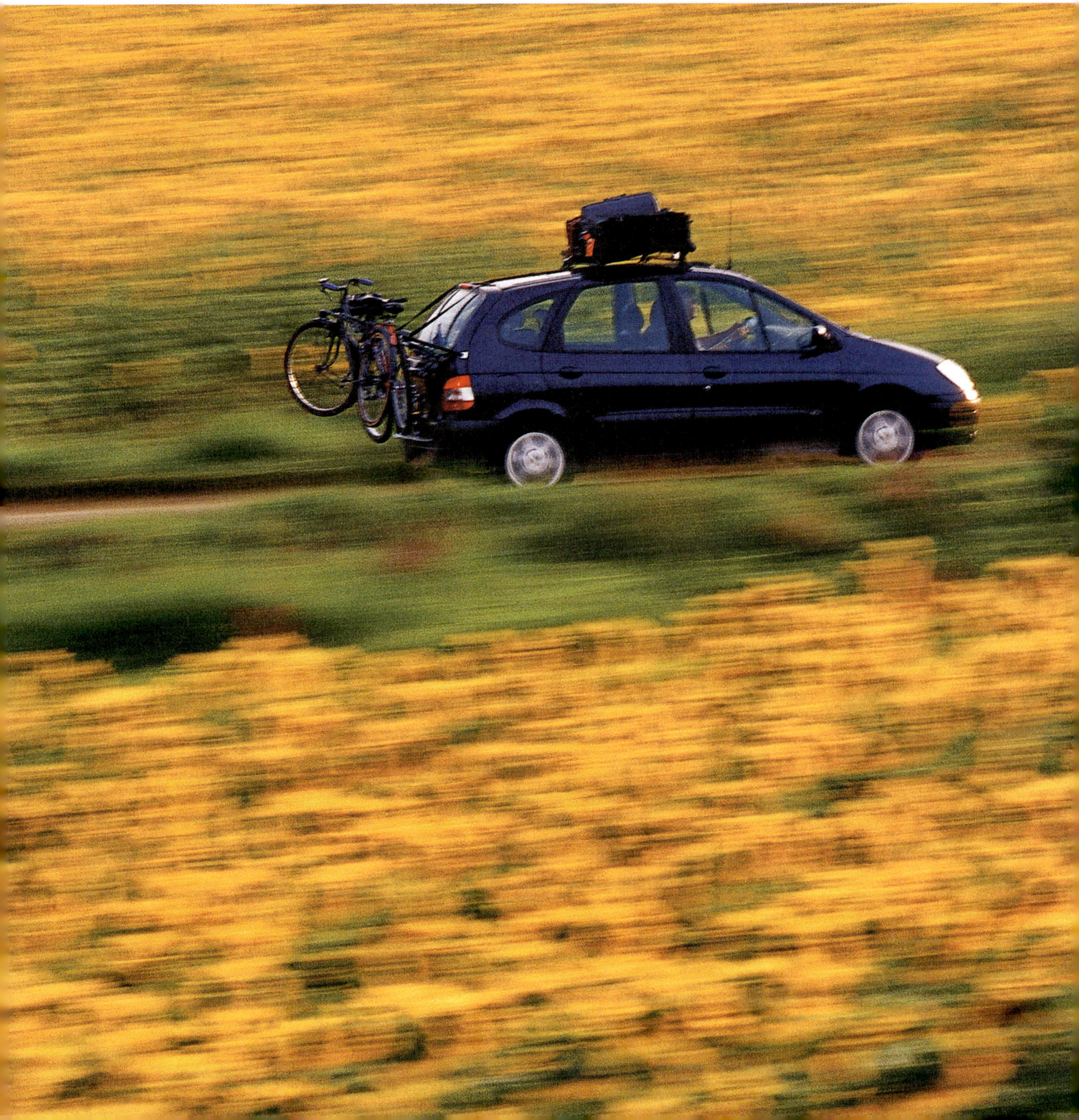

moindre tressautement ferait rater l'effet. Sur la photo, le sujet sera net, sur un arrière-plan réduit à des traînées floues.

L'importance de l'arrière-plan ne doit pas être sous-estimée lors d'un filé. S'il est trop uniforme, le flou sera imperceptible. Je me souviens de mon premier essai de filé, il y a des années de cela. Deux de mes frères jouaient au frisbee. J'avais pris plus d'une vingtaine de photos, au 50 mm et au 1/30 s, du frisbee traversant le ciel. Prendre autant de photos du même sujet me parut excessif, mais je voulais être certain d'obtenir au moins une bonne photo. Ce ne fut hélas pas le cas ! Le ciel étant d'un bleu pur, il n'y avait rien, derrière le frisbee, qui put former des traînées. Pour qu'un filé soit réussi, l'arrière-plan doit être graphiquement assez riche.

J'utilise fréquemment le trépied pour mes filés mais, comme il constitue plutôt une gêne, vous pouvez vous en passer (j'entends d'ici les soupirs de soulagement). Il est en effet préférable que vous soyez complètement libre de vos mouvements. Le trépied ne vous apporterait pas grand-chose.

JE PHOTOGRAPHIAIS des tournesols au milieu de nulle part. Le silence n'était rompu que par le ronronnement de quelques voitures qui passaient sur la route traversant le champ. Les photos de fleurs terminées, il me sembla qu'un filé sur l'une des voitures serait une bonne idée. Comme c'est bien souvent le cas dans de telles circonstances, il a suffit que j'aie cette idée pour que plus une voiture ne passe. Après une longue attente, j'étais sur le point de remballer le matériel lorsque j'en entendis une au loin. Je vérifiai rapidement l'exposition dans le viseur – 1/60 s à *f*/16 – en la mesurant sur le ciel bleu juste au-dessus du champ de tournesols. Dès que la voiture fut à portée de vue, je la visai et la suivis en faisant de mon mieux pour la garder exactement au même endroit dans le cadre tout en déclenchant continûment (la cadence du moteur était de cinq images par seconde). J'avais eu le bon réflexe car, au fil des ans, cette photo m'a rapporté des milliers de dollars.

Zoom 80-200 mm à 200 mm, *f*/16 à 1/60 s.

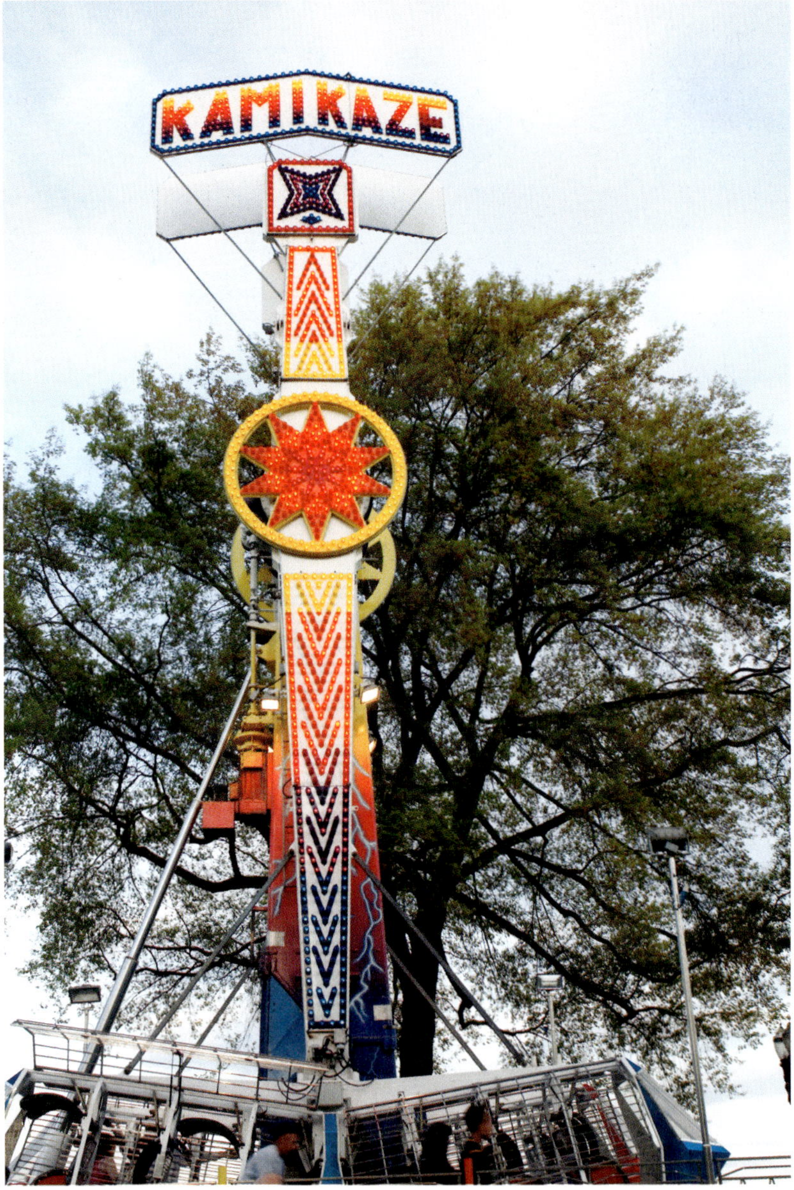

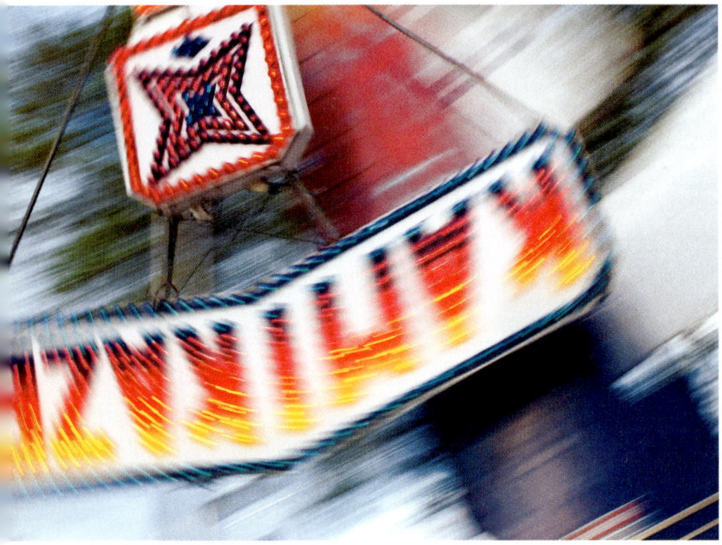

LES FÊTES FORAINES offrent de nombreuses occasions de s'exercer au filé. Le Kamikaze est une attraction renversante : un bras terminé par une cabine exécute des tours complets à grande vitesse, comme l'aiguille d'une montre. La cabine est très colorée, de même que le mot « Kamikaze », écrit en lettres lumineuses sur le contrepoids. Cet ensemble ayant attiré mon attention, j'ai effectué un filé à main levée avec le Nikon D300 et pris la photo au moment où le contrepoids de la cabine défilait en position basse.

Zoom 28-70 mm, 200 ISO, *f*/22 à 1/30 s.

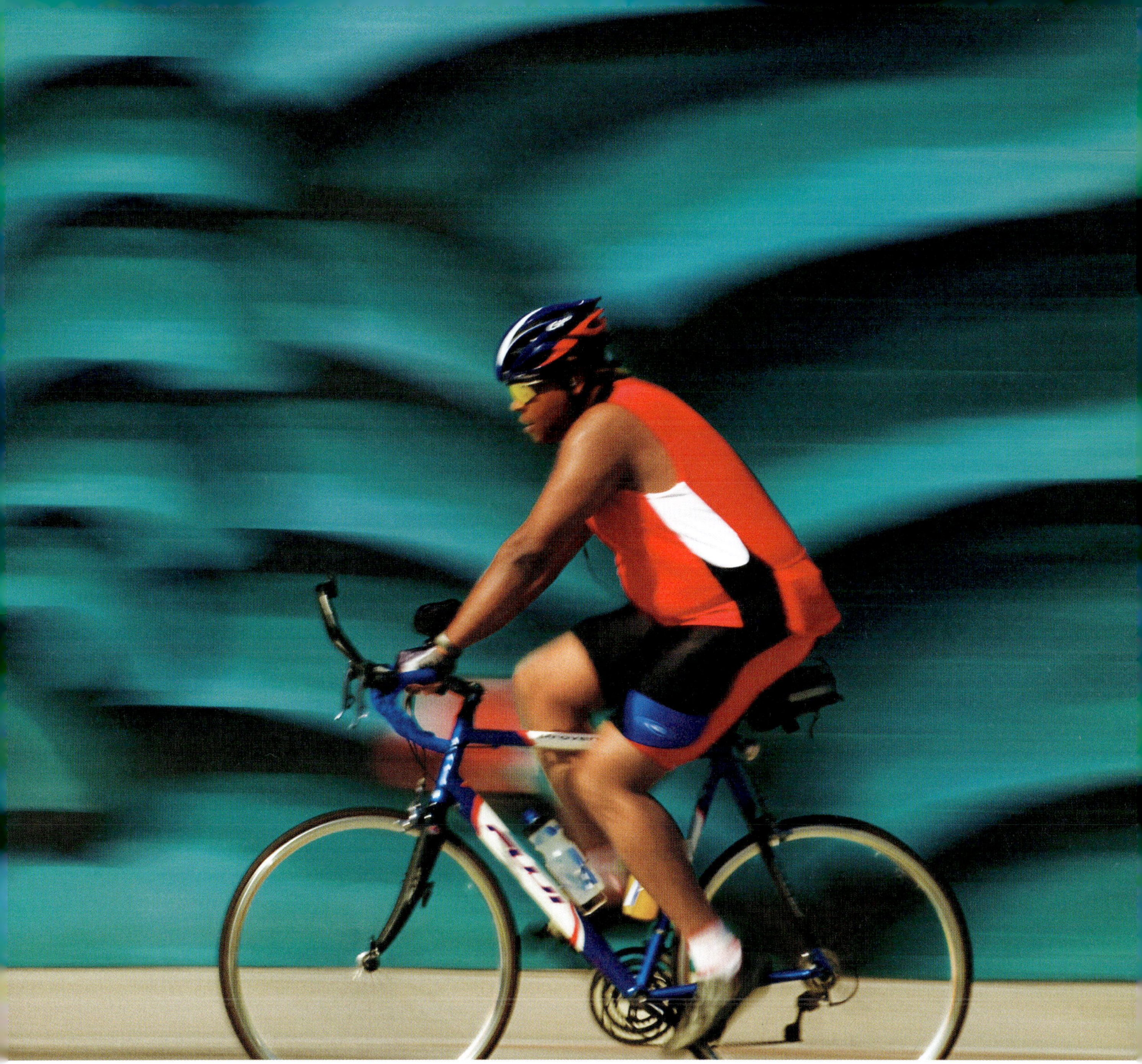

À L'EST DE SAN DIEGO, près des chantiers navals, plusieurs longs murs peints bordent une piste cyclable qui longe une route à quatre voies très fréquentée. Chaque week-end, cette piste est empruntée par d'innombrables cyclistes (où peuvent-ils bien aller ? À Tijuana peut-être, de l'autre côté de la frontière mexicaine, à quelques kilomètres de là ?). Quoi qu'il en soit, ces murs peints forment un arrière-plan parfait pour un filé au 1/60 s ou au 1/30 s, voire moins. Les cyclistes ne manquant pas, j'avais tout mon temps pour m'installer. J'avais fixé l'appareil photo sur un trépied, mais sans bloquer la rotation panoramique de la tête. Je pouvais ainsi suivre le sujet par un mouvement fluide, tout en conservant l'appareil photo à niveau. Le résultat est un filé qui exprime puissamment l'énergie du cycliste grâce aux traînées produites par la vitesse d'obturation lente.

Zoom 70-200 mm à 175 mm, *f*/10 à 1/25 s.

SUGGÉRER LE MOUVEMENT

Quand l'appareil photo est immobile – généralement fixé sur un support stable comme un trépied –, le photographe a la possibilité de suggérer le mouvement. Sur l'image finale, le sujet mobile est flou, tandis que les éléments fixes sont parfaitement nets. Les chutes d'eau, les eaux vives, la vague qui s'écrase contre des rochers, les avions, trains, automobiles, piétons, joggers, ne sont que quelques sujets parmi d'autres moins évidents, comme un marteau frappant un clou, une tranche de pain éjectée du grille-pain, des mains qui tricotent, du café que l'on verse dans une tasse, un ventilateur de plafond, un manège de chevaux de bois, des enfants sur une bascule, un chien qui s'ébroue en sortant de l'eau, des cheveux au vent ou encore un champ de fleurs qui ondule sous la brise.

Le choix de la vitesse d'obturation est souvent empirique, et se fait à coups d'essais et d'erreurs. La photo numérique est à cet égard appréciable, car les essais ne coûtent rien, contrairement aux essais effectués avec de la pellicule vendue à un prix prohibitif. De plus, le résultat est immédiatement vérifiable sur l'écran LCD.

Quelques règles doivent être appliquées. Par exemple, un temps de pose de 1/2 s transformera assurément les chutes d'eau et les eaux vives en traînées cotonneuses. À 8 secondes, les phares et feux arrière du trafic nocturne seront réduits à des faisceaux de traînées blanches et rouges. À 1/4 s, les mains qui tricotent semblent animées d'un mouvement frénétique. Avec une pose de 1 seconde et un vent de 50 km/h, le tronc et la ramure des arbres sont nets, tandis que leur feuillage est flou et évanescent.

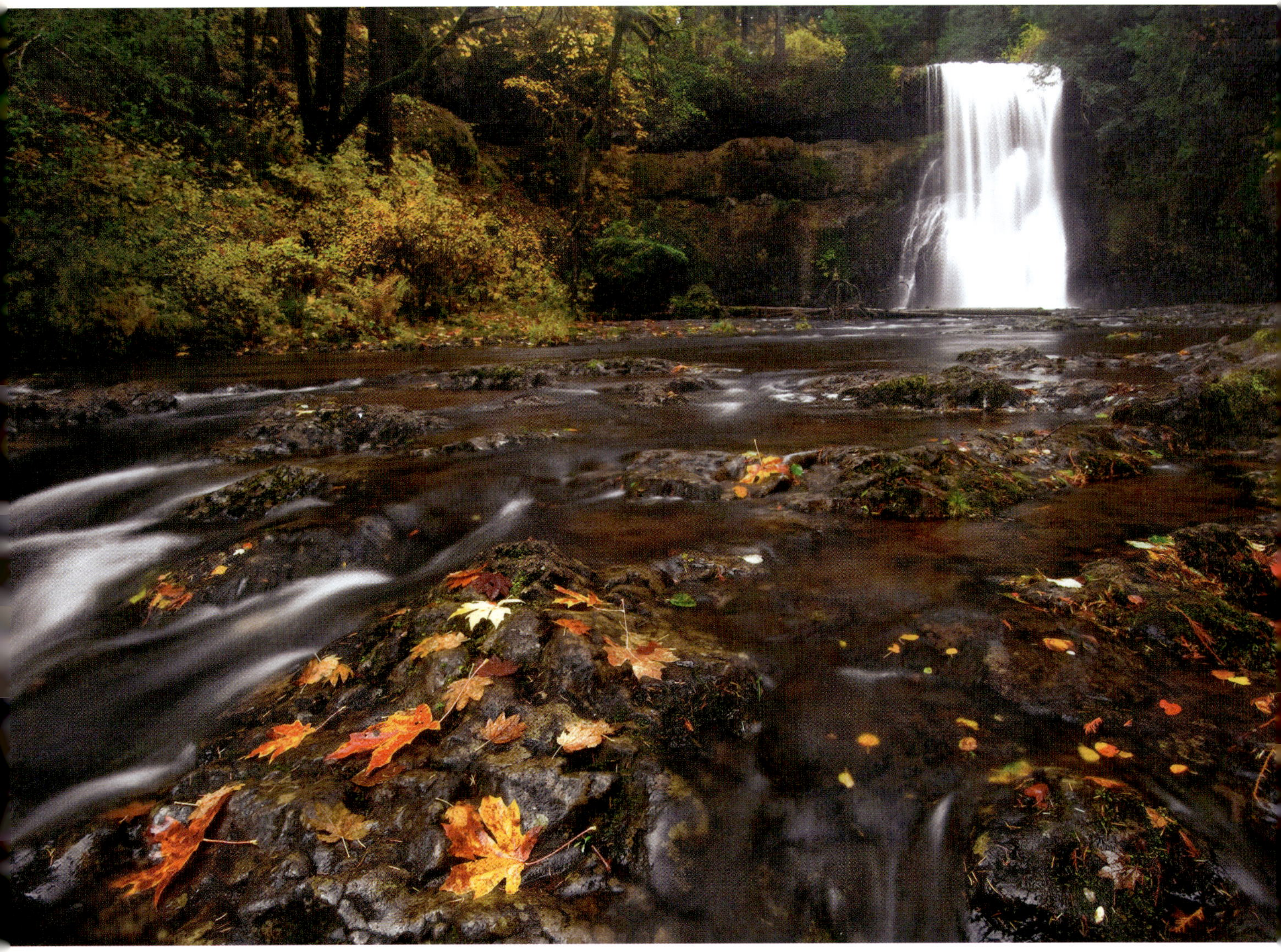

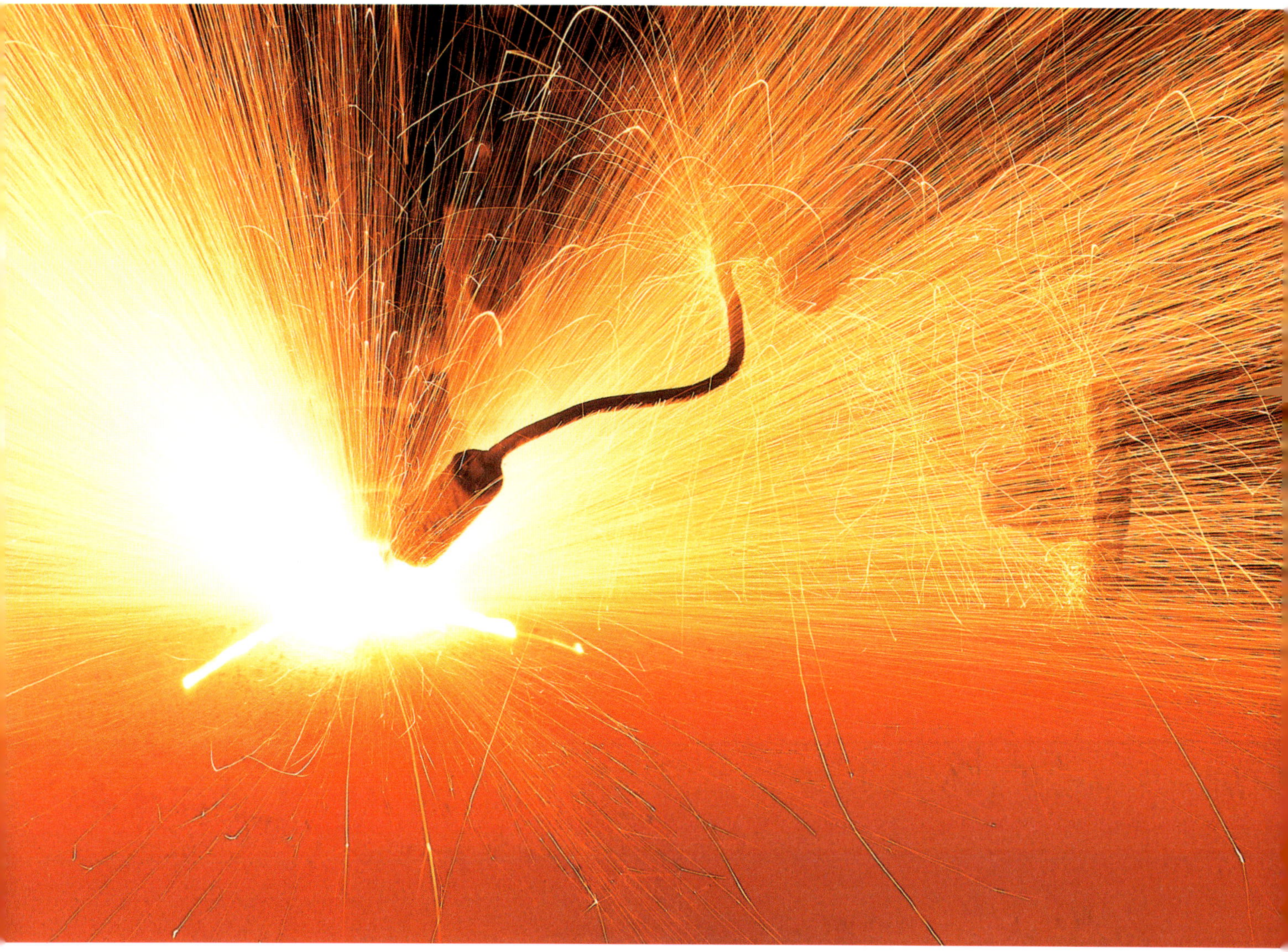

LE PARC NATUREL DE SILVER FALLS, dans l'Oregon, est l'un de mes lieux de prédilection pour prendre des photos de chutes d'eau. Les deux meilleures saisons sont le printemps et l'automne. Les chutes d'eau sont sans doute le sujet en mouvement qui séduit le plus les photographes amateurs. C'était le cas pour moi quand j'ai débuté dans la photo et, même aujourd'hui, je n'hésite pas à prendre ce genre de cliché où le mouvement prime. Pour celui-ci, j'avais placé l'appareil photo assez bas afin de tirer avantage des feuilles d'automne colorées et du ruisseau. J'ai donc fermé le diaphragme à *f*/22 et réglé la distance à 1 mètre afin d'obtenir une profondeur de champ maximale. Soit dit en passant, *f*/22 garantit la pose la plus longue que je puisse obtenir à 200 ISO. De plus, le temps couvert en cette période de petites pluies fines assombrit les sous-bois, ce qui autorise un temps de pose plus long. Enfin, en tant qu'inconditionnel du filtre polarisant par temps couvert ou pluvieux – pour éliminer les réflexions grisâtres sur l'eau et la flore environnante –, j'apprécie la perte de 2 stops que provoque ce filtre, car elle permet d'allonger encore plus la vitesse d'obturation. Le résultat est une photo narrative de la chute d'eau, avec des traînées cotonneuses et une netteté du premier plan jusqu'au fond grâce au diaphragme fermé à *f*/22.

Zoom 12-24 mm, 200 ISO, *f*/22 à 1 seconde.

SI LES POSES LONGUES conviennent pour l'eau, pourquoi ne conviendrait-elle pas pour des étincelles ? À l'automne 2002, j'effectuais un reportage dans des laminoirs. En cinq jours, je photographiai d'innombrables sujets, notamment de nombreuses scènes, avec de l'acier porté au rouge et des étincelles. Dans l'un des cinq laminoirs que je visitai, des tubes en acier incandescent de 9 m de long et 30 cm de diamètre étaient convoyés par un train de rouleaux jusqu'à une cisaille automatique. C'est là que j'avais installé le trépied, à 3 m du tube. En dépit de la distance, je transpirais abondamment, car la température de l'acier était de 1 100 °C.

Le téléobjectif de 400 mm monté sur le boîtier, je réglai l'obturateur à 1/2 s, une vitesse qui avait si bien fait ses preuves avec les chutes d'eau et les eaux vives. Le tube transporté par le convoyeur était coupé en 5 secondes. Pendant cette opération, j'observais dans le viseur la réaction du posemètre à l'acier incandescent et aux étincelles. L'endroit le plus lumineux était la cisaille elle-même. Mon expérience des levers et couchers de soleil aidant, je choisis d'ignorer cette zone très brillante. Je mesurais la lumière sur l'acier porté au rouge, exactement comme je l'aurais fait pour un crépuscule, en mesurant la lumière sur la lueur orangée à droite ou à gauche du soleil couchant.

Zoom 80-400 mm à 400 mm, *f*/27 à 1/2 s.

EXERCICE : PHOTOGRAPHIER LE MOUVEMENT AVEC L'APPAREIL PHOTO FIXE

Photographier le mouvement alors que l'appareil photo reste fixe par rapport au sujet ouvre d'intéressantes possibilités. Essayez la prochaine fois que vous irez sur un terrain de jeu ou à une fête foraine ; vous verrez que les sujets ne manquent pas. Sur un terrain de jeux pour enfants, asseyez-vous sur une balançoire et, le grand angulaire monté sur l'appareil photo, réglez la vitesse à 1/30 s puis cadrez vos pieds tendus, de préférence nus. Commencez à vous balancer (en veillant à votre sécurité et à celle du matériel photo) puis prenez des photos. Vous pieds seront nets tandis que le décor sera complètement flou.

Installez-vous à présent sur une bascule avec quelqu'un d'autre en face. Placez l'appareil photo bien à plat à environ 30 cm devant vous, puis commencez les mouvements de bascule. Prenez une série de photos en tenant bien l'appareil. La personne photographiée sera nette, mais l'arrière-plan réduit à des traînées verticales.

Dans une fête foraine, montez sur un manège de chevaux de bois et attendez qu'il tourne à bonne allure. La vitesse d'obturation réglée à 1/30 s, photographiez le sujet qui se trouve lui aussi sur le manège. Là encore, il sera net et le fond réduit à des traînées horizontales.

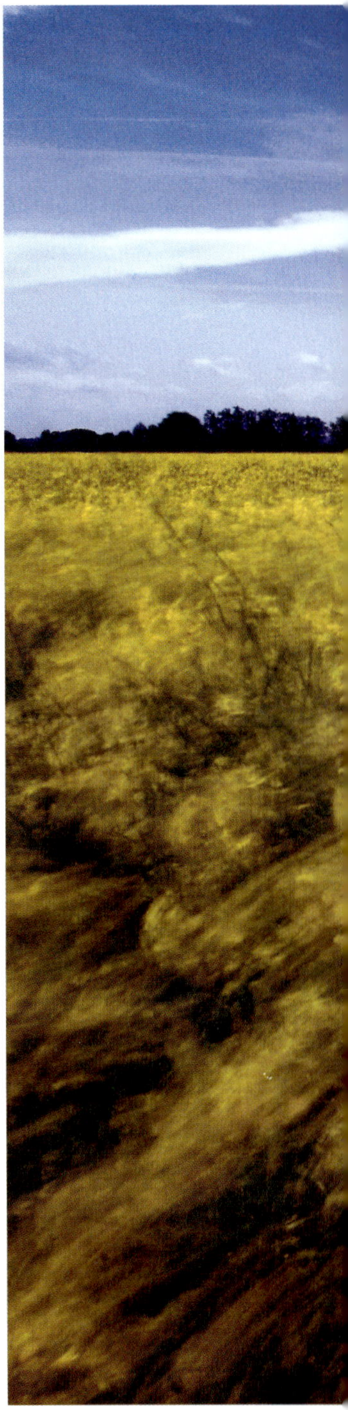

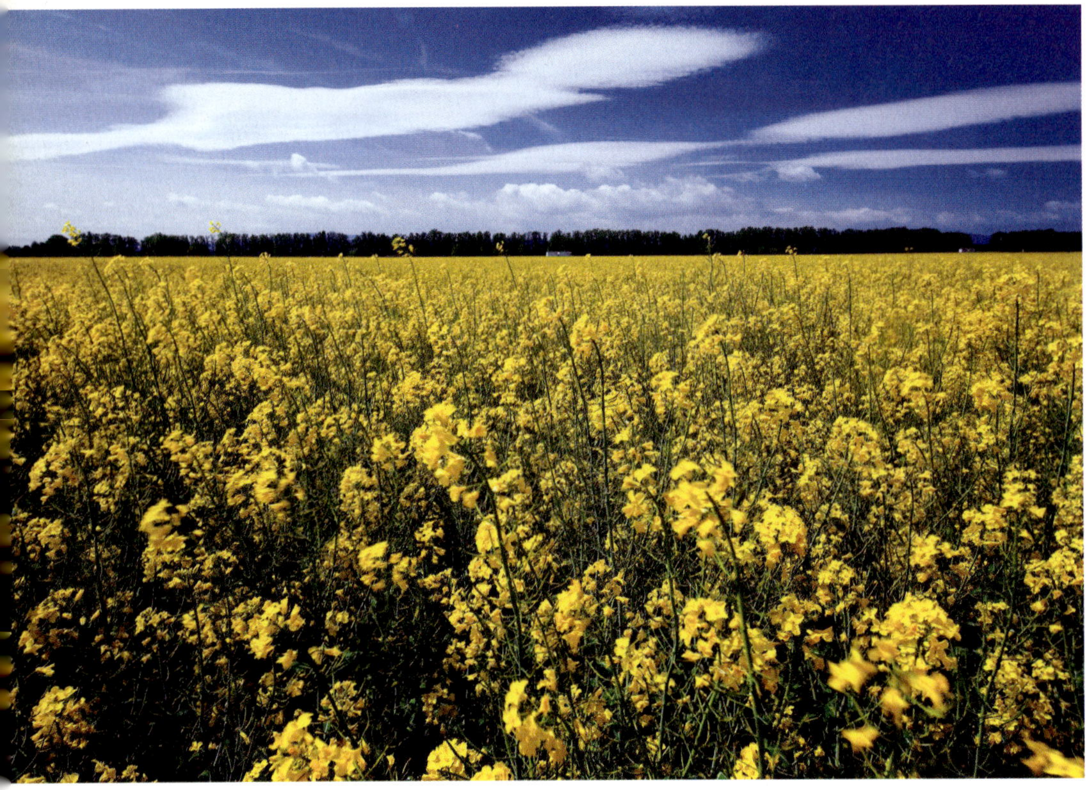

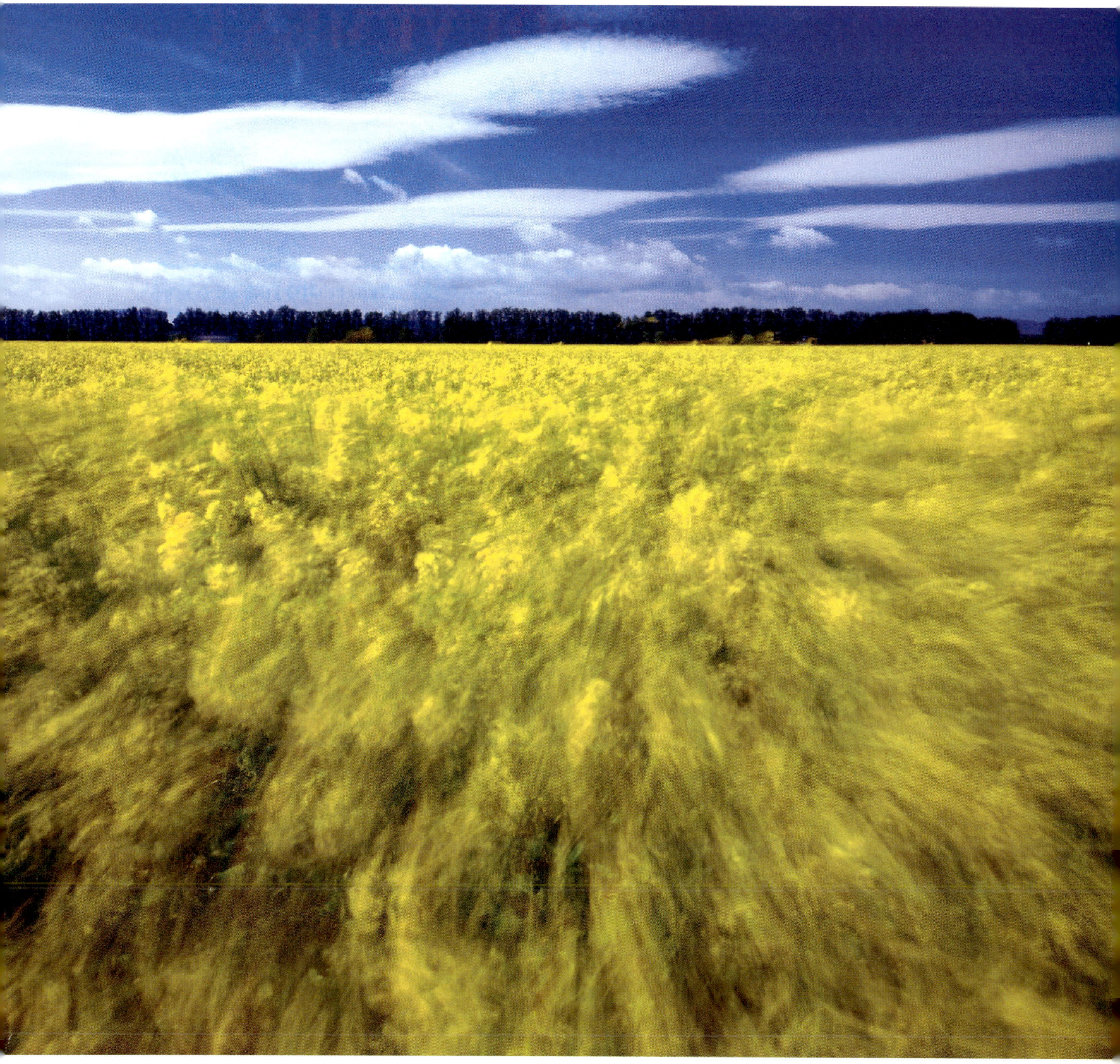

CE CHAMP DE MOUTARDE près de Prague offrait plusieurs opportunités de prendre des photos. La première, sur la page opposée, prise sur trépied à *f*/22 à 1/30 s, est une classique photo narrative. Mais, juste après l'avoir prise, un fort vent se leva, faisant onduler les longs plants chargés de fleurs jaunes. Grâce à un filtre gris neutre de forte densité, je pus laisser le diaphragme à *f*/22 comme auparavant, mais la vitesse d'obturation fut réduite de 4 stops, soit 1/2 s seulement.

Les deux photos : Zoom 12-24 mm à 14 mm, 100 ISO. Page opposée : *f*/22 à 1/30 s. Ci-dessus : *f*/22 à 1/2 s.

DONNER DU MOUVEMENT À UN SUJET FIXE

Comment dynamiser un sujet immobile ? En zoomant ou en bougeant l'appareil au cours de l'exposition. Autrement dit, en actionnant le zoom ou en imprimant un mouvement linéaire ou circulaire au boîtier pendant que l'obturateur est ouvert.

Zoomer au cours de l'exposition produit ce que l'on appelle un « explozoom », mais un peu de pratique est indispensable. Ne soyez pas déçu si les premiers résultats ne sont guère convaincants. L'effet est plus difficile à réaliser avec un compact entièrement automatique, car ce type d'appareil photo empêche toute action sur les commandes – y compris sur le zoom – pendant qu'une photo est en train d'être prise.

L'APPAREIL PHOTO FIXÉ sur le trépied, j'ai d'abord cadré ce chêne solitaire au crépuscule avec le zoom 35-70 mm réglé à 70 mm et équipé d'un filtre Sunset de marque Lee. Puis j'ai réglé la vitesse d'obturation à 1/2 s et le diaphragme à *f*/22. En même temps que j'enfonçai le déclencheur, j'ai zoomé de 35 à 70 mm. La photo ci-contre, saisissante, est la meilleure de mes nombreux essais.

Zoom 35-70 mm à 70 mm, *f*/22 à 1/2 s.

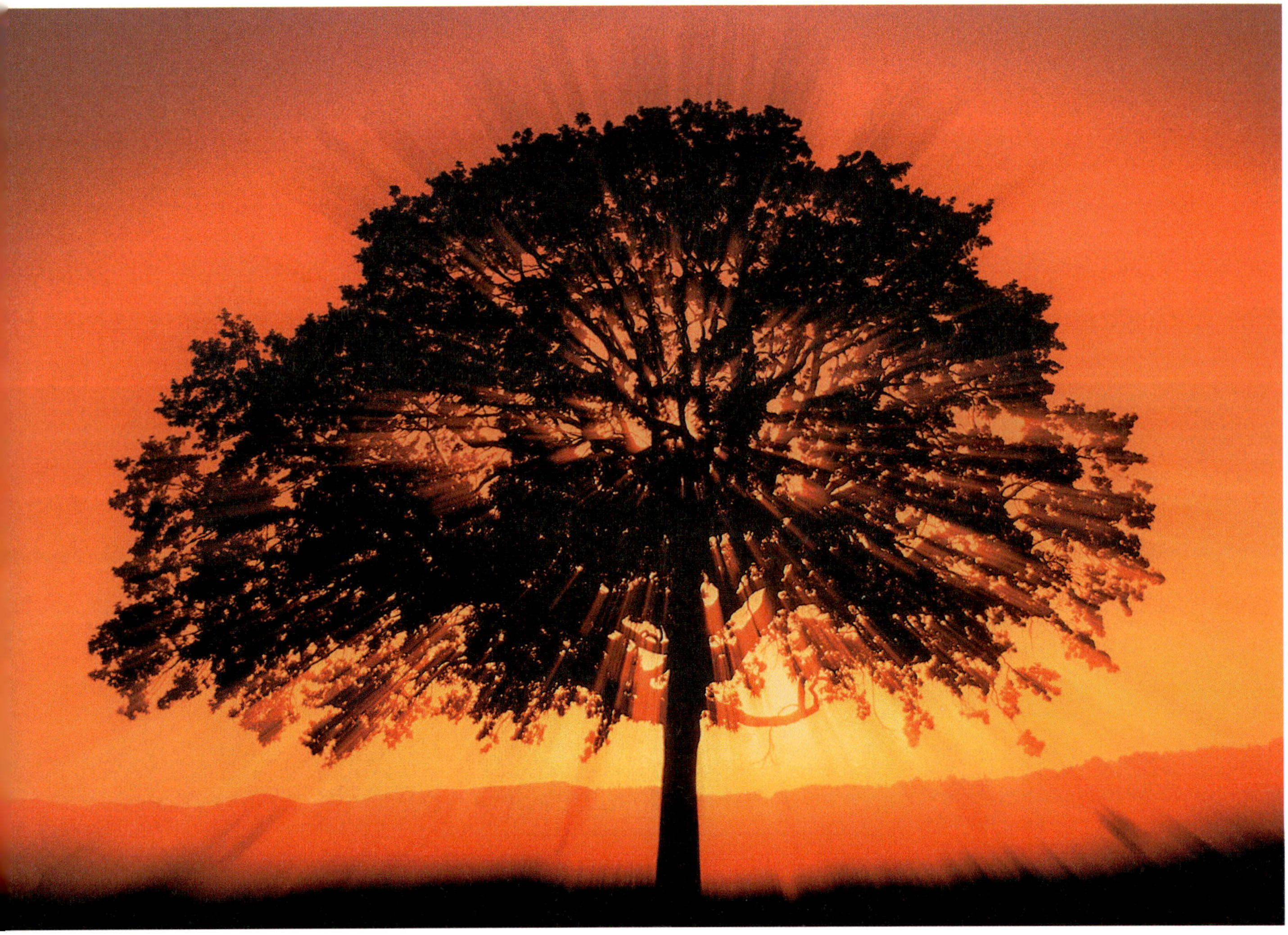

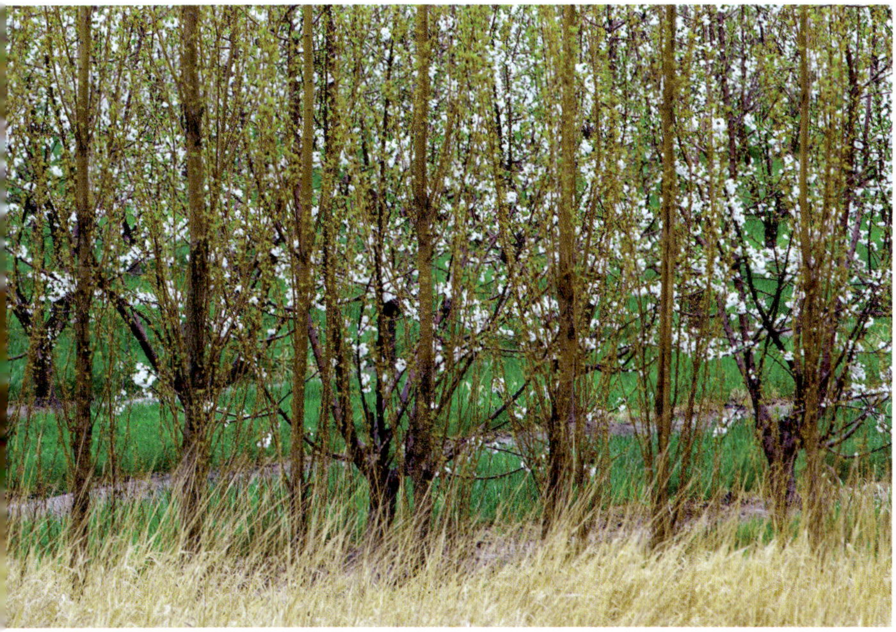

DÉBARRASSEZ-VOUS DU TRÉPIED, vissez un filtre polarisant ou un filtre gris neutre sur l'objectif, et amusez-vous ! Donner du mouvement à une scène comme celle-ci est assez facile, surtout quand la vitesse requise est vraiment trop faible pour obtenir une photo nette à main levée. C'est alors le moment de transgresser les règles de stabilité et de vous autoriser quelques licences artistiques avec les vitesses lentes.

La photo de pommiers à gauche respecte les règles photographiques : elle est nette et correctement exposée, mais aussi très banale. En revanche, l'appareil photo tenu à la main et légèrement bougé vers le haut lors de l'exposition a produit la photo à droite. Imaginez un tirage en 75 × 100 cm dans votre salon ! Pourquoi acheter de l'art quand vous pouvez le produire vous-même ?

Les deux photos : Zoom 70-200 mm à 200 mm, 125 ISO. Page opposée : *f*/10 à 1/3 s.

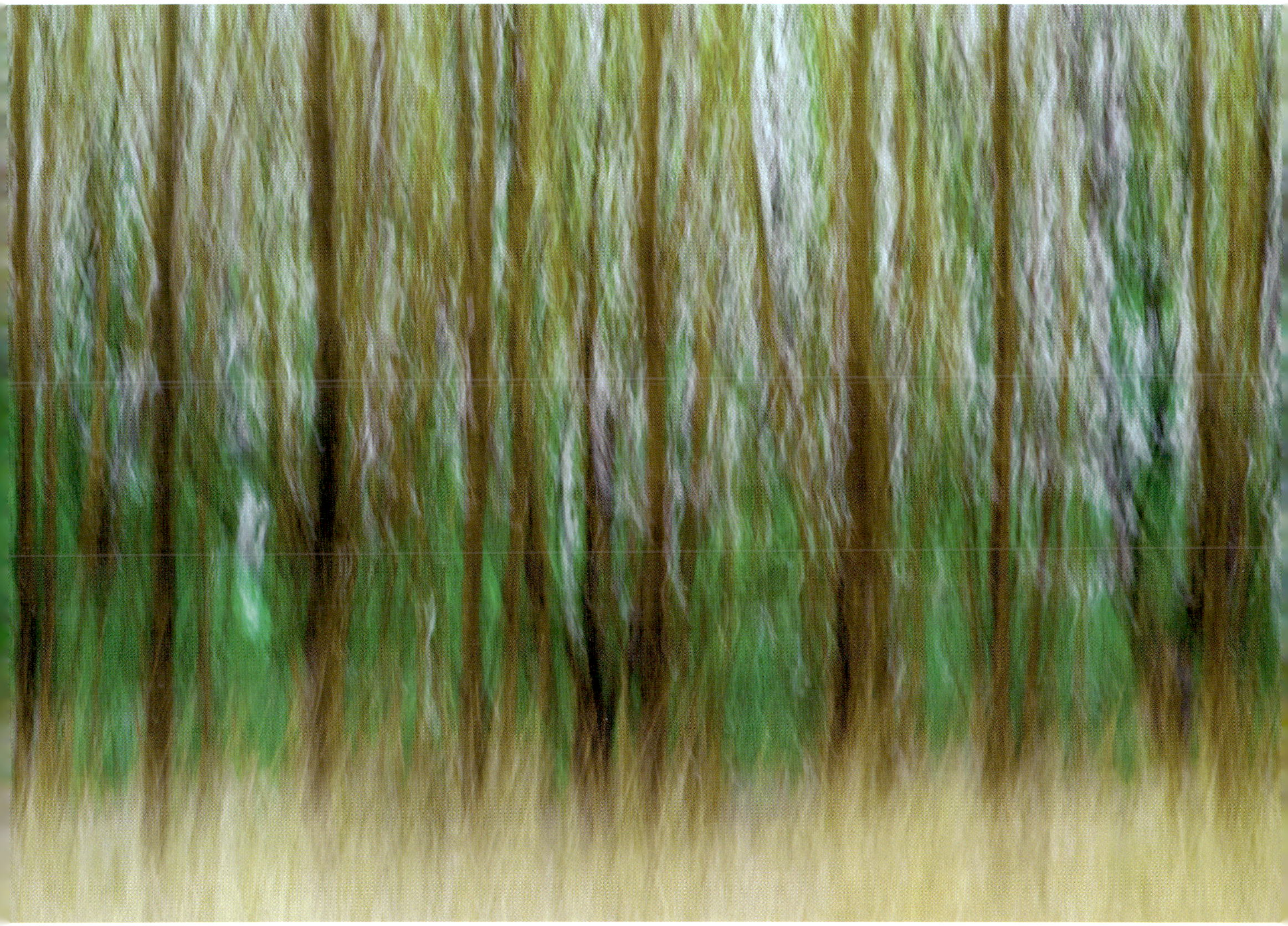

FAIRE PLEUVOIR

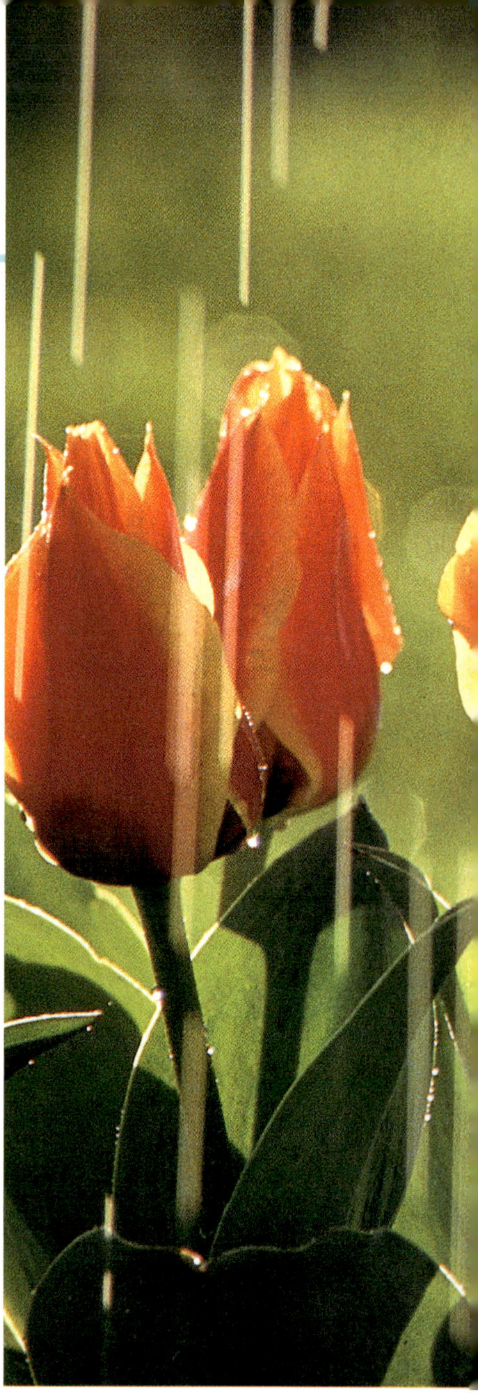

De toutes mes découvertes photographiques, ma favorite est la « pluie artificielle ». Elle m'a réservé des heures de joie et aussi de belles ventes de photos d'archive pour des cartes postales et des calendriers, et aussi auprès de clients du monde de la santé.

L'effet de pluie est facile à réaliser. Par un matin ensoleillé, j'installe un arroseur oscillant de manière à ce que le jet soit éclairé à contre-jour. Le soleil bas sur l'horizon – le matin ou le soir – est idéal. Je réunis ensuite quelques fleurs ou fruits que je dispose dans un vase, un pot, un caisson en cèdre ou dans une coupe. Pour rendre efficacement l'impression de pluie, j'utilise une vitesse d'obturation de 1/60 s. Je me rapproche ensuite du sujet éclairé à contre-jour et je règle le diaphragme jusqu'à ce que le posemètre indique une exposition correcte. Je recule ensuite l'appareil photo, je cadre et je mets l'arroseur en marche. Je ne déclenche qu'au moment où le jet incurvé arrive derrière les fleurs puis dessus. Je choisis toujours une focale de 200 à 300 mm parce que sa profondeur de champ est étroite, mais surtout parce qu'elle permet de prendre de belles photos sans nous mouiller, ni moi ni le matériel photo.

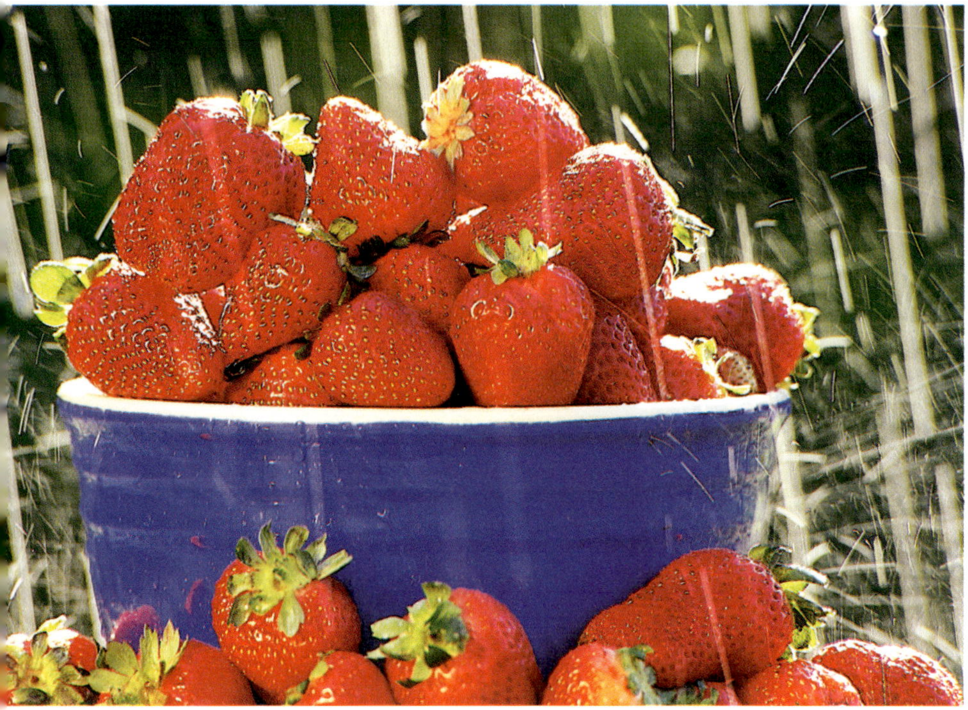

POURQUOI LA PLUIE ne devrait-elle tomber que sur les fleurs ? J'ai utilisé cette technique pendant des années pour en photographier, mais j'ai aussi placé d'autres sujets sous la « pluie », notamment ces fraises dans un bol bleu vif, à gauche. La mesure de la lumière a été effectuée sur les fraises. La vitesse d'obturation réglée à 1/60 s, j'ai réglé le diaphragme jusqu'à ce *f*/19 corresponde à l'ouverture correcte. Je me suis reculé, j'ai cadré, mis l'arroseur en marche et pris plusieurs photos chaque fois que les gouttes d'eau commençaient à tomber sur le bol.

Zoom 80-400 mm à 300 mm, *f*/19 à 1/60 s.

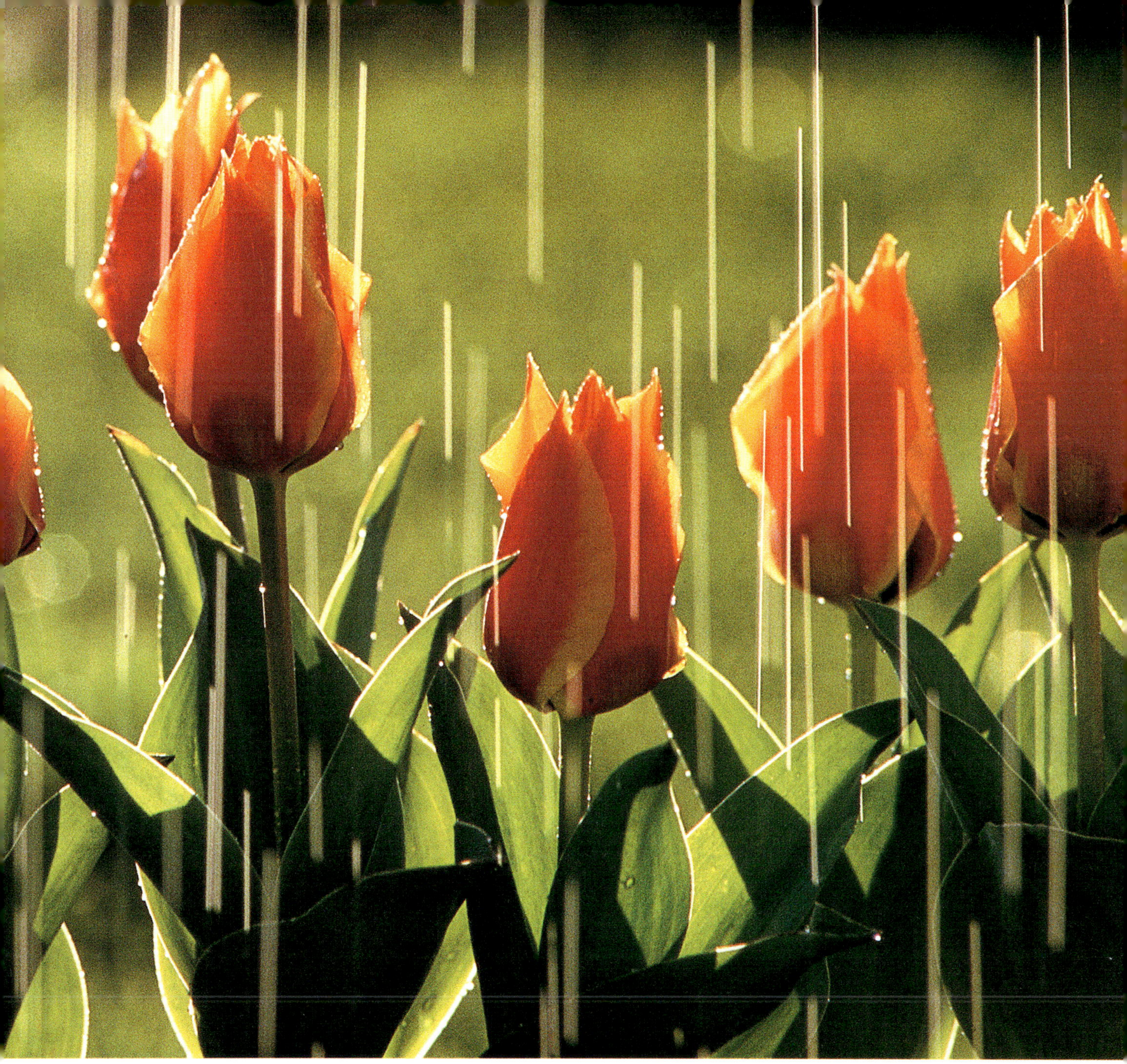

VOUS APPRÉCIEZ SANS DOUTE, comme moi, le retour des beaux jours. Le soleil est revenu et la pluie – la véritable pluie – se fait plus rare. J'ai utilisé un arroseur oscillant pour faire « pleuvoir » sur ces tulipes éclairées à contre-jour. La mesure de la lumière fut faite sur l'herbe, à l'arrière-plan. La vitesse d'obturation réglée à 1/60 s, j'ai réglé le diaphragme jusqu'à ce *f*/10 corresponde à une sous-exposition de –2/3 de stop puis j'ai déclenché.

Zoom 80-400 mm à 200 mm, tube-allonge de 20 mm, *f*/10 à 1/60 s.

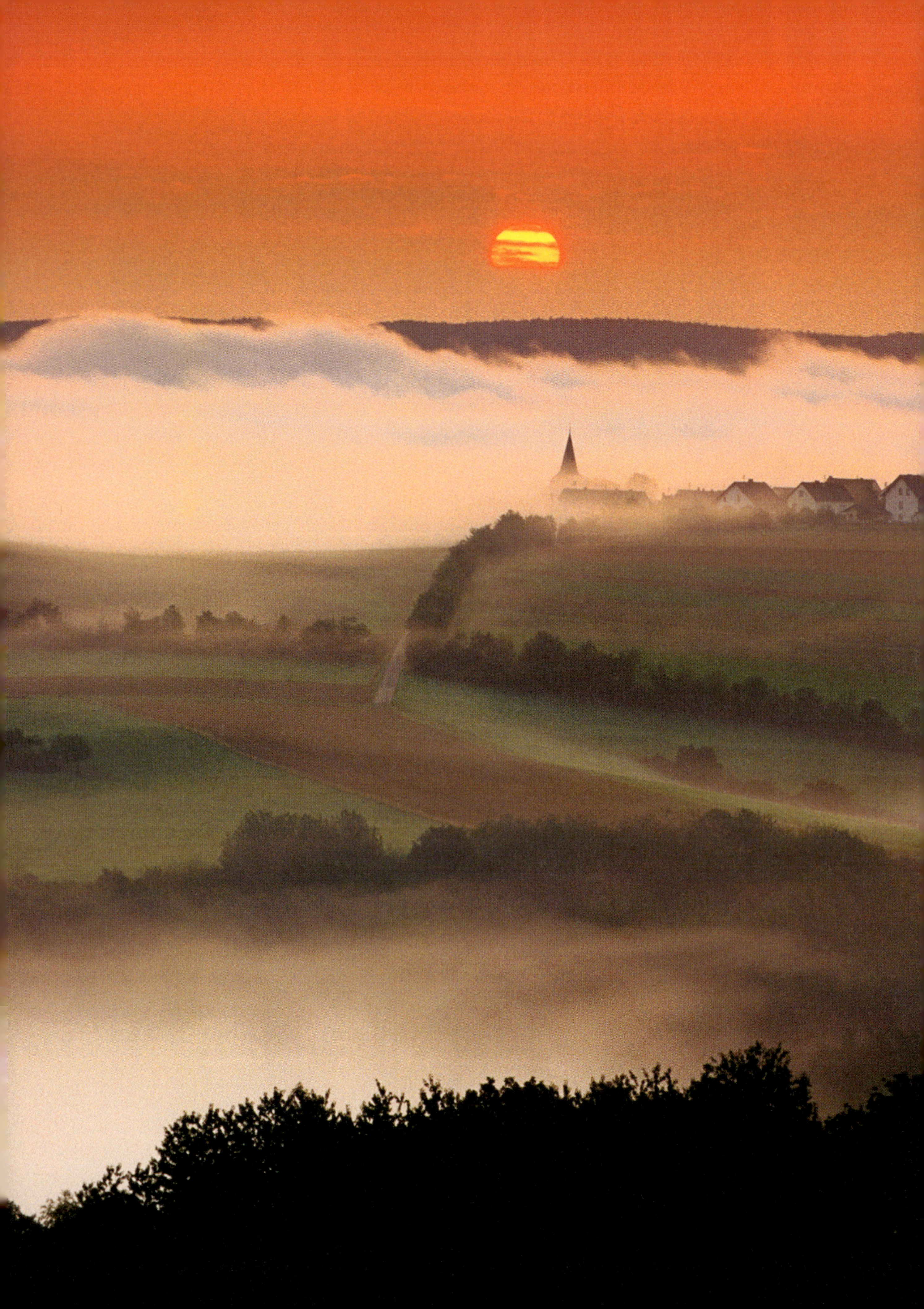

LUMIÈRE

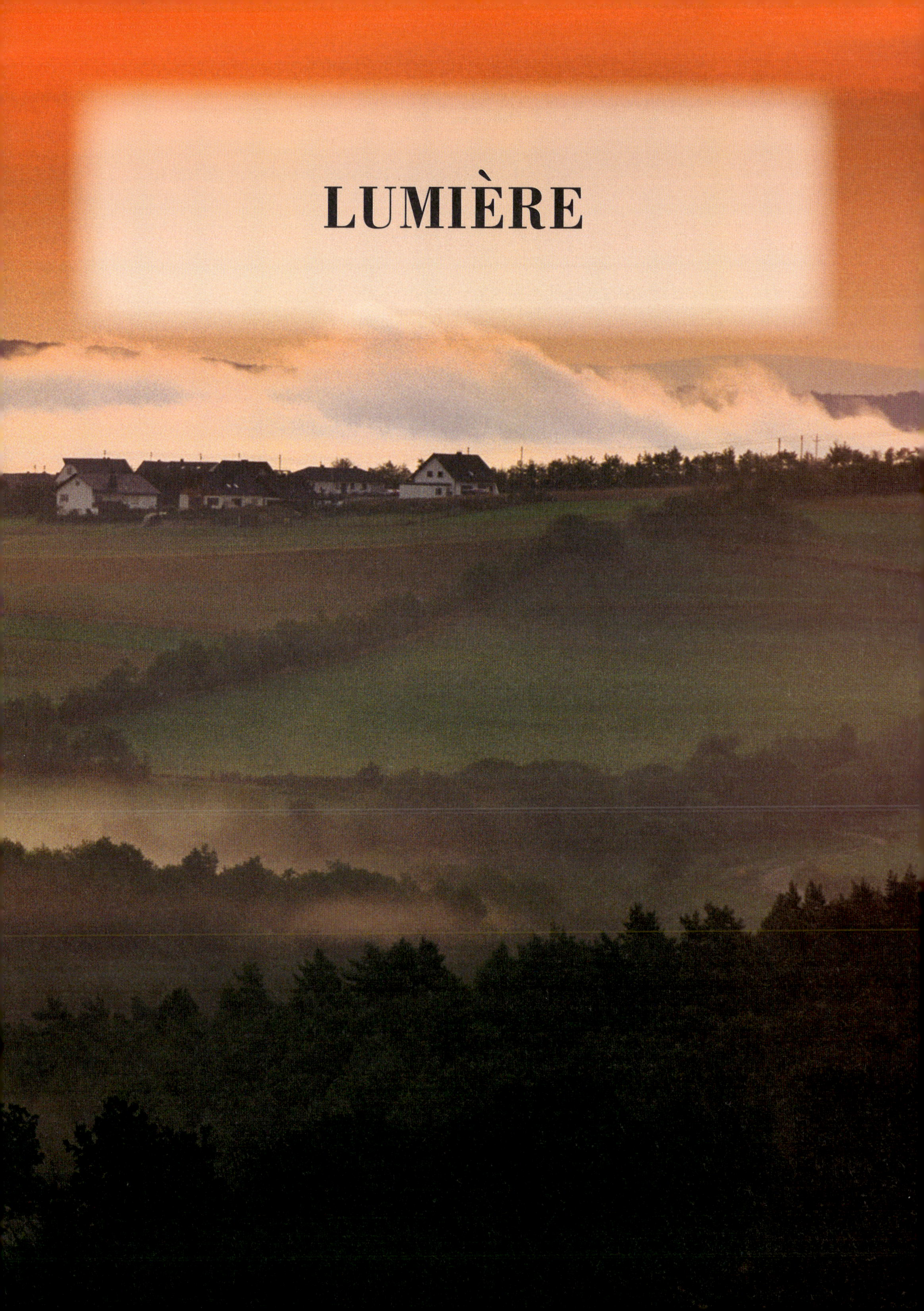

IMPORTANCE DE LA LUMIÈRE : L'IMPORTANCE DE L'EXPOSITION

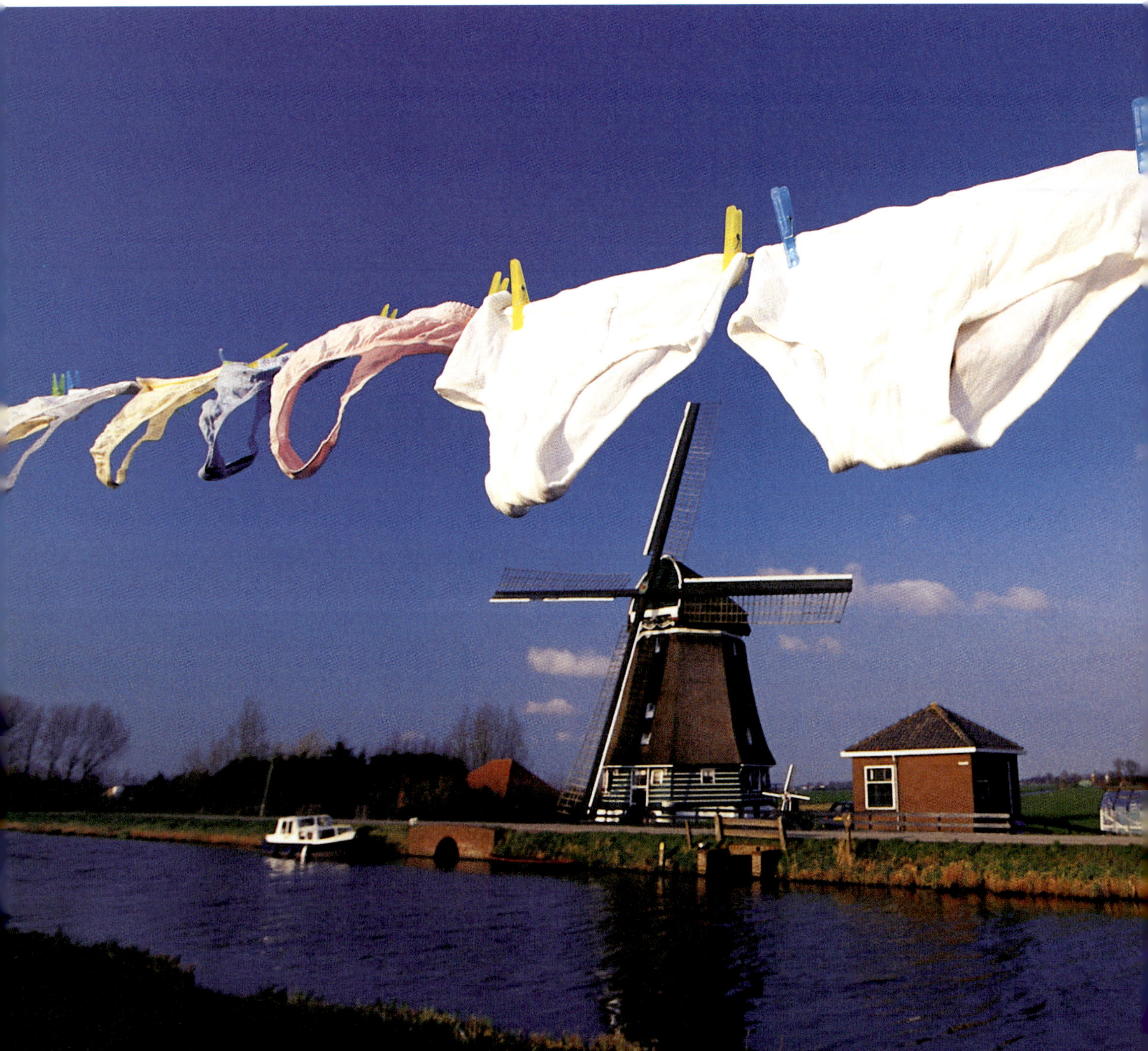

« Comment doit être l'exposition ? » C'est, comme je l'ai souvent mentionné, la question que me posent le plus fréquemment mes stagiaires. La réponse, qui peut paraître de prime abord quelque peu cavalière, est toute simple : « L'exposition doit être correcte, "créativement correcte". » L'exposition créativement correcte est en effet le but que doit se fixer tout photographe. Comme toujours, la première des priorités est, pour lui, de déterminer les types d'exposition auxquels il est confronté : une exposition nécessitant une profondeur de champ étendue ou étroite ? Une exposition qui fige le mouvement ? Ou une exposition qui montre le mouvement, ou encore un filé ? Le choix effectué, la véritable question n'est plus « Comment doit être l'exposition ? », mais « Sur quelle partie de l'image dois-je mesurer la lumière ? ».

Mais, avant de répondre à cette question, examinons l'élément sur lequel est fondée chaque exposition : la lumière. Beaucoup de photographes ont souligné l'importance de la lumière, au point d'affirmer que « la lumière est tout ». Au fil des ans, cette injonction – voir la lumière et photographier la lumière – s'est imposée à de nombreux photographes en herbe.

Suis-je un « anti-lumière » ? Bien sûr que non. Je reconnais tout ce qu'une belle lumière peut apporter à une photographie. Mais, trop souvent, l'accent est mis sur la lumière au lieu de l'exposition (créativement correcte). Quand vous choisissez un cadrage narratif ou isolant, ou de figer l'action ou d'effectuer un filé, ou encore de suggérer le mouvement, la lumière importe peu. Bon nombre de mes stagiaires pensent que l'exposition pour la lumière est quelque peu différente de celle pour un cadrage narratif ou pour un filé. Mais qu'est-ce qui serait si différent ? Qu'est-ce qui aurait soudainement changé ? Faudrait-il croire que les couples diaphragme/vitesse n'existent que pour la lumière ? Bien sûr que non ! Une exposition créativement correcte découle certes de la combinaison d'une ouverture correcte, d'une vitesse correcte et d'une sensibilité ISO correcte. Mais, pour autant que je sache, la lumière est assurément la plus belle cerise sur le gâteau, mais elle n'est pas – et ne sera jamais – le gâteau.

BIEN QUE LA QUALITÉ de la lumière soit importante dans une photo, c'est de l'exposition que dépend sa réussite. Obtenir une photo narrative bien nette était essentiel pour restituer l'atmosphère de cette scène prise sur l'une des nombreuses digues de la Frise-Occidentale, en Hollande.

Les moulins abondent dans cette région, et sont des habitations. Je ne pus résister à placer l'un d'eux sous le fil de linge que j'avais trouvé. L'appareil photo fixé sur le trépied, j'ai fermé le diaphragme à *f*/22 et réglé la distance selon les chiffres de la bague de mise au point. Puis j'ai mesuré la lumière sur le ciel bleu jusqu'à ce que 1/60 s donne la bonne exposition. La scène n'était pas nette dans le viseur pendant que je la cadrais, mais elle l'est devenue sur le capteur grâce à la grande profondeur de champ du diaphragme à *f*/22.

Zoom 20-35 mm à 20 mm, *f*/22 à 1/60 s.

LA MEILLEURE LUMIÈRE

À quel moment la lumière est-elle la meilleure ? Les photographes expérimentés savent que c'est plutôt au moment où vous êtes encore au lit (au petit matin) ou en train de dîner (en soirée). Autrement dit, la recherche de la meilleure lumière risque de perturber votre vie de couple ou familiale.

Si vous renoncez à tirer parti des lumières du matin et du soir, qui mettent toutes deux le modelé et les ombres en valeur et produisent des tons chauds et des couleurs puissantes, vous risquez de vous retrouver avec des photos dures excessivement contrastées, plates et sans chaleur, typiques des prises de vue sous le soleil de midi. La lumière est encore plus belle, le matin ou le soir, lors d'un changement de temps quand la pluie ou l'orage menace, et que les rayons du soleil presque horizontaux passent sous les nuages.

Vous devez aussi vous sensibiliser à la couleur de la lumière. Bien que légèrement dorée, celle du petit matin est un peu plus froide que la lumière fortement teintée de rouge orangé qui baigne le paysage une heure environ avant le coucher du soleil. Le temps, surtout quand il est mauvais, affecte la qualité de la

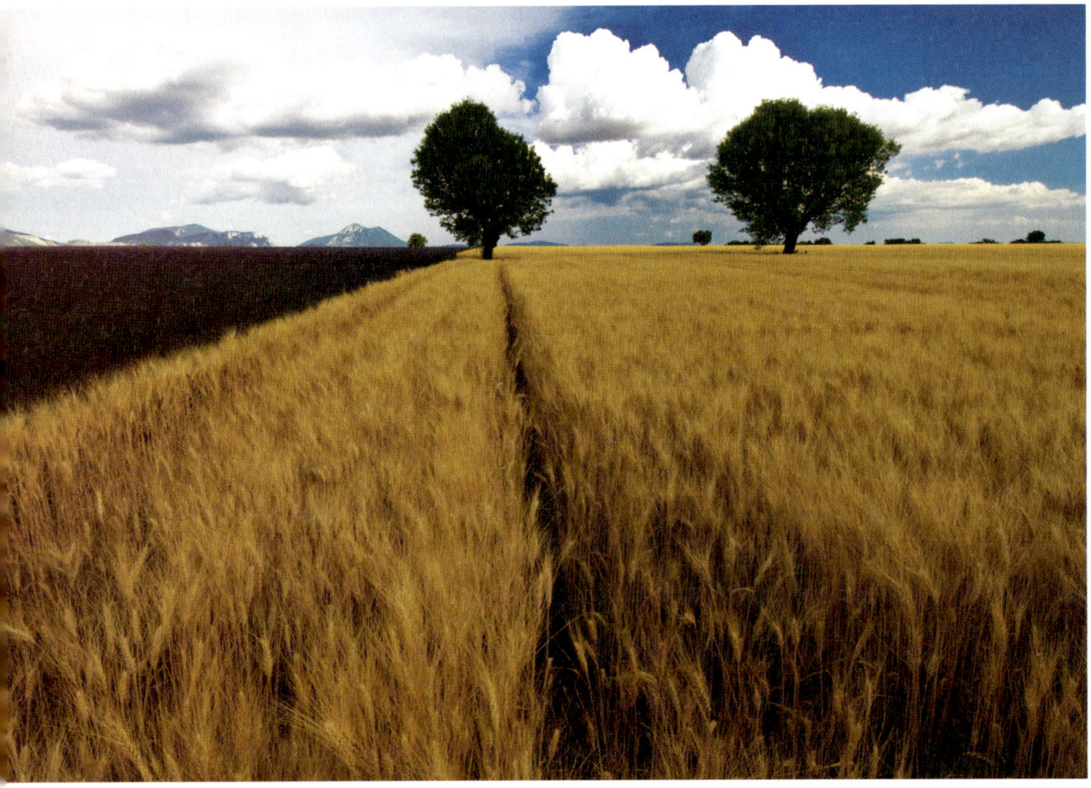

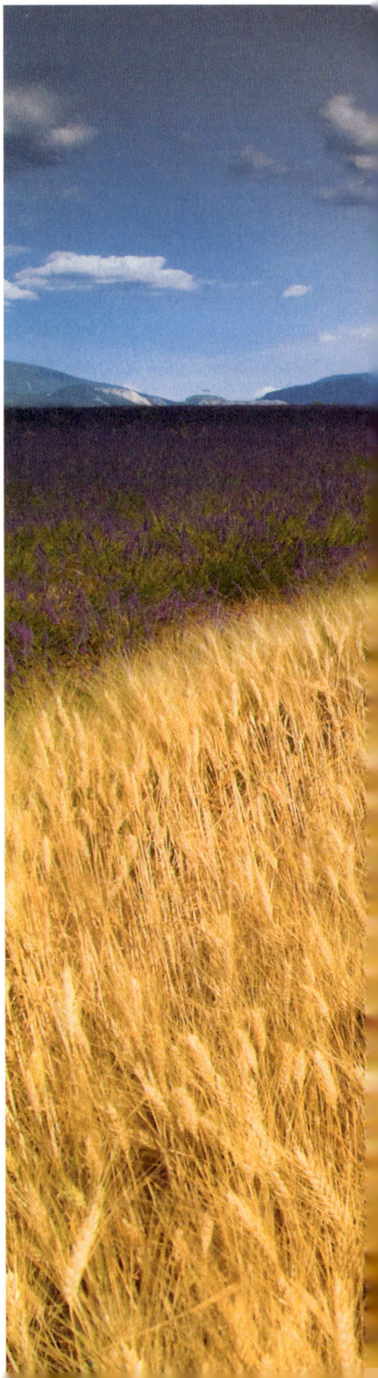

APPRENDRE À « VOIR » la lumière est indispensable pour réussir de belles photos. Mais, bien souvent, il faut aussi savoir attendre une belle lumière. La différence flagrante entre ces deux photos prises sur le plateau de Valensole, en Provence, tient uniquement à la qualité de la lumière. Le photographe débutant est volontiers séduit par le sujet, mais ne tient pas compte de la dégradation de la lumière que produit, par exemple, par un gros nuage passant devant le soleil. La composition de la photo prise au moment où le nuage passait est certes plaisante, mais la lumière est triste. Attendre le retour du soleil donne une bien meilleure photo. Ne manquez pas de voir la lumière et son évolution, et aussi bien sûr sa température de couleur.

Les deux photos : Zoom 12-24 mm à 14 mm. Ci-dessus : *f*/22 à 1/30 s. À droite : *f*/22 à 1/80 s.

lumière, comme nous venons de le mentionner, mais aussi la couleur de la lumière. Le ciel noir qui précède un orage peut être un magnifique écrin pour le paysage encore éclairé, de face ou latéralement, qui se trouve dessous. La lumière diffuse, quasiment sans ombre, d'un temps couvert clair, lorsque le ciel est blanc, peut donner de délicates tonalités à beaucoup de scènes bucoliques, ainsi qu'aux portraits et aux gros plans de fleurs.

La neige et le brouillard étant monochromes, l'attention se porte sur le sujet solitaire, comme un personnage sombre portant un parapluie clair. Ne manquez pas d'exploiter les changements de la lumière selon les saisons. La dure lumière de midi en été est très différente de la lumière oblique du soleil d'hiver. Au printemps, la limpidité de l'air, à la campagne, révèle les délicates teintes et tonalités de la végétation. Cette même limpidité magnifie l'austère beauté des paysages d'automne.

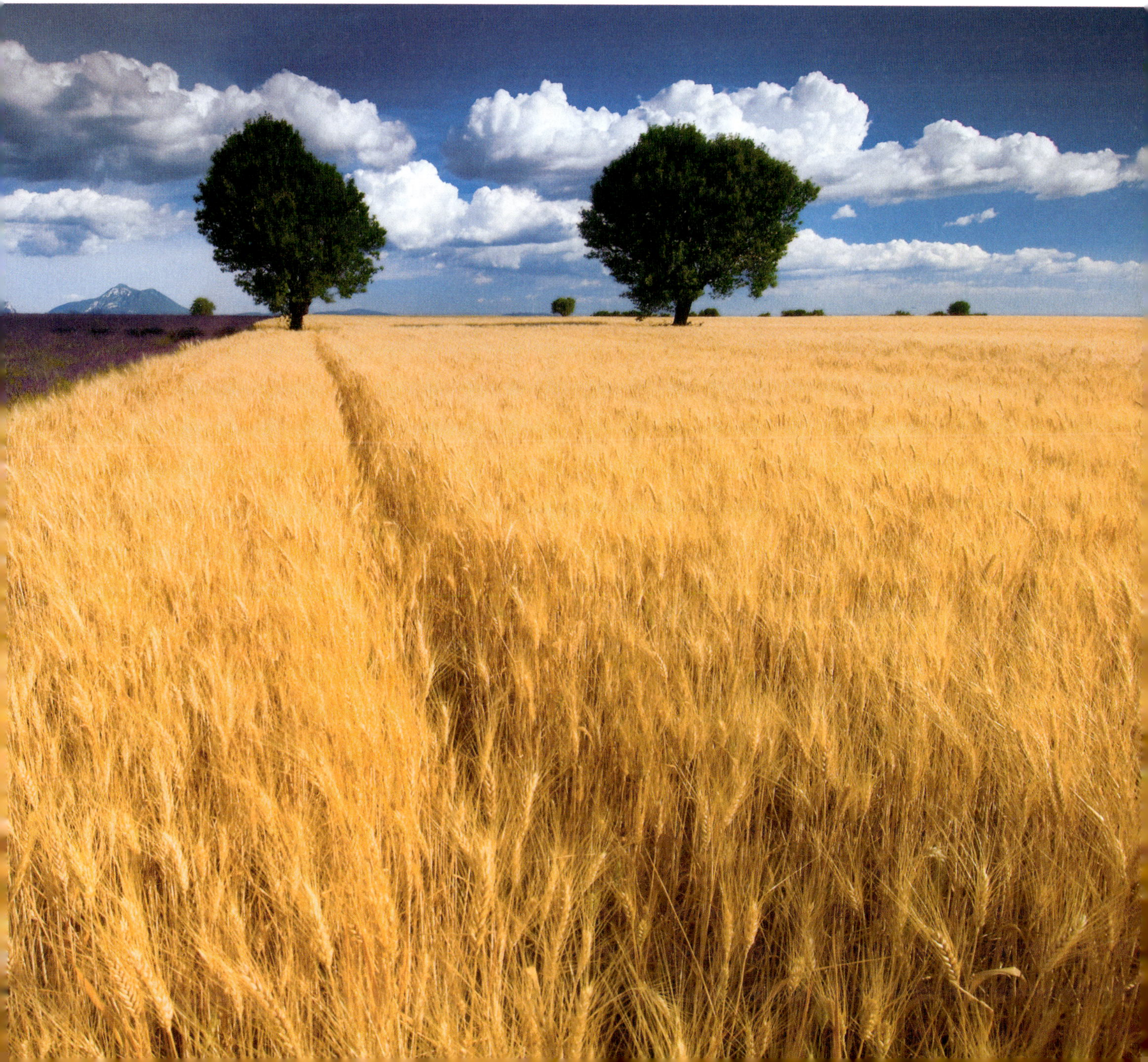

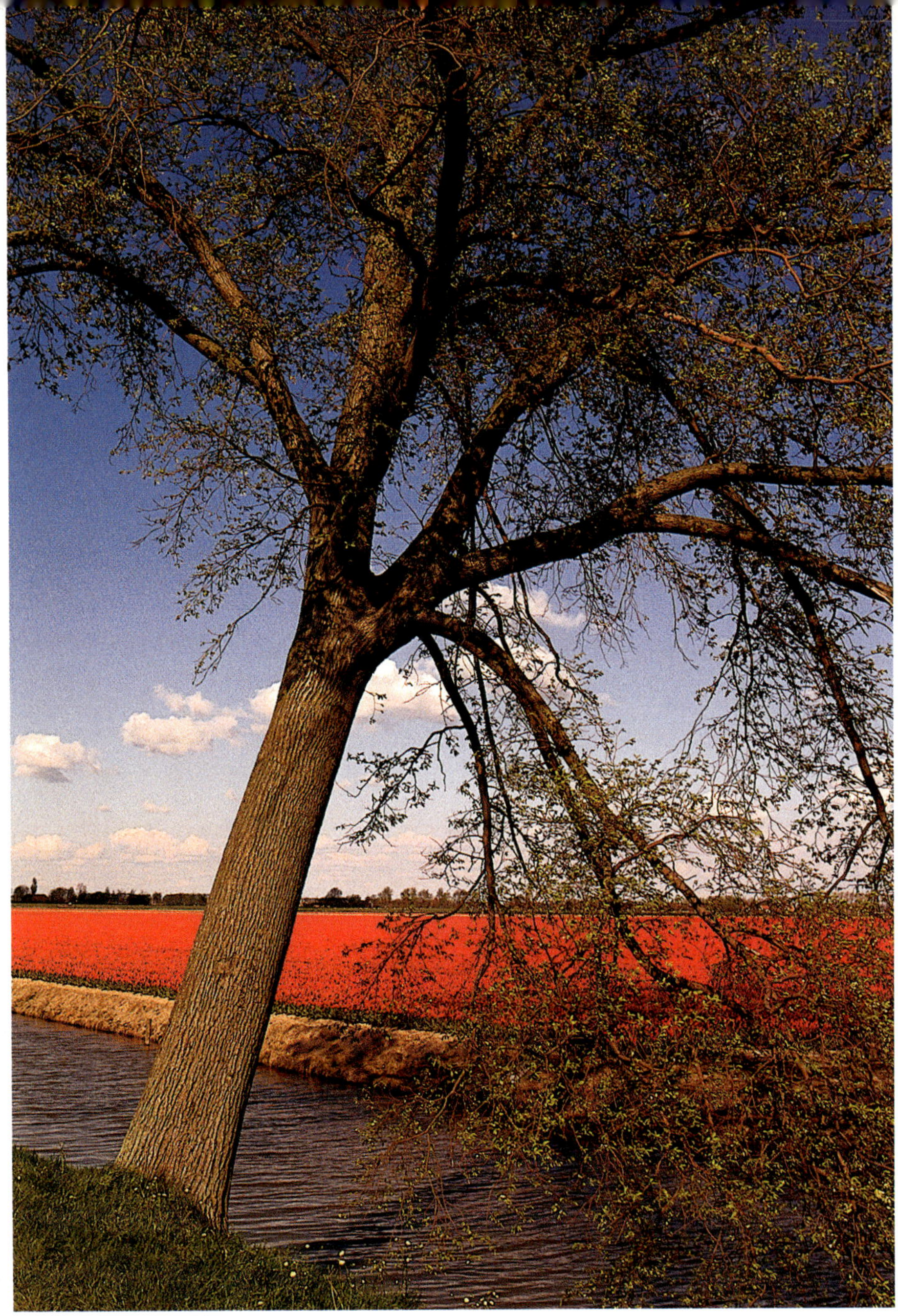

J'ÉTAIS BIEN CONTENT de ma photo d'un orme solitaire près d'une petite digue en Hollande (ci-dessus), dans un paysage éclairé par la chaude lumière oblique du soir. Mais je fus plus content encore deux jours plus tard, lorsque la même scène éclairée de la même manière se détacha à présent sur un ciel d'orage dramatique.

Les deux photos furent prises sans trépied, avec la même exposition. Pour toutes les deux j'avais diaphragmé à *f*/16 et fait la mise au point en me fondant sur les indications de la bague pour obtenir la distance de mise au point la plus courte pour la meilleure profondeur de champ jusqu'à l'infini (NdT : ce qui est la définition même de l'hyperfocale). La différence entre les deux photos est la cerise sur le gâteau : la lumière, bien exploitée grâce à une ouverture appropriée pour une photographie narrative.

Les deux photos : Zoom 20-35 mm à 20 mm, 1/125 s à *f*/16.

EXERCICE : ÉTUDIER LA LUMIÈRE

Que vous habitiez en ville ou à la campagne, vous pouvez effectuer près de chez vous l'un des meilleurs exercices que je connaisse. Sélectionnez un sujet, par exemple une rangée d'arbre dans une rue ou la ville vue de loin. Si vous habitez à la campagne, à la montagne ou au bord de la mer, choisissez un vaste paysage. Au cours des douze prochains mois, photographiez le changement des saisons et la variation de l'angle d'éclairement. Prenez plusieurs photos dans une semaine, vers le nord, le sud, l'est et l'ouest, tôt le matin, à midi et tard le soir. Comme il s'agit là d'un exercice, ne cherchez pas à créer de somptueuses photos. Au terme des douze mois, vous aurez amassé une précieuse connaissance sur la lumière que seuls quelques photographes professionnels et quelques amateurs, plus rares, possèdent.

Les photographes sachant exploiter la lumière ne sont pas forcément plus doués que d'autres. Ils ont simplement appris à la voir et se sont donné les moyens d'être en position de la recevoir lorsqu'elle se présente.

Un autre excellent exercice consiste à étudier les changements de lumière lors de vos prochaines vacances. Levez-vous tôt et photographiez un sujet au cours de l'heure qui suit le lever du soleil. Faites ensuite de même l'après-midi, en commençant plusieurs heures avant que le soleil se couche et en continuant pendant les vingt minutes qui suivent sa disparition. Observez comme l'éclairage rasant donne du relief aux objets, et comme le contre-jour produit des silhouettes bien découpées. Après quelques journées à pratiquer cet exercice, vous comprendrez pourquoi la lumière du milieu d'une journée ensoleillée ne convient pas à la photo.

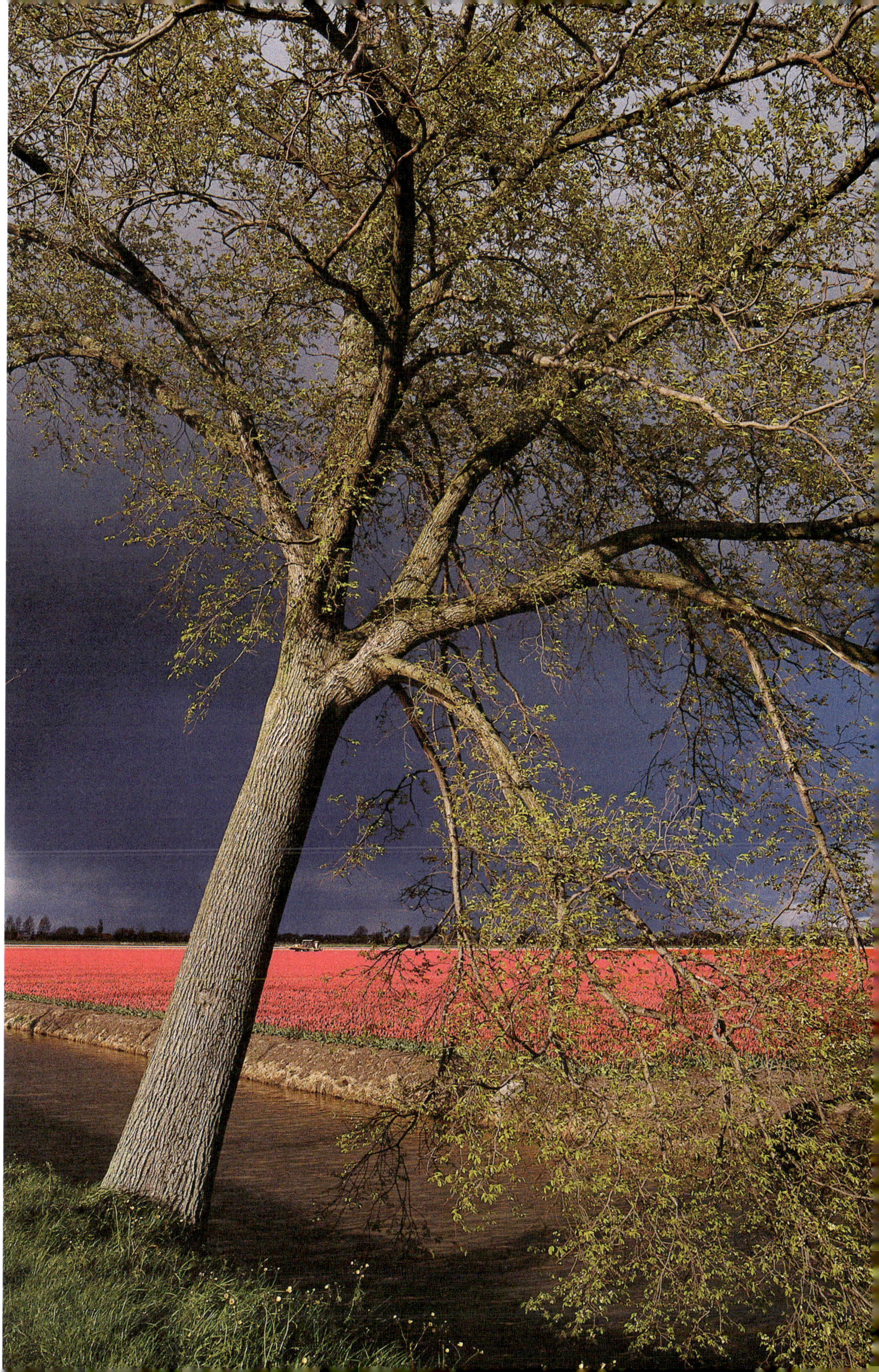

L'ÉCLAIRAGE DE FACE

Que faut-il entendre par « éclairage de face », ou « éclairage frontal » ? Il s'agit en fait d'un éclairage produit par une source lumineuse placée derrière vous. Comme elle illumine uniformément le sujet, beaucoup de photographes estiment que c'est l'éclairage le plus facile pour les paysages sous un ciel bleu, notamment en ce qui concerne la mesure de la lumière.

Peut-on vraiment dire que l'éclairage de face ne pose pas de grandes difficultés d'exposition ? Peut-être pas pour la mesure, mais en ce qui concerne votre résistance et votre motivation, peut-être, car vous devez vous lever tôt ou accepter de dîner tard. La qualité de la couleur d'un éclairage de face est en effet meilleure la première heure après le lever du soleil et les dernières heures avant son coucher. La chaude lumière dorée et orangée est plus flatteuse pour les portraits et rehausse la beauté des paysages naturels et urbains.

De plus, à l'instar de l'éclairage produit par un ciel couvert (voir page 110), l'éclairage de face est très régulier, ce qui facilite la détermination de l'exposition. Il n'est pas nécessaire d'être un expert du posemètre pour savoir sur quel élément effectuer la mesure. Même un débutant complet réussira la photo, que l'appareil soit en mode manuel ou en mode automatique.

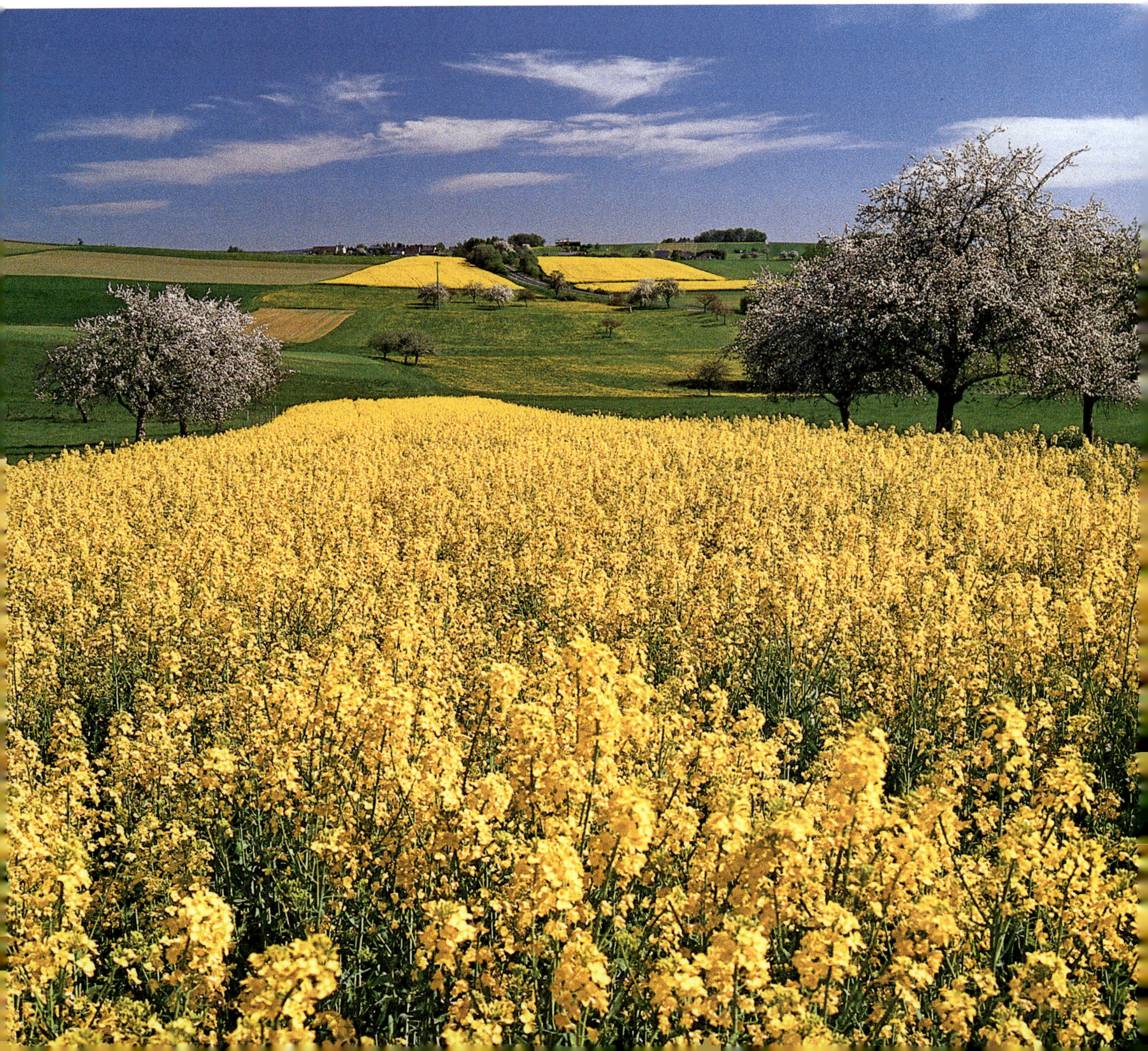

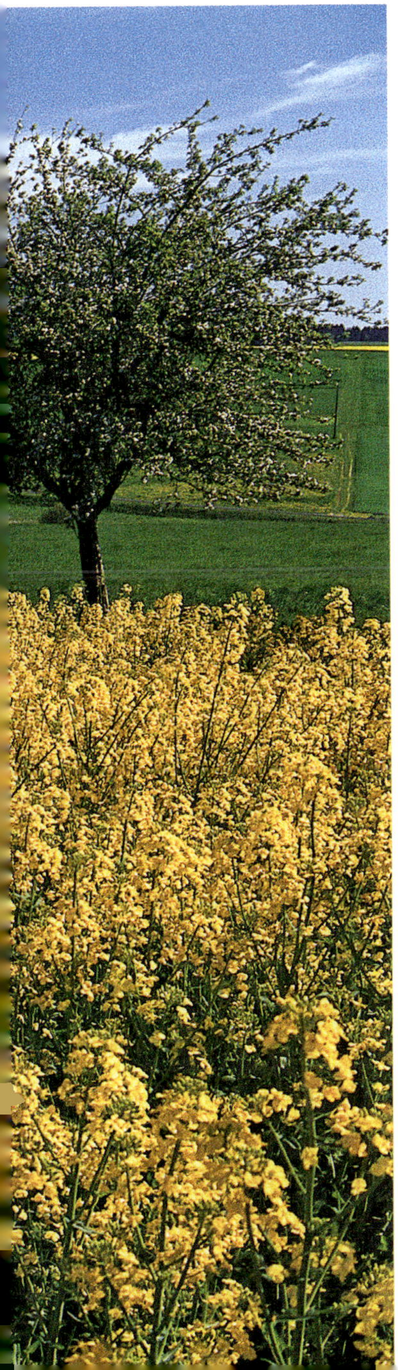

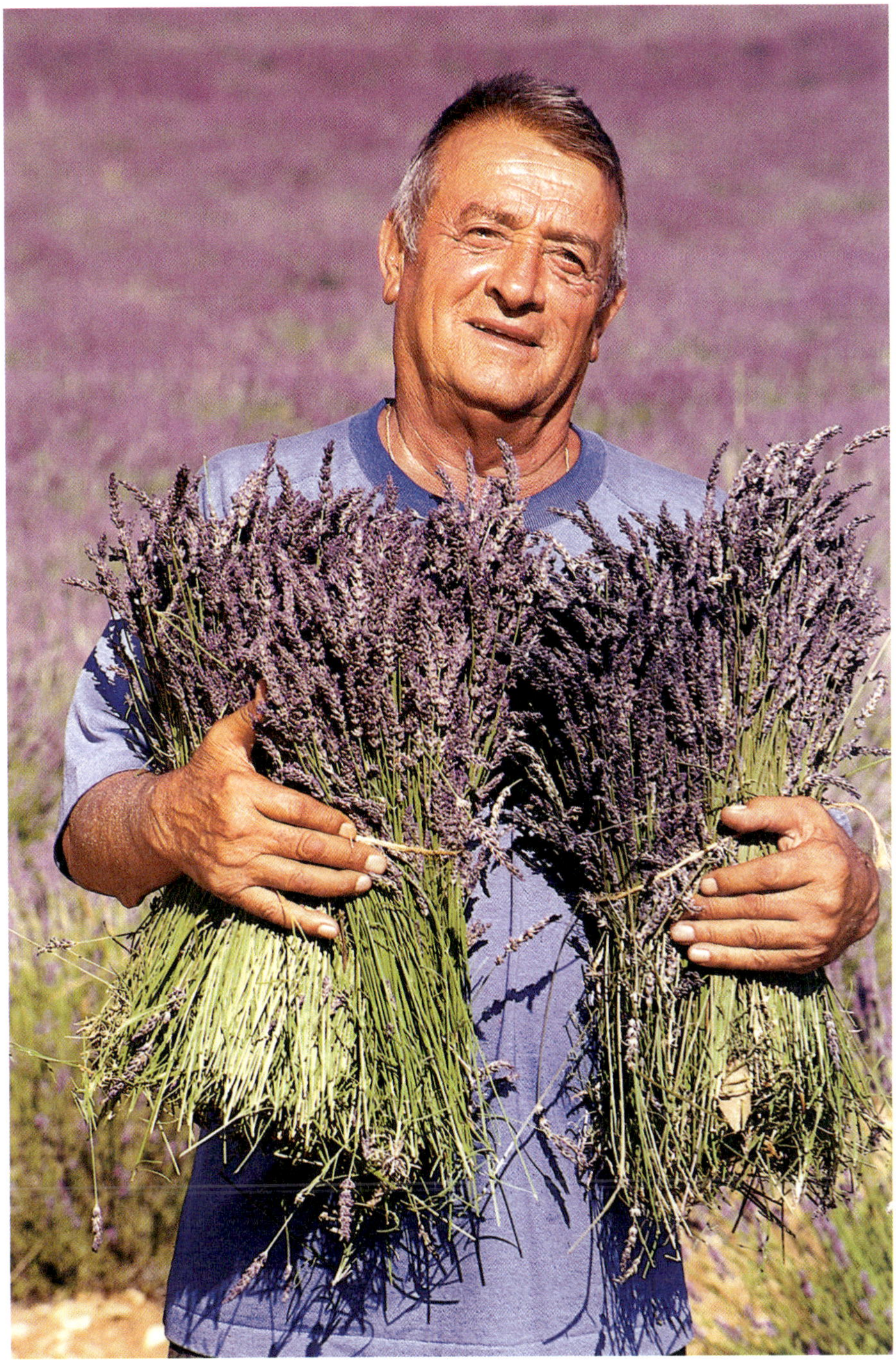

POUR LA PHOTOGRAPHIE de ce champ de moutarde, j'avais réglé la distance sur l'hyperfocale – la distance assurant une profondeur de champ maximale du premier plan à l'infini – à l'aide des chiffres de la bague de mise au point afin que tout soit net de 60 cm à l'infini. L'appareil photo en mode manuel, j'ai mesuré la lumière sur le ciel au-dessus du paysage et réglé la vitesse à 1/60 s. Puis j'ai cadré et déclenché.

Zoom 20-35 mm à 24 mm, 1/60 s à *f*/22.

LE VISAGE de ce cueilleur de lavande étant éclairé par la lumière frontale du soir, je n'avais pas hésité. L'appareil photo en mode Priorité à l'ouverture, j'ai ouvert à *f*/5.6 afin que le personnage soit visuellement prépondérant, puis j'ai déclenché en laissant le posemètre choisir la vitesse d'obturation.

Zoom 80-200 mm à 200 mm, 1/500 s à *f*/5.6.

ÉCLAIRAGE DE FACE PAR TEMPS COUVERT

De toutes les conditions d'éclairage qu'un photographe peut rencontrer, l'éclairage de face par temps couvert est considéré comme l'un des plus sûrs. La mesure de la lumière est en effet facile parce que l'éclairage est uniforme – exception faite d'un paysage sous un ciel gris, qui nécessite quelques précautions comme expliqué à la page 152.

Par temps couvert, la mesure automatique de l'exposition donne de bons résultats, car l'éclairage global est équilibré. Grâce à la douceur de cette lumière, les portraits sont plus naturels et les couleurs des fleurs plus riches. Le problème des forts contrastes dans les zones boisées, par temps ensoleillé, n'existe pas. Par temps couvert, je photographie souvent en automatique, avec la priorité à l'ouverture si je dois régler la profondeur de champ, ou avec la priorité à la vitesse si je dois rendre le mouvement, soit en le figeant, soit par un filé.

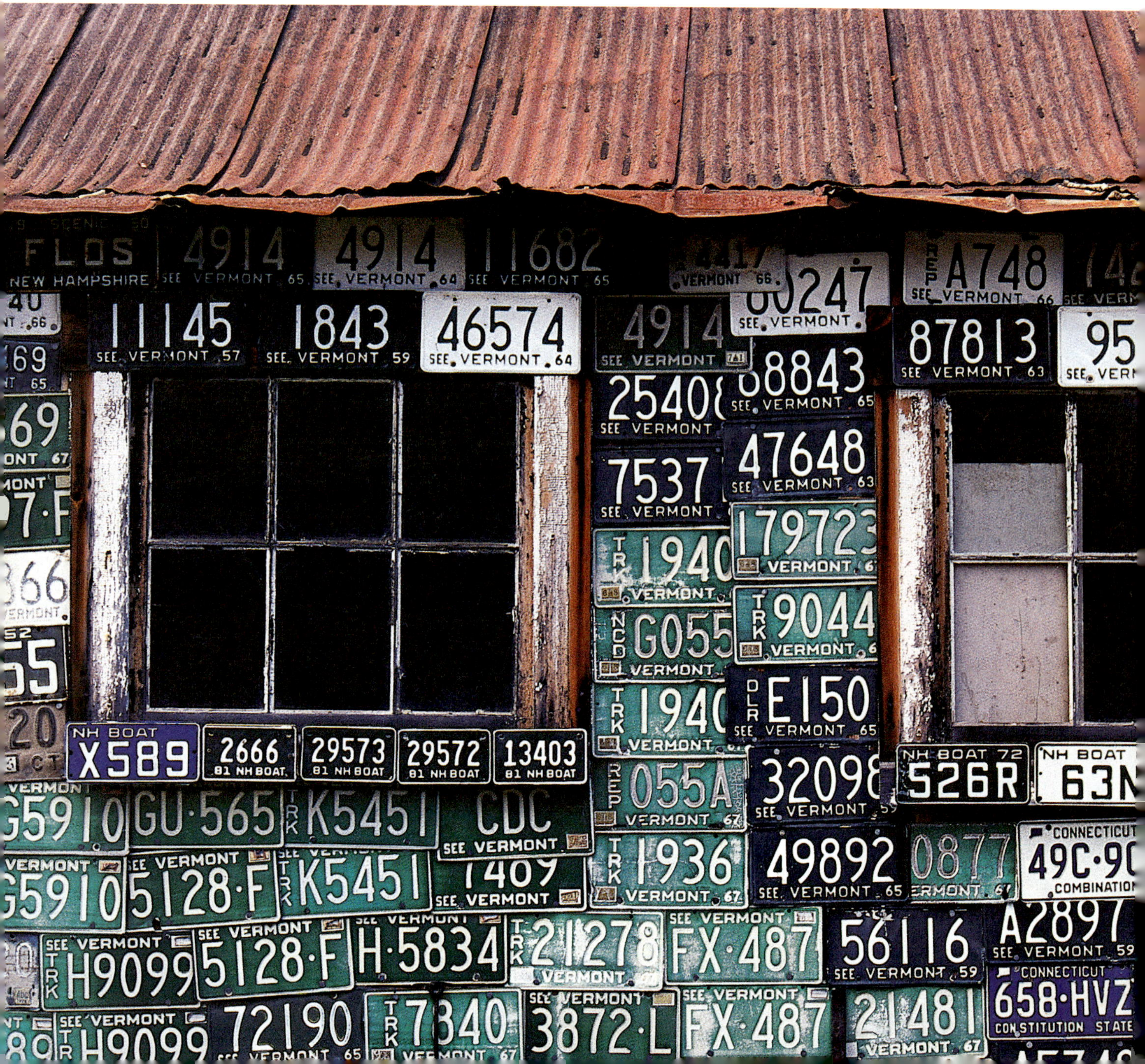

PHOTOGRAPHIER un sous-bois ou un marché par temps ensoleillé pose l'épineux problème du contraste excessif. Attendez plutôt que le temps soit légèrement couvert. L'exposition sera beaucoup plus facile à régler et vous pourrez sans problème utiliser la priorité à l'ouverture. Dans cette classique situation de type « Qu'importe ! », je me suis mis sur la pointe des pieds pour cadrer ces sacs d'épices à la verticale. L'exposition n'était pas un problème, parce que l'éclairement était très régulier.

Zoom 35-70 mm à 35 mm, 1/60 s à *f*/11.

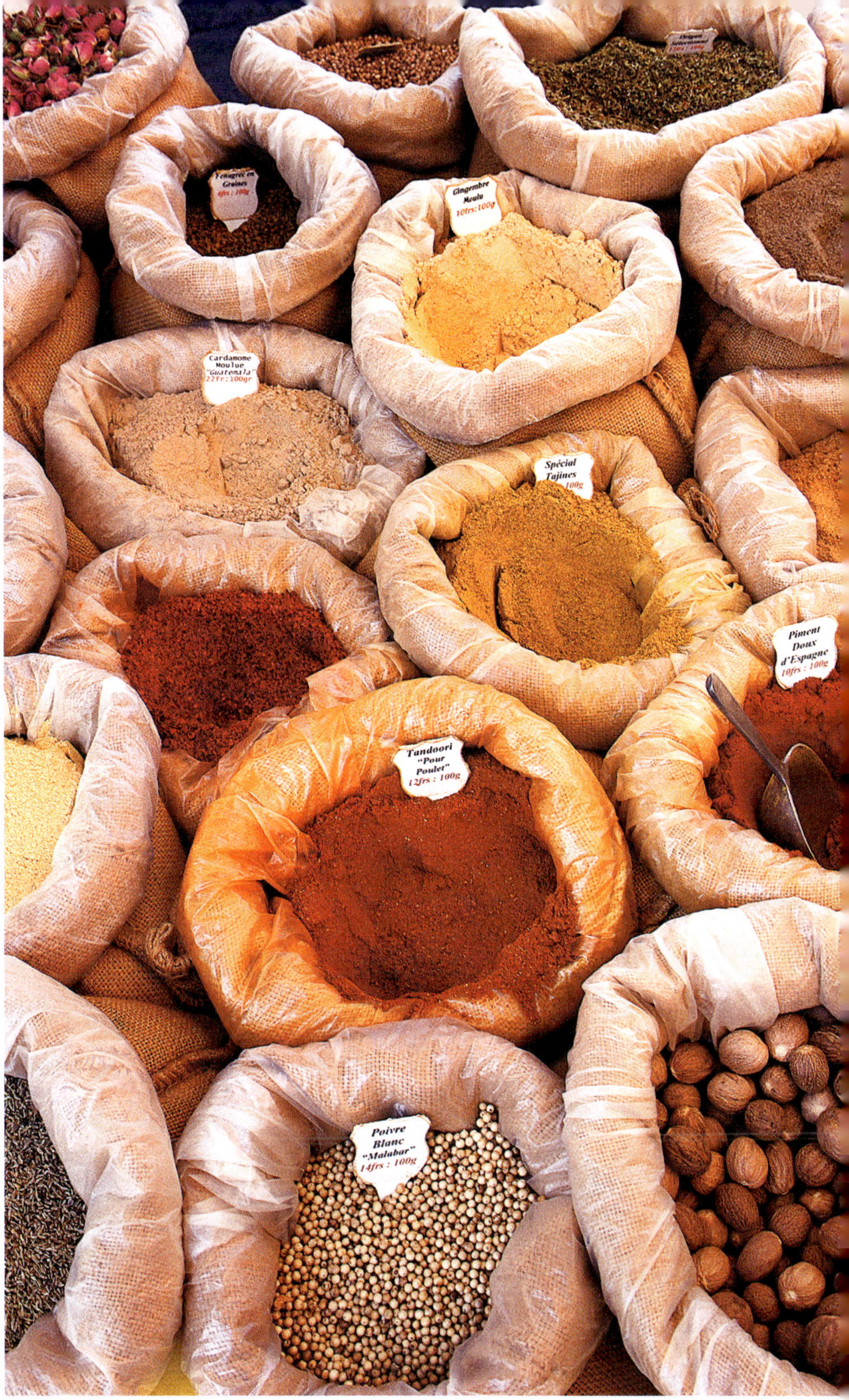

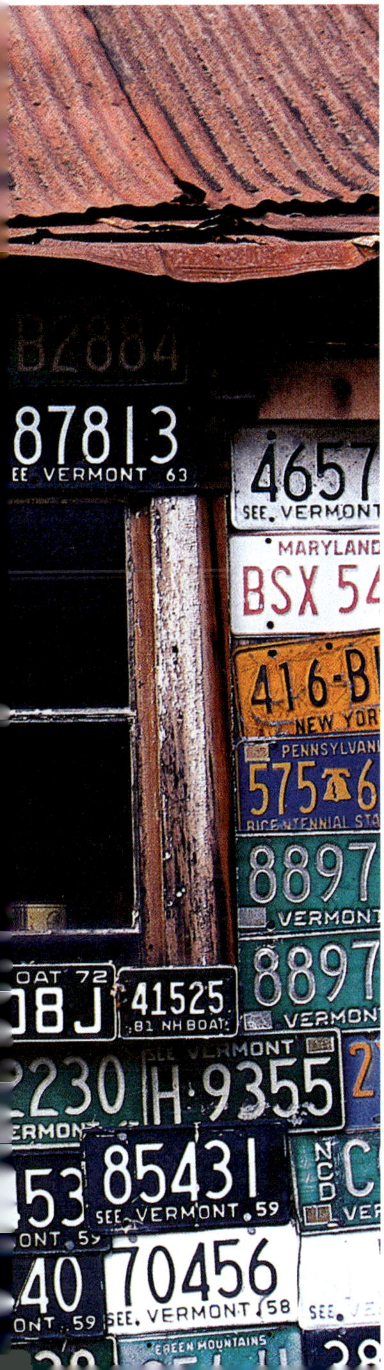

UN DE MES STAGIAIRES avait entendu parler d'une maison couverte de plaques d'immatriculation dans le Vermont. Au cours d'un atelier organisé dans cette région, nous avons tenu à la découvrir, et nous ne fûmes pas déçus. C'était un sujet exigeant l'éclairage doux et régulier que seul pouvait produire le temps couvert. La maison était entourée d'arbres à feuilles caduques qui, par une journée ensoleillée, auraient projeté des ombres dures sur ses côtés et sur le toit. L'appareil fixé sur un trépied, j'ai cadré un mur et deux fenêtres et choisi une ouverture de type « Qu'importe ! » de *f*/11. Grâce à l'éclairage uniforme, la priorité à l'ouverture ne posa aucun problème.

Zoom 80-200 mm à 120 mm, 1/30 s à *f*/11.

LE PORTRAIT EST UN THÈME qui s'accommode fort bien du temps couvert. La lumière douce et régulière produite par le ciel blanc facilite le réglage de l'exposition. Les photos prises sur le vif établissant un contact direct par le regard plaisent toujours.

Pour celle-ci, j'ai d'abord demandé au sujet de se placer à environ 3 m des barils bleus. Puis j'ai fixé l'appareil photo sur le trépied. Parce que je voulais que le fond soit flou, j'ai ouvert le diaphragme à *f*/5.6. Comme la priorité à l'ouverture était active, il m'a suffit de faire la mise au point sur le visage et de déclencher.

Zoom 80-200 mm à 200 mm, 1/125 s à *f*/5.6.

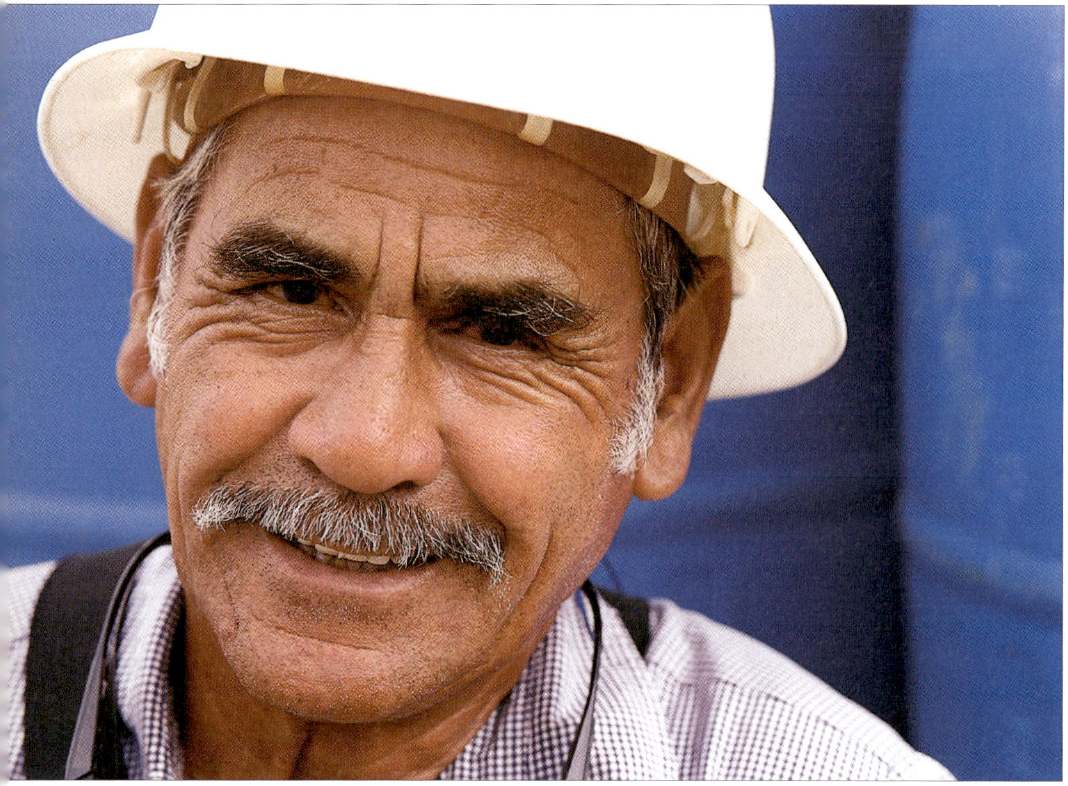

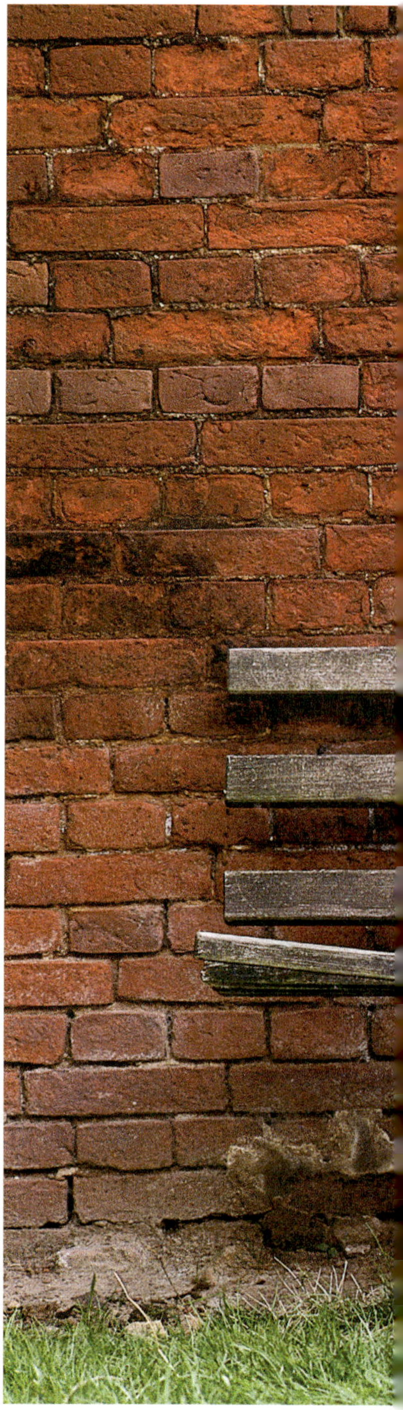

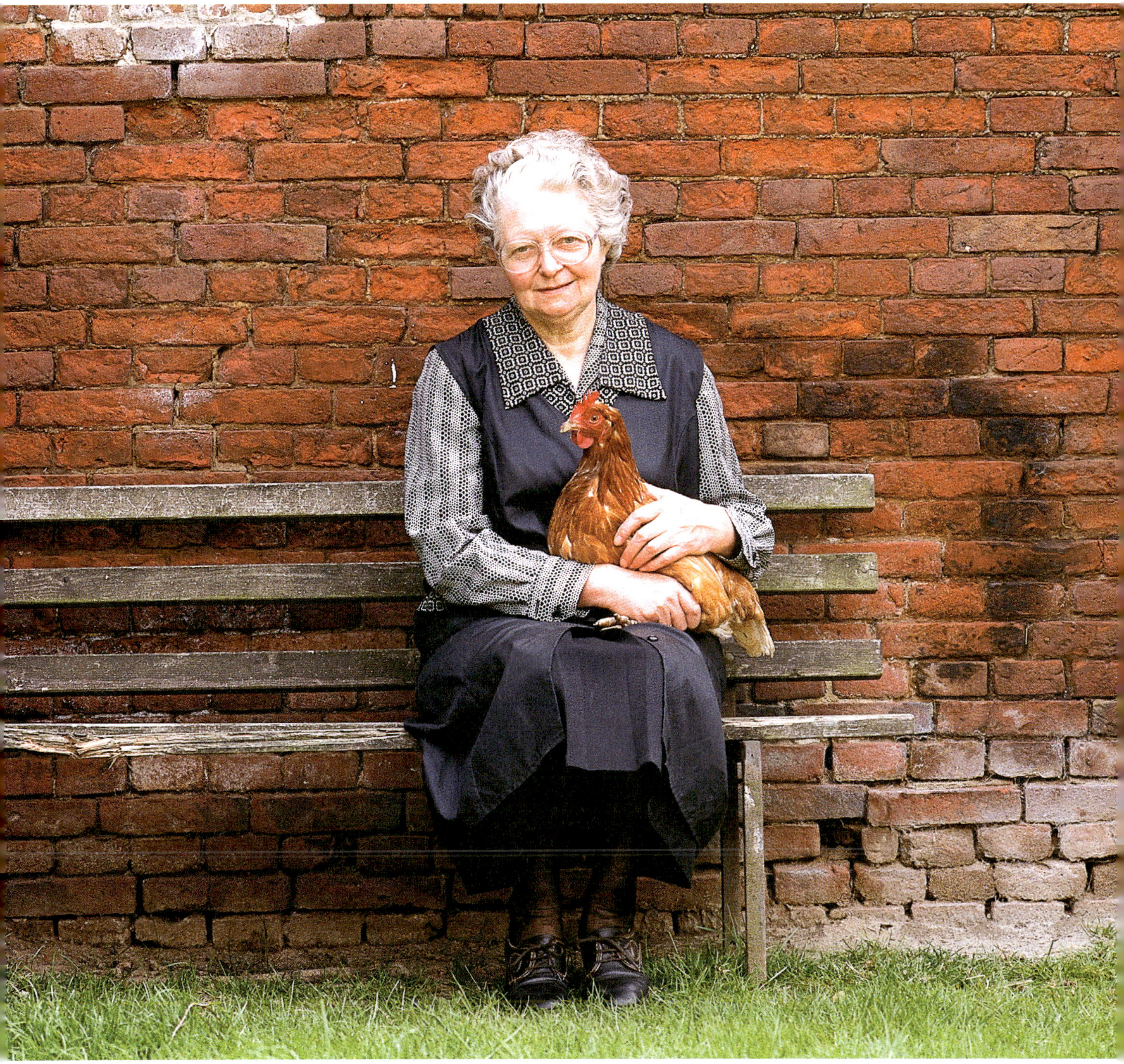

J'AVAIS RENCONTRÉ cette dame âgée allemande par hasard. Ma voiture étant tombée en panne sèche près de sa ferme, elle m'offrit généreusement quelques litres de carburant pour repartir. Sans m'en rendre compte, je passais plus de cinq heures avec elle, discutant de sa vie à la campagne. Des nombreuses photos que je pris, celle-ci est ma préférée. Comme le banc était placé contre le mur, la profondeur de champ ne posait pas de problème. Je sélectionnais donc la priorité à l'ouverture ainsi qu'un diaphragme « Qu'importe », et laissait l'appareil photo régler la vitesse.

Zoom 80-200 mm, 100 ISO, 1/60 s à *f*/11.

L'ÉCLAIRAGE LATÉRAL

Les sujets et compositions éclairés de face par temps couvert paraissent souvent plats, même s'il est évidemment qu'ils ont du relief. Pour donner l'illusion de tridimensionnalité, les jeux d'ombres et de lumière sont indispensables. Un éclairage latéral y pourvoira. Il se manifeste quelques heures après le lever du soleil et quelques heures avant son coucher, lorsque vous photographiez vers le nord ou vers le sud.

L'éclairage latéral est le plus délicat à exploiter à cause des ombres et des lumières qui s'entremêlent. Mais c'est lui qui produit les photos les plus gratifiantes. Comme le savent tous les photographes professionnels, un sujet éclairé latéralement, plutôt que de face, est beaucoup plus expressif car il restitue mieux la tridimensionnalité du monde qui nous entoure.

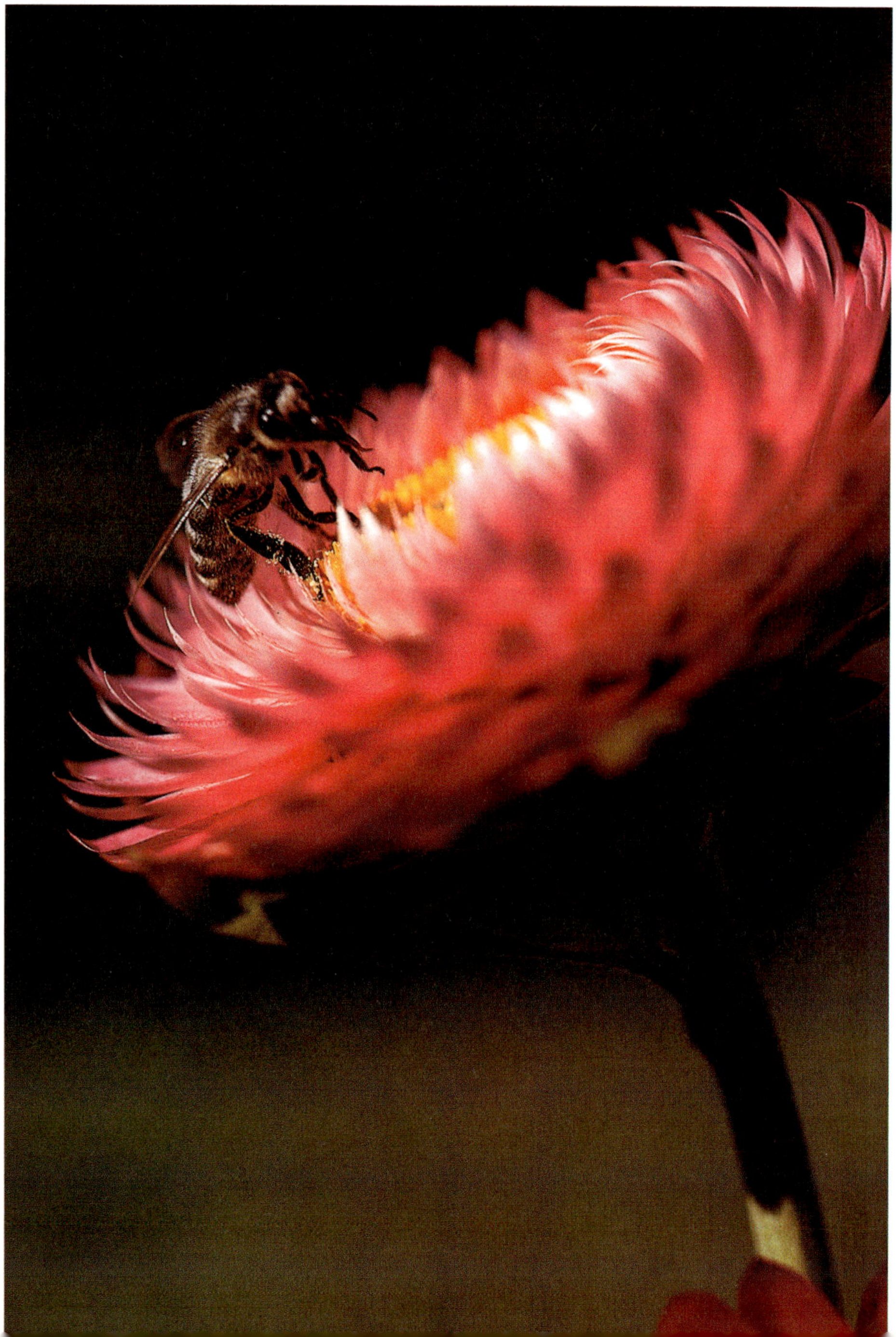

COMME JE NE POUVAIS pas m'approcher de cette abeille autant que je l'aurais voulu avec mon zoom 70-210 mm, j'ai interposé un tube-allonge entre l'objectif et le boîtier, ce qui m'a permis de cadrer l'insecte sans être obligé d'être trop près. J'avais aussi décidé d'exploiter l'éclairage latéral du petit matin, en comptant sur l'arrière-plan sombre pour faire ressortir l'abeille. L'appareil photo fixé sur un trépied, j'ai fermé le diaphragme à *f*/11 et réglé la vitesse jusqu'à ce que 1/250 s corresponde à la vitesse correcte.

Zoom 70-210 mm à 210 mm, tube-allonge de 36 mm, 1/250 s à *f*/11.

LES ESPACES dans lesquels je travaille sont parfois réduits ; j'opte alors pour le grand angulaire. C'est exactement ce que je fis dans cette maison de thé en Chine, il y a quelques années. C'est ce que je fis pour réaliser un portrait en pied de cet énigmatique personnage. J'avais choisi le 35 mm et je m'étais accroupi. Une douce lumière tamisée de milieu de journée parvenait par la droite. Je réglais d'abord l'ouverture à *f*/8, puis la vitesse d'obturation jusqu'à ce que 1/30 s corresponde à l'exposition correcte pour la lumière renvoyée par le mur vert. Puis j'ai cadré et pris une série de photos.

Objectif 35 mm, 1/30 s à *f*/8.

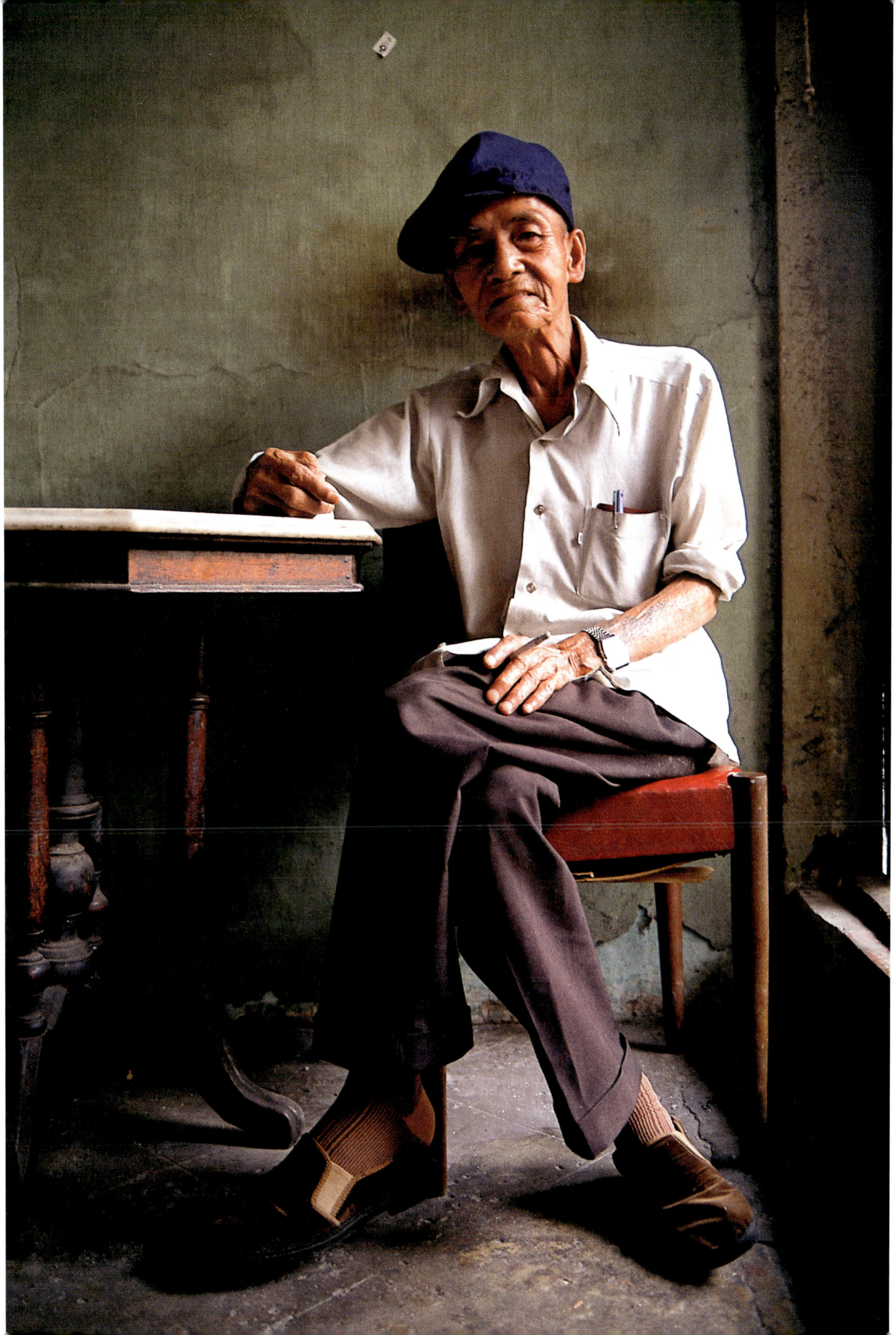

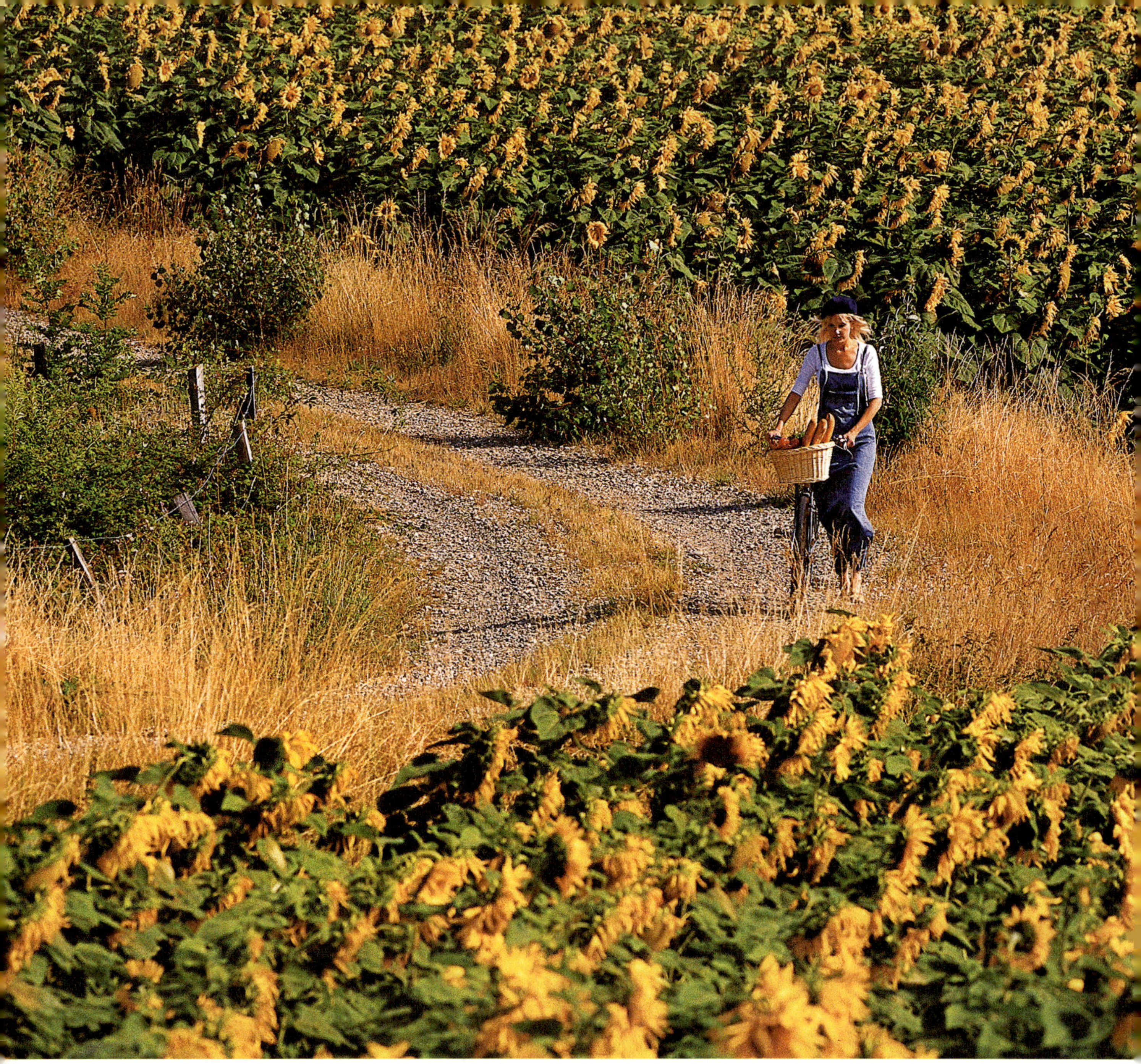

VOICI UNE COMPOSITION narrative classique, l'une de celles qui viennent littéralement à vous, contrairement à d'autres vers lesquelles vous allez. L'appareil photo et le téléobjectif de 300 mm fixés sur le trépied, j'avais cadré le chemin en pierre parmi les champs de tournesols. Le diaphragme fermé à *f*/32, je mesurai la lumière sur le ciel bleu juste au-dessus du paysage, réglai la vitesse, cadrai et déclenchai.

Objectif 300 mm, 1/30 s à *f*/32.

ALORS QUE JE TRAVAILLAIS sur un sujet consacré aux femmes dans l'industrie, j'aperçus cette ouvrière sur un chantier naval de Portland, dans l'Oregon. Elle se reposait un moment après avoir soudé quantité de maillons d'une chaîne d'ancre qui se trouvait devant elle, éclairée par la douce lumière oblique et tardive d'une fin d'après-midi.

Je me présentais et installais l'appareil photo sur le trépied. Le diaphragme fermé à *f*/22 afin d'obtenir une profondeur de champ maximale pour les maillons de chaîne au premier plan, je cadrai la scène et mesurai la lumière sur le visage, en mode Spot. Puis je réglai la vitesse d'obturation en conséquence. Une ombre profonde s'était formée à l'arrière-plan. Comme l'exposition avait été établie pour un éclairage latéral beaucoup plus fort, le fond fut fortement sous-exposé, fournissant un beau contraste entre l'ombre et la lumière tout en donnant une exceptionnelle profondeur à l'image.

Objectif 105 mm, 1/60 s à *f*/22.

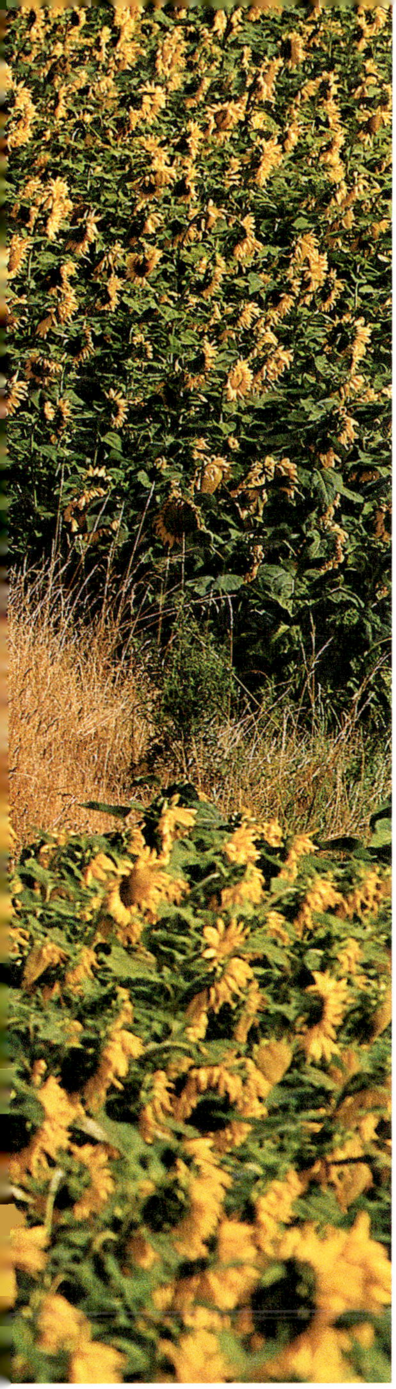

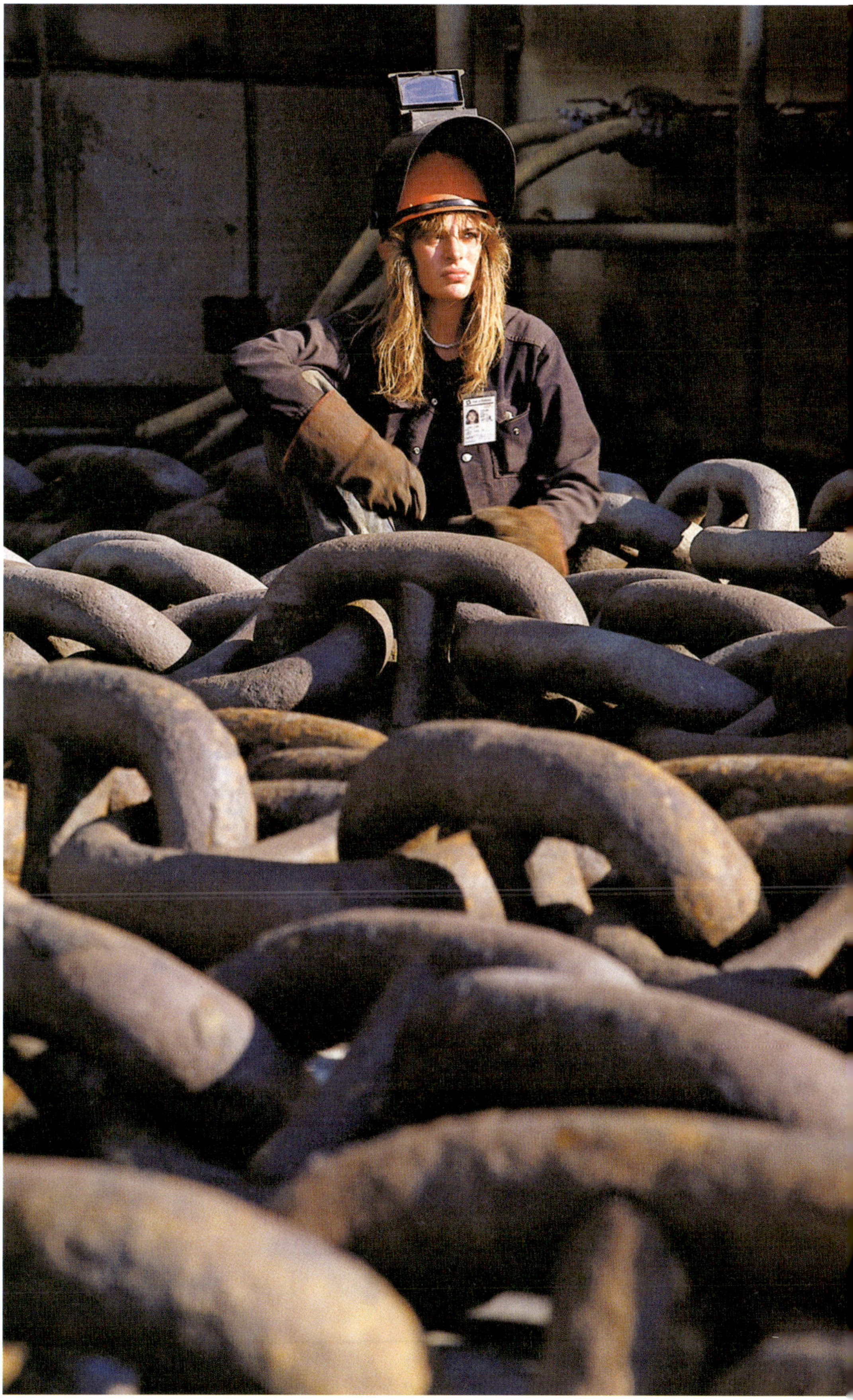

CONTRE-JOUR

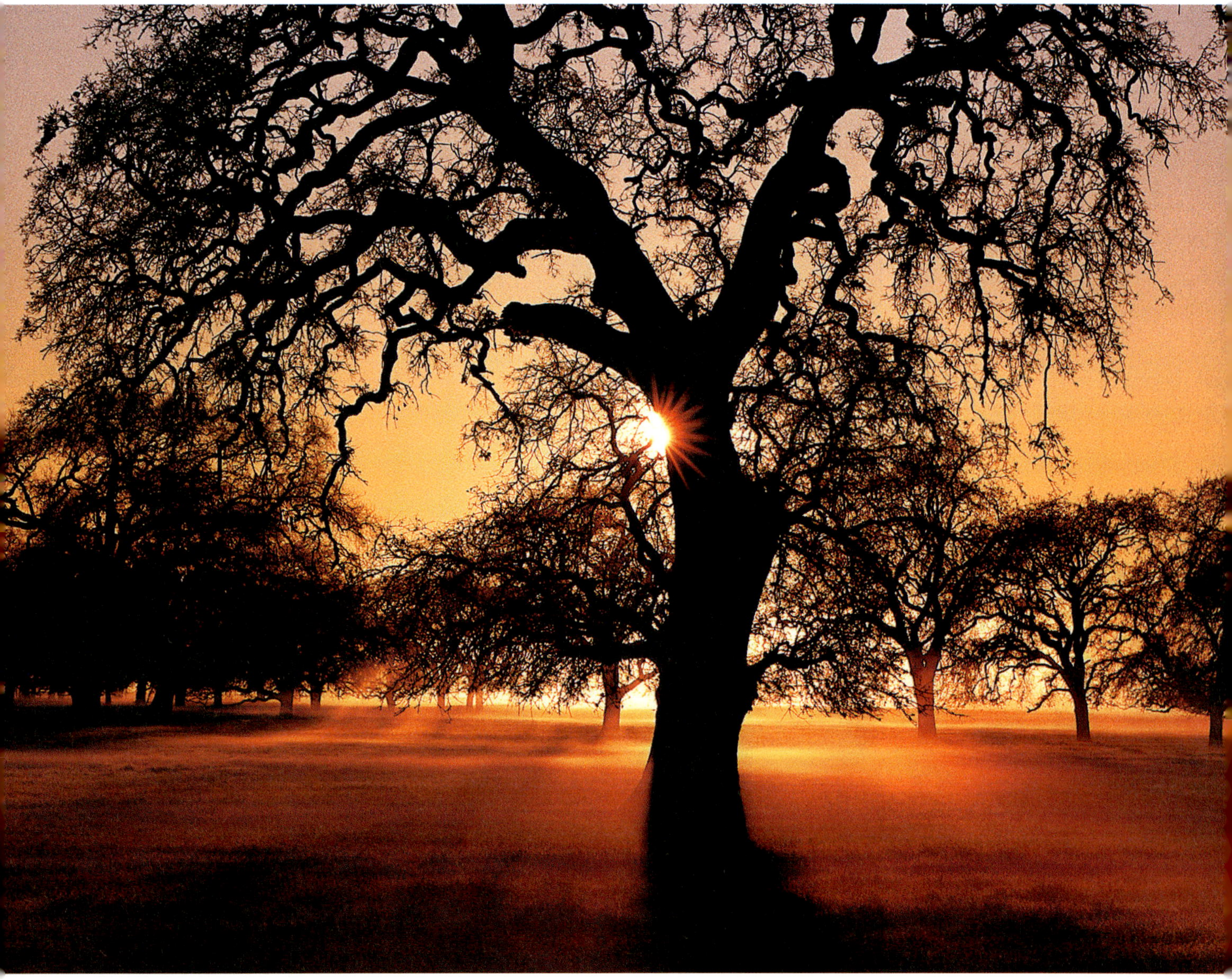

L'AUBE À SONOMA VALLEY, au printemps, est toujours un grand moment. Arrivé dans une chênaie juste après le lever du soleil, je ne perdis pas de temps pour cadrer un chêne de manière à ce que le soleil apparaisse partiellement derrière le tronc. Sur quel élément avais-je mesuré la lumière ? J'avais pointé l'objectif sur la partie éclairée du sol, derrière l'arbre.

Zoom 20-35 mm à 20 mm, 1/250 s à *f*/16.

Quand l'éclairage est à contre-jour, la source lumineuse se trouve soit directement derrière le sujet (qui l'occulte entièrement), soit au-dessus ou à côté du sujet ; la source lumineuse est alors visible dans le champ. Des trois principaux types d'éclairage – de face, latéral ou à contre-jour –, le contre-jour est, pour le photographe débutant, la plus grande source de surprise, mais aussi de désappointement.

L'effet le plus saisissant du contre-jour est la formation de silhouettes. Beaucoup de photographes l'ont découvert par accident, parce que le posemètre avait été faussé par un éclairage intense. Par exemple, quand vous utilisez un téléobjectif de 200 mm, vous devez savoir exactement sur quelle partie de l'image mesurer la lumière. Comme le téléobjectif augmente le grossissement d'un arrière-plan très lumineux au moment du lever du soleil et au moment du coucher du soleil, le posemètre se fonde sur cette forte luminosité pour proposer l'exposition qu'il estime appropriée. Vous obtenez alors une photo dans laquelle le disque rouge ou orange du soleil est bien rendu tandis que tout le reste de l'image disparaît dans l'obscurité. Tout sujet placé devant un arrière-plan aussi lumineux subit le même sort. Pour éviter que la mesure soit faussée par l'excès de luminosité, vous devez impérativement mesurer la lumière à quelque distance du soleil, soit en mode Manuel, soit en mémorisant la mesure – en enfonçant le déclencheur à mi-course, avec un mode semi-automatique.

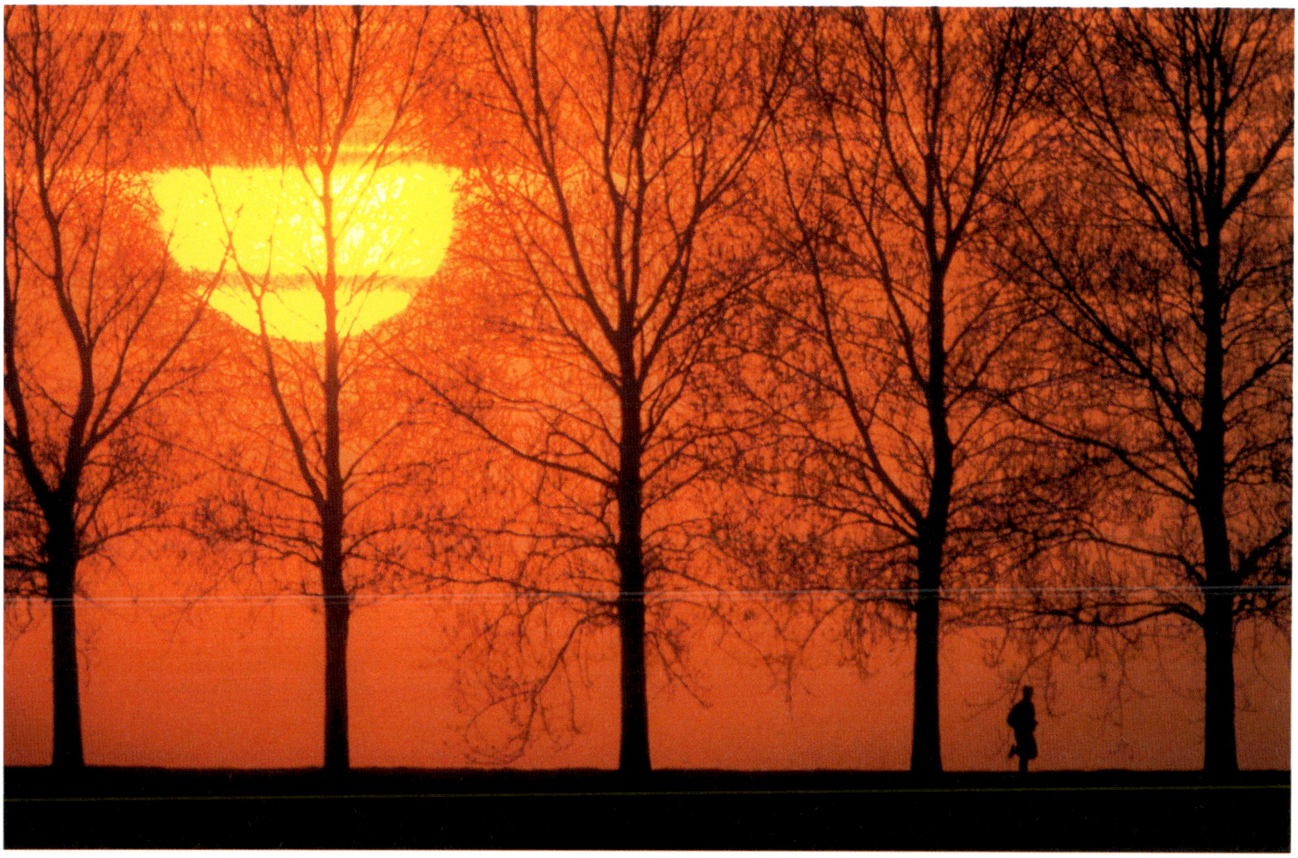

AU PRINTEMPS, cette région de la Frise-Occidentale, en Hollande, est l'une de celles où il est difficile de ne pas prendre des photos très graphiques et riches en couleurs. Les digues sinueuses, les rangs de tulipes tirés au cordeau et les rangées d'arbres sont autant de fabuleuses occasions. Quand le soleil descend sur la mer du Nord, l'air salin diffuse sa somptueuse lumière trois bons quarts d'heures avant qu'il disparaisse.

Ayant souvent assisté à ce genre de scène, j'eus l'idée de prendre une photo avec quelqu'un qui courait dans la rangée d'arbres. Un rapide coup de fil à mon ami Ron, et le personnage fut à pied d'œuvre le soir suivant. Je lui donnais le signe de départ par un talkie-walkie, à 1 200 m de distance. Pendant les cinq minutes qui suivirent, il courut dans un sens et dans l'autre parmi les quelques arbres visibles sur la photo.

Le téléobjectif de 800 mm fixé sur le trépied par son collier et fermé à *f*/11, je pris une série de photos. Quand je prends des contre-jours avec un téléobjectif de 100 mm ou plus, je mesure toujours la lumière à côté du soleil couchant. Ici, j'ai ensuite réglé la vitesse jusqu'à ce que 1/250 s corresponde à la vitesse correcte, puis j'ai cadré l'image.

Téléobjectif de 800 mm, 1/250 s à *f*/11.

Le flash peut certes éviter de réduire le sujet à contre-jour à une silhouette et contribuer à exposer correctement la photo. Mais il existe un moyen plus simple qui ne fait pas appel au flash. Supposons que le sujet soit assis sur un banc public, sur fond de soleil couchant. Si vous prenez une photo avec un contre-jour aussi puissant, le sujet ne sera plus qu'une silhouette. Pour obtenir un portrait réussi et plaisant, rapprochez-vous de la personne jusqu'à ce que son visage emplisse tout le viseur (il est inutile de procéder à la mise au point) puis réglez l'exposition, soit manuellement, soit en la mémorisant si vous utilisez un mode semi-automatique. Reculez ensuite à votre position de départ, cadrez, puis prenez la photo. Vous obtiendrez ainsi un portrait bien exposé montrant un visage irradiant de lumière.

Le contre-jour est apprécié des photographes expérimentés, car ces derniers essayent de jouer sur les transparences : des feuilles tendres, une boule de graines de pissenlits, une toile d'araignée perlant de rosée... Plusieurs options d'exposition sont toujours envisageables pour un contre-jour : réduire le sujet à l'état de silhouette sur fond très lumineux, exposer pour le sujet – c'est le cas pour un portrait – ou encore mesurer la lumière qui filtre à travers un sujet translucide. Chacun de ces choix exige des précautions particulières, mais le résultat est toujours gratifiant. Ainsi que beaucoup d'autres options d'exposition, un beau contre-jour dépend toujours d'une mesure judicieuse et réfléchie de la lumière.

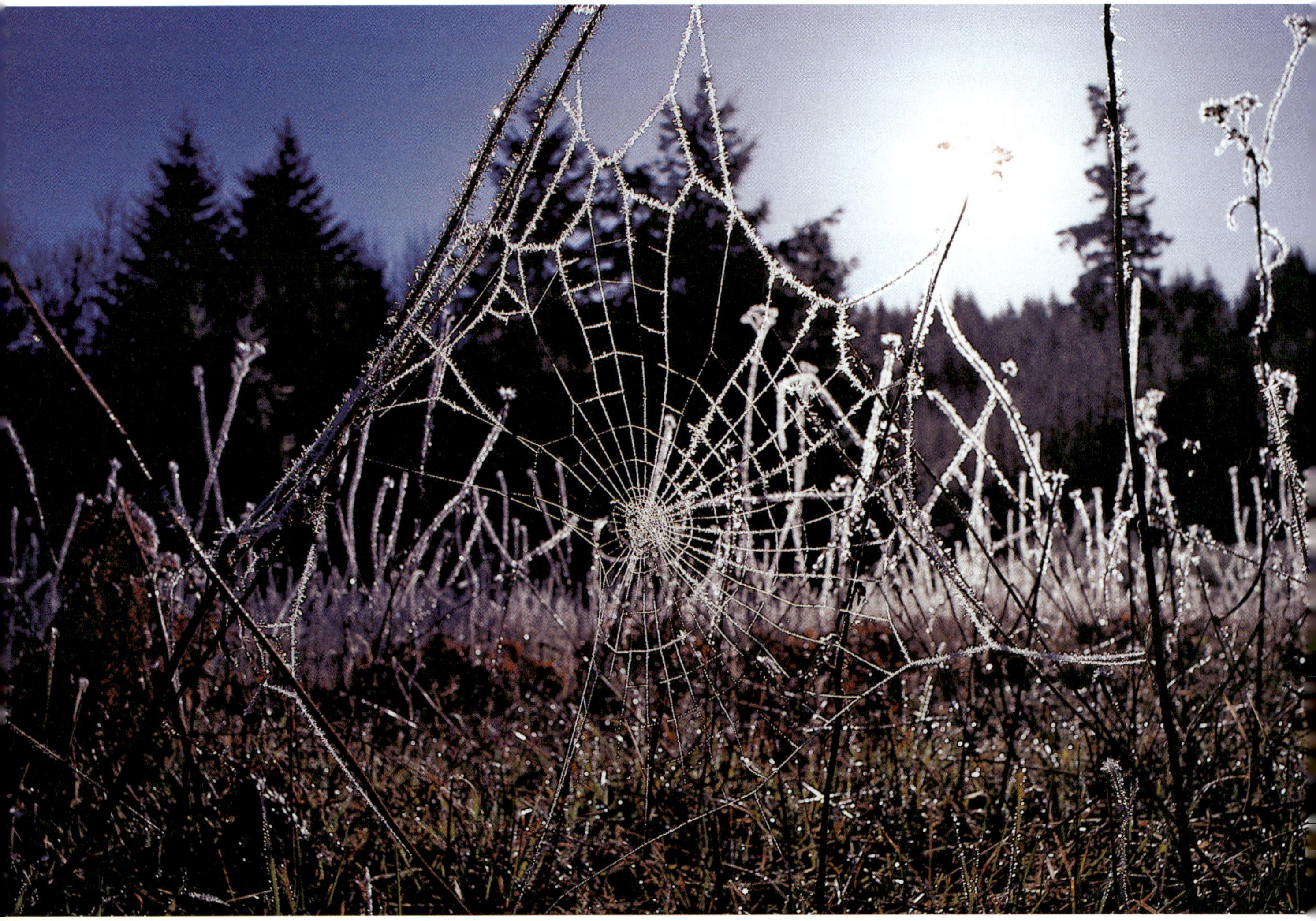

À CONTRE-JOUR, les toiles d'araignées couvertes de givre sont splendides. Couché dans le pré, j'ai photographié celle-ci au 24 mm, à contre-jour. Cette toile est l'une des plus grandes que j'aie vues ce matin-là (environ 60 cm de large). Le diaphragme fermé à *f*/16, j'ai pointé l'objectif vers le haut, mais sans inclure le soleil dans l'image, puis j'ai réglé la vitesse jusqu'à ce que le 1/250 s corresponde. Puis j'ai composé la photo pour obtenir le cadrage montré ci-contre, en veillant à positionner le soleil derrière une partie de la toile d'araignée couverte de givre.

Objectif de 24 mm, 1/250 s à *f*/16.

À CONTRE-JOUR, beaucoup d'objets opaques, comme des personnages, des arbres ou des édifices, sont rendus sous forme de silhouettes. Ce n'est pas le cas des objets translucides, comme les plumes et les fleurs. À contre-jour, la lumière semble émaner d'eux. C'est ce qui se produit pour ces Wyethia Mollis – ou oreilles de mules – photographiées dans une pinède de l'Oregon. J'ai choisi un point de vue surbaissé pour montrer les fleurs translucides sur un fond d'arbres opaques réduits à des silhouettes. L'exposition est moins difficile qu'il n'y paraît. Le zoom réglé à 20 mm et le diaphragme fermé à *f*/22, j'ai approché l'appareil photo des fleurs en veillant à ce qu'un tronc d'arbre bloque les rayons du soleil, puis j'ai réglé la vitesse jusqu'à ce que, dans le viseur, 1/125 s corresponde à l'exposition correcte. Ensuite, juste avant de déclencher, j'ai décalé le point de vue pour laisser poindre le soleil. J'ai ainsi obtenu une composition à contre-jour dynamique montrant à la fois un sujet translucide et des éléments opaques.

Zoom 20-35 mm à 20 mm, 1/125 s à *f*/22.

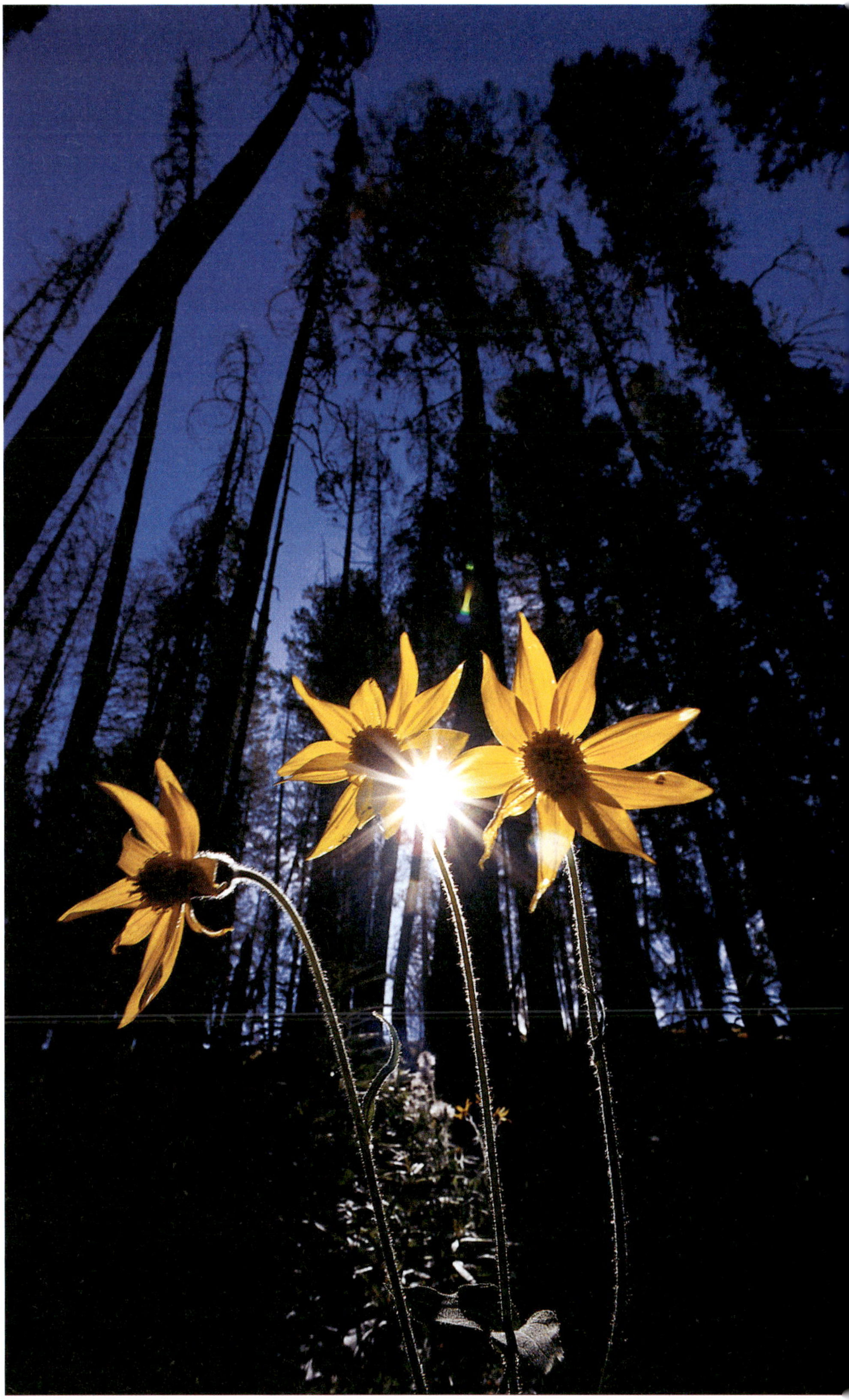

LE POSEMÈTRE

Comme expliqué au premier chapitre, le posemètre est au centre du triangle photographique formé par l'ouverture, la vitesse d'obturation et la sensibilité ISO. C'est de lui que dépend l'exposition créative. Sans cet instrument de première importance, beaucoup d'expositions seraient estimées (donc approximatives) au lieu d'être mesurées (c'est-à-dire exactes). Cela ne signifie pas pour autant qu'aucune photo ne pourrait être prise sans l'aide du posemètre. Car, après tout, il y a une centaine d'années, les photographes s'en passaient et, il y a une trentaine d'années seulement, je parvenais à exposer mes photos sans posemètre. Les photographes d'antan avaient une bonne excuse : le posemètre n'existait pas. Quant à moi, j'oubliais souvent d'emporter des piles de rechange pour mon Nikkormat FTN. Quand les piles du boîtier étaient vides, le posemètre ne fonctionnait plus.

À l'instar des pionniers de la photographie, il ne me restait plus qu'à appliquer les formules préconisées par Kodak, dont la plus simple est la règle du *f*/16 par temps ensoleillé : lorsque le sujet est éclairé de face par un soleil direct et que le diaphragme est fermé à *f*/16, la vitesse d'obturation correspond à la sensibilité ISO la plus proche. À mes débuts, quand j'utilisais du film pour diapositives Kodachrome 25, dont la sensibilité était de 25 ASA (devenus des ISO par la suite), je savais qu'en fermant à *f*/16 je devrais régler la vitesse d'obturation au plus près de cette sensibilité, soit 1/30 s. Avec de la Kodachrome 64, j'aurais réglé la vitesse à 1/60 s. Inutile de préciser que cette règle était précieuse lorsque les piles étaient vides et que le posemètre ne réagissait plus, mais elle n'était applicable que par temps ensoleillé. L'un des grands progrès de la photographie actuelle est l'automatisme total. Le problème est que si la batterie de l'appareil photo est vide, c'est tout l'appareil photo qui cesse de fonctionner, et non le seul posemètre. C'est pourquoi vous devez impérativement emporter une ou deux batteries de rechange.

Il existe deux sortes de posemètre : indépendant – un boîtier qui tient dans la main – ou, comme c'est aujourd'hui le cas pour tous les appareils photo, intégré au boîtier. Le posemètre indépendant doit être pointé vers le sujet ou maintenu dans le flux de lumière reçue par le sujet. La mesure lue – vitesse et diaphragme – est ensuite reportée sur l'appareil photo. En revanche, le posemètre intégré est constamment pointé vers le sujet et modifie continûment les paramètres d'exposition. Il mesure l'intensité de la lumière réfléchie par le sujet. À l'instar des objectifs, les posemètres à lumière réfléchie ont un angle de vue étroit ou large.

Beaucoup d'appareils photo proposent deux, voire trois modes de mesure de la lumière. L'un d'eux est à prépondérance centrale. La lumière réfléchie par la totalité de la scène est mesurée, mais en avantageant la partie centrale de l'image. Pour que cette mesure soit efficace, le sujet doit être centré dans le viseur au moment où la mesure est effectuée. Après avoir réglé l'exposition manuellement, vous cadrez la scène puis vous déclenchez. Mais si vous préférez utiliser un mode d'exposition automatique, vous devez centrer le sujet puis enfoncer le déclencheur à mi-course afin de mémoriser la mesure. Vous cadrez ensuite la scène en décentrant le sujet à votre guise, puis vous enfoncerez complètement le déclencheur pour prendre la photo.

Le spotmètre est un autre type de posemètre à lumière réfléchie. Il n'existait autrefois que sous la forme d'un boîtier indépendant, généralement doté d'un viseur optique, mais ce type de mesure est aujourd'hui proposé par certains boîtiers. Le spotmètre mesure la lumière sous un angle extrêmement étroit, de 1 à 5°. Il est ainsi capable de mesurer la lumière sur une toute petite partie de l'image, sans tenir compte des zones d'ombre et de lumière environnantes. Ce que je pense du spotmètre n'a pas changé en un quart de siècle : son usage est certes limité, mais il est irremplaçable dans ma pratique quotidienne de la photographie.

ARRIVÉ DE BON MATIN au Millenium Park, dans le centre-ville de Chicago, j'y avais rencontré une petite équipe d'entretien qui nettoyait une sculpture en acier surnommée le « haricot ». Une photo facile, car le sujet était éclairé de face par le soleil levant. Une ouverture narrative s'imposait ; j'ai donc fermé le diaphragme à *f*/22 pour obtenir de la netteté partout et, l'appareil photo fixé sur le trépied, j'ai laissé la Priorité à l'ouverture choisir la vitesse appropriée.

Zoom 70-200 mm à 170 mm, 200 ISO, *f*/13 à 1/125 s.

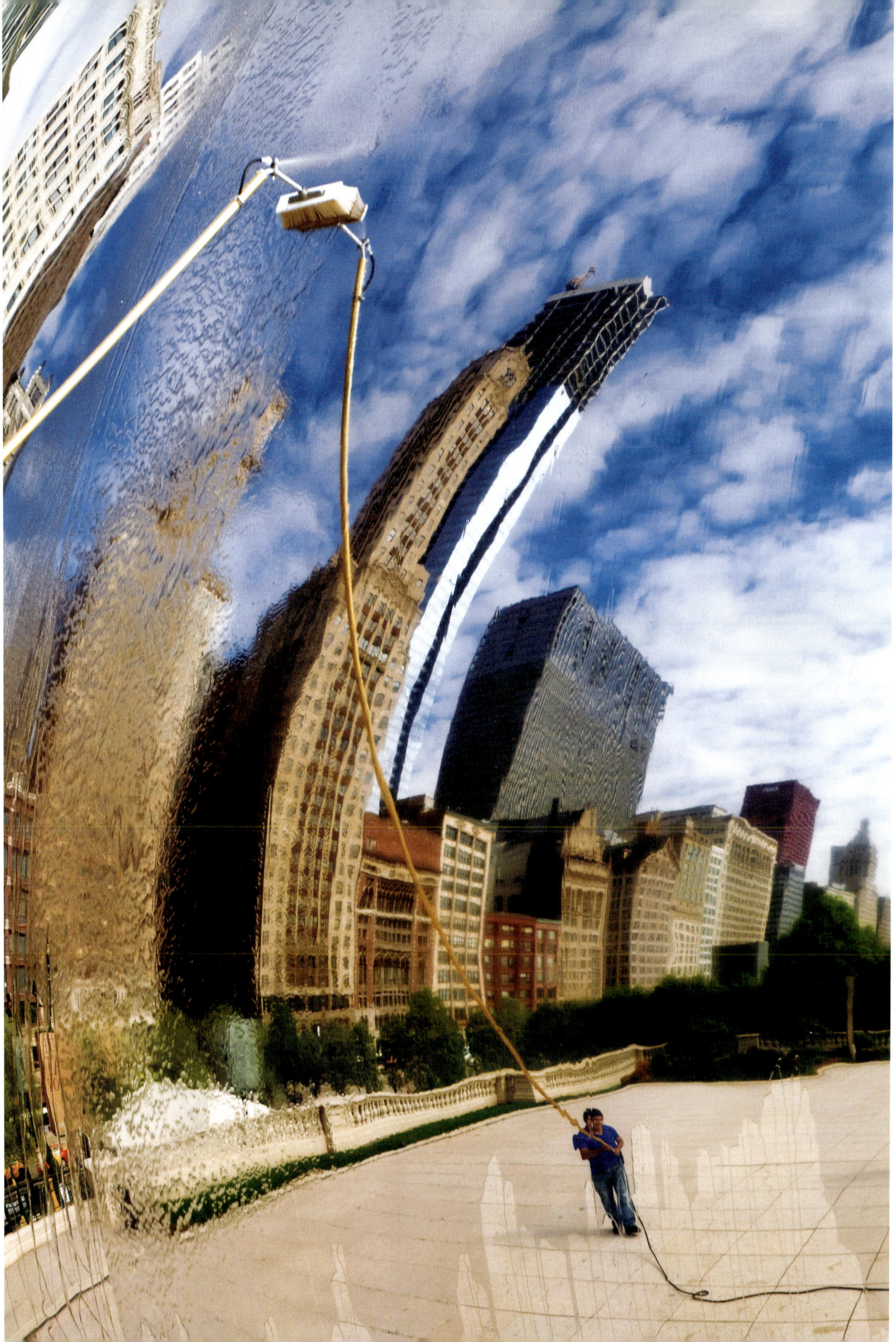

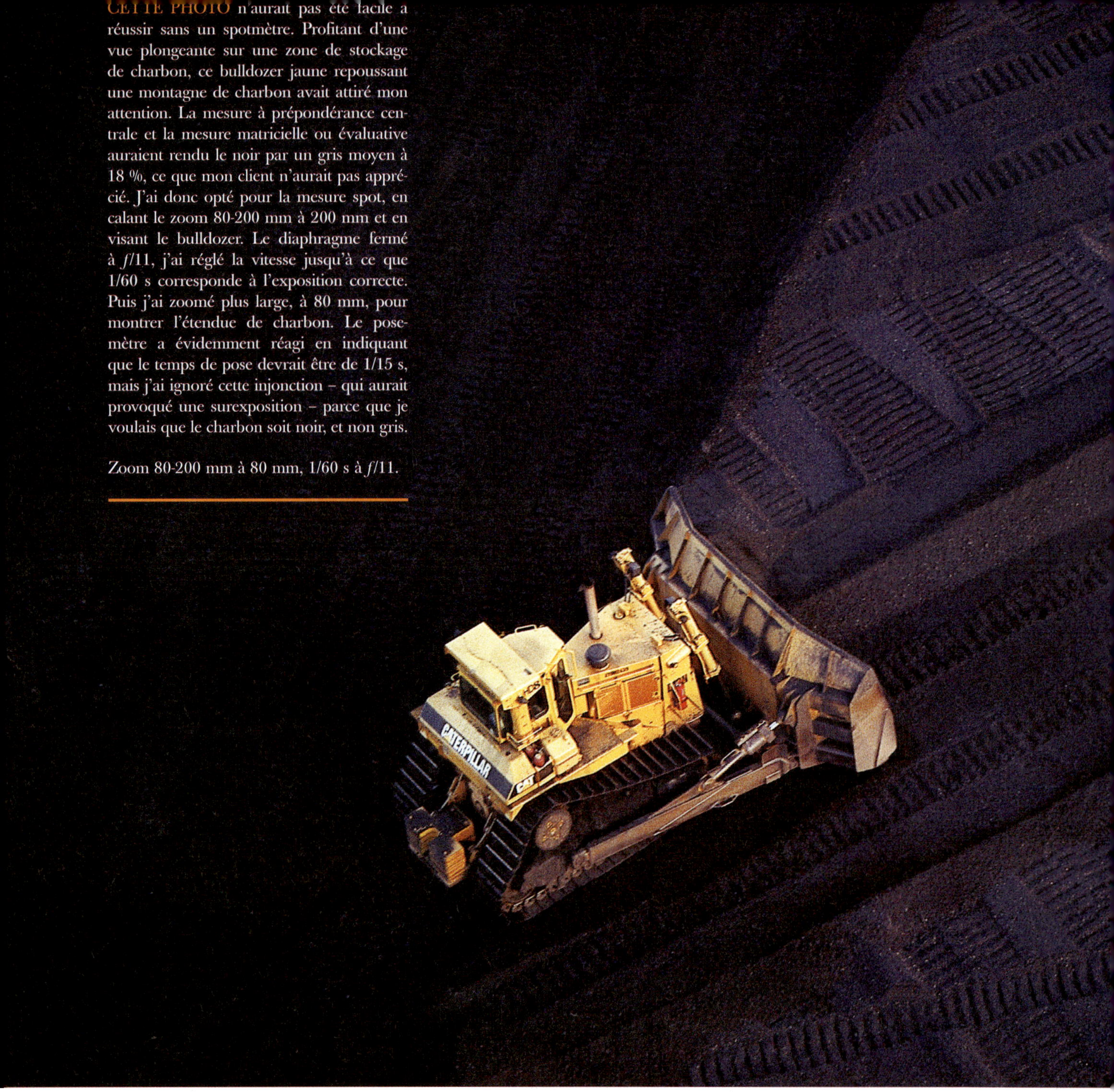

CETTE PHOTO n'aurait pas été facile à réussir sans un spotmètre. Profitant d'une vue plongeante sur une zone de stockage de charbon, ce bulldozer jaune repoussant une montagne de charbon avait attiré mon attention. La mesure à prépondérance centrale et la mesure matricielle ou évaluative auraient rendu le noir par un gris moyen à 18 %, ce que mon client n'aurait pas apprécié. J'ai donc opté pour la mesure spot, en calant le zoom 80-200 mm à 200 mm et en visant le bulldozer. Le diaphragme fermé à *f*/11, j'ai réglé la vitesse jusqu'à ce que 1/60 s corresponde à l'exposition correcte. Puis j'ai zoomé plus large, à 80 mm, pour montrer l'étendue de charbon. Le posemètre a évidemment réagi en indiquant que le temps de pose devrait être de 1/15 s, mais j'ai ignoré cette injonction – qui aurait provoqué une surexposition – parce que je voulais que le charbon soit noir, et non gris.

Zoom 80-200 mm à 80 mm, 1/60 s à *f*/11.

Et, enfin, il existe la mesure matricielle, ainsi que l'appelle Nikon, ou évaluative (c'est la même chose, mais chez Canon). Apparue il y a une quinzaine d'années, elle a depuis été revue et améliorée. Il est rare que les appareils photo d'aujourd'hui n'en soient pas pourvus, surtout les reflex. La mesure matricielle est fondée sur une micropuce programmée pour reconnaître le type de photo cadrée dans le viseur parmi des milliers de sujets photographiques, qu'il s'agisse d'une montagne couverte de neige, du fond d'un canyon obscur, en passant par les innombrables paysages, photos familiales, de vacances, portraits, natures mortes et autres qu'un photographe est susceptible de prendre. La mesure matricielle propose alors l'exposition la plus appropriée. Si bonne soit-elle, la mesure matricielle ne saurait résoudre l'exposition d'un sujet ne figurant pas dans sa base de données. Confrontée à une image qu'elle ne reconnaît pas, elle choisit la plus proche parmi celles de sa collection.

Le type de posemètre intégré dépend du type d'appareil photo. Si vous débutez et que votre appareil offre différents systèmes de mesure (matricielle ou évaluative, ainsi qu'à prépondérance centrale), je vous recommande vivement d'utiliser systématiquement la mesure matricielle ou évaluative. Quelle que soit son appellation, c'est la plus fiable, moins excentrique que la mesure à prépondérance centrale. J'ai souvent vu mes stagiaires passer, sur le terrain, de la mesure matricielle à la mesure à prépondérance centrale. Et bien sûr, en raison des spécificités de chacun de ces systèmes de mesure, ils obtenaient des réglages légèrement différents. Ne sachant plus à quel système se fier, les stagiaires optaient pour chacun d'eux et prenaient donc deux photos. C'est comme avoir deux conjoints : si se coltiner les excentricités de l'un est difficile, que dire de se coltiner celles des deux ? Il y a quelques années de cela, j'ai abandonné la mesure à prépondérance centrale pour la mesure matricielle.

Que valent les actuels posemètres ? La mesure à prépondérance centrale et la mesure matricielle sont précises neuf fois sur dix, ce qui est remarquable. Neuf photos sur dix sont correctement exposées, que ce soit en mode Manuel – mon préféré – ou dans un mode semi-automatique comme la priorité à l'ouverture que j'adopte pour les photos narratives et l'isolation du sujet, ou la priorité à la vitesse utilisée pour figer l'action, pour les filés ou pour le rendu du mouvement. Quelle que soit la mesure, que le sujet soit éclairé de face, latéralement ou par temps couvert, il suffit de viser, mesurer, cadrer et déclencher.

Je recommande aussi de prendre une seconde vue à –2/3 de stop (film diapositive ou photo numérique) ou +2/3 de stop (film négatif couleur). Vous choisirez par la suite laquelle des deux vous conserverez. Ne vous étonnez pas si c'est généralement la seconde. Très souvent, cette légère correction de ce qu'indique le posemètre accentue le contraste juste ce qu'il faut pour rendre la photo plus vigoureuse. Il est inutile d'en faire plus car, grâce à la sophistication des actuels systèmes de mesure intégrés, il n'est généralement pas nécessaire de bracketer comme un fou.

Enfin, aucun posemètre ne peut actuellement mesurer ou calculer quoi que ce soit sans qu'un paramètre crucial, indispensable à la réussite de toute photo, lui ait préalablement été communiqué : la sensibilité ISO. Autrefois, le photographe devait la régler manuellement chaque fois qu'il changeait de type de pellicule. Sur un appareil photo argentique récent, ce réglage est effectué automatiquement au travers du code DX imprimé sur la cartouche.

En photographie numérique, c'est au photographe qu'il appartient de sélectionner la sensibilité ISO de chacune des photos qu'il prend. Quelques appareils photo numériques la choisissent automatiquement et la modifient lorsque les conditions d'éclairage changent. Je ne recommande pas cette fonctionnalité, car elle induit souvent en erreur ; l'appareil photo est en effet incapable de savoir que vous désirez prendre une photo créative. La photographie numérique permet de changer d'ISO d'une photo à une autre, et de passer à tout moment de la couleur au noir blanc et inversement, ce qui était impossible avec de la pellicule. Le vieil adage selon lequel il est impossible de changer de cheval pendant la course est de ce fait révolu.

L'industrie photographique a fait d'immenses progrès depuis mes débuts. Les automatismes d'aujourd'hui et les systèmes de mesure intégrés garantissent l'exposition correcte de presque toutes vos photos. Mais n'oubliez pas que l'exposition créativement correcte ne dépend encore que de vous.

LA RÉFLECTANCE DE 18 %

Voici une nouvelle qui risque de vous étonner : quel que soit son système de mesure – global, à prépondérance centrale, matricielle ou spot –, le posemètre de votre appareil photo ne perçoit le monde ni en couleur ni en noir et blanc, mais comme du gris neutre. De plus, le posemètre est étalonné pour considérer qu'un sujet gris neutre renvoie approximativement 18 % de la lumière qu'il reçoit.

Cela paraît assez simple et, pourtant, c'est la réflectance de la lumière émanant du sujet qui est à l'origine d'une mauvaise exposition, et non la lumière qui frappe le sujet. Imaginez un chat noir dans une rue baignée de soleil. Si vous vous approchez du félin et que vous mesurez la lumière renvoyée, le posemètre indiquera une certaine valeur. Mais si vous pointez le posemètre vers un mur blanc, le posemètre affiche une tout autre valeur. C'est parce que, en dépit de l'illumination égale des deux sujets, leur pouvoir réflecteur diffère radicalement. Le mur blanc renvoie approximativement 36 % de la lumière, alors que le pelage du chat noir absorbe beaucoup plus de lumière, n'en renvoyant que 9 % environ.

Confronté à des surfaces noires ou blanches, le posemètre est déboussolé. Ces tonalités extrêmes sont en effet loin de celle pour laquelle il a été étalonné en usine. Le blanc n'est pas davantage un gris neutre que le noir. Tous deux sont aux extrémités de l'échelle. Le posemètre restitue ces extrêmes comme il le ferait de toute autre mesure : par un gris neutre. Si vous vous fiez aveuglément au posemètre, le noir que vous mesurez sera traduit par du gris neutre, et il en sera de même si vous mesurez du blanc.

Pour mesurer correctement la lumière d'un sujet noir ou blanc, traitez-le comme s'il était en gris neutre, même si sa réflectance indique une autre valeur. Autrement dit, mesurez le mur blanc renvoyant 36 % de la lumière comme si c'était un gris neutre à 18 %. De même, photographiez un animal noir dont le pelage renvoie 9 % de la lumière comme si c'était un gris neutre à 18 %.

SI LE POSEMÈTRE SE TROMPE avec le noir et le blanc séparés, imaginez l'effet que lui fera un zèbre. En réalité, c'est l'une des expositions les plus faciles à mesurer, car le posemètre effectue la moyenne des deux tons, d'où une réflectance de 18 %. C'est comme mélanger de la peinture noire et blanche à parts égales ; le résultat est un gris moyen. Le téléobjectif de 200 mm réglé à *f*/11 – il s'agit ici d'une exposition « Qu'importe ! » typique –, je me suis contenté de régler la vitesse d'obturation jusqu'à ce que 1/125 s corresponde à la vitesse correcte.

Objectif 200 mm, 1/125 s à *f*/11.

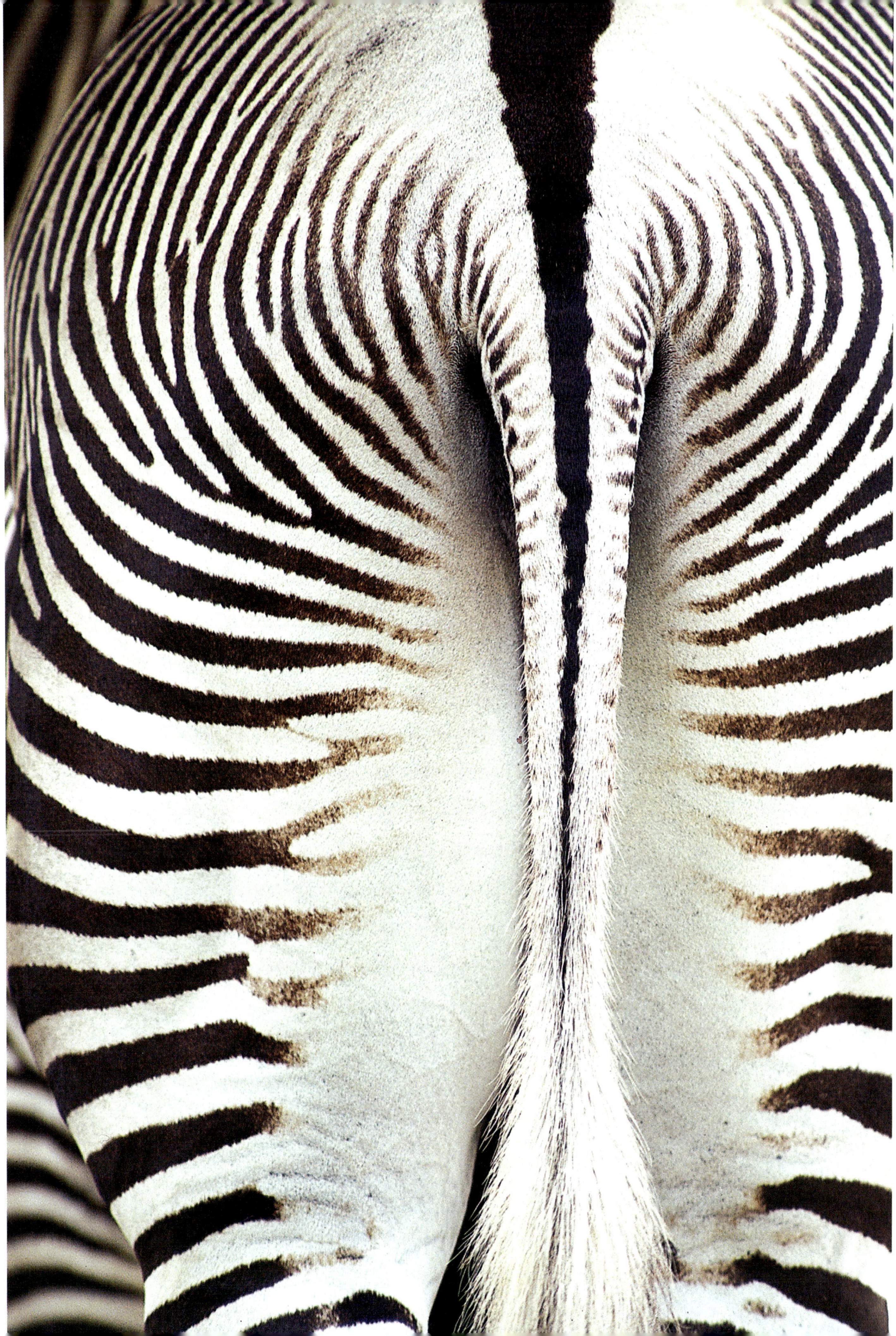

LE CARTON GRIS

En vente dans les boutiques de photo, le carton gris est commode pour la prise de vue de sujets clairs ou foncés. Il suffit de le tenir devant l'objectif, en veillant à ce que la lumière qui le frappe soit la même que celle illuminant le sujet, puis effectuer la mesure dessus.

Notez soigneusement l'exposition mesurée sur le carton gris lorsque vous travaillez en mode automatique, Programme, Priorité à l'ouverture ou Priorité à la vitesse. Supposons que le posemètre indiquait *f*/16 à 1/100 s pour une scène dans un décor enneigé. En mode Priorité à l'ouverture, le posemètre peut indiquer *f*/16 à 1/200 s et, en mode Priorité à la vitesse, il peut indiquer *f*/22 à 1/100 s. Dans les deux cas, le posemètre est décalé de 1 stop par rapport à la mesure correcte effectuée sur le carton gris. Vous devrez compenser ce décalage avec la commande de correction de l'exposition.

Cette correction de stop peut être libellée +2, +1, 0, -1, -2 ou encore, 2×, 1×, 0, ½×, ¼×. Par exemple, pour exposer un paysage de neige de 1 stop supplémentaire, dans un mode automatique, vous devrez corriger de +1 (ou 1×, selon le modèle de votre appareil photo). À l'inverse, quand vous photographiez un animal noir, vous corrigez de -1 (ou ½×).

Une précieuse astuce : quand vous serez familiarisé avec le carton gris, vous pourrez vous en passer, car vous possédez sur vous un élément qui en tient lieu, à savoir la paume de votre main. Si vous avez un doute quant à l'exposition, mesurez la lumière sur votre paume. Au besoin, « étalonnez » votre paume avec un carton gris afin de connaître la correction à appliquer. Cela fait, vous pourrez laisser le carton chez vous.

Pour étalonner votre paume, placez-vous en plein soleil avec l'appareil photo et le carton gris, puis réglez le diaphragme à *f*/8. Faites que le carton emplisse complètement le viseur – la mise au point est superflue – puis réglez la vitesse jusqu'à ce qu'elle soit correcte. Placez maintenant la paume de votre main devant l'objectif. Le posemètre indiquera peut-être une surexposition de +2/3 à 1 stop. Notez-la. Remettez le carton gris devant l'objectif toujours réglé à *f*/8 et, encore une fois, réglez la vitesse jusqu'à ce que l'exposition correcte soit obtenue. La paume de nouveau placée devant l'objectif, le posemètre indiquera une surexposition de +2/3 à 1 stop. Quelles que soient les conditions d'éclairage, la paume de la main indiquera cette même surexposition par rapport au carton gris.

Procédez comme suit la prochaine fois que vous prendrez des photos dehors et que la lumière vous paraîtra difficile à mesurer (paysage de neige, chat noir…) : L'appareil photo en mode Manuel, mesurez la lumière sur votre paume. Si le posemètre indique une surexposition de +2/3 à 1 stop, vous saurez que l'exposition sera correcte. En mode Priorité à l'ouverture ou Priorité à la vitesse, notez la mesure effectuée sur votre paume puis, après avoir cadré la scène, corrigez l'exposition jusqu'à ce que le posemètre indique la même exposition que pour la paume.

Remarque : si la mesure sur votre paume indique une différence de 2, 3 ou 4 stops avec la scène, c'est soit parce que la mesure a été faite en plein soleil alors que le sujet est dans une ombre découverte, soit parce que vous avez oublié d'ôter votre gant, soit parce que le posemètre nécessite d'être révisé ou réparé.

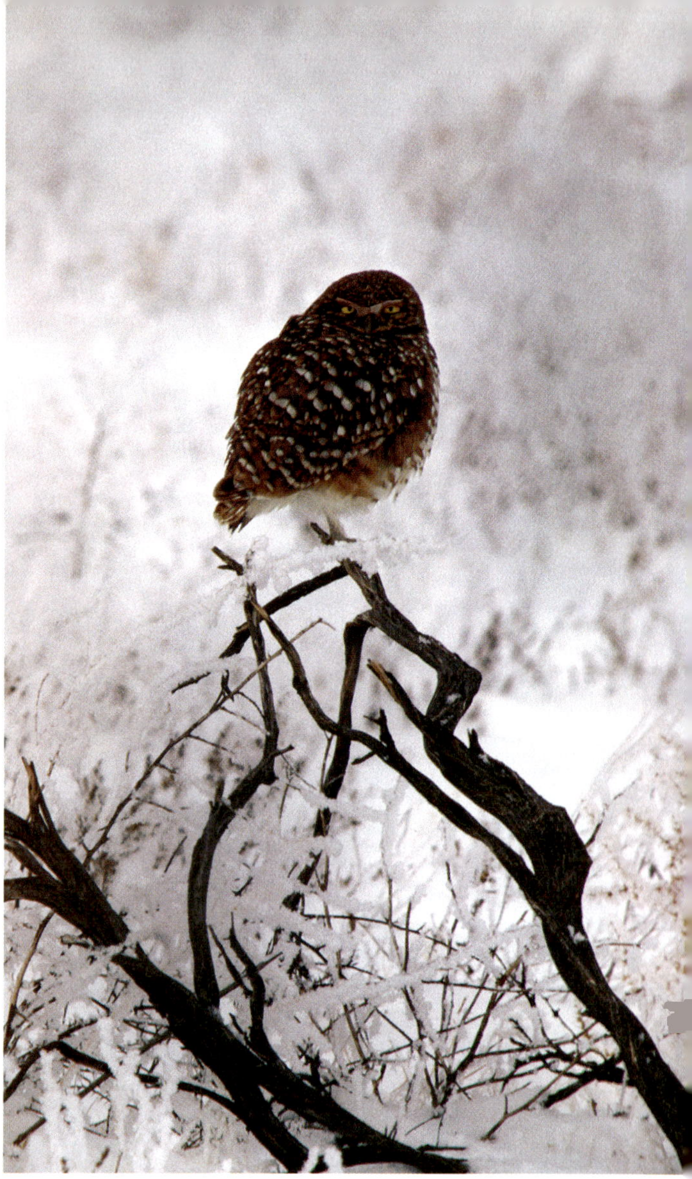

APRÈS UNE FORTE averse de neige dans l'est de l'Oregon, je montai dans la Jeep aux premières lueurs du jour afin de prendre quelques photos. Une heure après, je découvris ce petit hibou solitaire perché sur une branche morte. Je le cadrai avec le téléobjectif 200-400 mm ouvert à *f*/8 et l'appareil photo en mode Priorité à l'ouverture. Mais, comme le révèle la photo ci-dessus, ce réglage produisit une sous-exposition. Pourtant, le posemètre indiquait que cette exposition était correcte. En fait, bien que le sujet renvoie environ 36 %, le posemètre considère qu'il ne renvoie que 18 %. Quand le posemètre mesure du blanc, il l'interprète comme une luminosité excessive, qu'il compense en réduisant l'exposition, d'où la sous-exposition.

En mesurant la lumière sur le carton gris, j'ai obtenu une exposition de 1/15 s. Dès que le carton était ôté, le posemètre revenait à 1/30 s. Je choisis d'abandonner la priorité à l'ouverture pour le mode manuel et réglai la vitesse d'obturation à 1/15 s. La photo à droite prouve que, cette fois, l'exposition était correcte.

Les deux photos : Zoom 200-400 mm, *f*/8. Ci-dessus : 1/30 s. Page opposée : 1/15 s.

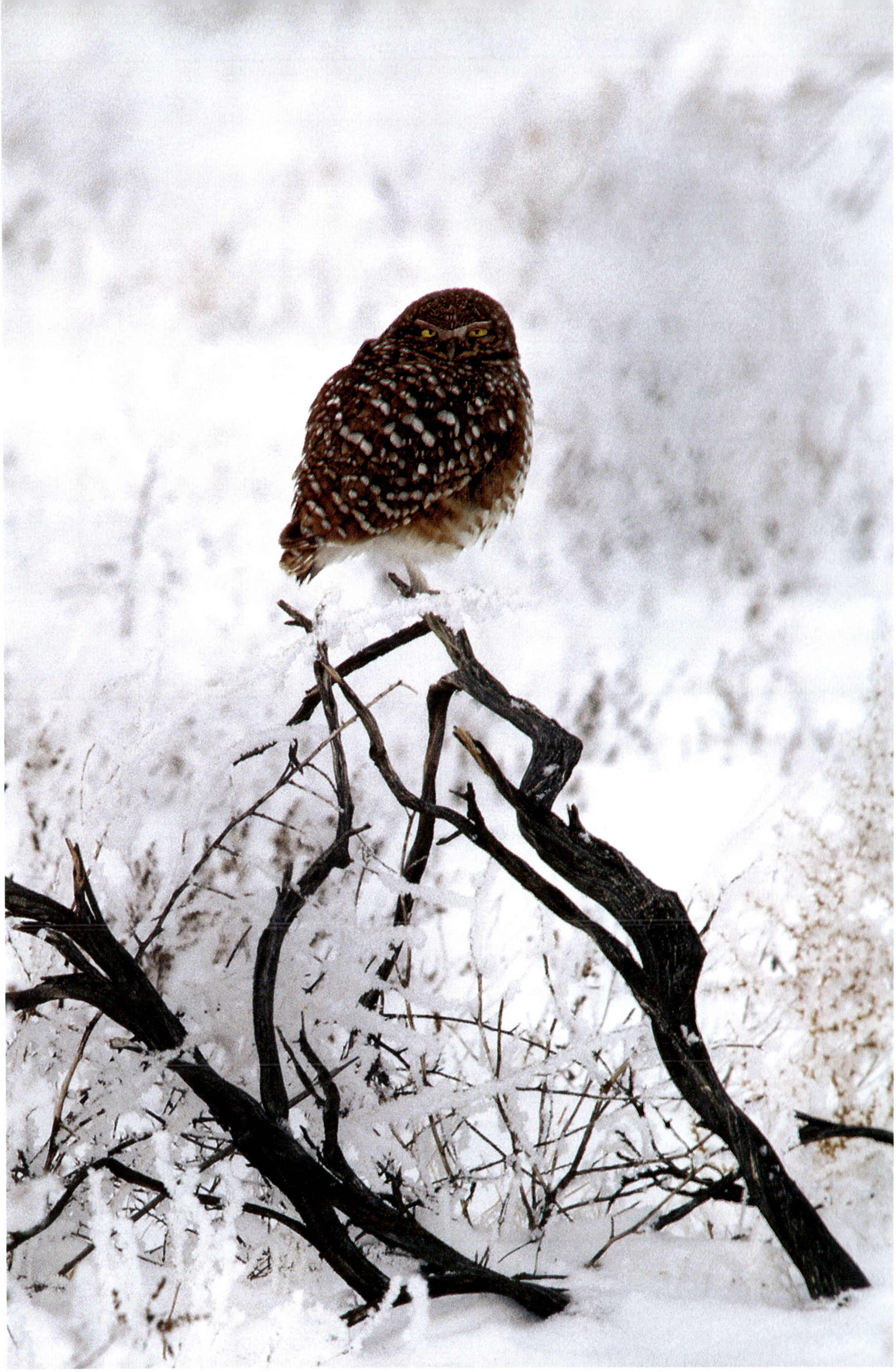

LA MESURE SUR LE CIEL

Le monde regorge de couleurs et, en toute impartialité, je dois reconnaître que le posemètre fait vraiment du bon travail en différenciant les nombreuses tonalités et nuances du sujet. Mais, outre le fait d'être désorienté par le blanc et par le noir, le posemètre peut aussi être trompé par un contre-jour ou par le contraste. Devons-nous pour autant revenir à des techniques empiriques, à coups d'essais et d'erreurs ? Absolument pas ! Il existe en effet des solutions à ces maudites expositions : s'en remettre au ciel (sans majuscule).

Dans des conditions d'éclairage difficiles – contre-jour et lumière rasante, par exemple – vous pourriez douter de l'exactitude de la mesure. Tournez-vous alors vers le ciel ou, plutôt, pointez l'objectif vers lui, et il vous tirera d'affaire. Par temps ensoleillé dégagé, cette solution est la meilleure pour réussir l'exposition des paysages d'hiver (voir page 132), du portrait d'un bon gros labrador noir, du gros plan d'une fleur jaune et des champs de lavande. Dans tous ces cas, vous mesurez la lumière sur le bleu du ciel. Quand vous photographiez un lever de soleil

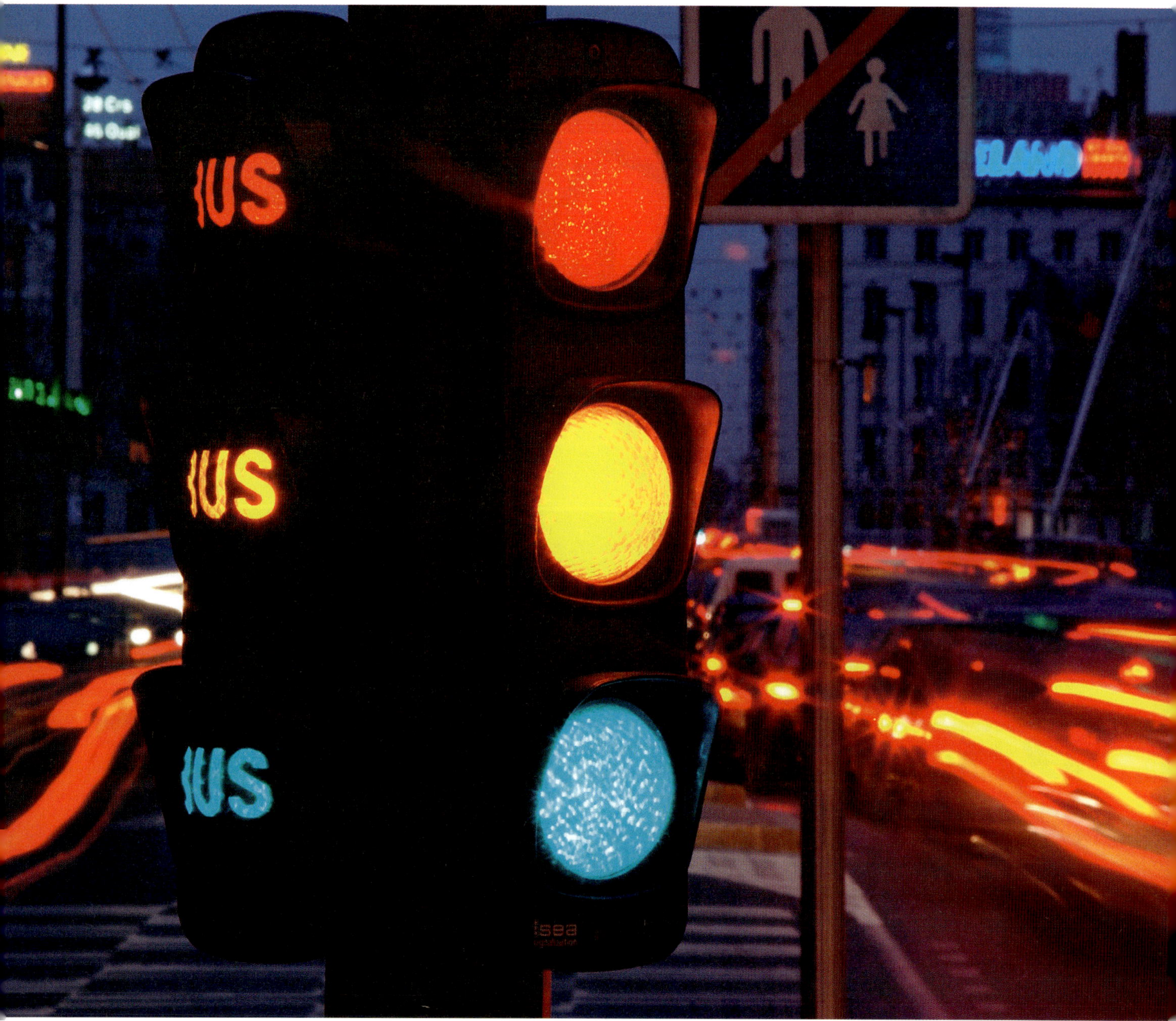

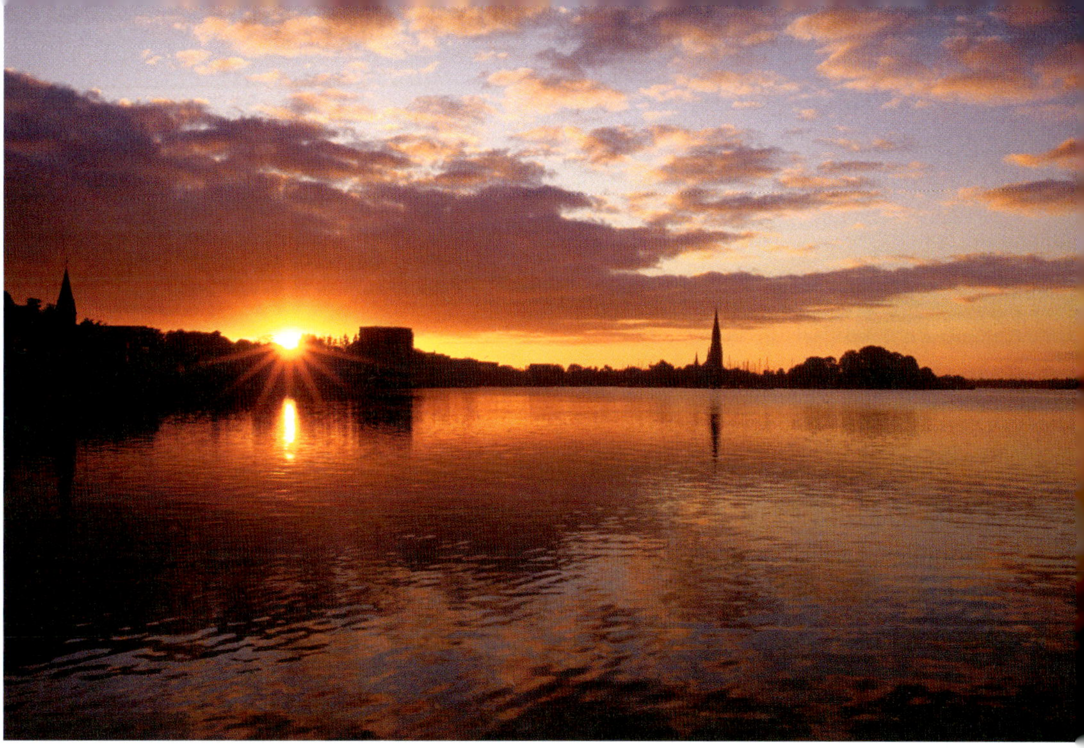

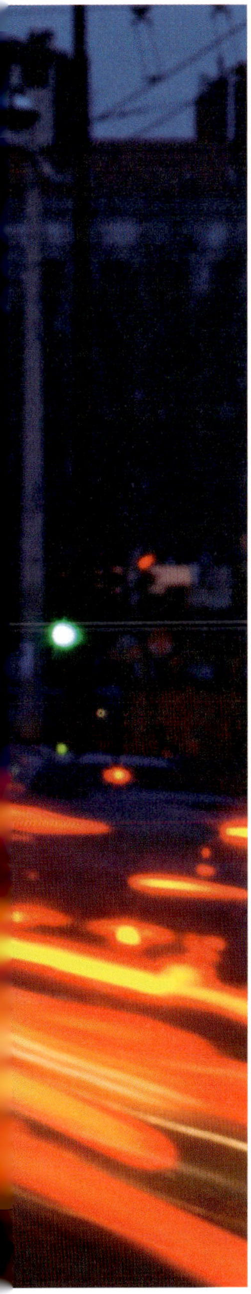

JE SUIS UN INCONDITIONNEL de la lumière du matin. Pour cette scène, j'avais pointé l'objectif sous la ligne d'horizon. La raison pour laquelle j'ai évité de mesurer la lumière près du soleil à contre-jour est que le reflet dans l'eau aurait absorbé au moins 1 stop de lumière. Il aurait donc été sous-exposé de 1 stop, voire davantage, ce qui aurait fait disparaître les détails, la couleur et les textures dans l'obscurité. Le ciel est certes surexposé de 1 stop, mais c'est un compromis acceptable car, en procédant ainsi, toutes les richesses du reflet sont préservées.

Zoom 20-35 mm à 20 mm, 1/8 s à *f*/22.

LE CHAOS est sans doute ce qui arriverait si toutes les lampes rouges, orange et vertes de tous les feux de signalisation restaient allumées en même temps. La pose de 8 secondes, choisie pour obtenir les traînées de la circulation, a produit cette étrange configuration. Elle a commencé quelques secondes avant que le feu passe du vert à l'orange, puis au rouge. L'exposition fut bien sûr mesurée sur le ciel crépusculaire.

Zoom 80-200 mm à 135 mm, 100 ISO, 8 s à *f*/11.

à contre-jour ou un paysage crépusculaire, c'est encore le ciel qui vous vient en aide : vous mesurez la lumière sur lui, à proximité du soleil, et vous appliquez les réglages qui en découlent. Au bord d'un plan d'eau – un étang, un lac, le miroir d'une rivière dans un méandre… – c'est cette fois sur le reflet du ciel que vous effectuerez la mesure.

Mais attention : le posemètre fera tout pour que vous ne lui préfériez pas le ciel, y compris vous induire en erreur. Supposons que, face à un paysage de neige, vous effectuez la mesure sur le ciel. Si vous cédez aux recommandations du posemètre et réajustez l'exposition, vous vous retrouverez au point de départ, autrement dit avec une photographie dans laquelle la neige est grise. C'est pourquoi vous devez verrouiller l'exposition que vous venez d'effectuer sur le ciel avant de cadrer votre photo. Vous déclencherez ensuite avec la certitude que c'est le posemètre qui à tort et que c'est vous qui avez raison.

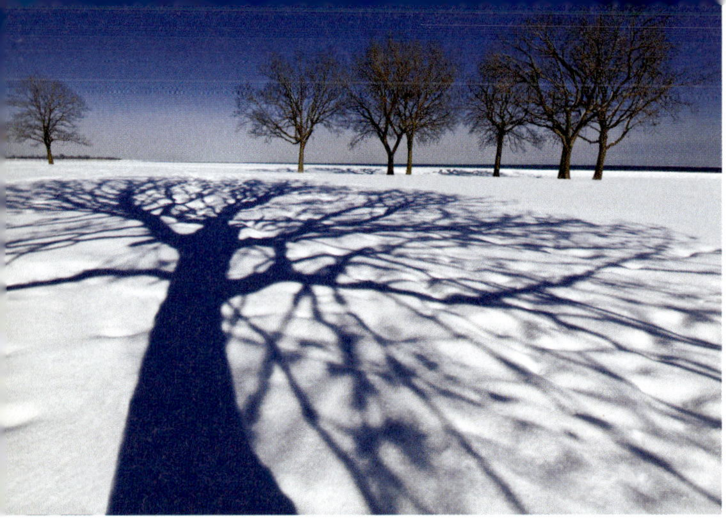

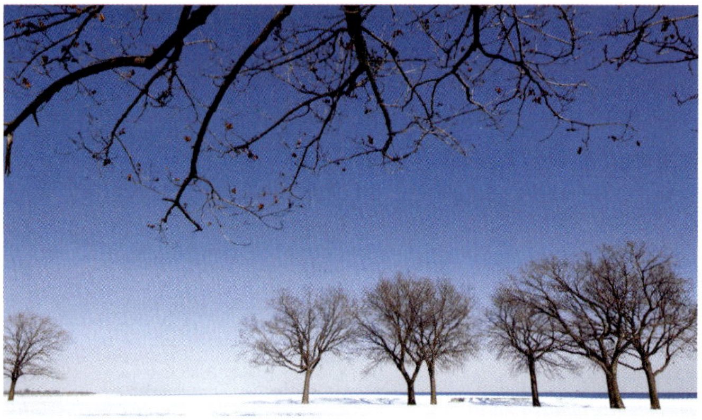

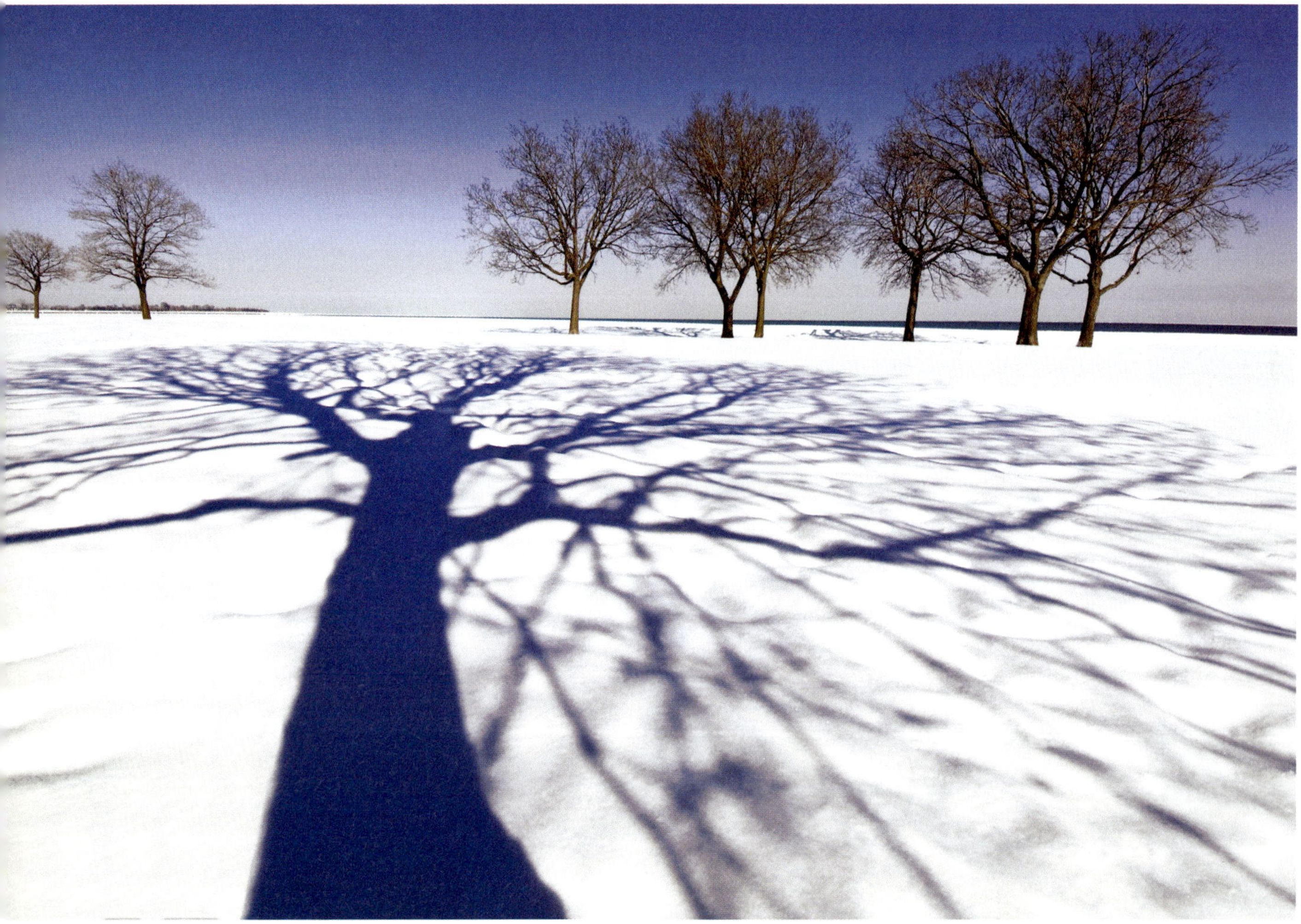

L'APPAREIL PHOTO TENU À LA MAIN, en mode Manuel, j'ai simplement cadré cette scène idyllique sur Lakeshore Drive à Chicago, puis j'ai réglé la vitesse jusqu'à ce que le posemètre indique qu'elle est correcte. Et bien sûr, la neige fut grise sur la photo (en haut à gauche). La même exposition aurait été obtenue avec la priorité à l'ouverture, car le posemètre se contente de faire son travail : les luminosités excessives sont traduites par du gris, car il a été programmé pour considérer que le monde qui nous entoure n'est qu'une valeur de gris. Mais nous, nous savons que la neige est blanche, notamment sous cet éclairage de face, l'après-midi. Pour conserver cette blancheur, vous devrez mesurer la lumière sur le ciel bleu.

Le zoom réglé à 14 mm et avec une ouverture narrative à *f*/22, j'ai pointé l'objectif vers le ciel bleu (en haut à droite), puis j'ai réglé la vitesse d'obturation jusqu'à ce que 1/60 s corresponde à celle préconisée. J'ai ensuite cadré la vue, et voilà : de la belle neige immaculée. Le posemètre n'avait bien sûr pas manqué de signaler que l'exposition était erronée, mais je ne m'en souciais pas du tout.

Zoom 12-24 mm à 14 mm, 1/60 s à *f*/22.

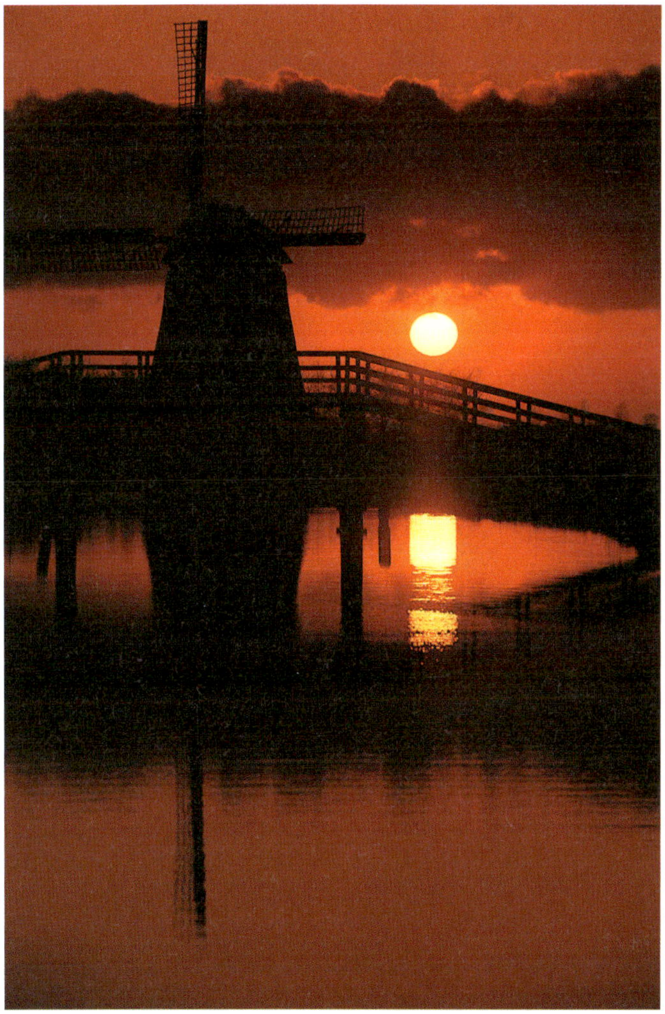

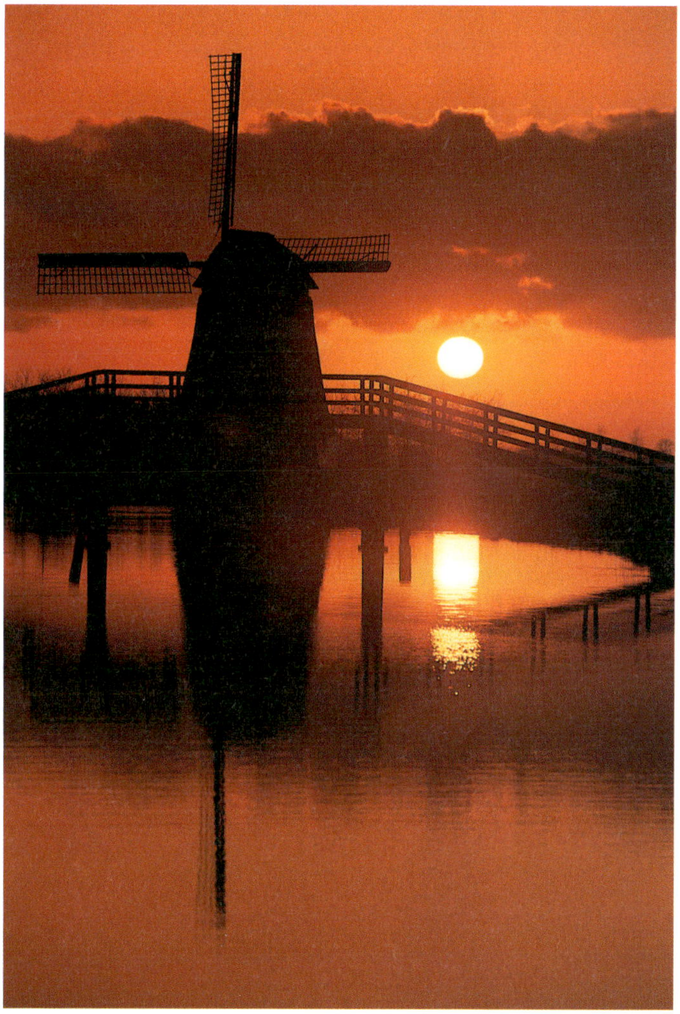

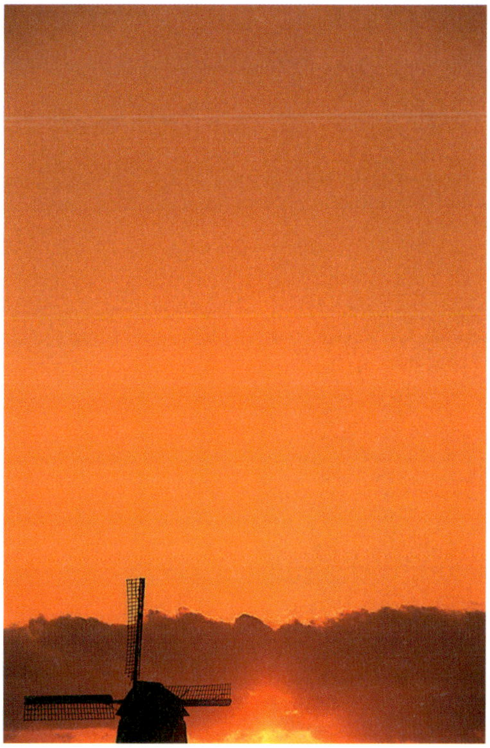

QUAND JE PHOTOGRAPHIE des contre-jours, des levers ou des couchers de soleil – surtout au téléobjectif –, il est préférable de mesurer la lumière sur le ciel. Sur la première photo, un peu trop sombre, le moulin se confond avec le nuage. C'était la mesure préconisée par le posemètre. Mais, en mesurant la lumière sur le ciel, un peu à distance du soleil (à gauche), la photo est bien meilleure.

Zoom 80-200 mm à 200 mm, 1/125 s à *f*/22.

LA MESURE SUR LE VERT

La mesure sur le vert est un équivalent de la mesure sur le ciel, sauf qu'elle est effectuée sur les parties de l'image comprenant de l'herbe. De plus, une correction de –2/3 de stop doit être appliquée. Que vous régliez l'ouverture ou la vitesse en dernier, la mesure est correcte lorsque vous la décalez de -2/3 par rapport à ce que préconise le posemètre. Le conseil donné pour la mesure de la lumière sur le ciel bleu vaut aussi pour la mesure de la lumière sur le vert : ne vous fiez pas aveuglément aux indications que le posemètre tente de vous imposer. Réduisez systématiquement l'exposition de –2/3 de stop.

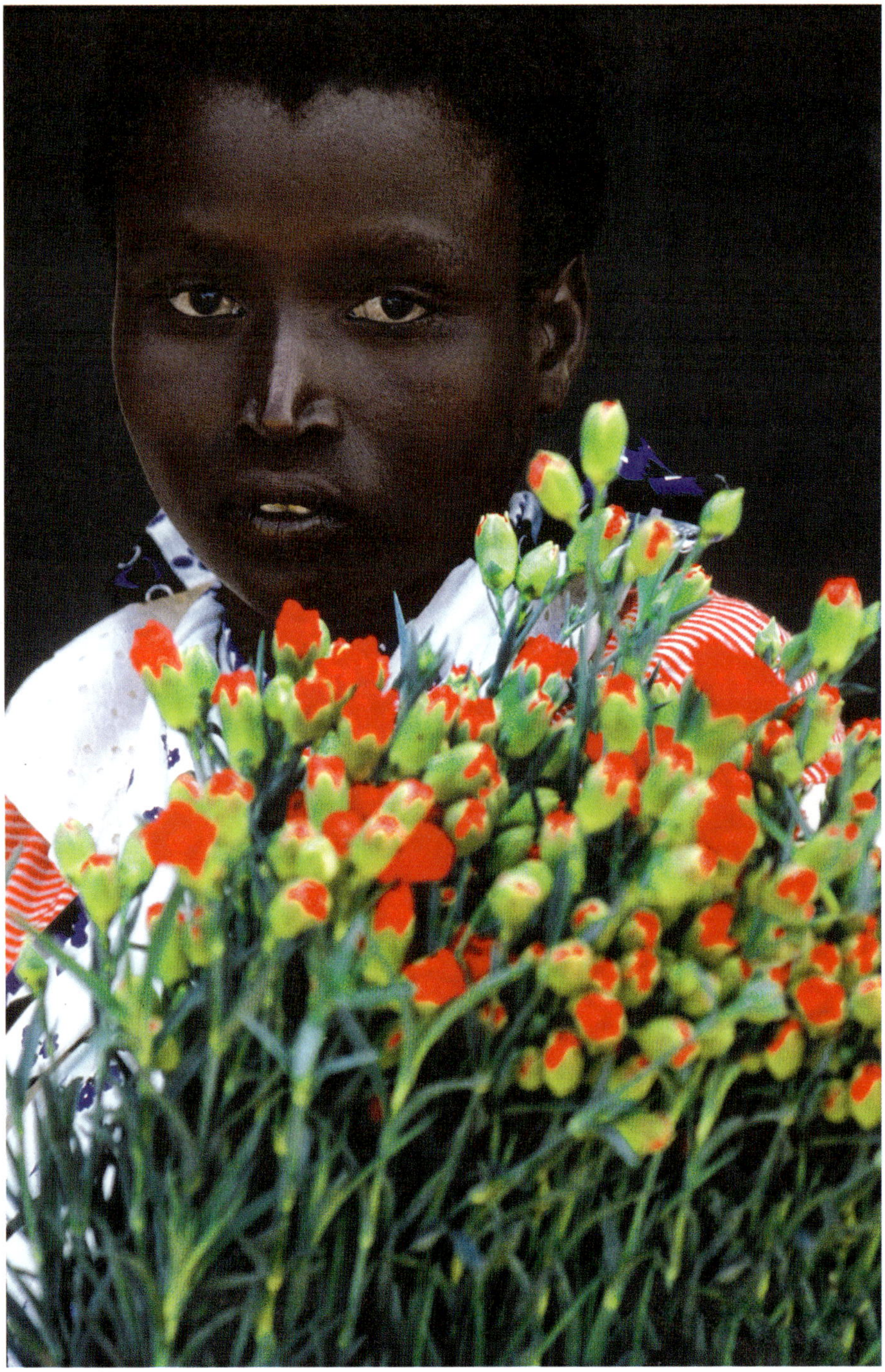

C'EST LORS D'UN REPORTAGE pour une grande chaîne de fleuristes que j'ai pris l'une de mes photos préférées. Je fus sidéré par les yeux de Ijadet, une ouvrière parmi les milliers d'autres qui travaillaient dans une plantation horticole près de Bujumbura, au Burundi. Elle était immensément intimidée par l'appareil photo. Il me fallut trois jours pour la convaincre de m'accorder une minute pour la photographier.

La lumière était difficile, car le posemètre était faussé par la peau noire du sujet qu'il tentait de rendre par du gris, au travers d'une pose plus longue que nécessaire. Je cadrai donc le bouquet d'œillets qu'elle tenait et, comme la composition était de type « Qu'importe ! », je diaphragmai à *f*/8. Il ne me restait plus qu'à régler la vitesse de manière à sous-exposer de -2/3 de stop, cadrer la photo et déclencher.

Objectif 105 mm, 1/125 s à *f*/8.

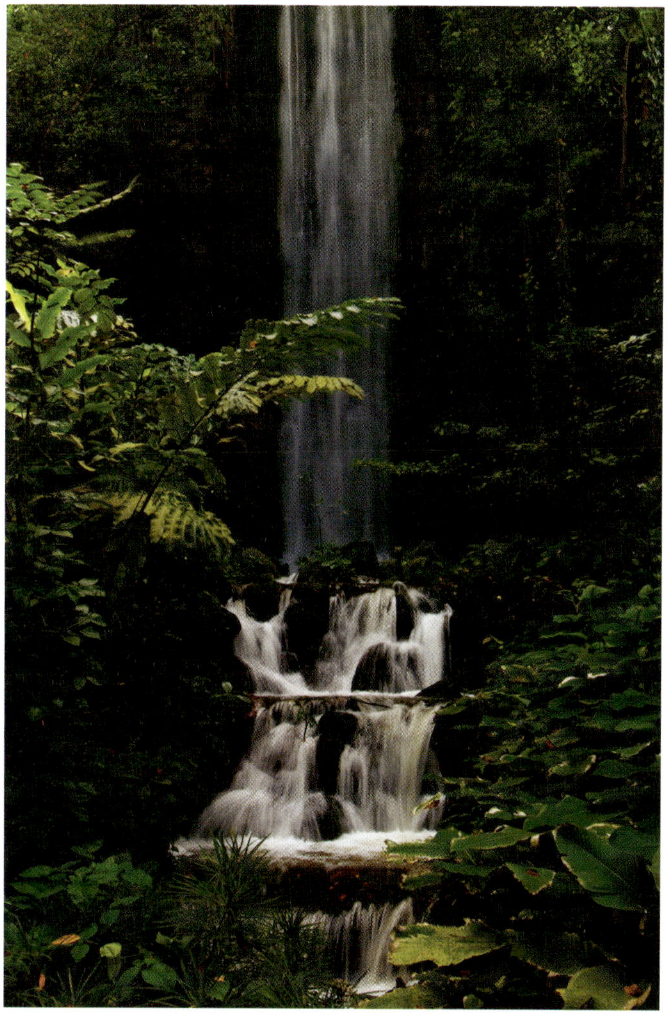

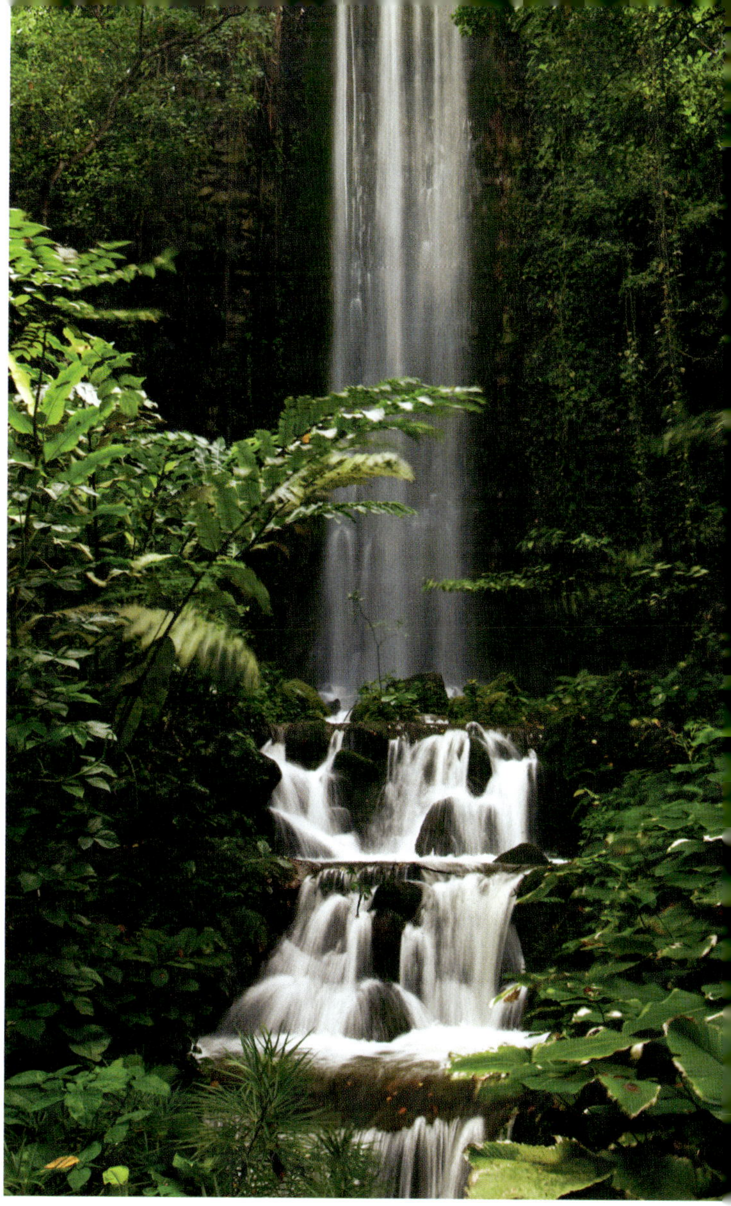

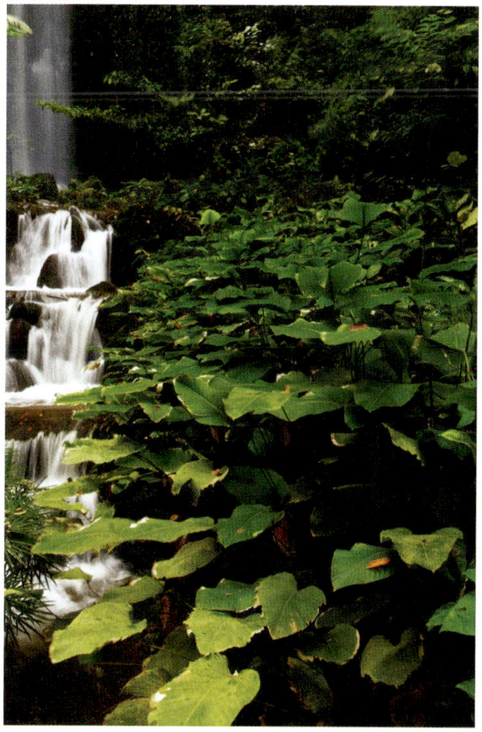

CECI EST UN EXEMPLE classique du comportement du posemètre lorsqu'il est confronté à du blanc, comme ici l'eau de la chute, et de l'intérêt de mesurer la lumière sur le vert. La première photo montre le résultat obtenu en appliquant la mesure du posemètre : l'eau est grisâtre. C'est non seulement la chute qui est sous-exposée, mais aussi toute la forêt environnante. Comme le ciel était nuageux, il n'était pas question d'effectuer la mesure dessus. J'ai donc opté pour la mesure sur le vert (ci-contre à gauche), et réajusté l'ouverture jusqu'à ce que *f*/19 corresponde à -2/3 de stop. Puis j'ai cadré la chute d'eau. Le posemètre avait bien sûr immédiatement indiqué que l'exposition requise était différente, mais je n'en ai pas tenu compte, car je savais que ma mesure était la bonne tandis que celle du posemètre était erronée.

Les deux photos : Zoom 12-24 mm. En haut à gauche : *f*/22. Ci-dessus : *f*/16.

PHOTO DE NUIT ET PAR FAIBLE ÉCLAIRAGE

Une règle non écrite semble prévaloir selon laquelle il ne serait pas vraiment possible d'obtenir de bonnes photos avant le lever du soleil et après son coucher, car il n'y aurait, paraît-il, plus de lumière. À quoi bon, alors, sortir son appareil photo ? Or, rien n'est plus éloigné de la vérité.

La photographie de nuit et par faible éclairage impose quelques contraintes particulières, dont la moindre est l'utilisation d'un trépied, si bien sûr vous voulez obtenir une netteté maximale. À mon avis, les plus grandes entraves à la photographie de nuit ou à l'aube découlent directement d'un manque d'autodiscipline et d'excuses comme : « c'est l'heure de dîner » (emportez un sandwich), « je veux voir un film » (attendez qu'il sorte en DVD), « je ne suis pas du matin » (couchez-vous plus tôt la veille), « je ne me sens pas en sécurité tout seul » (faites-vous accompagner) ou « je n'ai pas de trépied » (achetez-en un). Le petit matin et la nuit sont des moments où les occasions de réaliser des photos spectaculaires abondent ; les satisfactions compensent largement les désagréments.

Après avoir choisi le sujet, la seule question qui subsiste est celle de l'exposition. Grâce à la sophistication des appareils actuels et à l'extrême sensibilité de leur posemètre, mesurer la lumière est facile, même quand l'éclairage est très faible. Et pourtant, beaucoup de photographes sont encore perplexes : « À quel endroit faut-il mesurer la lumière ? Quelle doit être le temps de pose ? Faut-il filtrer ? » Mes années d'expérience m'ont appris qu'aucune mesure n'est plus fiable que celle effectuée sur le ciel (voir page 130), que l'éclairage soit à contre-jour, de face, latéral, au lever ou au coucher du soleil. Pour obtenir une photo narrative à grande profondeur de champ, fermez l'objectif – un grand-angulaire pour ce genre de photo – à *f*/16 ou *f*/22, visez le ciel au-dessus de la scène, réglez la vitesse, cadrez et déclenchez.

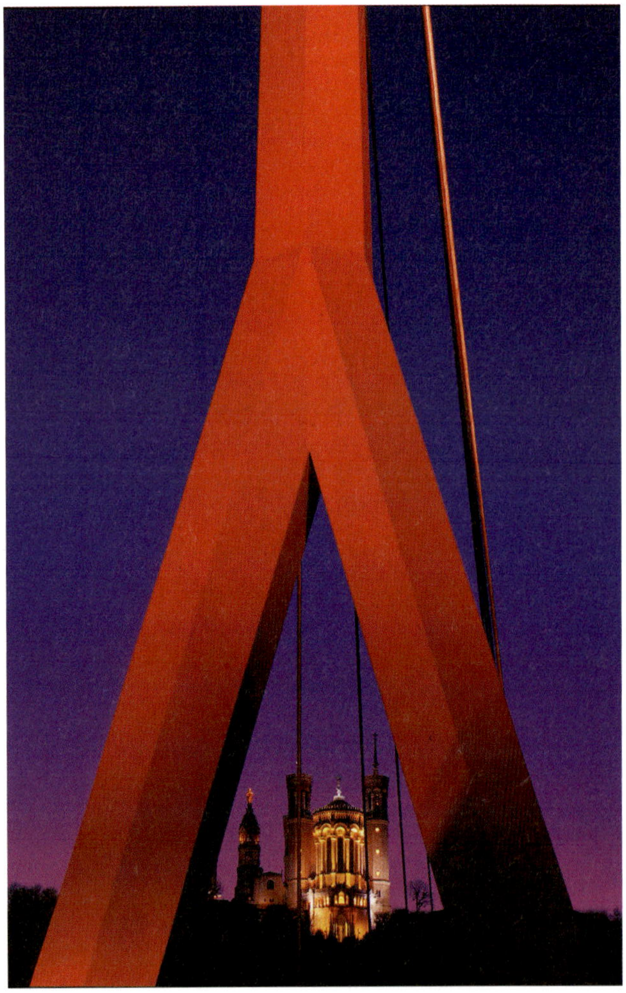

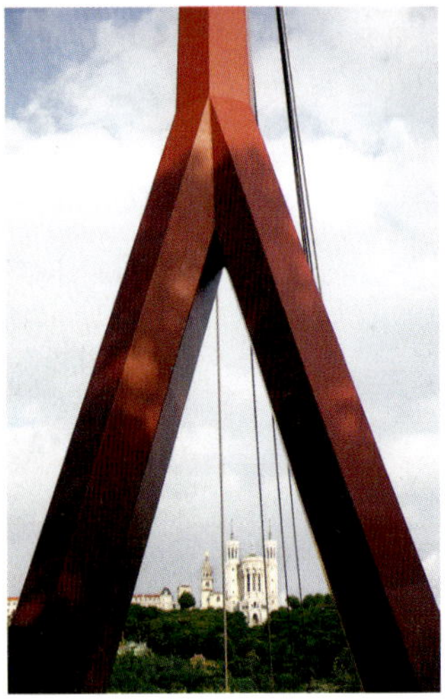

LA PASSERELLE DU PALAIS de Justice de Lyon

L'appareil photo fixé sur un trépied, j'ai fermé le diaphragme à *f*/22 et, l'objectif pointé vers le ciel crépusculaire, j'ai réglé la vitesse jusqu'à ce qu'une pose de 3 secondes corresponde à l'exposition correcte. J'ai ensuite cadré la scène comme ici puis j'ai armé le retardateur et déclenché. J'utilise toujours le retardateur pour les poses longues car il évite tout contact avec l'appareil photo pendant l'exposition. Je tiens en effet à éliminer tout risque de bougé afin que mes photos soient d'une netteté absolue.

La durée du retardement est généralement de 10 secondes, mais je vous conseille de la ramener à 2 secondes. En effet, si le délai est trop long, il peut se passer bien des événements entre le moment où vous déclenchez et celui où la photo est prise.

Zoom 35-70 mm, 3 s à *f*/22.

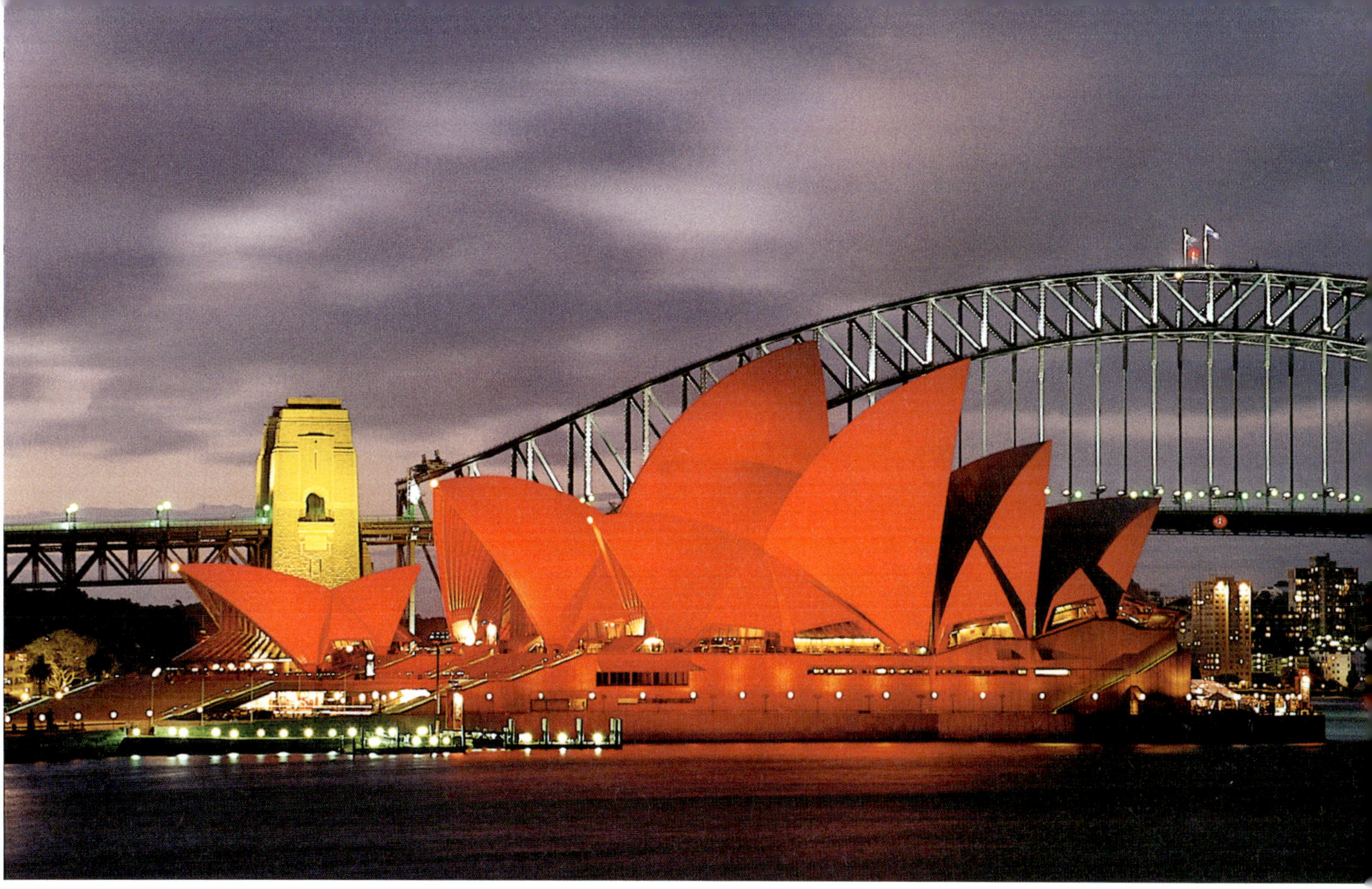

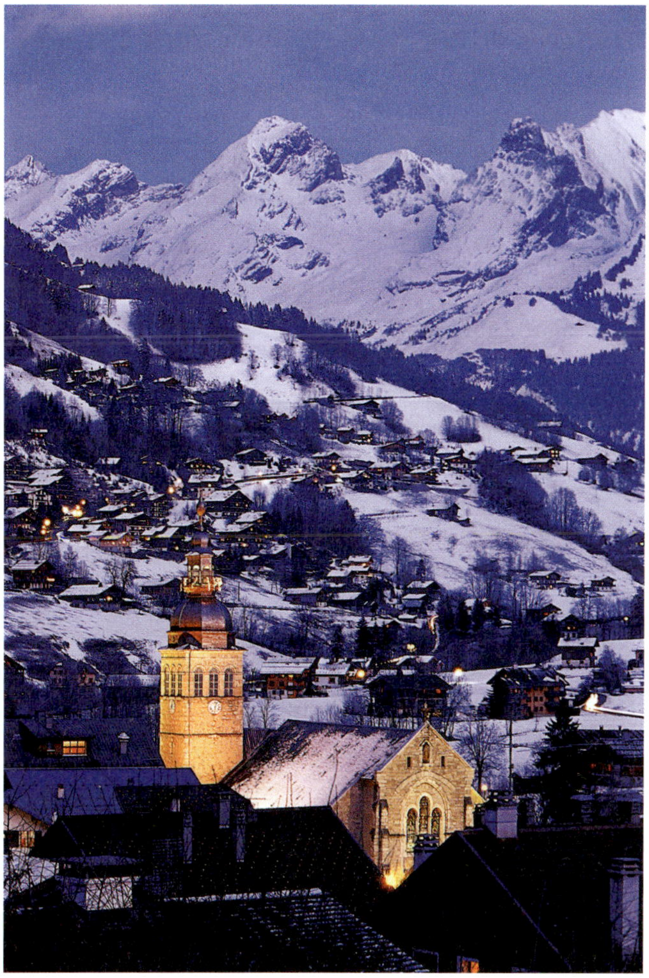

PEINDRE LA VILLE EN ROUGE était le thème d'une campagne lors de mon séjour de deux semaines à Sydney, en Australie. Même le célèbre opéra était éclairé en rouge. C'était une occasion rare à ne pas manquer. Je déployai le trépied et réglai le diaphragme à *f*/22 pour cette vue de type « Qu'importe ! », dans laquelle tout est situé sur le même plan, à l'infini. J'ai mesuré la lumière sur le ciel nuageux du crépuscule et réglé la pose à 2 secondes. Puis j'ai cadré et pris une série de vues avec le retardateur.

Zoom 80-200 mm, 2 s à *f*/8.

LE MASSIF DES ARAVIS, en Haute-Savoie, est un paradis pour les skieurs. Situé dans une vallée de cette impressionnante montagne, Le Grand-Bornand offre de magnifiques opportunités de photos, à condition de dîner sur le tard.

L'appareil photo fixé sur le trépied et le zoom réglé à 35 mm et ouvert à *f*/2.8, j'ai mesuré la lumière sur le ciel bleu au-dessus de la chaîne de montagnes. Puis j'ai réglé le diaphragme jusqu'à ce que 1/8 s corresponde à l'exposition correcte. J'ai ensuite cadré la photo et fermé le diaphragme de 5 stops, à *f*/16, tout en augmentant le temps de pose de 5 stops, soit 4 secondes. Le déclenchement fut ensuite effectué avec le retardateur.

Zoom 35-70 mm à 35 mm, 4 s à *f*/16.

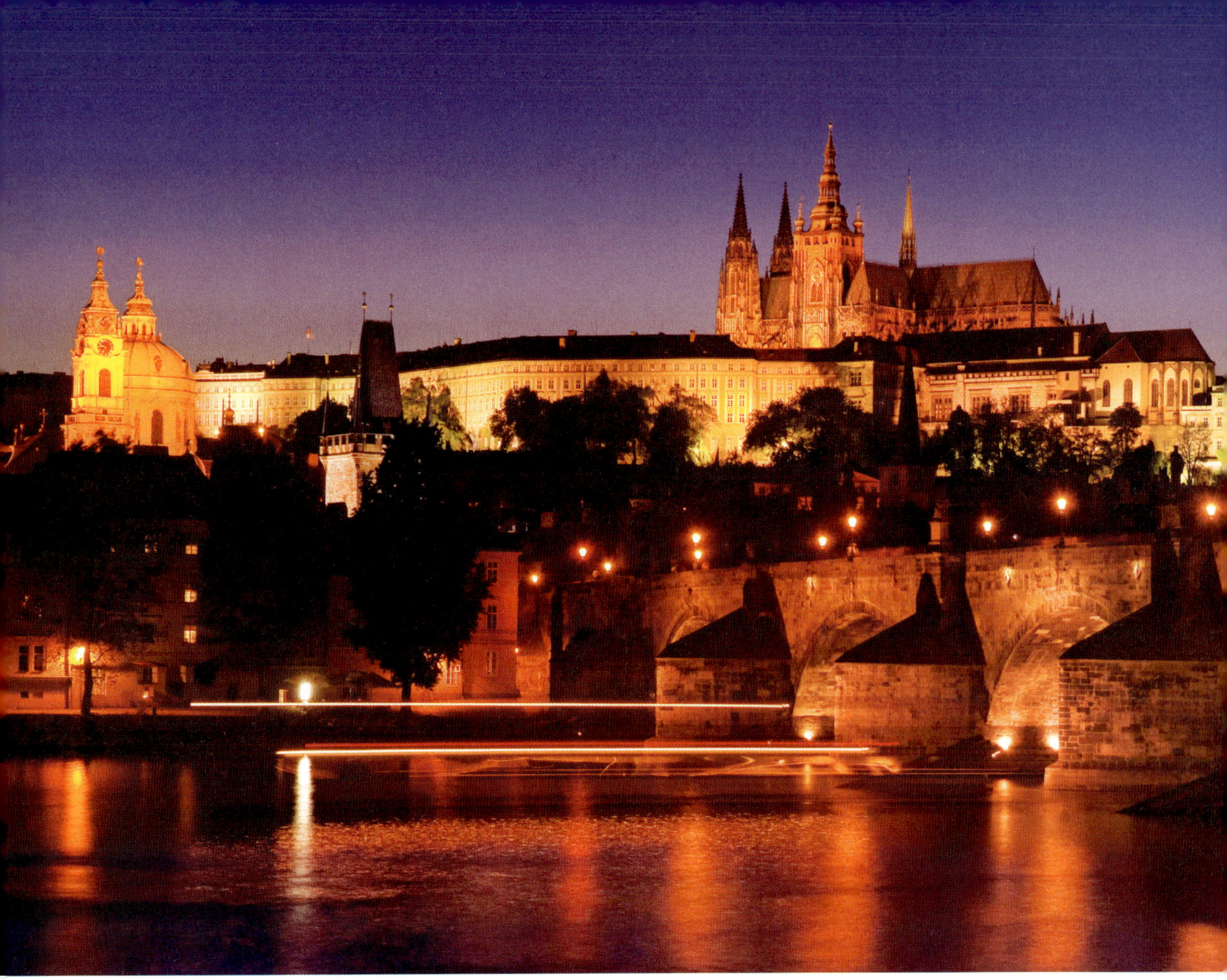

PRAGUE, la capitale de la République tchèque, voit déferler des touristes venus du monde entier. C'est une ville vraiment magnifique. Votre premier souci ne sera cependant pas de trouver l'exposition correcte, mais de vous débrouiller pour découvrir un emplacement avantageux sur le chemin en béton qui longe le Danube. Au moment de prendre cette photo, des autocars avaient libéré des hordes de touristes qui mitraillaient frénétiquement le panorama urbain, déterminés à ramener des photos de Prague et de son château illuminés. Mais la plupart ne réussirent pas leurs clichés car, sans trépied, pas moyen d'obtenir une bonne photo de nuit.

Mon appareil photo fixé sur le trépied, je choisis une ouverture de type « Qu'importe ! », à *f*/11, car tous les éléments photographiés se trouvaient à l'infini. Puis je pointai l'objectif vers le ciel bleu et réglai la vitesse jusqu'à ce que 4 secondes corresponde à l'exposition correcte. Ensuite, il ne me restait plus qu'à cadrer la scène. Le miroir verrouillé en position haute et le déclencheur à distance électronique connecté au boîtier, je pris plusieurs vues, dont celle-ci au moment où un bateau-mouche traversait lentement le champ.

Zoom 17-55 mm à 32 mm, 4 s à *f*/11.

CETTE PHOTO DE LA BASILIQUE Saint-Pierre de Rome a été prise juste après l'allumage des réverbères, car le Vatican lui-même n'est jamais illuminé. J'ai utilisé un filtre dont je ne saurais pas me passer (avec le polarisant et le filtre gris Tiffen de 3 stops) : le filtre Tube fluorescent Chaud, à ne pas confondre avec le filtre Tube fluorescent Lumière du jour. La couleur magenta du premier est plus dense et plus efficace sur les éclairages publics tirant sur le vert, qu'il rend plus chaud. De plus, ce filtre transmet aussi la teinte magenta du ciel, ce qui est parfait pour ces nuits où le ciel n'est pas d'un beau bleu profond.

L'appareil photo fixé sur un trépied, j'ai réglé l'ouverture à *f*/4, pointé l'objectif vers le ciel gris et réglé la vitesse à 1/2 s. Puis j'ai calculé l'exposition la plus longue, soit 30 secondes à *f*/32.

Objectif 105 mm, 30 s à *f*/32.

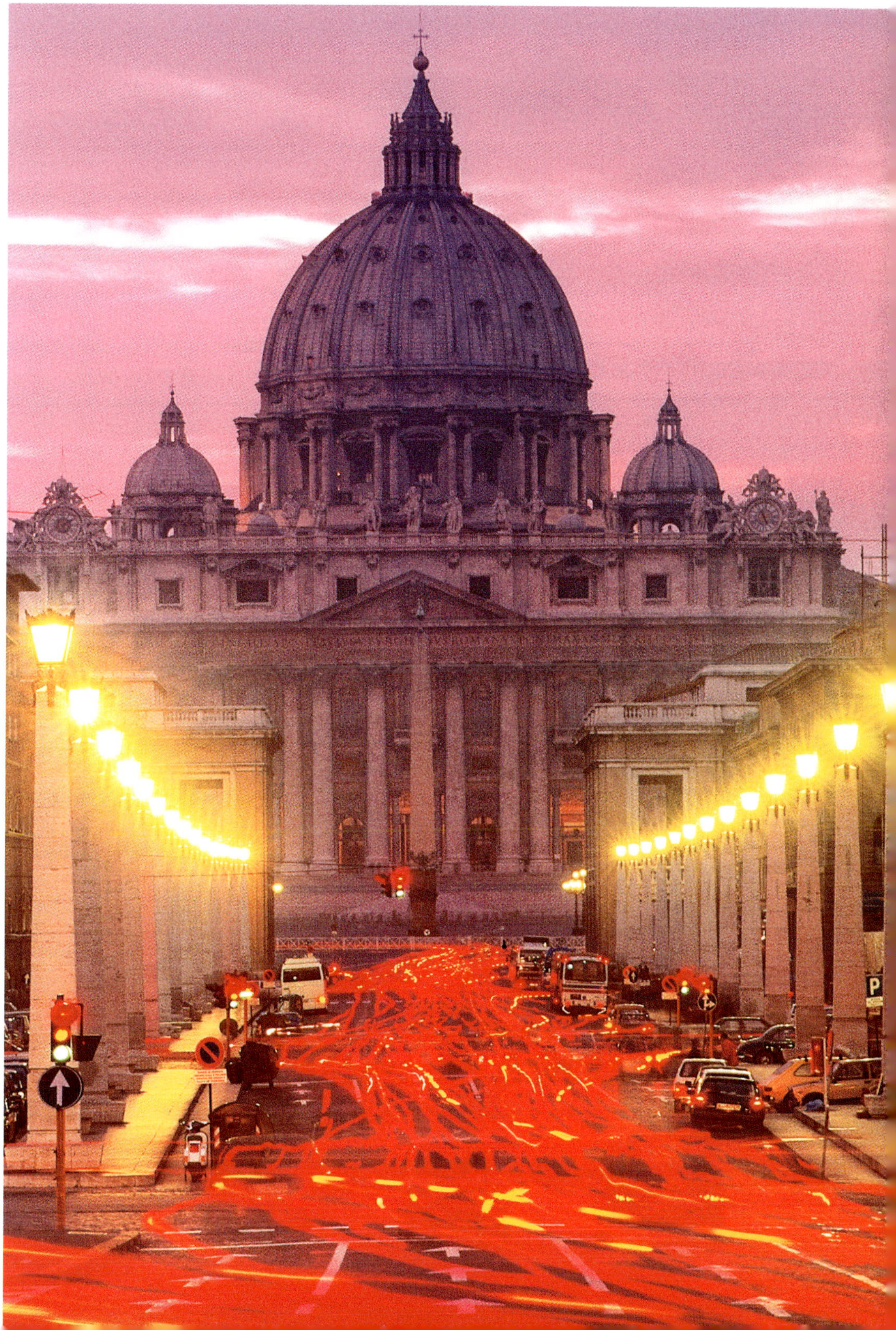

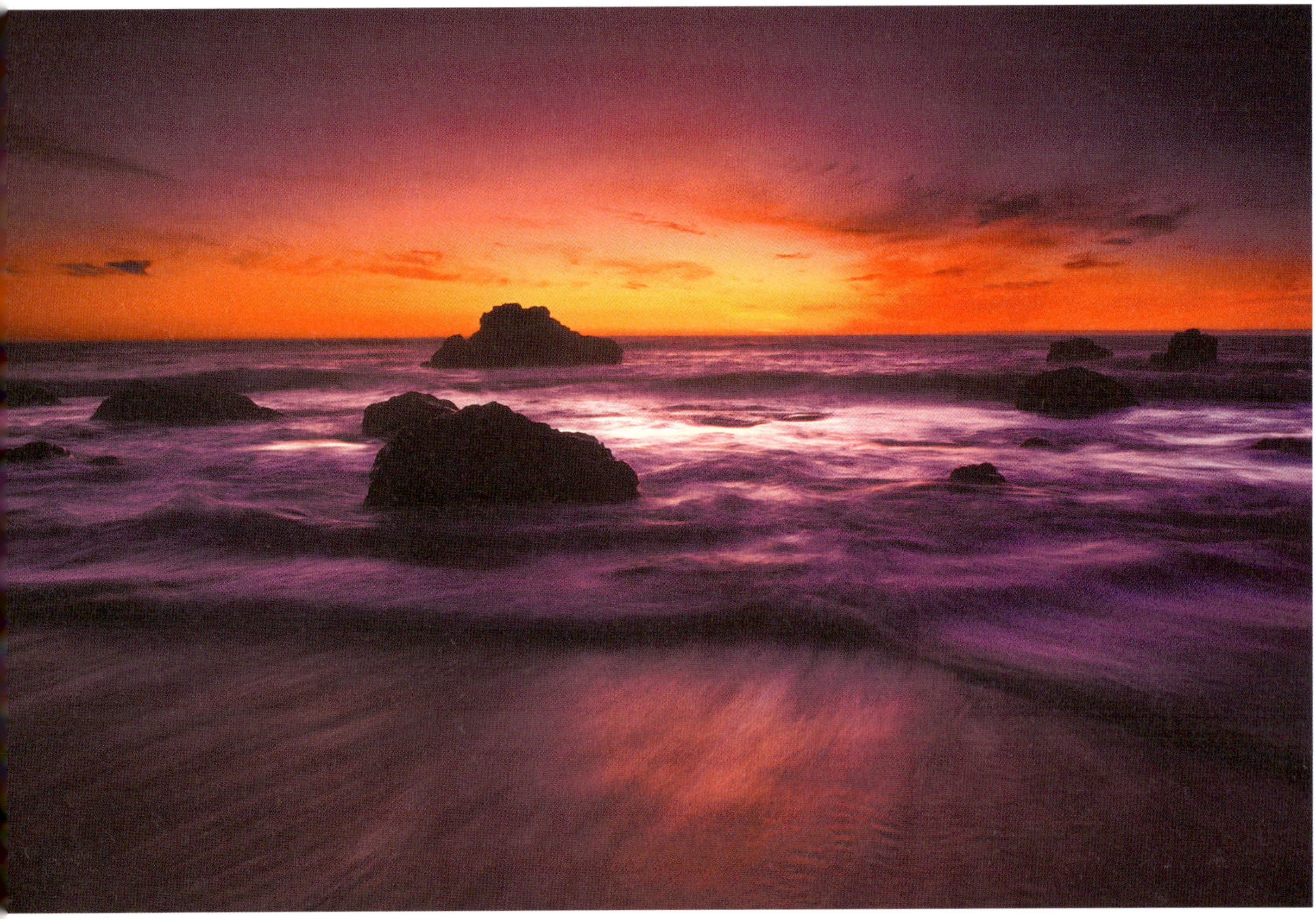

LES RIVAGES PARSEMÉS DE ROCHERS permettent d'exprimer à la fois la tranquillité et le mouvement. Cette photo est plus beaucoup facile à réaliser qu'il n'y paraît. J'ai commencé par placer un filtre Tube fluorescent Chaud sur l'objectif de 24 mm, puis j'ai mesuré la lumière sur le reflet du ciel. Le diaphragme ouvert à *f*/4, j'ai réglé la vitesse d'obturation jusqu'à ce que 1 seconde corresponde à l'exposition correcte. Puis j'ai pointé l'objectif sous l'horizon et, l'ouverture toujours réglée à *f*/4, j'ai cette fois obtenu une vitesse de 1/15 s. La différence d'exposition entre le ciel et son reflet est donc de 4 stops (c'est-à-dire le nombre d'intervalles entre 1 s-1/2 s-1/4 s-1/8 s-1/15 s, évidemment sans modifier l'ouverture). D'où ce dilemme : Pour quelle mesure fallait-il que j'expose ? Pour les deux, grâce à mon fidèle filtre dégradé gris neutre de 3 stops. Il a en effet permit de réduire l'exposition de 3 stops dans le reflet du ciel, faisant passer l'exposition de 1/15 s à 1/2 s, toujours à *f*/4. Autrement dit, la mesure sur le ciel ne diffère que de 1 stop de la mesure sur le reflet du ciel, ce qui n'est pas grand-chose.

Mais attendez ! Comme je veux effectuer une pose longue et utiliser la première exposition, celle mesurée sur le reflet du ciel, un petit calcul s'impose. Comme *f*/4 était correct à 1 seconde, *f*/5.6 à 2 secondes devrait convenir, de même que *f*/8 à 4 secondes, *f*/11 à 8 secondes et *f*/16 à 16 secondes. Inutile d'aller plus loin. Après avoir réglé la distance à l'aide des chiffres de la bague de mise au point (ici, à 1,5 m), j'ai déclenché, et voici le résultat obtenu grâce au filtre dégradé gris Lee de 3 stops à transition douce et au filtre Tiffen Tube fluorescent Chaud.

Objectif 24 mm, 16 s à *f*/16.

L'ASCENSION APPARENTE de la lune au-dessus d'un paysage est un beau spectacle que beaucoup de photographes hésitent à prendre parce qu'ils ne savent pas bien comment mesurer la lumière. Or, un « lever de lune » est facile à exposer. La scène est en fait éclairé de face, mais cet éclairage est faible.

Le problème de la profondeur de champ ne se posant pas ici, j'ai diaphragmé à *f*/8, mesuré la lumière au-dessus de l'arbre, réglé la vitesse, cadré la photo, puis j'ai déclenché avec le retardateur. La mesure aurait également pu être prise sur le champ de blé ; elle aurait été presque identique à celle effectuée sur le ciel.

Note : il est préférable de prendre les photos montrant la lune la nuit qui précède celle de la pleine lune (indiquée par le calendrier). L'avantage est que la veille de la pleine lune, les paramètres d'exposition du ciel à l'ouest et ceux du paysage qui se trouve en dessous sont quasiment identiques. Dans cette scène, la mesure de la lumière sur le champ de blé aurait été très proche de la mesure effectuée sur le ciel.

Objectif 300 mm, 1/8 s à *f*/8.

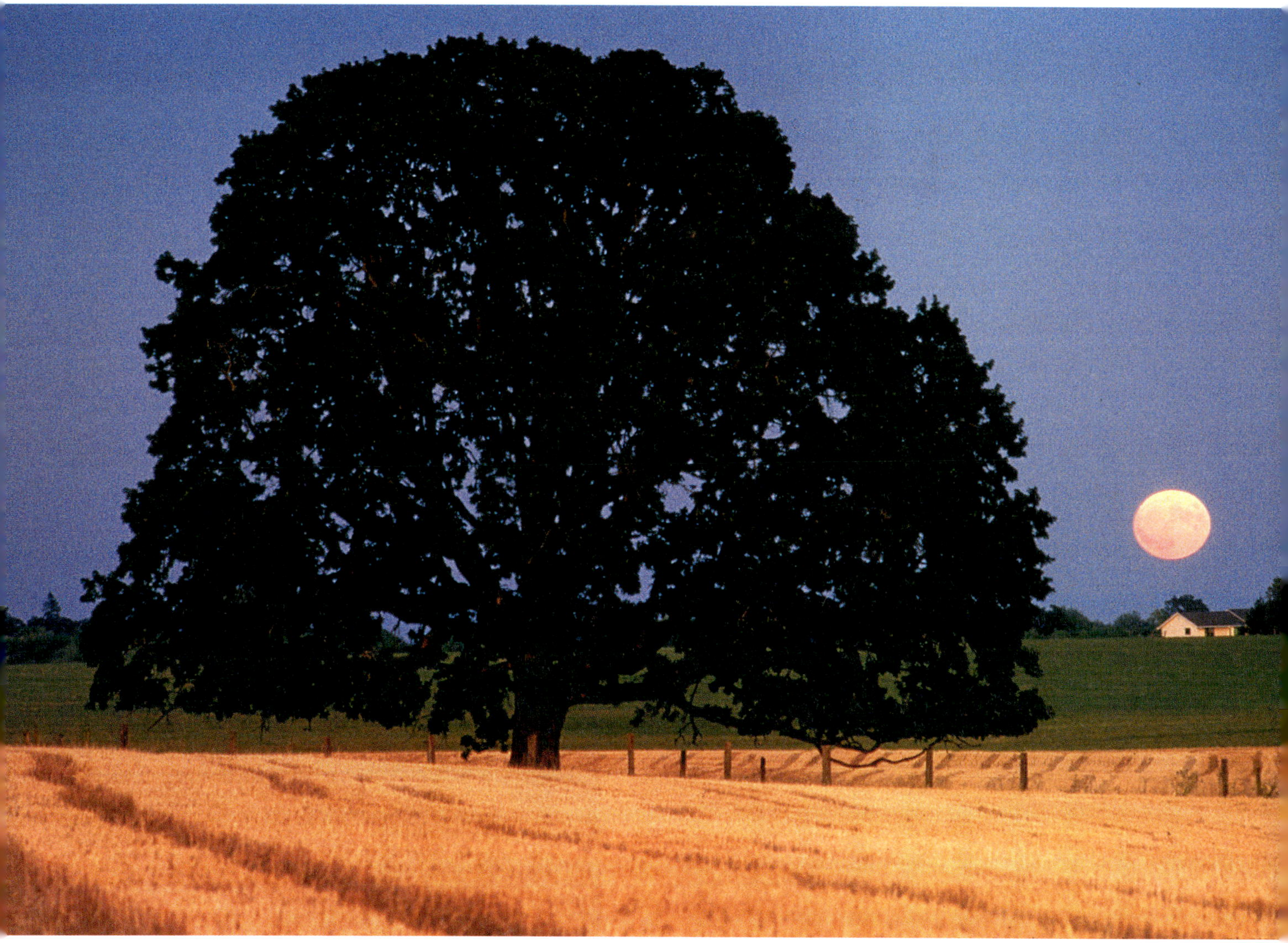

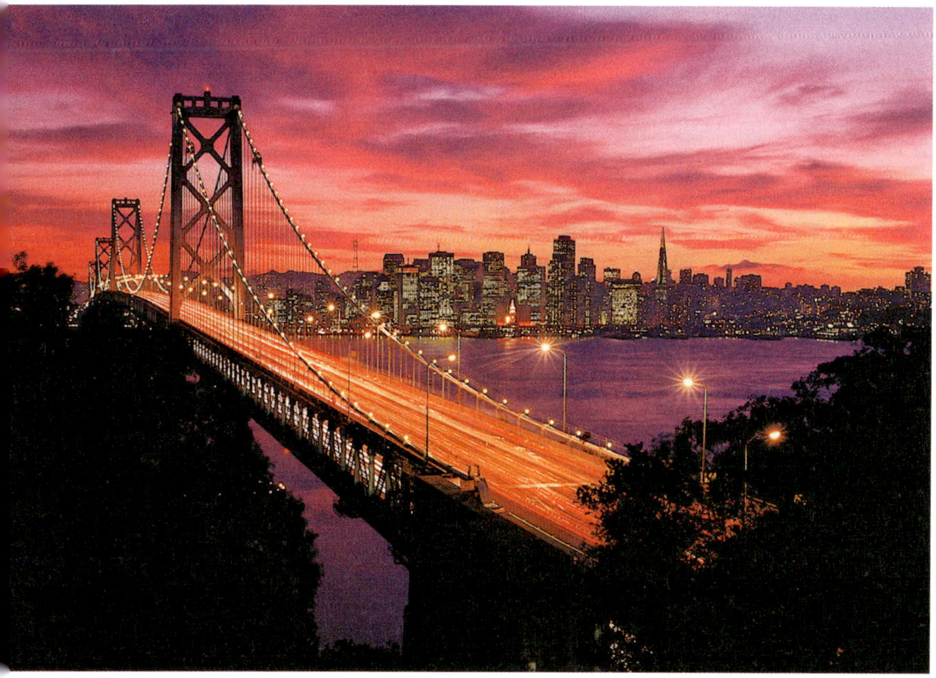

UN TRÉPIED d'une stabilité irréprochable m'a permis de prendre cette vue classique d'un panorama urbain de San Francisco. L'appareil photo fixé sur le trépied, j'ai pointé l'objectif vers le ciel avec le diaphragme ouvert à *f*/2.8. Puis je l'ai abaissé et réglé la vitesse d'obturation à 1/2 s. Comme je voulais un temps de pose d'au moins 8 secondes pour obtenir le flux du trafic sur le pont, j'ai réduit l'ouverture de 4 stops, sachant que la compensation du temps de pose du même nombre de stops donnerait 8 secondes. La photo a ensuite été prise avec un déclencheur à distance.

Zoom 35-70 mm à 50 mm, 8 s à *f*/11.

L'IMPORTANCE DU TRÉPIED

Quand faut-il utiliser un trépied ? Chaque fois qu'une netteté maximale est recherchée et/ou qu'une pose longue est nécessaire pour suggérer le mouvement.

Les caractéristiques suivantes sont indispensables. Commençons par la tête : c'est l'élément le plus important, car elle soutient le boîtier et l'objectif. Elle doit être capable de supporter votre ensemble boîtier-objectif le plus lourd. Après l'avoir fermement fixé, assurez-vous qu'il n'a pas tendance à basculer dans un sens ou dans l'autre. Vérifiez ensuite que la tête permette, d'un simple tour de main, de basculer du cadrage à l'horizontale au cadrage à la verticale. Vérifiez aussi si la tête peut être bloquée à des angles intermédiaires. La tête est-elle équipée d'une fixation rapide ? Beaucoup de modèles sont à vis, qu'il faut introduire dans le filetage de l'appareil photo puis tourner jusqu'au blocage. Une fixation rapide est une plaque de métal biseautée fixée à demeure sous le boîtier. La fixation sur la tête s'effectue instantanément par un clip. Pour ôter l'appareil, il suffit d'appuyer sur un levier de déverrouillage (en tenant évidemment fermement l'appareil photo).

Le second paramètre est la stabilité : avant d'acheter un trépied, déployez ses jambes au maximum. Plus la prise au sol est grande, plus la stabilité est élevée. Chaque jambe est composée de trois segments en aluminium, en acier ou en graphite. Les jambes sont télescopiques et peuvent être bloquées à n'importe quelle longueur à l'aide d'un bouton, d'une bague de serrage ou d'un levier. La hauteur maximale est aussi un point important : si vous mesurez 1,90 m, un trépied de 1,60 m sera insuffisant, à moins que vous acceptiez de vous courber chaque fois que vous l'utiliserez. Tous les trépieds sont équipés d'une colonne centrale qui augmente leur hauteur. Sa longueur varie de 15 cm à plusieurs décimètres. Certaines sont actionnées par une manivelle, d'autres doivent être coulissées manuellement. Cette colonne centrale ne doit être déployée que si c'est absolument nécessaire car, plus elle est longue, plus elle risque d'être branlante, ce qui compromettrait la stabilité.

Enfin, quand vous utilisez un trépied, déclenchez toujours avec le retardateur ou avec un déclencheur à distance électronique (télécommandé par câble ou par radio), ou encore avec un déclencheur souple.

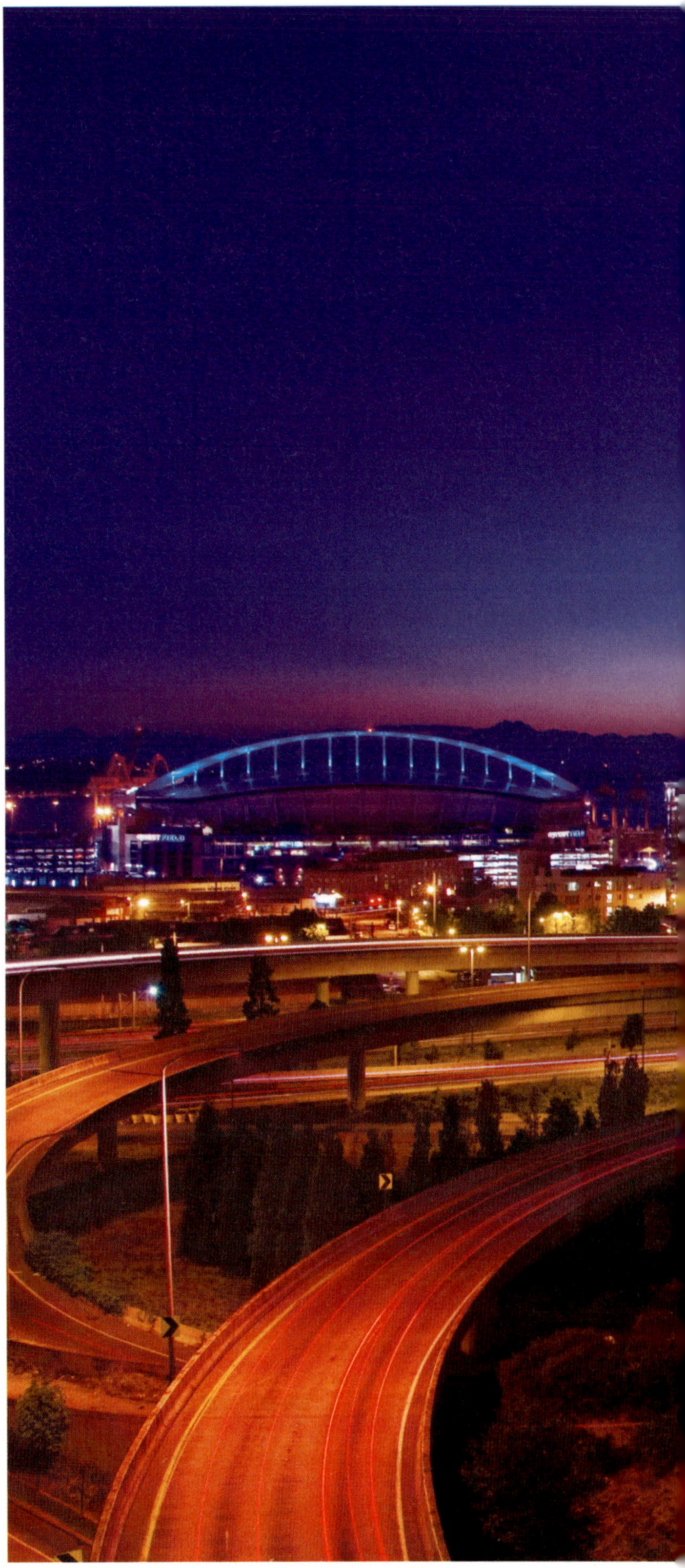

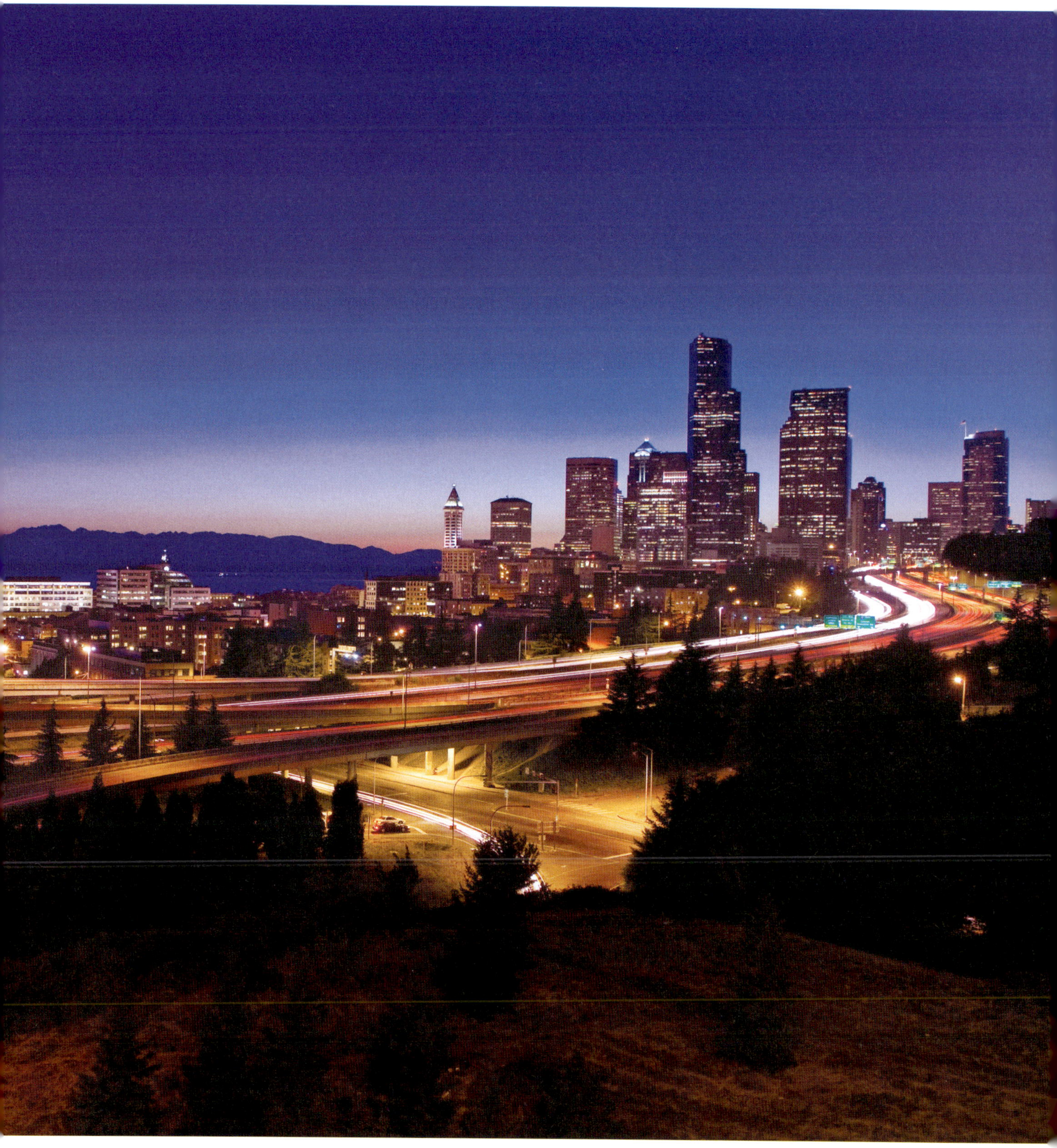

JE TROUVE TOUJOURS quelque chose à photographier pour peu qu'il reste un peu de crépuscule et que la nuit noire ne soit pas imminente. Ce fut le cas ici à Seattle, quand mon fils et moi revenions du cinéma. Près du quartier général d'Amazon, la vue sur la ville est fantastique. Je ne fus pas long à garer la voiture, sortir le matériel photo et le trépied du coffre de la voiture, et prendre la photo que voici. Le zoom 28-75 mm fermé à *f*/22, j'ai mesuré la lumière sur le ciel crépusculaire et réglé la vitesse jusqu'à ce que 15 secondes corresponde à l'exposition correcte. J'étais ainsi certain d'obtenir les traînées lumineuses produites par les phares et les feux des voitures sur les routes en contrebas.

Zoom 28-70 mm, 15 s à *f*/22.

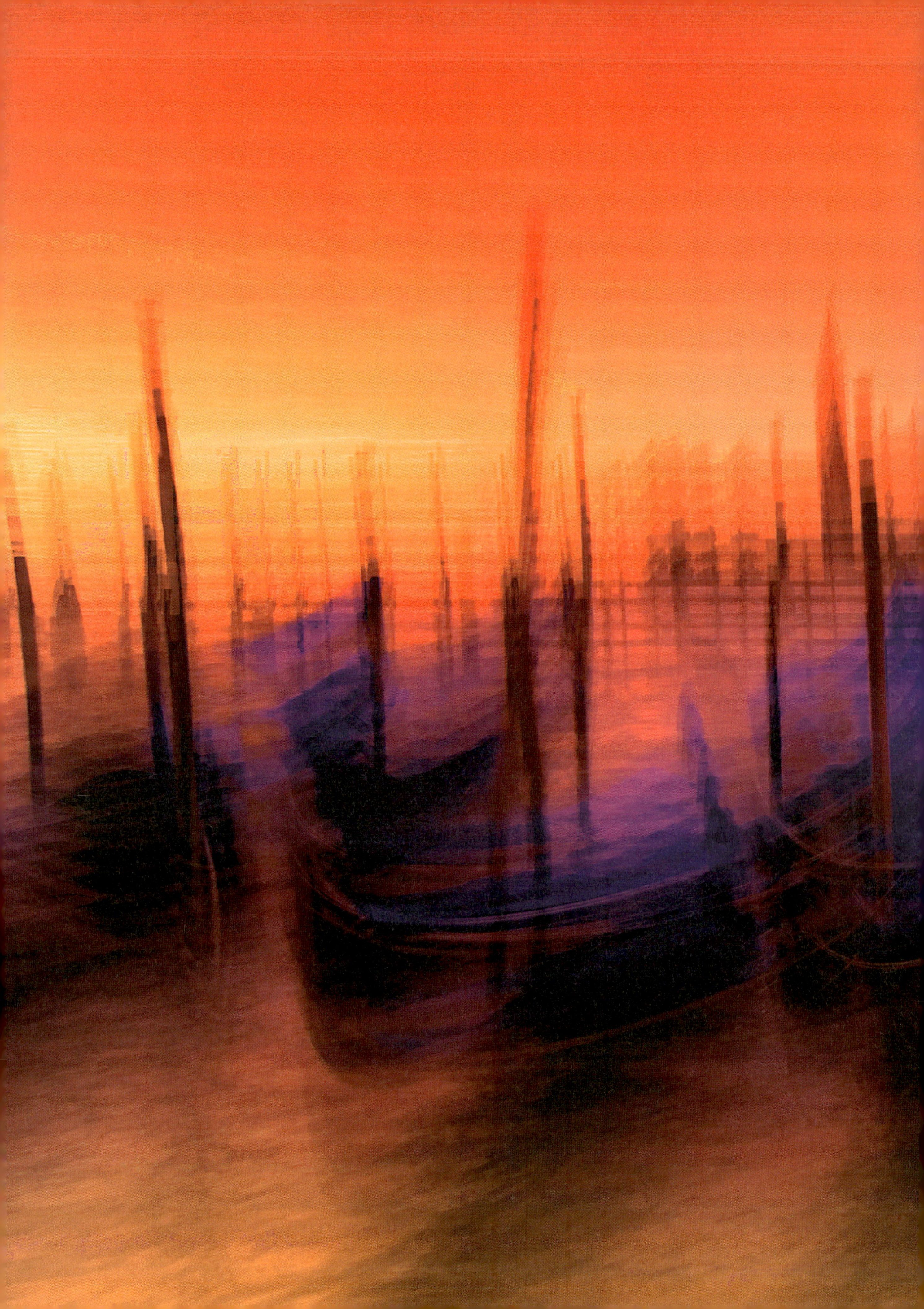

FILTRES, TECHNIQUES SPÉCIALES ET FLASHES

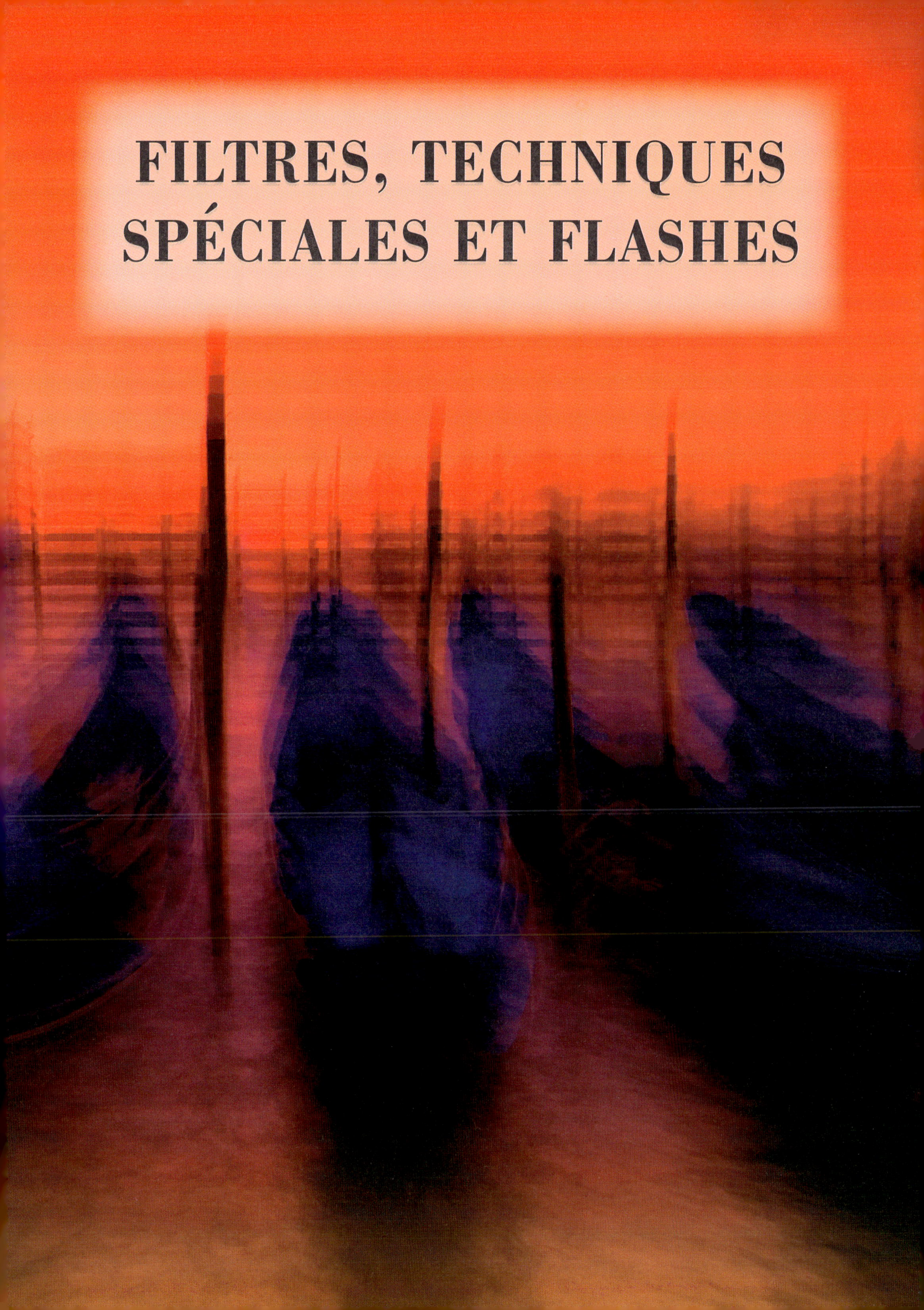

LE FILTRE POLARISANT

Tout photographe devrait avoir au moins un filtre polarisant. Sa fonction principale est l'élimination des reflets sur les surfaces réfléchissantes comme le verre, le métal ou l'eau. Son efficacité est maximale lorsque le soleil est à 90° par rapport à l'axe optique de l'objectif. L'éclairage latéral est de ce fait avantagé. En revanche, si le soleil est derrière vous ou devant vous, le phénomène de polarisation est plus faible.

Beaucoup de photographes évitent la lumière de midi lorsque le temps est ensoleillé, car elle est très dure. Mais si vous devez prendre des photos à ce moment, le filtre polarisant vous sera sans doute utile. En effet, le soleil étant haut dans le ciel, il sera placé de la manière la plus favorable, quelle que soit la direction dans laquelle vous photographiez.

Le matin et tard le soir, vous utiliserez le filtre polarisant chaque fois que vous ne visez pas vers le nord ou vers le sud, toujours à cause de la règle des 90 degrés. En faisant tourner le filtre, vous verrez clairement la couleur du ciel devenir plus dense, tandis que les nuages blancs deviendront plus éclatants et l'image plus contrastée.

Pourquoi ? Parce que les rayons de la lumière se propagent dans tous les sens. Les luisances les plus fortes proviennent des rayons verticaux, quand le soleil est au zénith. Le filtre polarisant les élimine en bloquant le rayonnement vertical, ne laissant passer vers la surface sensible – capteur ou pellicule – que le rayonnement horizontal aux couleurs plus saturées, donc plus plaisantes. Bien qu'un rayonnement vertical existe quand vous photographiez à contre-jour, le filtre polarisant est superflu car le soleil n'est pas à 90° par rapport à l'axe optique de votre appareil photo.

Remarquez comme l'effet du filtre polarisant n'affecte qu'une moitié ou un quart de la composition lorsque l'axe optique est à 30 ou 40° par rapport au soleil. Le ciel est alors beaucoup plus saturé d'un côté que de l'autre, ce qui peut déséquilibrer certaines compositions (effet de boule de couleur bleue sombre dans une partie du ciel alors que le restant du ciel est d'un bleu plus léger). Si vous avez déjà remarqué cet effet gênant dans un paysage, vous savez à présent pourquoi.

Le filtre polarisant n'est-il utilisable que par temps ensoleillé ? Certainement pas ! Par temps nuageux ou pluvieux, les rayons de lumière verticaux sont aussi nombreux que sous le soleil. Ils produisent des luisances dans les rues et sur les surfaces mouillées : sur les voitures et les vitres, le feuillage et les plans d'eaux (lacs, rivières....). Le filtre polarisant élimine ces reflets grisâtres.

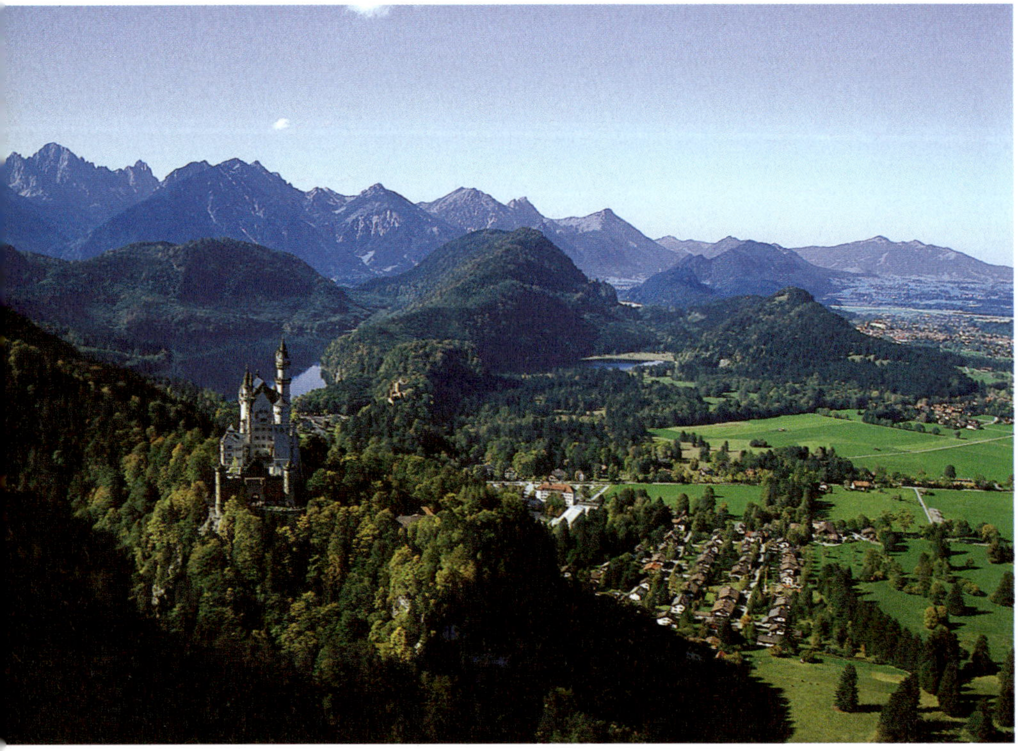

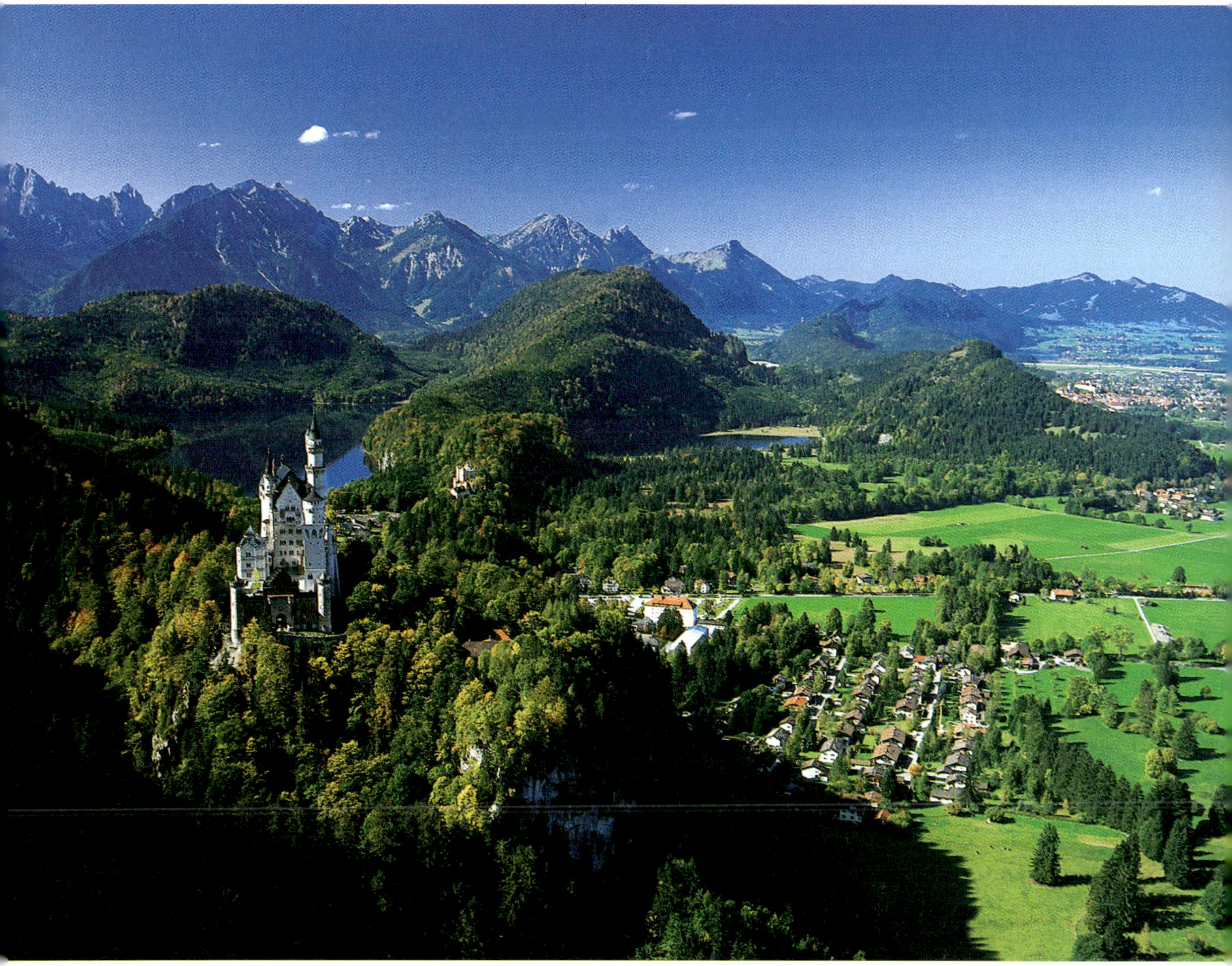

DANS CETTE VUE du château de Neuschwanstein, dans les Alpes bavaroises, le point de vue à 90° par rapport au soleil qui se lève à gauche incitait à utiliser le filtre polarisant. La première photo, prise sans le filtre polarisant, est un peu brumeuse ; le bleu du ciel n'est pas très intense, le vert des prés et un peu plat et les lointains manquent de contraste et de détails. Avec le filtre polarisant orienté pour obtenir un effet maximal, la différence est claire. Les nuages, notamment, ressortent mieux.

Les deux photos : Zoom 35-70 mm à 35 mm. Ci-dessous : 1/250 s à *f*/8. À droite : 1/60 s à *f*/8.

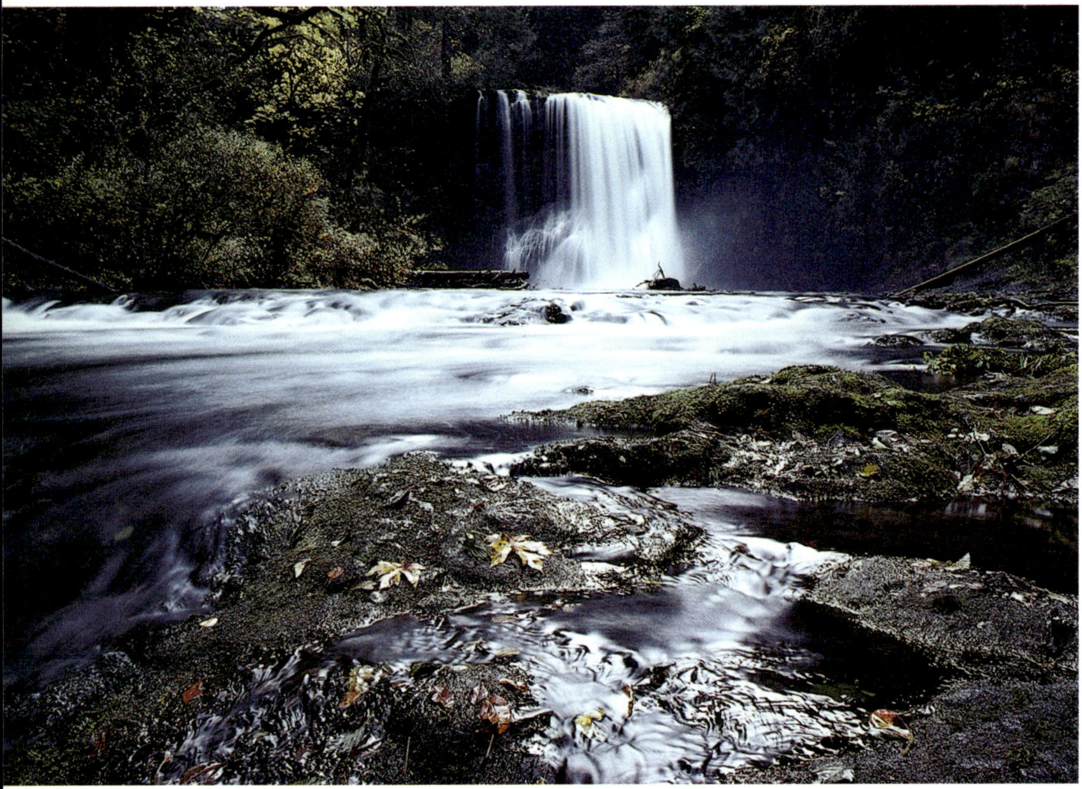

JE NE POURRAIS PAS me passer du filtre polarisant, y compris par temps pluvieux. Il m'est extrêmement utile chaque fois que je photographie dans des sous-bois quand il pleut. À lui seul, il élimine les reflets gris clair dans une image, ce que Photoshop ne saura jamais faire. Jugez par vous-même : à gauche, sans filtre polarisant, la rivière, les rochers et les feuilles sont comme recouverts par une luisance grise. Ci-dessus, le filtre polarisant a éliminé ces reflets grisâtres, révélant des couleurs qui étaient auparavant invisibles.

Comme le filtre polarisant absorbe 2 stops, je fus obligé de compenser en allongeant le temps de pose, qui est passé de 1/4 s à 1 seconde. À une vitesse aussi faible, le trépied est indispensable. Le déclenchement fut opéré à l'aide du retardateur.

Les deux photos : Objectif 24 mm. Ci-dessus : 1/4 s à *f*/22. À droite : 1 s à *f*/22.

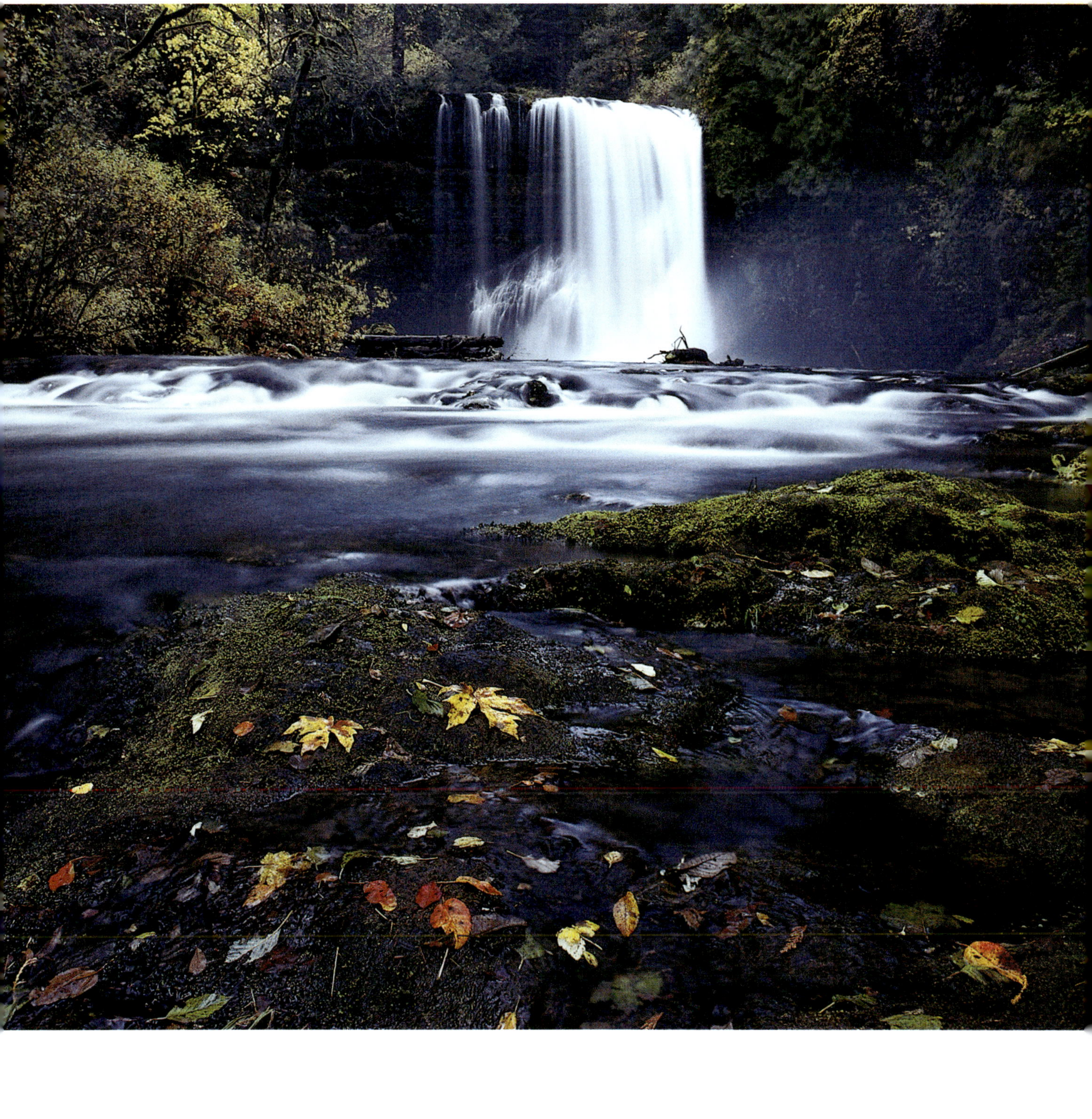

LE FILTRE GRIS NEUTRE

Existe-t-il un filtre réduisant la profondeur de champ, suggérant le mouvement ou transformant des eaux vives en traînées cotonneuses ? Oui : le filtre gris neutre. Sa seule fonction est de limiter la quantité de lumière parvenant à l'objectif. Il réduit la luminosité générale de l'image sans fausser les couleurs. Un filtre gris se caractérise par son coefficient d'absorption : s'il est de × 8, la luminosité est réduite de 3 stops (par commodité, nous laissons de côté la notion quelque peu matheuse de « coefficient » pour ne parler qu'en terme de « stop », plus facile à mettre en pratique).

La réduction d'intensité lumineuse provoquée par le filtre gris neutre permet d'ouvrir davantage le diaphragme, ce qui produit une profondeur de champ plus étroite, ou encore de ralentir la vitesse d'obturation pour obtenir une pose plus longue. Par exemple, si la sensibilité est de 400 ISO et que je veux obtenir un effet de traînées cotonneuses sur une chute d'eau, je ferme le diaphragme au maximum, à *f*/22 par exemple, et je règle la vitesse en conséquence, soit 1/15 s. Elle est cependant trop rapide pour obtenir l'effet désiré, qui exige une pose de 1/4 s ou plus pour être réussi. Un filtre gris neutre réduisant l'exposition de 3 stops, oblige à compenser la vitesse, mais dans le bon sens : de 1/15 s je la fais passer à 1/8 s, puis 1/4 s et enfin à 1/2 s, soit – 3 stops. Le temps de pose résultant de cette correction est suffisamment long pour produire les traînées.

Le filtre neutre est aussi capable de résoudre un autre problème : supposons que vous photographiez un fleuriste sur un marché. Il est à environ 1 m et vous voulez qu'il ressorte sur un arrière-plan composé de taches de couleurs floues. Vous choisissez un petit téléobjectif de 135 mm ouvert à *f*/4, par exemple, pour réduire la profondeur de champ, puis vous réglez le temps de pose. À la vitesse maximale de 1/2 000 s, le posemètre indique une surexposition qui est encore de 2 stops. Vous pourriez certes fermer le diaphragme à *f*/8, mais l'accroissement de la profondeur de champ augmenterait la netteté de l'arrière-plan, révélant des détails inopportuns. Seul un filtre gris de 3 stops vous permettra de travailler avec une ouverture de *f*/4 et une vitesse de 1/1 000 s, produisant ainsi l'effet désiré.

La densité des filtres gris s'étage de 1 à 4 stops, mais ma préférence va à celui de 3 stops, qui est le plus utile.

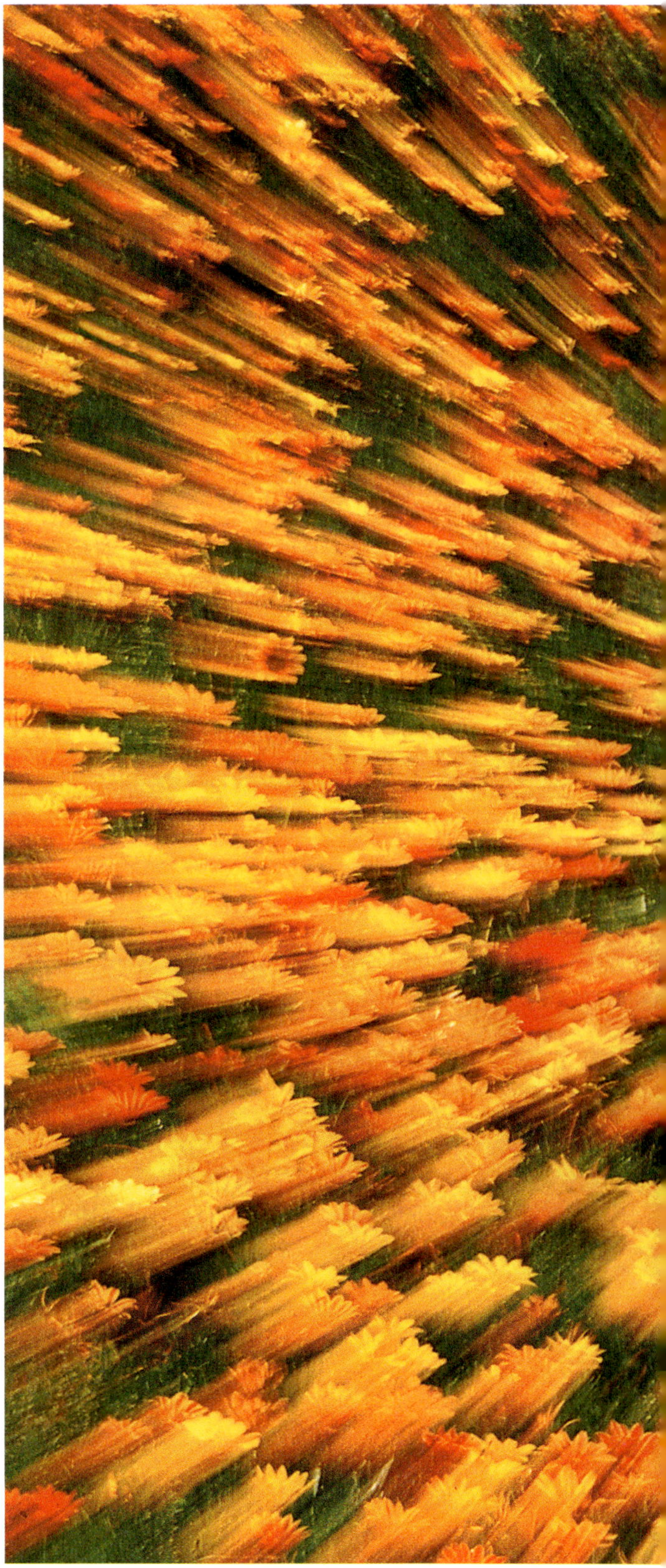

L'APPAREIL PHOTO ÉQUIPÉ du zoom 80-200 mm fixé sur un trépied, j'ai fermé le diaphragme à *f*/22, sachant pertinemment que l'allongement du temps de pose permettrait de produire cet explozoom de fleurs dans un pré. Or, la vitesse préconisée par le posemètre était de 1/30 s, une pose beaucoup trop brève pour l'effet désiré. J'ai donc vissé un filtre gris neutre Tiffen de 3 stops sur l'objectif, ce qui me permettait dès lors de travailler à *f*/22 à 1/4 s, une vitesse suffisamment lente pour actionner le zoom au cours de l'exposition et passer brusquement la focale de 80 à 200 mm.

Zoom 80-200 mm, 1/4 s à *f*/22.

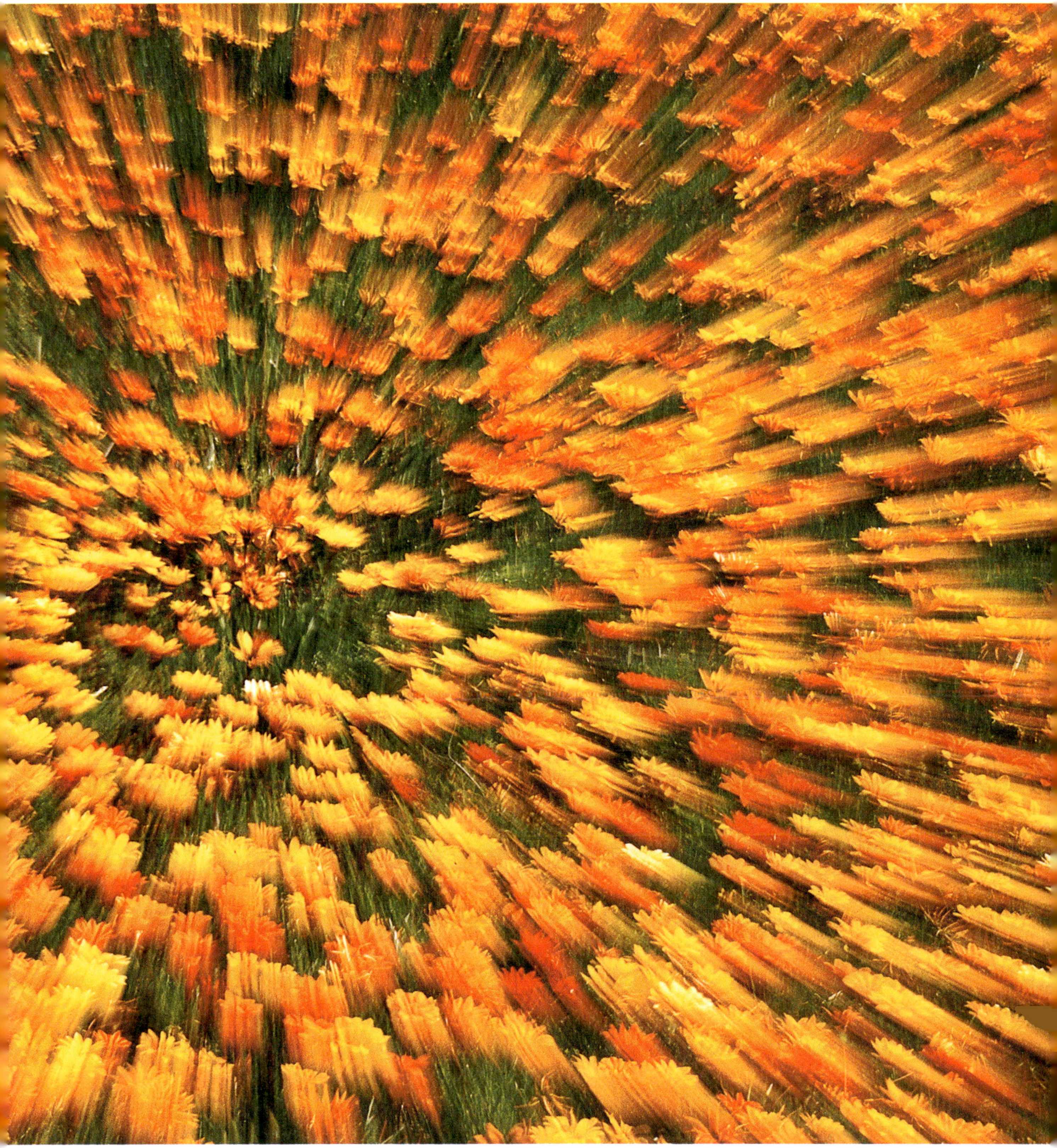

LE FILTRE GRIS NEUTRE DÉGRADÉ

Contrairement au filtre gris neutre dont la densité est uniforme, la densité du filtre gris neutre dégradé est élevée d'un côté et s'amenuise peu à peu jusqu'à la transparence. Au lieu de réduire globalement la luminosité de la scène, le filtre gris neutre dégradé ne la réduit que dans une certaine partie.

Supposons que vous vous trouvez sur une plage juste après le coucher du soleil et que vous désirez inclure dans une photo le beau ciel aux couleurs vives, quelques cailloux au premier plan entourés de sable mouillé et une vague qui déferle. Comme il s'agit d'une photographie narrative, vous diaphragmez à *f*/22 pour que la profondeur de champ soit maximale. Puis vous mesurez la lumière sur le ciel et obtenez une vitesse d'obturation correcte de 1/30 s. En revanche, la mesure sur le sable donne 1/2 s, ce qui est beaucoup plus long. La différence d'exposition est de 4 stops. Si vous optez pour *f*/22 à 1/30 s, vous obtenez un beau ciel, mais le premier plan de rochers et de sable est à ce point sous-exposé que ce qui s'y trouve est à peine discernable. Dans le second cas, en exposant à *f*/22 à 1/2 s pour le sable et les rochers, le ciel est si fortement surexposé que ses magnifiques couleurs sont délavées et disparaissent.

Le moyen le plus rapide et efficace d'équilibrer l'exposition du ciel et celle de la plage consiste à utiliser un filtre gris dégradé à insertion verticale. Contrairement au filtre gris neutre circulaire qui se visse sur l'objectif, le filtre à insertion verticale est carré ou rectangulaire et se glisse dans un porte-filtre fixé sur l'objectif. Il est ainsi possible de coulisser le filtre ou de le pivoter afin de le positionner avec précision.

Pour l'exemple cité ici, la solution consisterait à positionner un filtre gris neutre dégradé de manière à ce que la partie dense ne couvre que le ciel à partir de l'horizon, la partie claire étant réservée au sable et aux rochers. L'exposition du ciel serait ainsi réduite de 4 stops, permettant de photographier la scène tout entière à 1/2 s pour une ouverture de *f*/22.

À l'instar des filtres gris neutres, les filtres dégradés sont proposés en différentes densités, de –1 à –4 stops dans la partie la plus sombre. Vous avez aussi le choix entre une transition abrupte ou une transition douce entre la partie sombre et la partie claire. Ma préférence va au dégradé à transition douce, car son effet est très progressif.

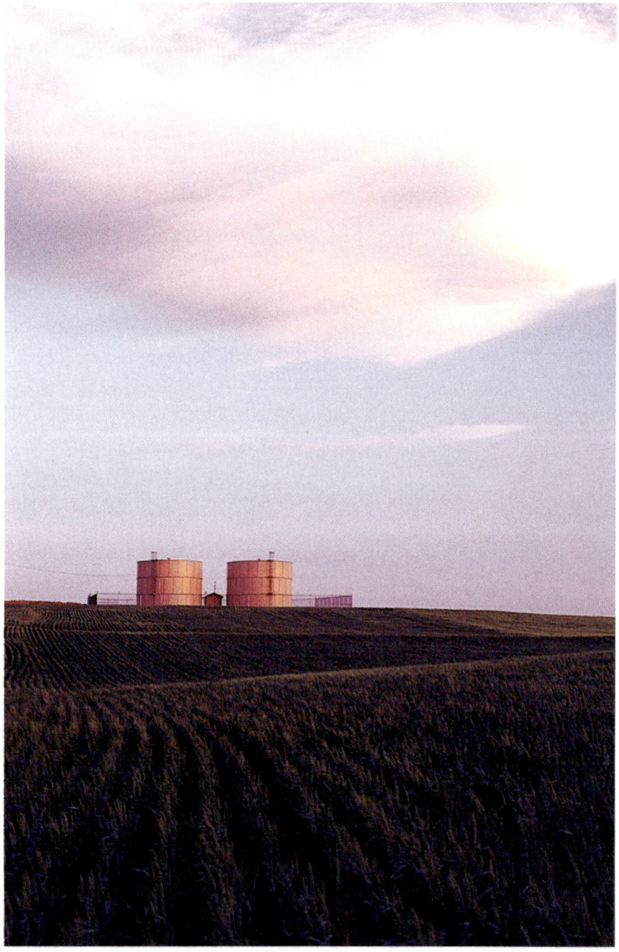

POSITIONNER LE FILTRE

Si votre appareil photo est équipé d'un bouton de contrôle de la profondeur de champ, maintenez-le enfoncé pendant que vous positionnez le filtre gris dégradé. En coulissant le filtre dans son support, vous verrez ainsi exactement quelle est la partie de l'image couverte par la partie dense du filtre.

LA PARTIE DÉLICATE de cette scène était la différence de 4 stops entre le champ de blé et le ciel. L'appareil photo fixé sur un trépied, j'avais choisi une ouverture à *f*/16 et mesuré la lumière sur le vert du champ. J'avais réglé l'exposition sur le champ, mais au détriment du ciel joliment coloré. L'équilibre entre le paysage et le ciel n'a pu être rétabli qu'à laide d'un filtre gris neutre dégradé Lee de 3 stops.

Si vous ne possédez pas de filtre dégradé, une solution consiste à prendre deux vues posées, l'une pour le champ, l'autre pour le ciel, puis à les placer sur des calques distincts dans Photoshop et les fusionner. Mais ce n'est pas une tâche facile. Soit dit en passant, si vous avez de quoi vous offrir Photoshop, vous avez sans doute les moyens d'acheter un filtre dégradé. Vous exposerez ainsi correctement dès la prise de vue et vous consacrerez le temps ainsi gagné à votre famille et à vos amis.

Les deux photos : Zoom 35-70 mm, 1/4 s à *f*/16.

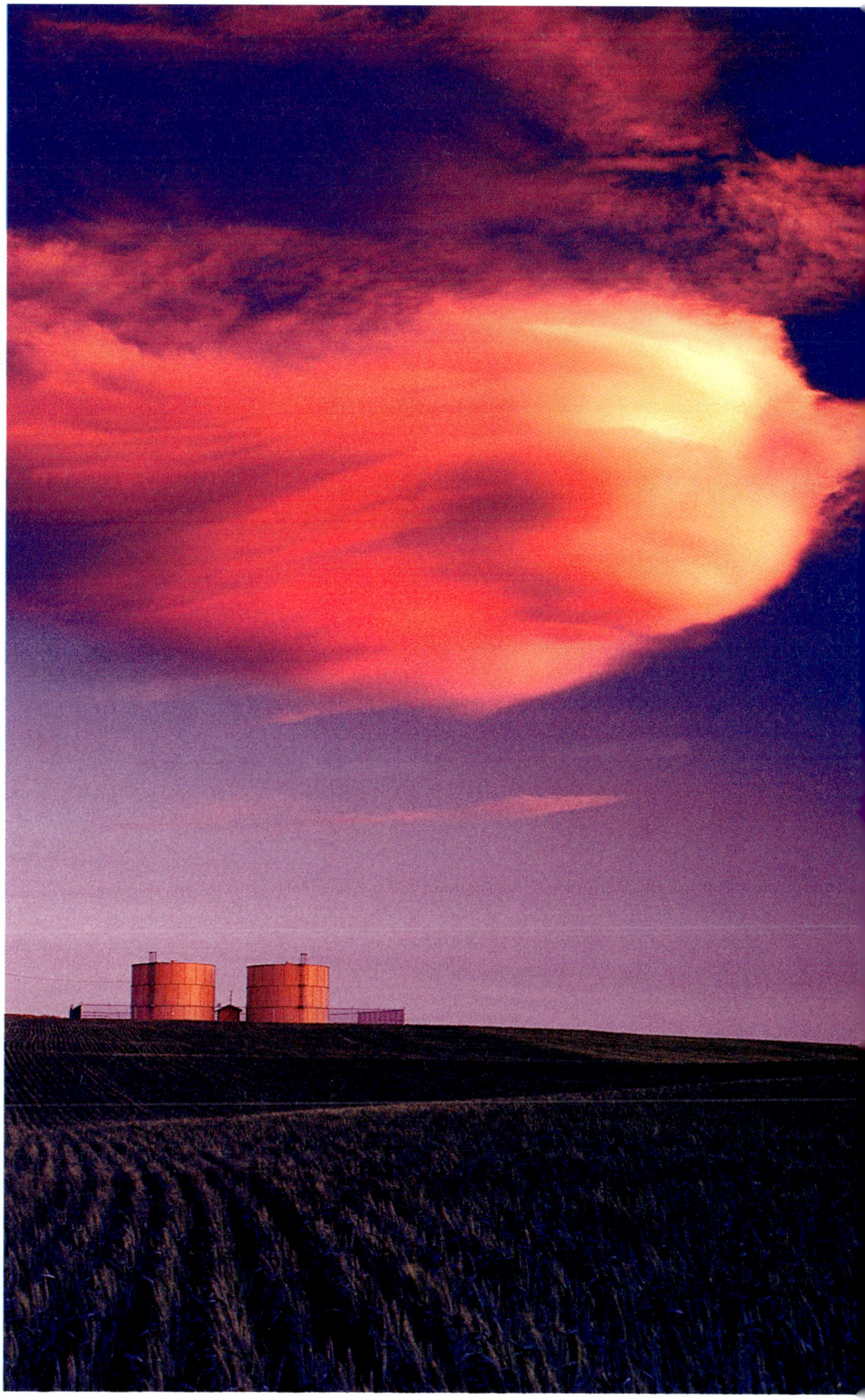

LES EXPOSITIONS MULTIPLES

Si prendre une seule vue d'une scène vous paraît ordinaire, que diriez-vous de cumuler trois, cinq, sept ou même neuf vues du même sujet dans la même image ? C'est possible à condition que l'appareil photo soit équipé d'une fonction de surimpression d'images. C'est le cas, au moment où ces lignes étaient écrites, des Nikon D80, D90, D200, D300, D700, D2X et D3X, des Pentax de la série K et des reflex Olympus. Consultez le manuel de votre appareil photo si vous ne trouvez pas cette fonctionnalité qui permet d'explorer de nouvelles pistes créatives.

J'aime bien évoquer le mouvement par des expositions multiples. Pour en faire autant, pointez l'objectif vers le sujet, choisissez l'ouverture appropriée – *f*/16 ou *f*/22 pour une photo narrative, *f*/8 ou *f*/11 pour une exposition de type « Qu'importe ! » ou encore *f*/4 ou *f*/5.6 pour isoler le sujet – et, en mode Priorité à l'ouverture, prenez trois, cinq, sept ou neuf photos en déplaçant très légèrement l'appareil photo entre chaque déclenchement. Si vous avez opté pour le mode Manuel, réglez la vitesse d'obturation comme si vous alliez prendre une seule vue, puis prenez trois, cinq, sept ou neuf photos en déplaçant là encore très légèrement l'appareil photo entre chaque déclenchement. La fonction Gain auto de l'appareil photo calculera chacune des expositions avant de les fusionner en une seule image correctement exposée.

De nombreuses scènes peuvent bénéficier des techniques de surimpression, y compris les scènes urbaines. Le temps couvert et le temps ensoleillé, l'éclairage de face et même certains contre-jours se prêtent aux expositions multiples dès lors qu'elles comportent beaucoup de couleurs et des motifs.

Pour tous ceux dont l'appareil photo n'offre pas de fonction de surimpression, et en attendant que Canon, Panasonic et Sony s'y mettent – ce qui ne saurait tarder –, le seul recours est Photoshop. Il est possible de prendre neuf vues légèrement décalées d'une même scène, puis de les empiler et de les fusionner dans Photoshop pour obtenir le même effet. Par exemple, vous pourriez charger la photo de la lune de la page 156 dans le logiciel, la sélectionner avec l'outil Ellipse de sélection, la copier et la placer dans n'importe quelle photo de votre choix.

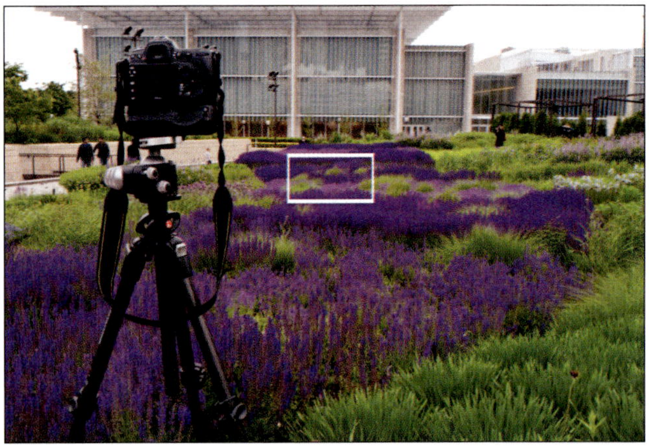

L'APPAREIL PHOTO et le téléobjectif de 200 mm fixé sur le trépied, j'ai effectué la mise au point sur la partie d'herbe et de fleurs encadrées de blanc ci-dessus. Le diaphragme fermé à *f*/22 pour bénéficier d'une profondeur de champ maximale, j'ai réglé la vitesse jusqu'à ce que 1/80 s corresponde à l'exposition correcte, puis j'ai déclenché. J'ai ainsi obtenu la photo visible en haut, sur la page opposée. C'est assurément une belle photo, mais j'ai estimé que ce genre de sujet serait encore mieux rendu par des expositions multiples, car il est riche en couleurs et en textures. De plus, le ciel nuageux ce jour-là offrait de bonnes conditions pour des surimpressions. Je conservai l'exposition préconisée et réglai la surimpression à 9 vues, en bougeant légèrement l'appareil photo entre chacune d'elles. En quelques secondes, elles furent prises puis traitées par le Nikon D300, produisant la photo à droite.

Les deux photos : Zoom 70-200 mm à 200 mm, 1/80 s à *f*/22.

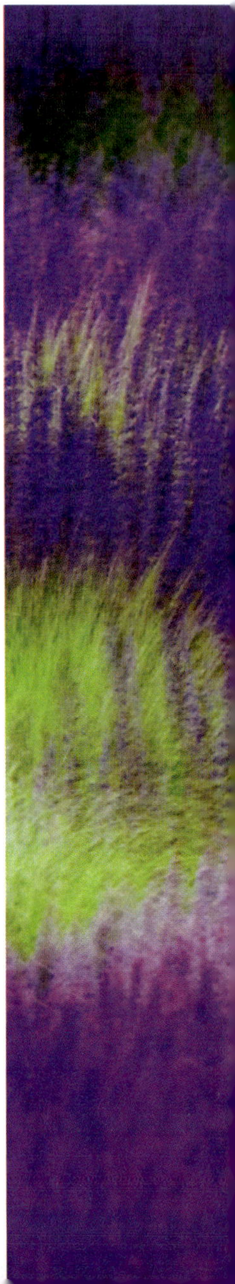

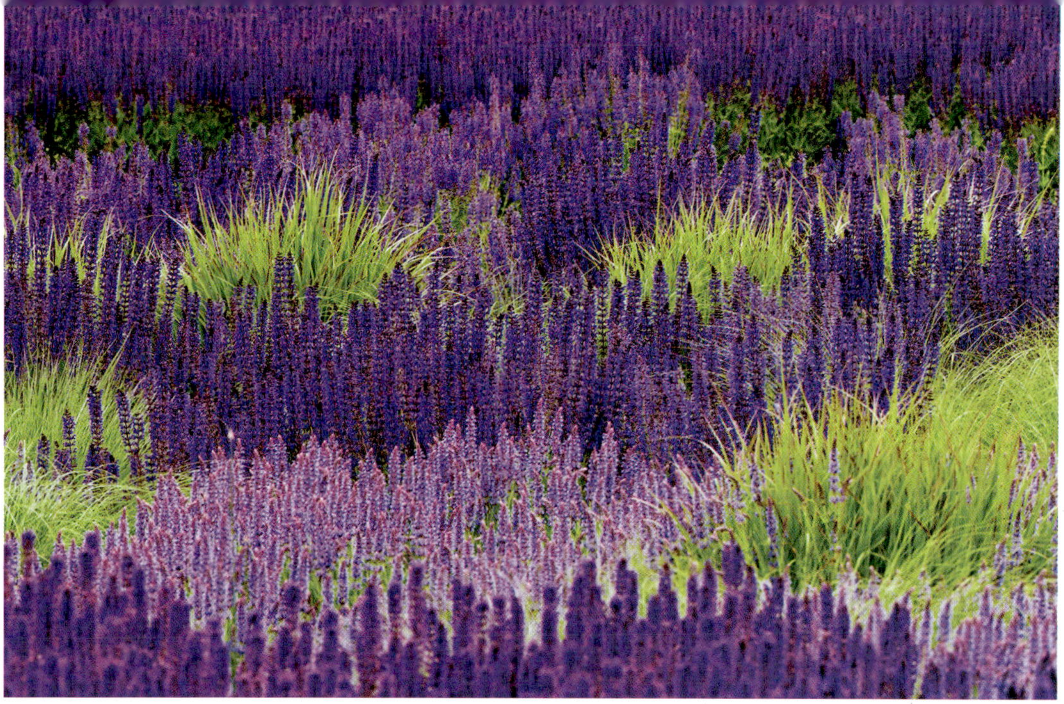

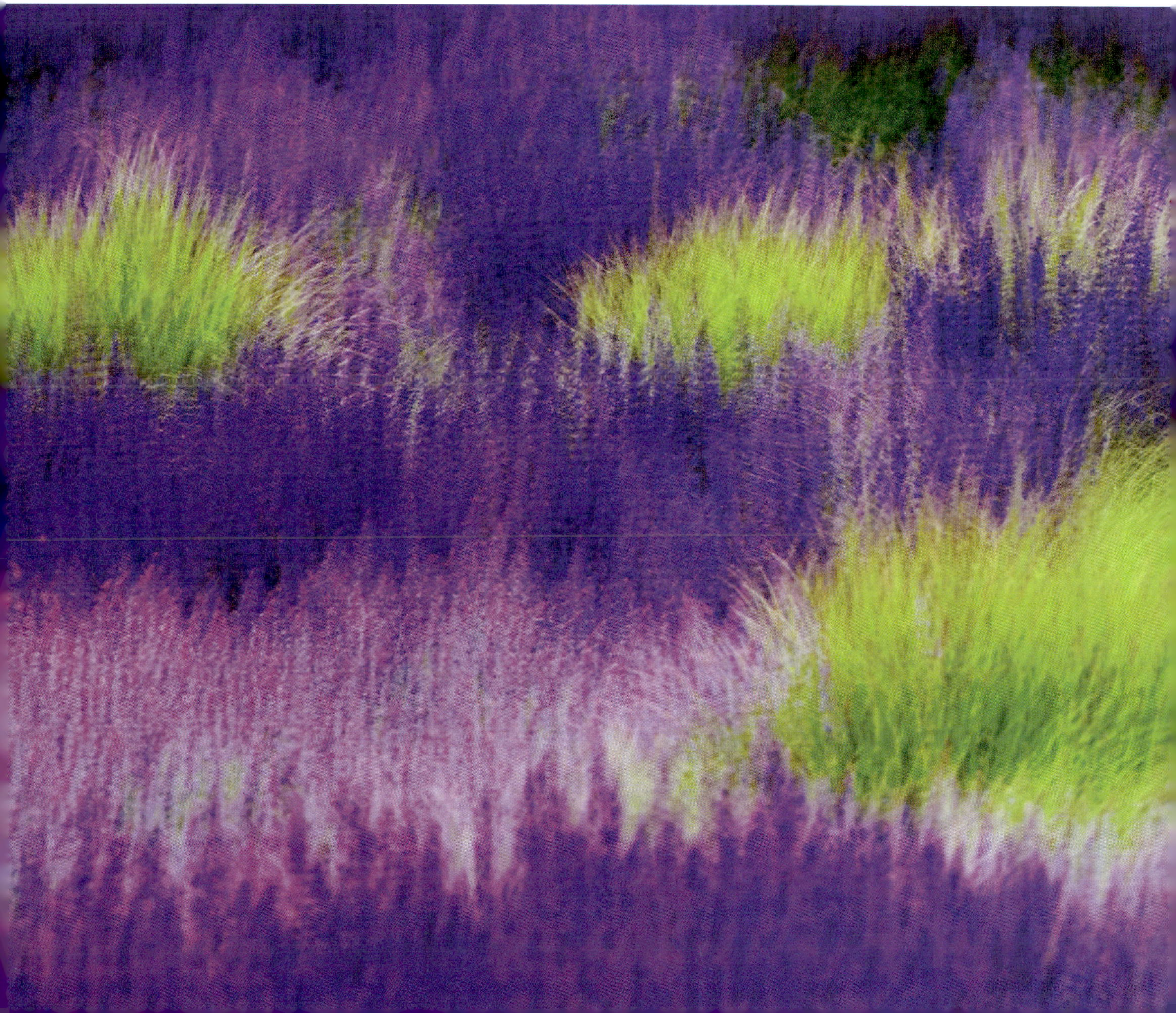

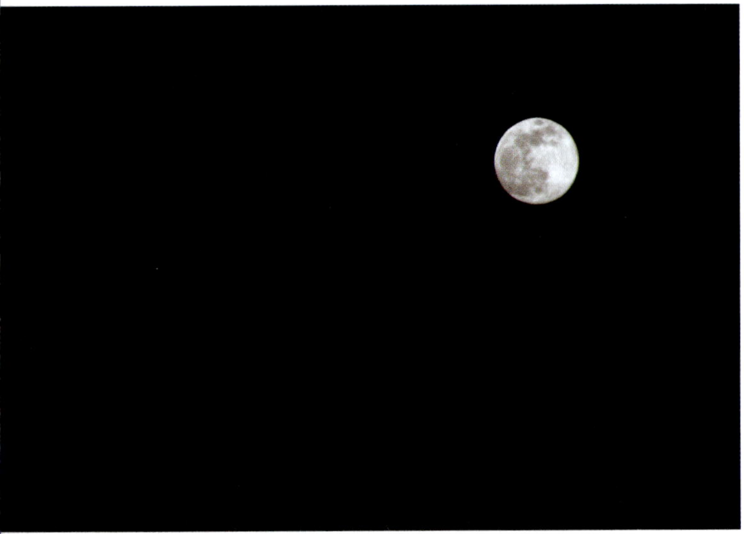

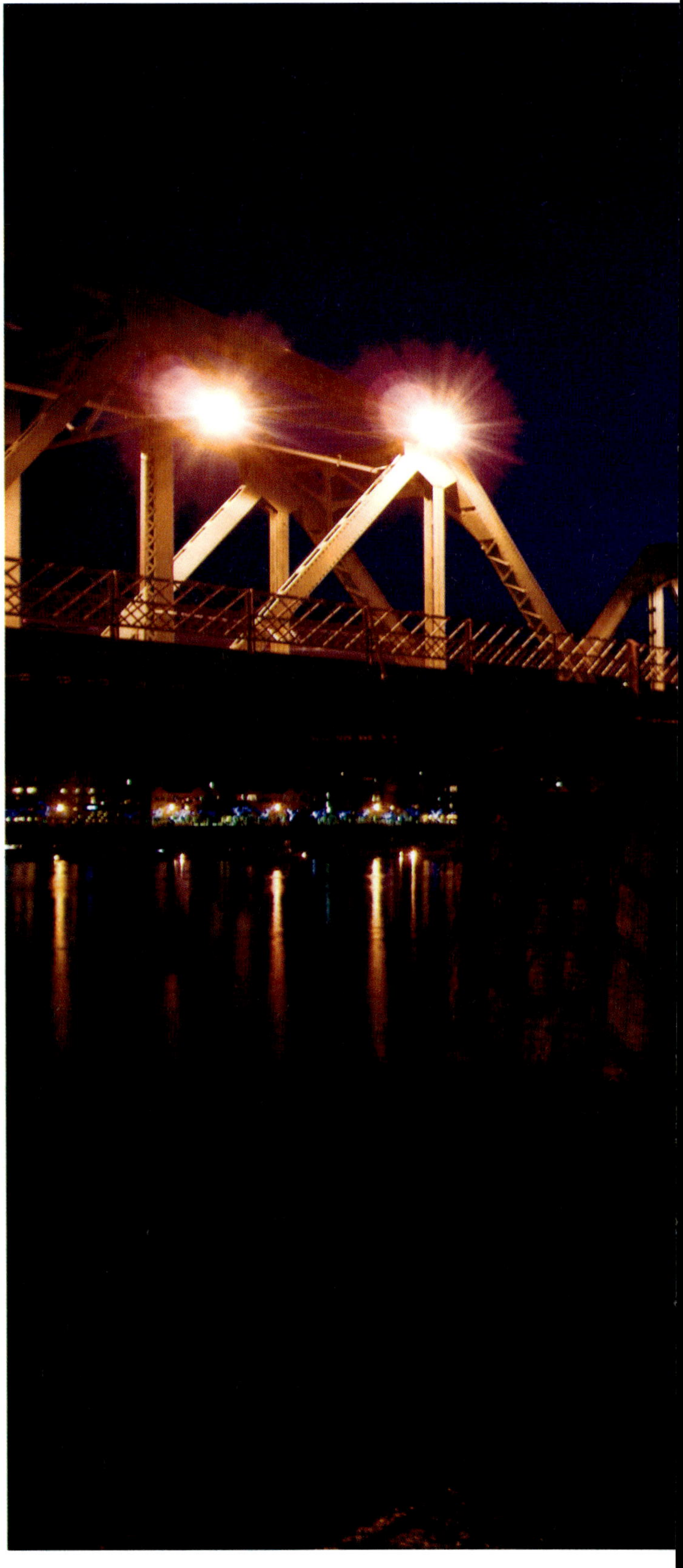

J'ANTICIPE VOTRE QUESTION et j'y réponds : Oui, vous pouvez prendre deux photos lorsque vous désirez placer la lune dans un paysage naturel ou urbain.

Réglez la fonction de surimpression sur deux vues puis, comme ici, photographiez la pleine lune à l'est en la positionnant en haut à droite dans le viseur puis, l'appareil photo fixé sur le trépied, photographiez le paysage – à droite, la ville de Portland – et l'appare il photo réunit aussitôt les deux vues pour n'en former qu'une seule montrant le paysage sous la lune. Cette technique est tout à fait dans l'esprit de ce que je préconise toujours : laisser l'appareil photo effectuer le maximum des traitements.

Ci-dessus : Zoom 70-200 mm, 1/125 s à *f*/8.
À droite : Zoom 28-70 mm, 4 s à *f*/16.

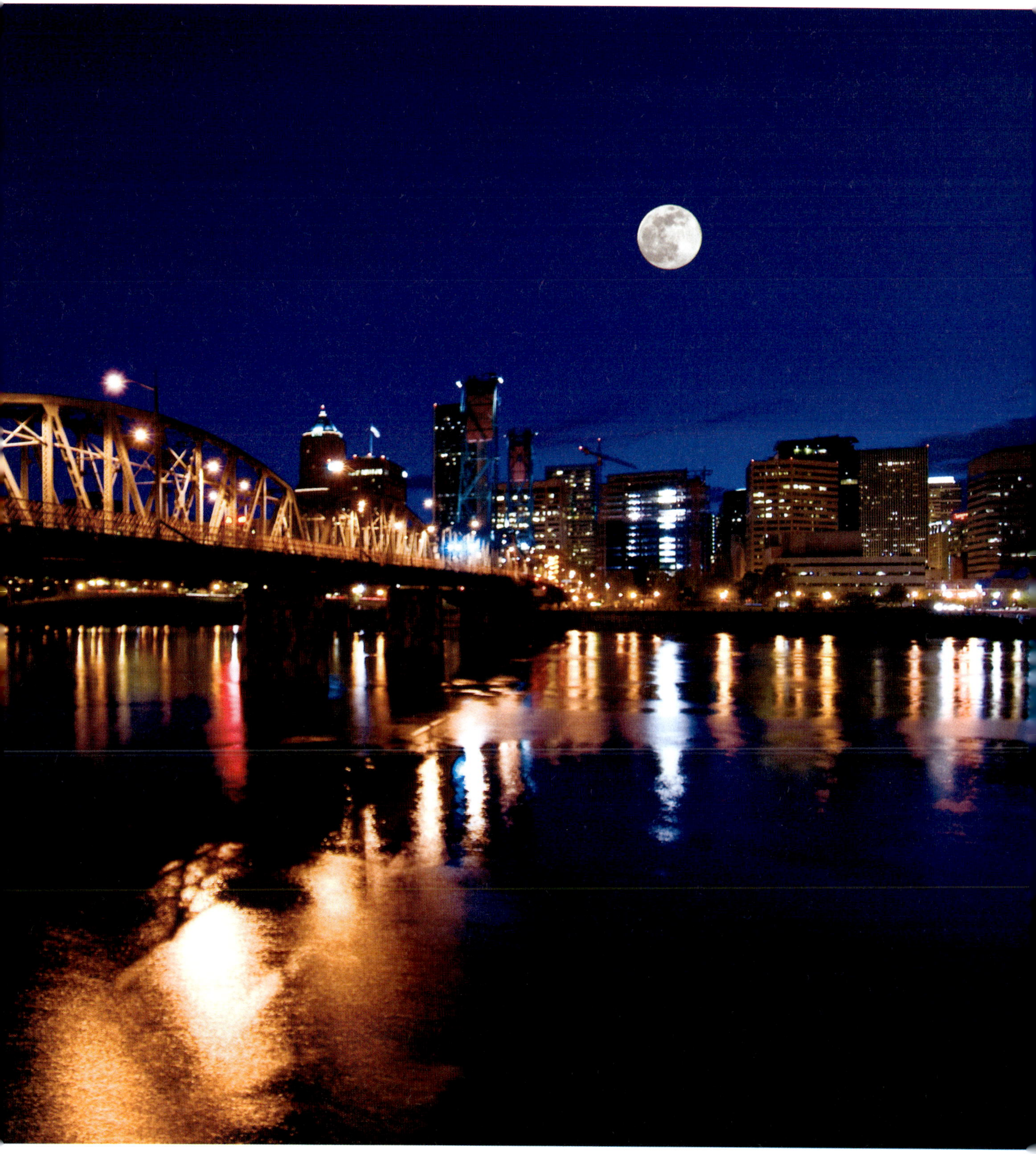

LES EXPOSITIONS HDR

HDR sont les initiales de *High Dynamic Range*, « plage à dynamique étendue », où le mot « plage » se rapporte à la plage des luminosités d'une scène. En photographie argentique, la plage de luminosité que la pellicule pouvait restituer était d'environ 5 stops. Elle déterminait la latitude de pose de la pellicule. L'excès de luminosité « grillait » le film, tandis que les ombres denses ne présentaient plus aucun détail exploitable. En numérique, la plage des luminosités s'est étendue à 6 ou 7 stops. Que ce soit en argentique ou en numérique, l'appareil photo est loin de la plage de 16 stops que l'œil humain peut percevoir.

La fonction HDR n'existe pas sur les appareils photo. Elle ne peut être mise en œuvre qu'avec un logiciel spécial qui traite plusieurs vues du sujet prises avec différentes expositions, et les fusionne pour ne conserver que les parties correctes dans l'image finale (des versions d'évaluation de ces logiciels sont téléchargeables). Pour réaliser une photo HDR, vous devez d'abord prendre plusieurs photos de la scène, par exemple 7 expositions à 1 stop d'intervalle, voire jusqu'à 3 stops d'intervalle, de part et d'autre de l'exposition normale. Cela fait, le logiciel HDR fusionnera les fichiers Raw ou JPEG.

La manière la plus rationnelle consiste à utiliser la fonction de bracketing de l'appareil photo et à photographier en mode Priorité à l'ouverture. Combien de vues faut-il prendre pour réussir une photo HDR ? Tout dépend de l'importance du contraste. Mesurez la luminosité dans les hautes lumières et dans les ombres denses, puis déterminez la différence en nombre de stops : 3, 5, 7... Basez-vous sur ce nombre pour le bracketing. En général, quand le ciel est nuageux, la différence de stops n'excédera pas 5, mais il va de soi que, par temps ensoleillé, surtout quand le soleil est au zénith, la différence de luminosité peut atteindre 11 à 13 stops selon le sujet.

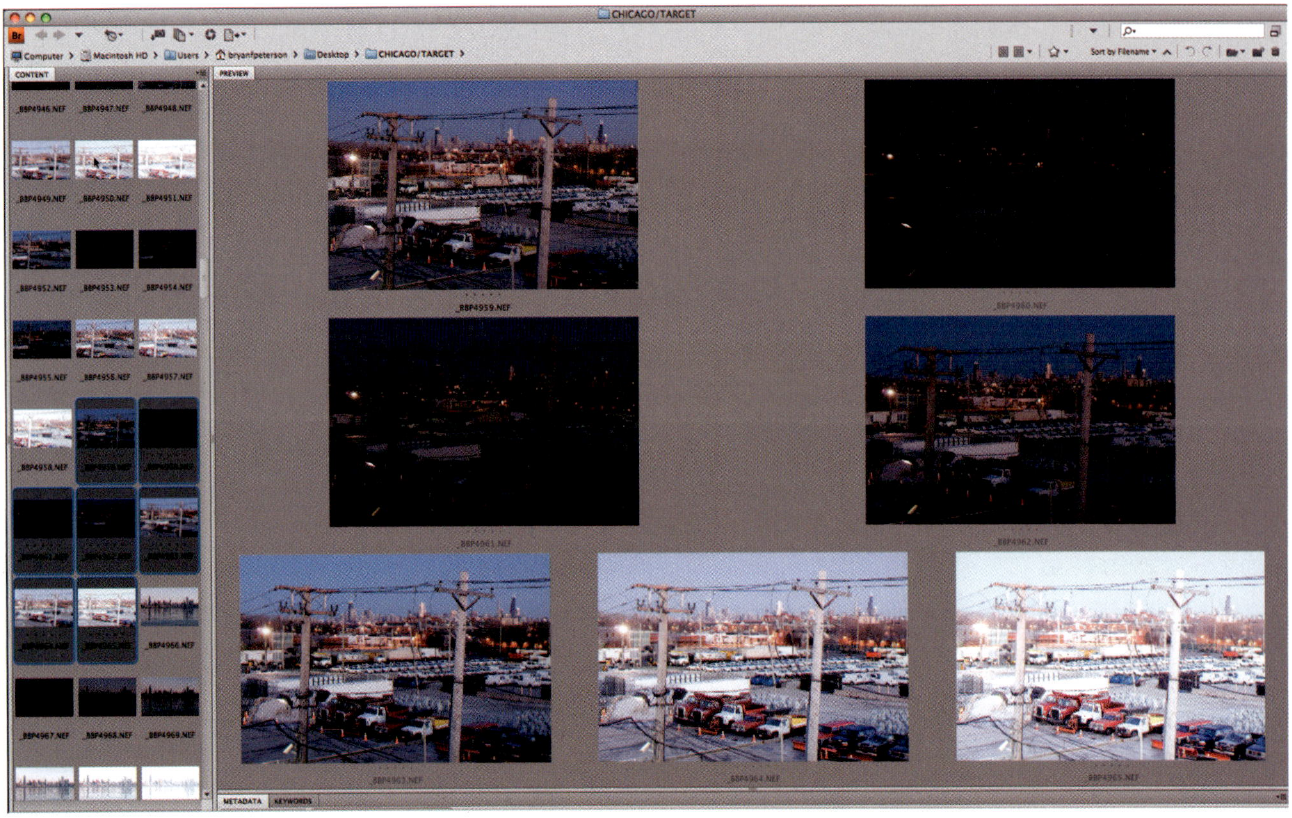

DÈS L'OUVERTURE DE PHOTOMATIX, cliquez sur le bouton d'option Créer une image HDR, dans la première boîte de dialogue, puis cliquez sur OK. Une nouvelle fenêtre apparaît, dans laquelle vous pouvez tirer et déposer vos cinq, six, sept, huit ou neuf vues bracketées. Ou alors, cliquez sur le bouton Explorer afin de rechercher les vues à traiter. Après les avoir sélectionnées, cliquez sur OK.

Dans les boîtes de dialogue qui suivent, conservez toutes les options telles qu'elles sont proposées (options par défaut), puis cliquez sur OK. Le traitement peut durer un certain temps selon le nombre de vues à fusionner, leur format et leur taille.

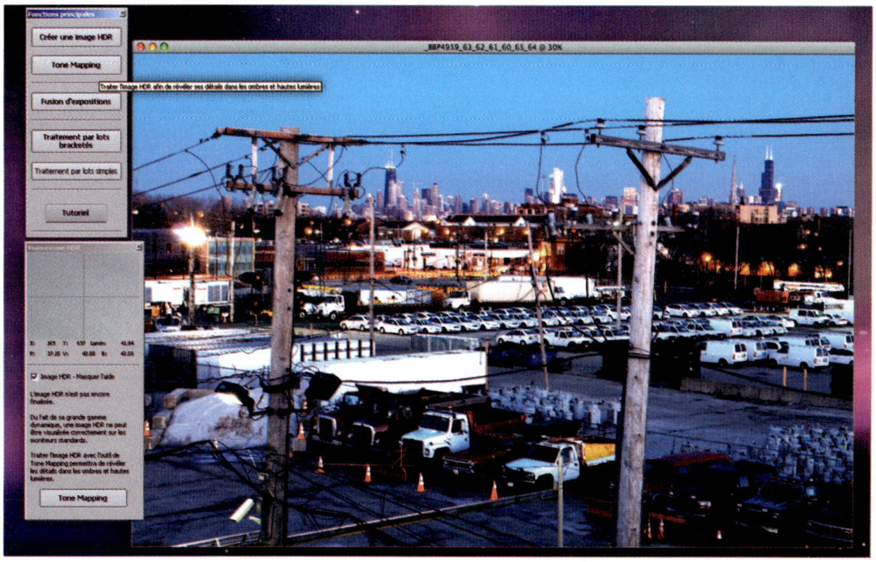

APRÈS UNE PETITE ATTENTE, une seule et unique image est affichée. Ne vous inquiétez pas de son apparence, car elle n'est pas encore traitée. Vous devez cliquer pour cela sur le bouton Tone Mapping.

Dans les secondes qui suivent, un étonnant aperçu de l'image HDR apparaît. Ne vous privez pas d'actionner les glissières à gauche, rien que pour voir comment de subtils changements peuvent affecter l'apparence globale. Vous êtes bien sûr complètement libre d'appliquer les réglages que vous jugez utiles. Quand l'image vous conviendra, cliquez sur le bouton Tone Mapping en bas de la boîte de dialogue.

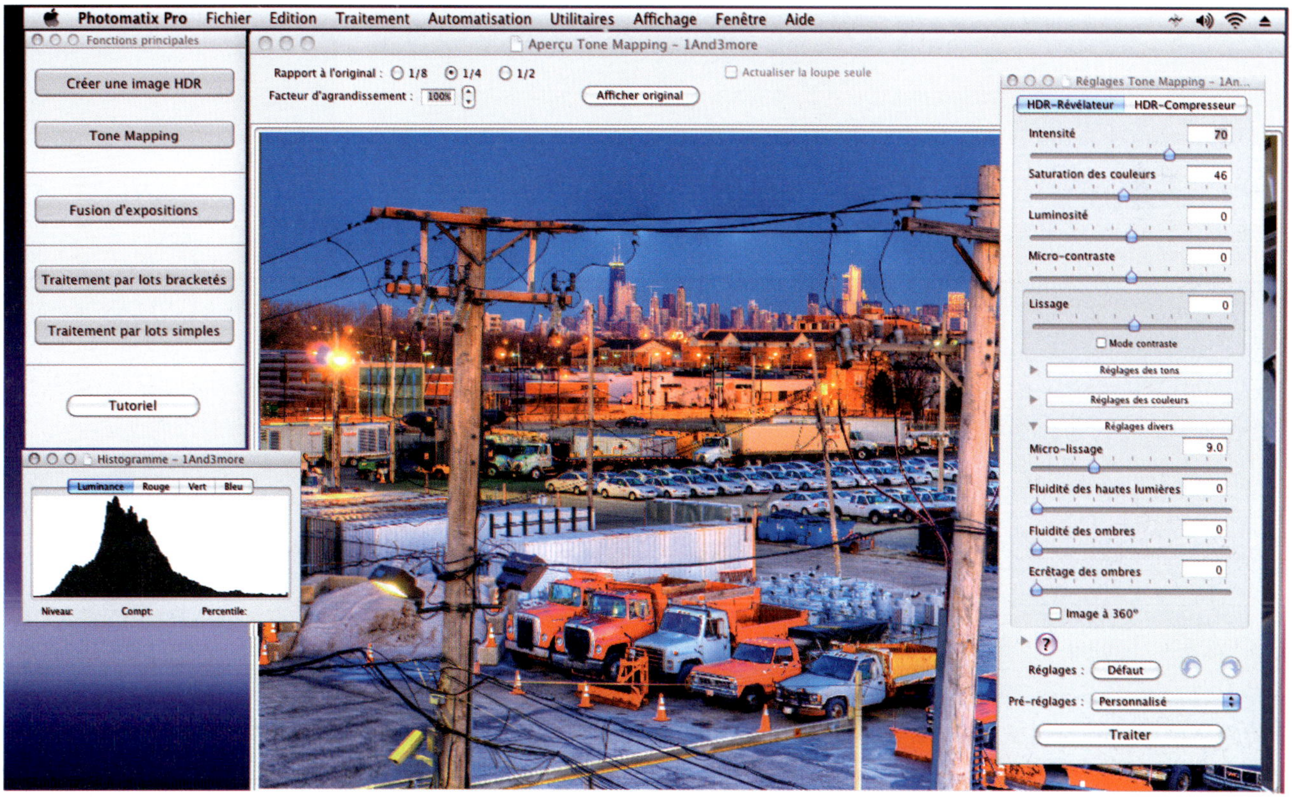

En règle générale, les scènes à contre-jour ou prises sous le soleil de midi sont extrêmement contrastées. Dans ces situations, je prends 7 vues à 1 stop d'intervalle. Si le temps est nuageux, avec ou sans le ciel dans l'image, un minimum de 3 vues à 1 stop d'intervalle est souvent suffisant. Vous découvrirez souvent que certaines scènes qui, d'après vous, ne nécessitaient que trois vues, exigent en réalité un plus grand nombre de vues, tandis que des scènes pour lesquelles vous aviez pris sept vues peuvent se contenter de moins.

J'insiste sur le fait que, avec mon Nikon, j'utilise systématiquement le bracketing en mode Priorité à l'ouverture afin de ne pas fausser la profondeur de champ. Je règle le diaphragme puis je laisse le bracketing jouer sur la vitesse d'obturation. Par exemple, si l'exposition est de type « Qu'importe ! », je règle l'ouverture à *f*/8, qui restera constante tandis que le bracketing effectuera les prises de vue aux vitesses suivantes et dans l'ordre indiqué : d'abord l'exposition correcte à 1/125 s, puis 1/15 s (+3), puis 1/30 s (+2), puis 1/60 s (+1), puis 1/1 000 s (–3), puis 1/500 s (–2) et enfin 1/250 s (–1).

Le trépied est indispensable car le traitement HDR exige une superposition parfaite de toutes les vues (NdT : Photoshop ainsi que Photomatix possèdent une fonction d'alignement des images, mais il est toujours préférable de fournir des vues parfaitement superposables).

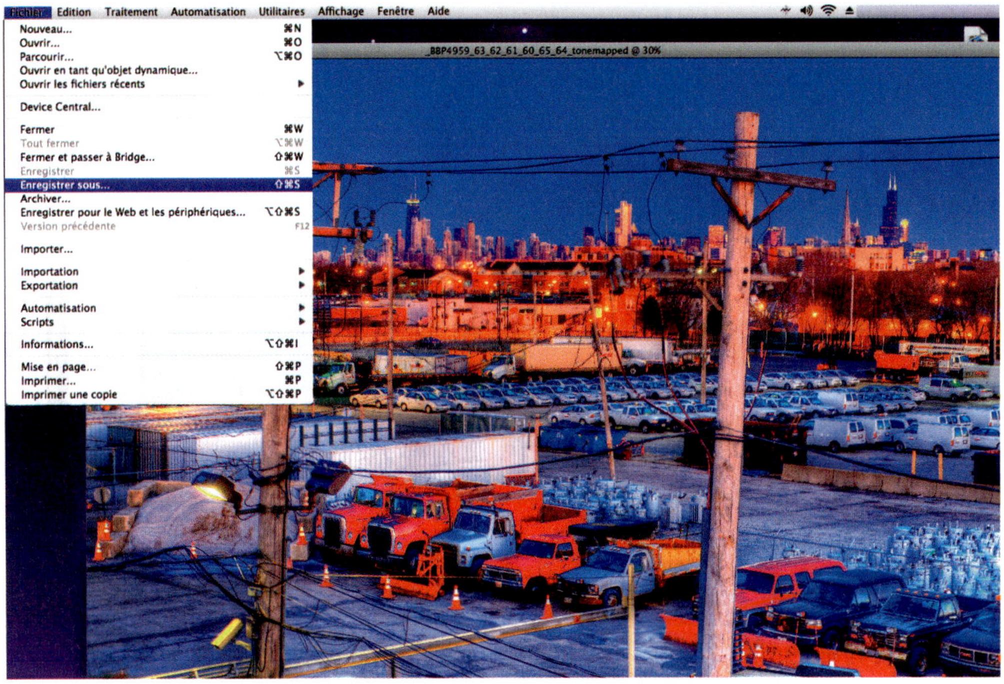

Les réglages terminés, choisissez Fichier > Enregistrer sous.

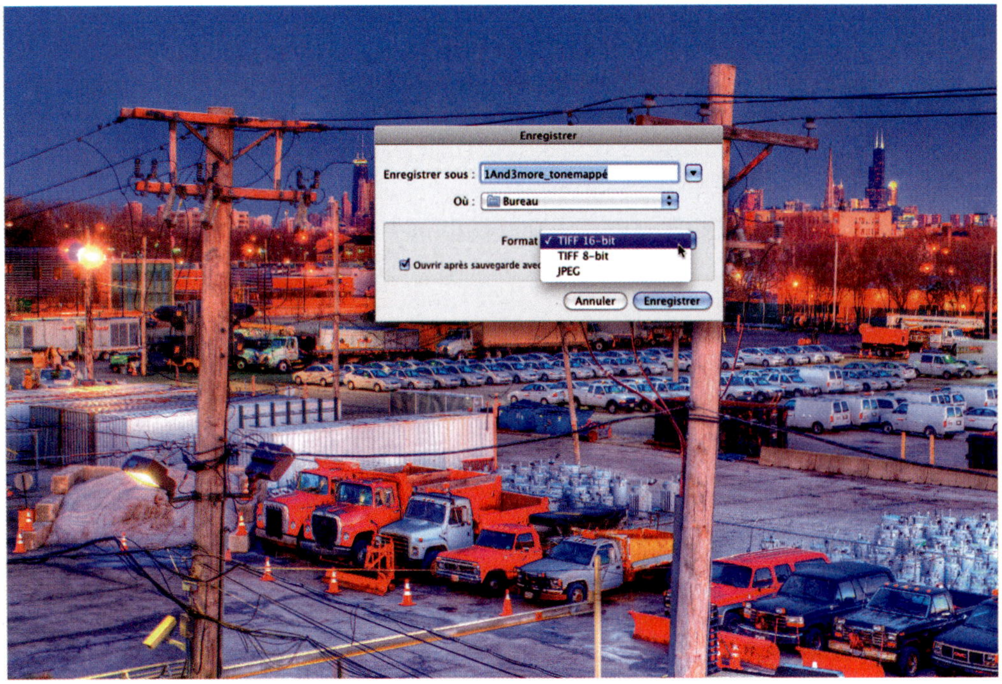

Si vous traitez des fichiers Raw, pas des JPEG, choisissez TIFF 16-bit. Sinon, choisissez JPEG.

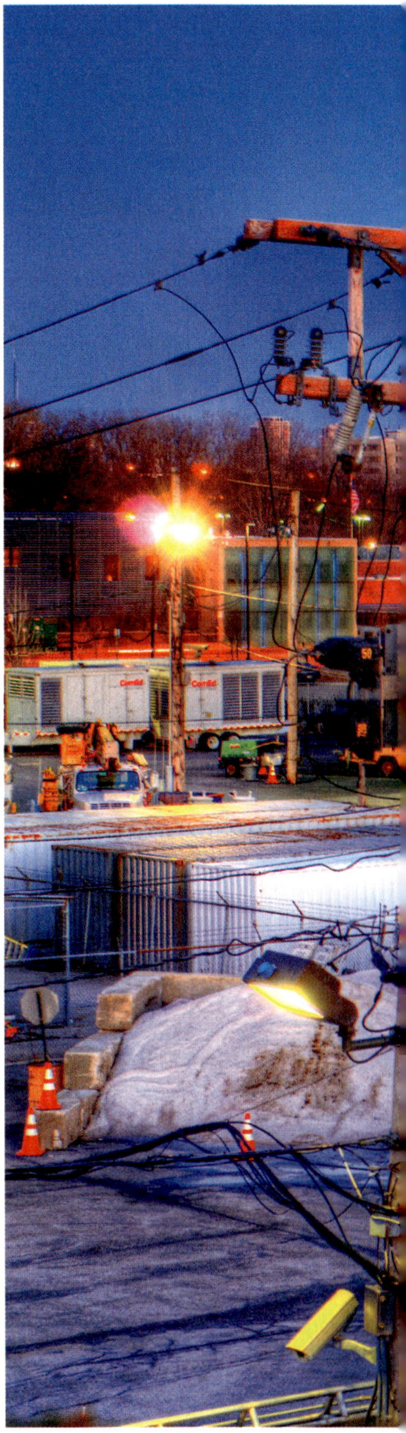

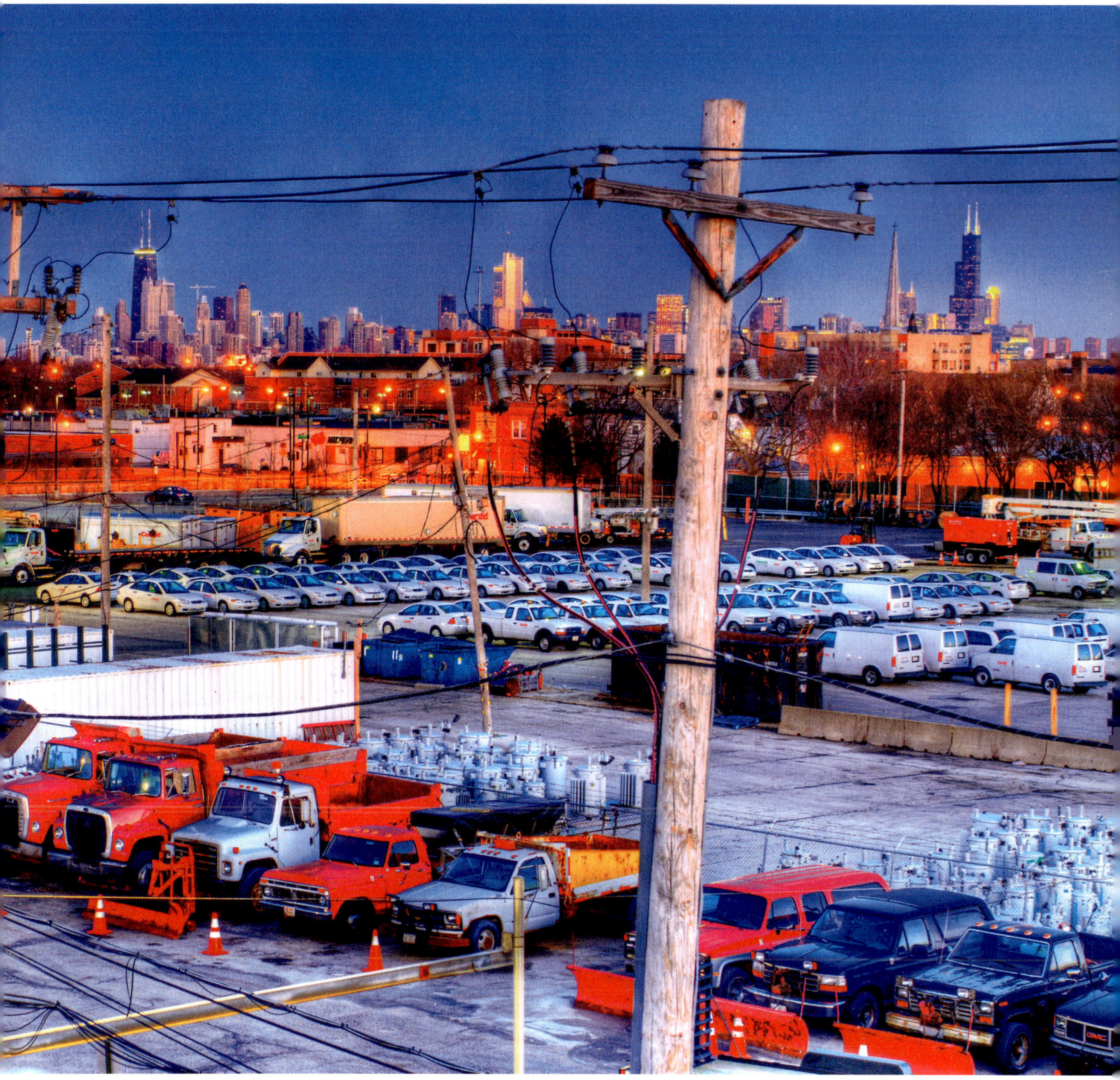

LE RÉSULTAT FINAL est une image dont la gamme tonale s'étend des hautes lumières jusqu'aux ombres denses et dont l'exposition est globalement acceptable. Cette photo est un exemple d'« exposition impossible » rendue possible par un logiciel HDR comme Photomatix Pro (www.hdrsoft.com/fr).

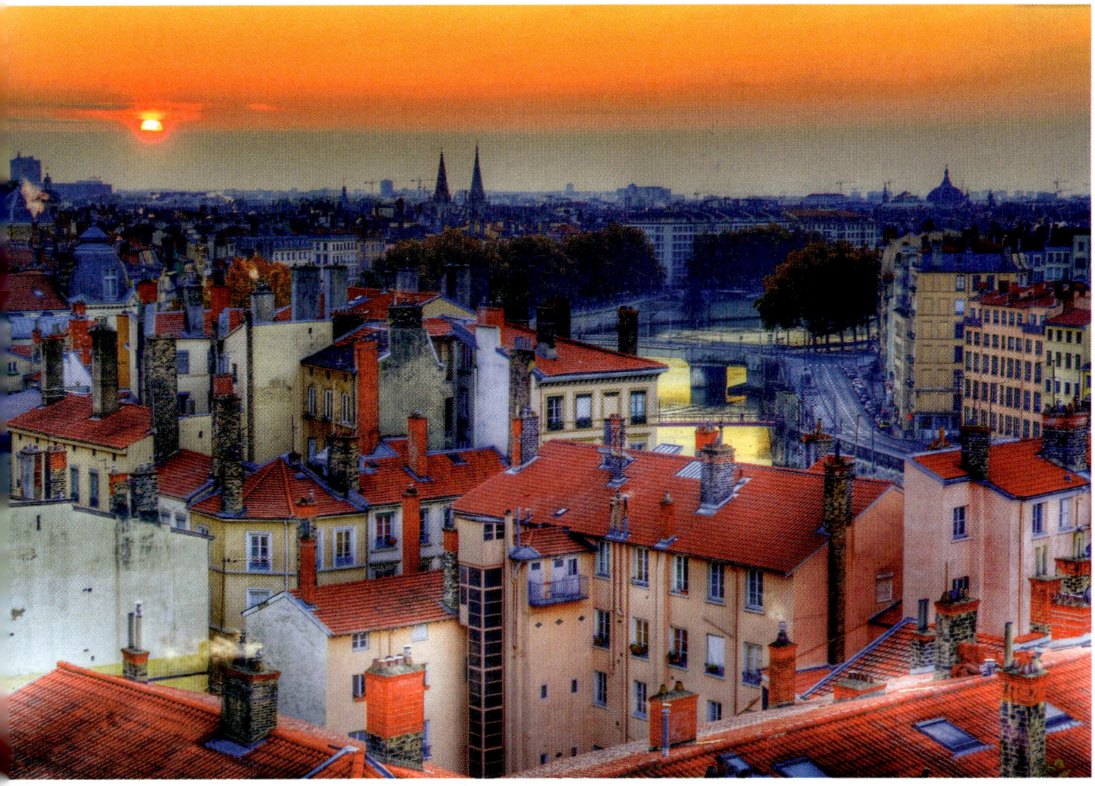

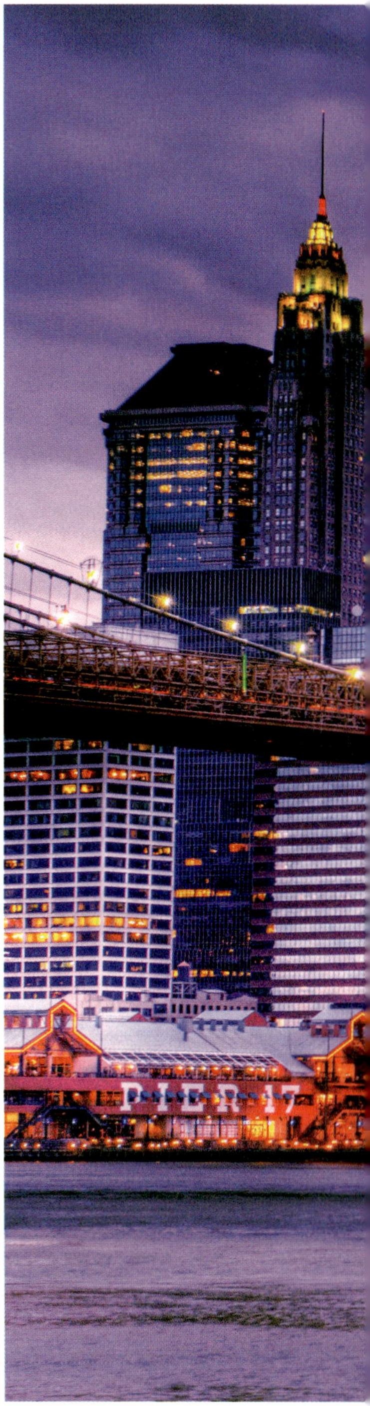

PHOTOGRAPHIÉ AU TÉLÉOBJECTIF au cours des quelques minutes suivant le lever du soleil ou des quelques minutes avant son coucher, le sujet sera réduit à l'état de silhouette, à moins de prendre au moins sept vues étagées de +3 stops à –3 stops, et de les fusionner en une seule image HDR.

Ce fut le cas pour cette vue de Lyon, prise depuis les hauteurs près de la Croix-Rousse. Le zoom 70-200 mm monté sur le Nikon D2X, j'ai fermé le diaphragme à *f*/32 afin d'obtenir une profondeur de champ maximale (avec une mise au point effectuée au tiers de la distance, en désactivant l'autofocus). J'ai ensuite pris les sept vues. Les boîtiers Nikon et Canon possèdent tous deux une fonction de bracketing que j'utilise systématiquement pour mes prises de vue HDR. Elle simplifie énormément le travail : il suffit d'appuyer une seule fois sur le déclencheur pour que toutes les vues soient prises. Familiarisez-vous avec le bracketing car il fait vraiment gagner du temps.

Ici, les expositions étaient étagées de 1/15 s (+3 stops) à 1/1 000 s (–3 stops) à l'ouverture constante de *f*/32. Les photos ont ensuite été fusionnées avec Photomatix.

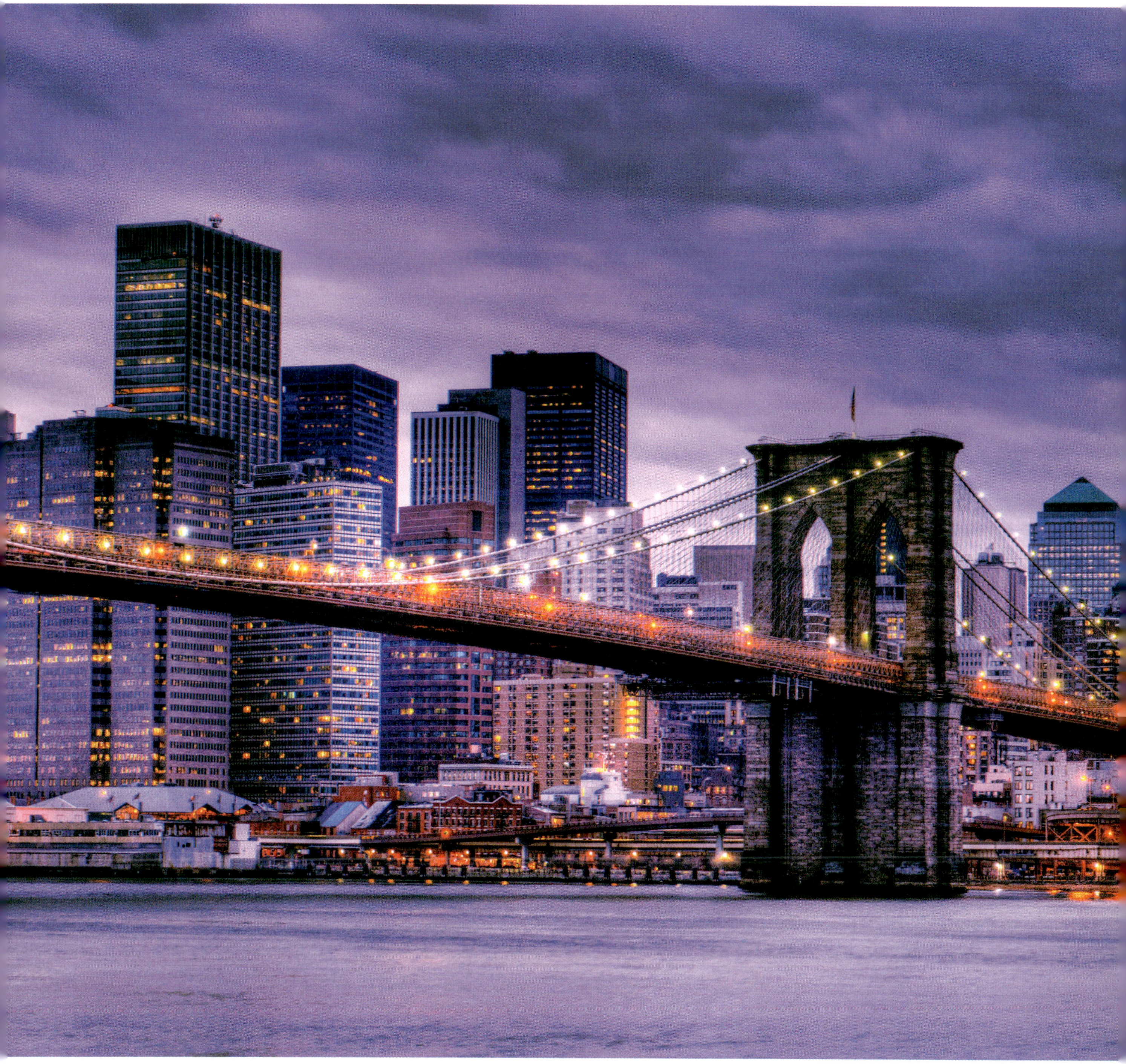

QUAND J'AVAIS PHOTOGRAPHIÉ pour la première fois ce panorama de Manhattan en 1983, depuis ce qui est maintenant le parc du pont de Brooklyn, ce lieu était si mal famé que vous risquiez véritablement votre vie en prenant des photos au crépuscule. Cela montre à quel point New York est devenu sûr. Aujourd'hui, des centaines de photographes, dont moi-même, prennent des photos en toute sécurité, même tardivement. Ce soir-là, il n'y avait pas de ciel bleu crépusculaire, mais plutôt d'épais nuages d'orage. J'avais estimé que, avec un traitement HDR, ces deniers dramatiseraient beaucoup plus composition qu'un banal ciel bleu foncé, et c'est ce qui m'avait excité. Cette photo montre l'ambiance onirique qui émane de Gotham City, l'un des surnoms de New York.

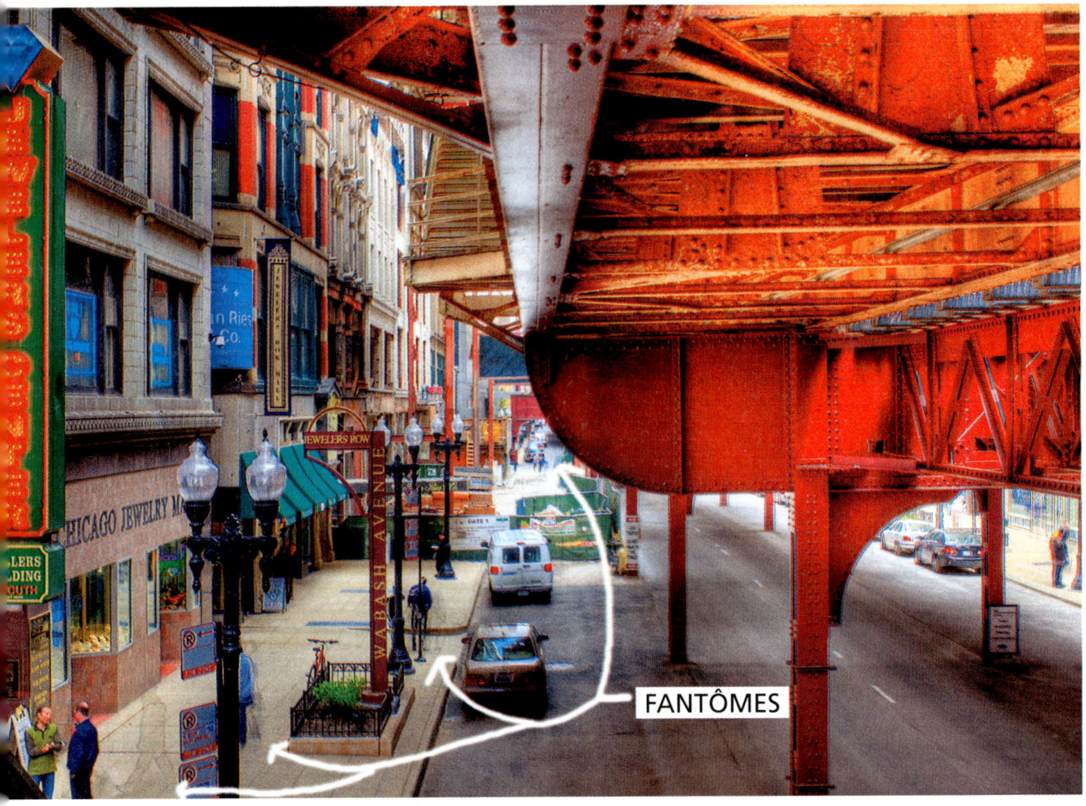

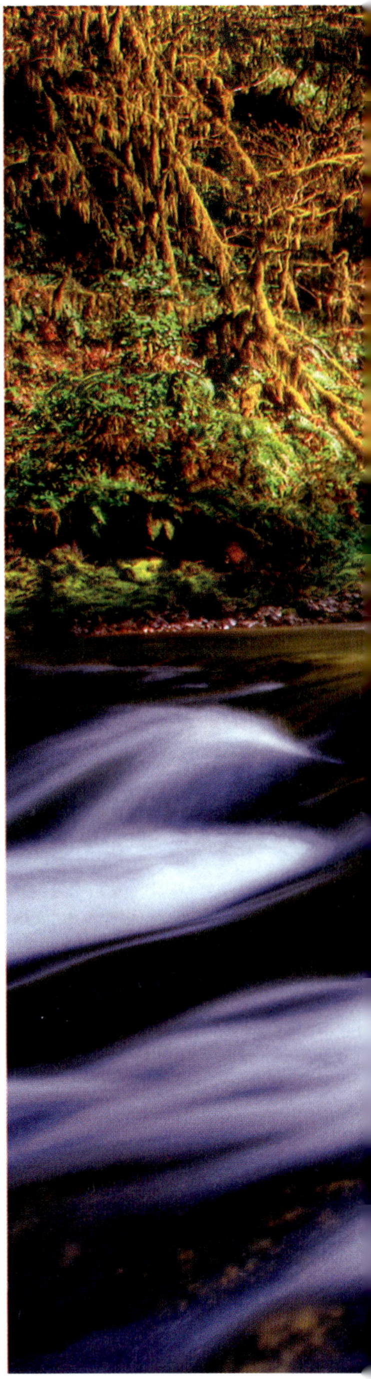

HDR ET MOUVEMENT

La photographie HDR est essentiellement limitée à des scènes statiques. Je me suis cependant rendu compte que deux types de scènes contenant du mouvement s'accommodent plutôt bien du HDR : l'un concerne le trafic routier sur fond de paysage urbain crépusculaire. Comme le trafic s'écoule d'une manière répétitive, la fusion des vues produit un bel effet. L'autre est une chute d'eau ou des eaux vives, pour des raisons identiques : le mouvement se répète dans la même partie de la photo. Mais si vous photographiez une scène de rue avec des piétons, les vues ne se superposeront pas exactement, car les personnages auront changé de place. La photo HDR montrera un trottoir peuplé de « fantômes ».

EST-IL POSSIBLE de réaliser des images HDR contenant du mouvement ? Oui, à condition que ce mouvement soit répétitif et se produise toujours au même endroit. Ce n'est pas le cas des piétons se promenant sur un trottoir ou du trafic à un croisement animé, le soir. En revanche, les chutes d'eau et les eaux vives se prêtent bien au HDR. Ces deux photos sont de bons exemples de ce qui convient ou non à un traitement HDR, et pourquoi.

La scène sous le métro de Chicago est un exemple de mouvement non répétitif. Les éléments mobiles ont produit des « fantômes », car ils ont bougé d'une vue à une autre. Deux solutions sont envisageables : prendre la série de photos quand aucun piéton n'est présent, ou supprimer les piétons de votre mieux avec l'outil Tampon de duplication de Photoshop. Vous pourriez certes les laisser en place, mais ceux qui regarderont la photo trouveraient ces fantômes bizarres.

En revanche, le mouvement beaucoup plus uniforme dans le cours d'eau à droite convient mieux à une photo HDR. Comme dans l'exemple précédent, elle a été réalisée à partir de neuf vues bracketées, avec des poses de 2 secondes (+4 stops) jusqu'à 1/125 s (–4 stops), à *f*/32. J'avais opté pour le HDR à cause des extrêmes différences de pose entre les hautes lumières et les ombres.

Ci-dessus : Nikon D300 et zoom 12-24 mm, *f*/22 de1/4 s (+4) à 1/1 000 s (–4). À droite : Zoom 12-24 mm, *f*/22 de 2 s (+4) à 1/125 s (–4).

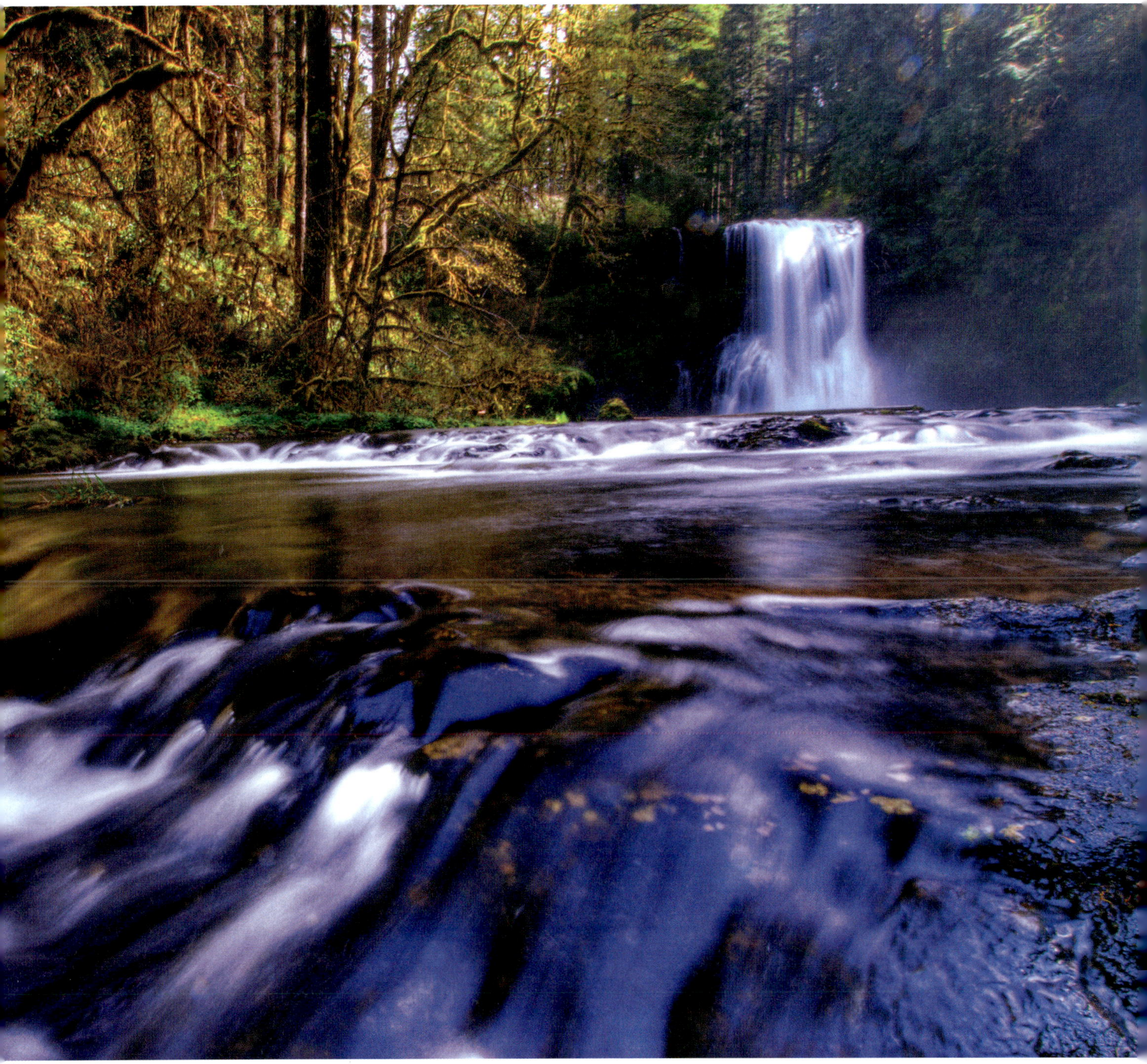

LE FLASH DE REMPLISSAGE

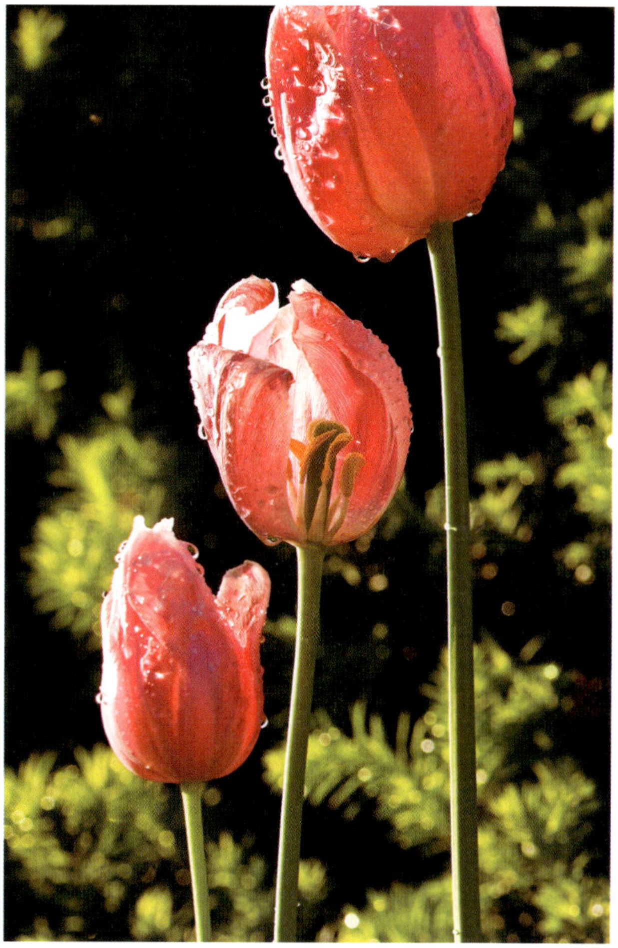

Je ne suis pas un inconditionnel du flash, loin de là. Jusqu'à récemment, ce mot était même banni de mes ateliers, car cet éclairage représentait pour moi, que la lumière pouvait avoir de plus artificiel. À mes yeux, tout devait être photographié en lumière ambiante, quitte à exposer longuement, voire à renoncer lorsque le recours au flash était inévitable.

Pour être clair, quand je parle du flash électronique, il ne s'agit pas des fantastiques torches de studio, mais de ces flashes à trois sous fixés à la griffe porte-accessoire de l'appareil photo ou intégrés au boîtier de nombreux reflex et présents sur presque tous les compacts. Je sais par expérience que les flashes de studio produisent d'excellents résultats, mais l'on ne saurait en dire autant des tout petits flashes pour amateurs.

Mais grâce aux avancées technologiques et à quantité d'informations disponibles sur le Web, je dois reconnaître que j'ai changé d'avis. À tel point, d'ailleurs, que j'ai adopté le petit flash électronique indépendant avec le même plaisir que pour la photographie en lumière ambiante, dans les années 1970. Je redécouvre des possibilités nouvelles, ce qui est fabuleux.

N'importe qui peut aujourd'hui apprécier combien il est facile d'exposer correctement une photo grâce aux progrès de la photographie numérique, notamment dans le domaine de la mesure évaluative ou matricielle. Il existe bien sûr une énorme différence entre une exposition correcte et une exposition créativement correcte. Les flashes actuels exposent généralement correctement le sujet, sans que le photographe n'ait rien d'autre à faire que viser, assurer la mise au point et déclencher. Mais savoir où et quand utiliser un flash aussi sophistiqué est une autre affaire. Il ne s'agit pas seulement d'exposer correctement au flash, mais d'exposer créativement au flash.

L'un des usages les plus courants du flash est sans doute le flash de remplissage. Il permet de déboucher les ombres quand le contraste ambiant est très élevé et qu'il est impossible de poser à la fois pour les parties éclairées par le soleil et pour celles qui sont noyées dans l'ombre. Le flash de remplissage équilibre l'éclairage, permettant d'obtenir des expositions impossibles à réaliser autrement.

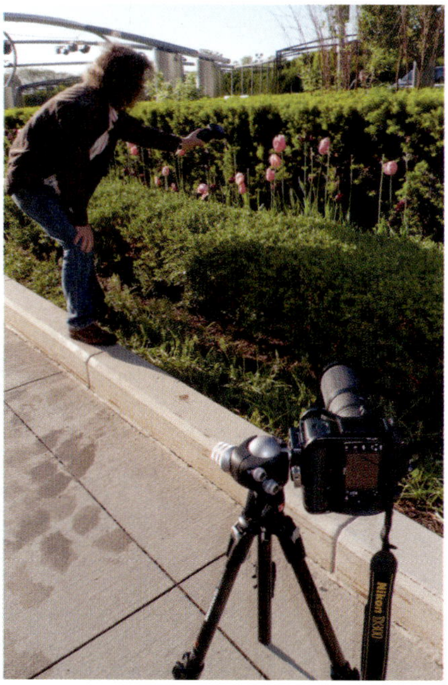

EN ME PROMENANT dans les rues de Chicago, l'autre jour, je ne pus m'empêcher de remarquer que les passants avaient l'air quelque peu maussade. Il est vrai que les habitants de la ville sortaient d'un hiver particulièrement rude. Mais le soleil faisait quelques apparitions ; c'est donc par une de ces journées ensoleillées que je me trouvais dans un parc public en train de photographier des tulipes. Il y avait là papa Tulipe, maman Tulipe et bébé Tulipe.

Le premier essai, à gauche, ne fut pas concluant, car l'arrière-plan était tourmenté. Le fort contraste entre les zones d'ombre et les parties éclairées donnaient une impression de dépenaillé qui n'était guère flatteuse. La solution la plus élégante consistait à éclairer cet embrouillamini de verdure avec un flash de remplissage pour donner plus de régularité au fond. Le flash était en l'occurrence un Nikon SB-900 en mode TLL (*Through The Lens*, à travers l'objectif) et déporté. Le retardateur réglé à 10 secondes, je m'approchai de l'arrière-plan, et orientai le flash vers les arbustes. L'obturateur et le flash se déclenchèrent simultanément, produisant la photo à droite, beaucoup plus esthétique que la précédente.

Micro-Nikkor 200 mm, 200 ISO, *f*/9 à 1/200 s.

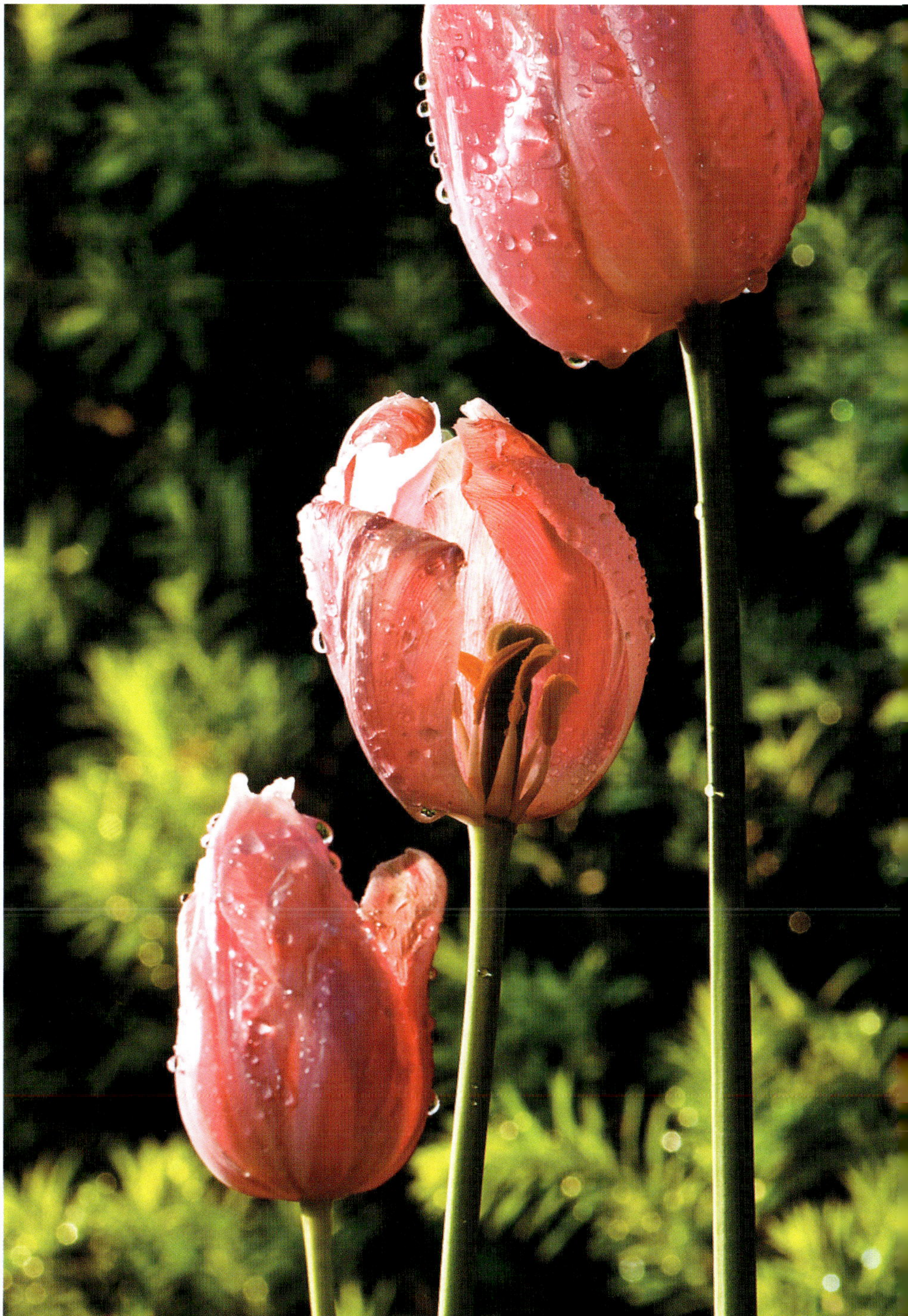

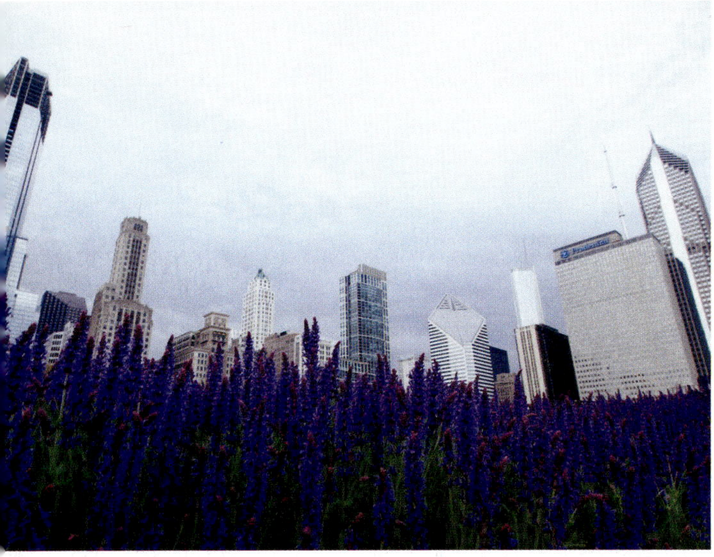

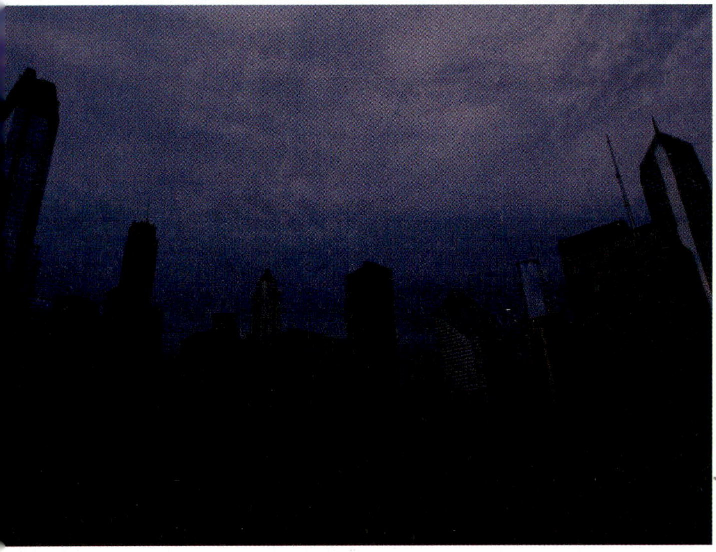

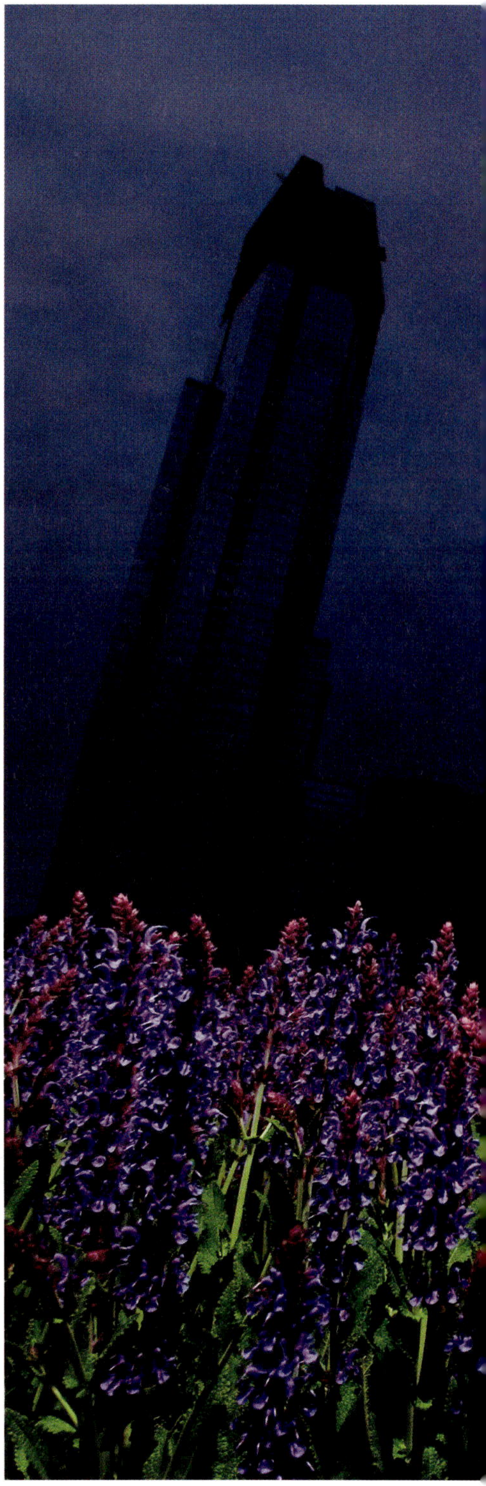

IL N'A JAMAIS AUTANT PLU à Chicago qu'au printemps 2009. Autant dire que le ciel ne fut jamais bleu, mais ce n'était pas une raison pour ne pas prendre de photos. J'ai donc utilisé mon flash Nikon SB-900 pour éclairer le premier plan et dramatiser la photo en sous-exposant notablement le ciel et l'arrière-plan.

Pour cette photo prise dans le Millenium Park, dans le centre-ville de Chicago, j'avais installé l'appareil photo avec le grand-angulaire sur le trépied, face à des fleurs violettes bordant un trottoir. Le diaphragme fermé à *f*/22, j'avais d'abord exposé pour les fleurs, à 1/15 s, ce qui donna certes une « belle » photo de fleurs, mais avec un ciel complètement surexposé (photo tout en haut), car le ciel était plus lumineux qu'elles. J'ai ensuite mesuré la lumière sur le ciel (1/60 s), mais j'ai délibérément sous-exposé de 2 stops, soit 1/250 s, toujours à *f*/22. Le ciel était mieux rendu, mais les fleurs disparaissaient dans l'obscurité. L'exposition était pourtant celle que je voulais : un lourd ciel dramatique et des immeubles sombres (ci-dessus).

Il ne restait plus qu'à éclairer les fleurs. Le flash Nikon SB-900 en mode TTL à bout de bras et l'appareil photo en mode Contrôleur, j'ai dirigé l'éclair vers les fleurs et voilà : une exposition parfaite au flash TTL qui préserve l'arrière-plan sous-exposé (à droite).

Toutes les photos : Zoom 12-24 mm, *f*/22. Tout en haut : 1/15 s. Ci-dessus : 1/250 s. À droite : 1/250 s et flash.

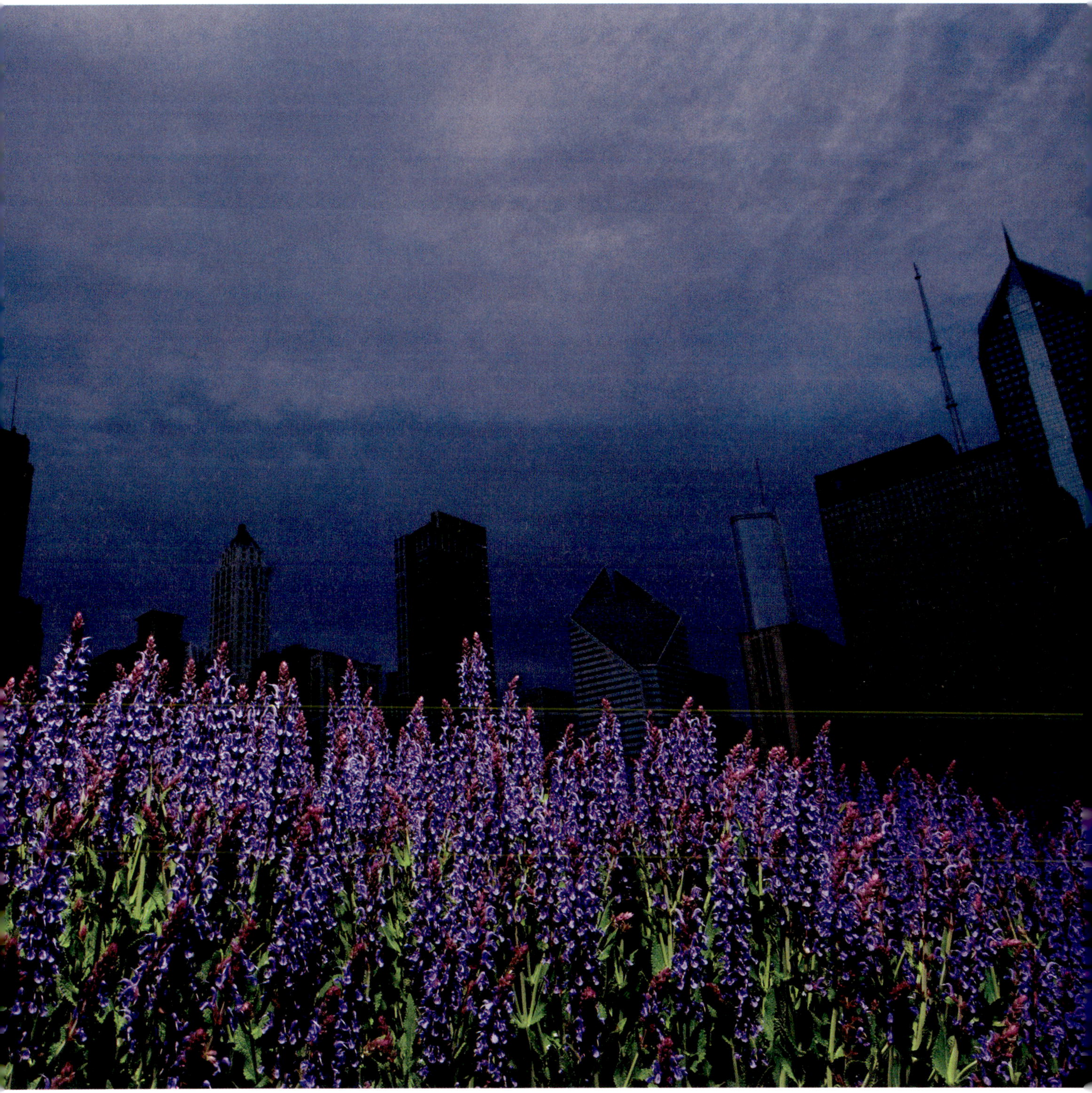

LE FLASH ANNULAIRE

Ce flash en forme d'anneau – d'où son nom – est très controversé parmi les photographes. En ce qui me concerne, je ne l'utilise qu'occasionnellement.

Le flash annulaire est composé de deux tubes en demi-cercle logés dans un boîtier circulaire. Un mécanisme permet de fixer le flash à l'avant du fût de l'objectif. L'alimentation, elle, est insérée dans la griffe porte-accessoire de l'appareil photo. Un cordon relie les deux éléments. Le flash annulaire a été inventé par un dentiste afin de photographier des dents. Mais comme pour beaucoup d'inventions, un usage en suscite un autre, et c'est ainsi que le diamètre du flash a considérablement augmenté pour atteindre jusqu'à 20 à 25 cm. Ces flashes annulaires de grande taille se trouvent dans les studios des photographes de mode, où ils servent à produire un éclairage sans ombre qui fait ressortir les yeux sur un visage presque sans relief.

En ce qui nous concerne, il s'agit de flashes annulaire beaucoup plus petits, de 7 à 10 cm de diamètre. Ils sont appréciés des amoureux de la nature pour photographier des bestioles (abeilles, papillons, libellules, chenilles...) ainsi que les fleurs parmi lesquelles elles vivent et se nourrissent.

L'avantage du flash annulaire est son éclairage régulier, sans ombre portée, ce qui est particulièrement important pour la macrophotographie. De plus, comme son tube entoure entièrement la lentille frontale de l'objectif et qu'il est de ce fait très proche du sujet (toujours dans le cas de la proxiphotographie), il est possible de travailler à diaphragme très fermé (de *f*/16 à *f*/32, par exemple), et donc avec une profondeur de champ très étendue. Mais surtout, l'éclair du flash permet d'utiliser la vitesse de synchronisation maximale, soit 1/125 s, voire 1/250 s selon le modèle de votre appareil photo. À ces vitesses d'obturation, à quoi bon s'encombrer d'un trépied !

Aujourd'hui, avec les flashes à mesure TTL (*Through-The-Lens*, à travers l'objectif) incroyablement perfectionnés, qui équipent la plupart des reflex numériques, l'exposition ne pose vraiment plus aucun problème. Réglez la vitesse à 1/250 s, réglez l'ouverture, puis déclenchez. Dans certains cas, le flash s'avérera sans doute trop fort, mais il vous suffira alors de réduire sa puissance (consultez son manuel pour découvrir combien il est facile de diviser la puissance du flash par 2, 4, 8 ou plus).

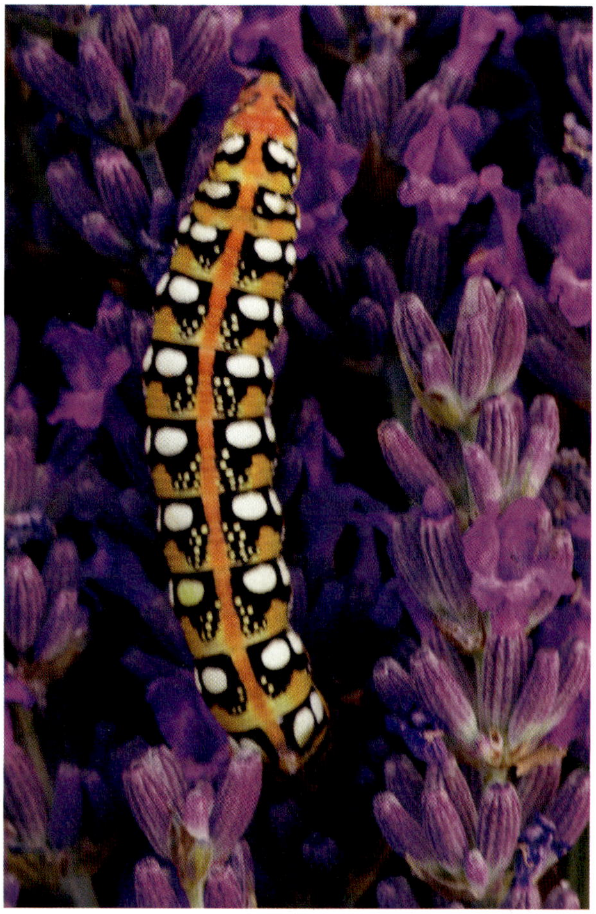

J'AI FAIT DE MON MIEUX pour photographier cette chenille sur un brin de lavande en lumière naturelle, en tenant l'appareil photo à la main. Le trépied était resté dans la voiture, à quelques centaines de mètres de là, et je n'avais pas très envie d'y retourner et de revenir. Inutile de préciser que la photo à main levée n'est pas très réussie, car elle est manifestement floue et bougée (ci-dessus).

Mais j'avais dans mon fourre-tout un flash annulaire Sigma 140. Il me permit d'obtenir une photo parfaitement nette de la chenille. Comme vous pouvez le constater, le flash a parfaitement exposé l'insecte, et la vitesse d'obturation de 1/250 s a évité tout bougé (page opposée).

Ci-dessus : Objectif micro 105 mm, 200 ISO, 1/8 s à *f*/11. Page opposée : Objectif micro 105 mm, 200 ISO, 1/250 s à *f*/11 et flash.

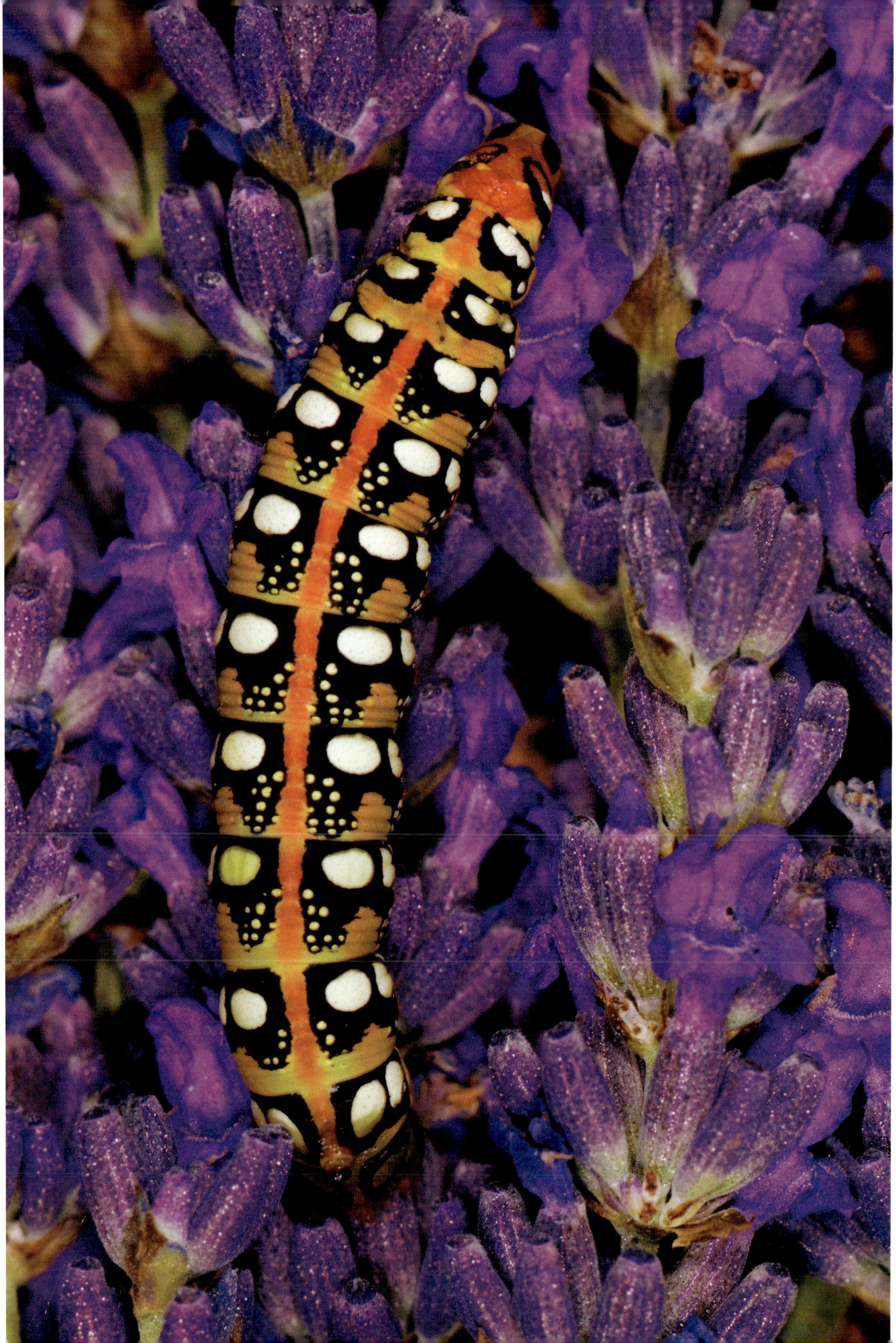

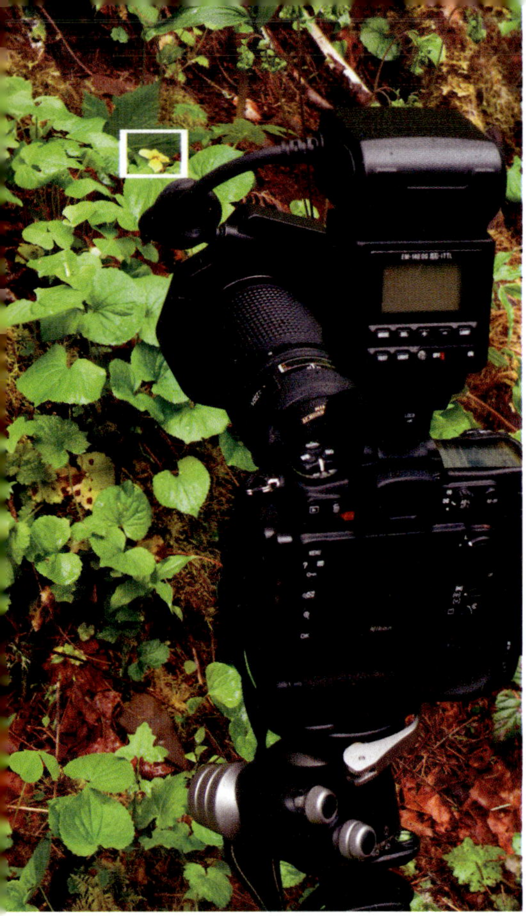

JE NE SUIS PAS UN FANA des faux arrière-plans noirs. Vous objecterez sans doute que mes arrière-plans noirs naturels sont tout aussi faux, car ils ne sont finalement que des zones fortement sous-exposées de zones d'ombre ouverte. Mais mon argumentation concerne davantage la qualité de la lumière sur le sujet principal plutôt que le fond noir lui-même. C'est la lumière naturelle qui éclaire ici le sujet, et non la lumière « blanche pure » du flash (vous pouvez bien sûr placer une gélatine sur la fenêtre du flash pour réchauffer sa lumière, mais cela demande pas mal de travail).

Cet exemple montre l'utilisation de la lumière naturelle associée à l'éclair d'un flash annulaire pour que l'arrière-plan soit noir. Je m'en voudrais de ne pas vous faire connaître ce procédé. J'avais choisi d'isoler une violette jaune, entourée d'un cadre, à gauche. La lumière ambiante n'autorisait qu'une vitesse d'obturation de 1/4 s et, bien sûr, ma première photo montra la fleur sur fond de feuillage vert (ci-dessous). Je montai ensuite le flash annulaire sur l'objectif et choisis la vitesse de synchronisation maximale, soit 1/250 s. J'étais ainsi assuré que l'arrière-plan serait noir à cause de la forte sous-exposition, due au fait que la portée du flash était limitée à la fleur.

Ci-dessous : 1/4 s à *f*/22. Tout en bas : 1/250 s à *f*/22 et flash.

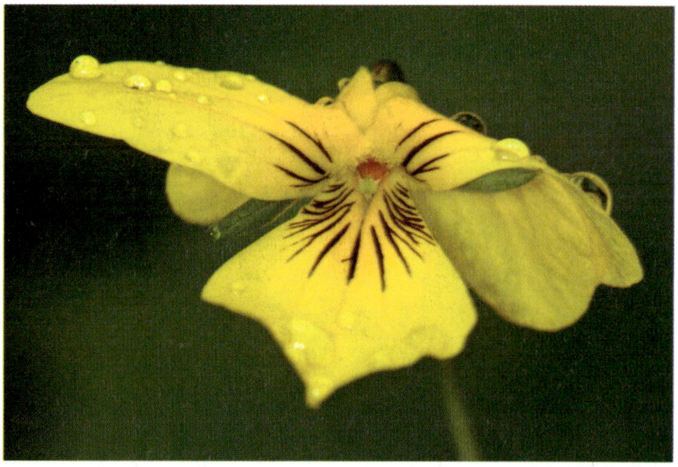

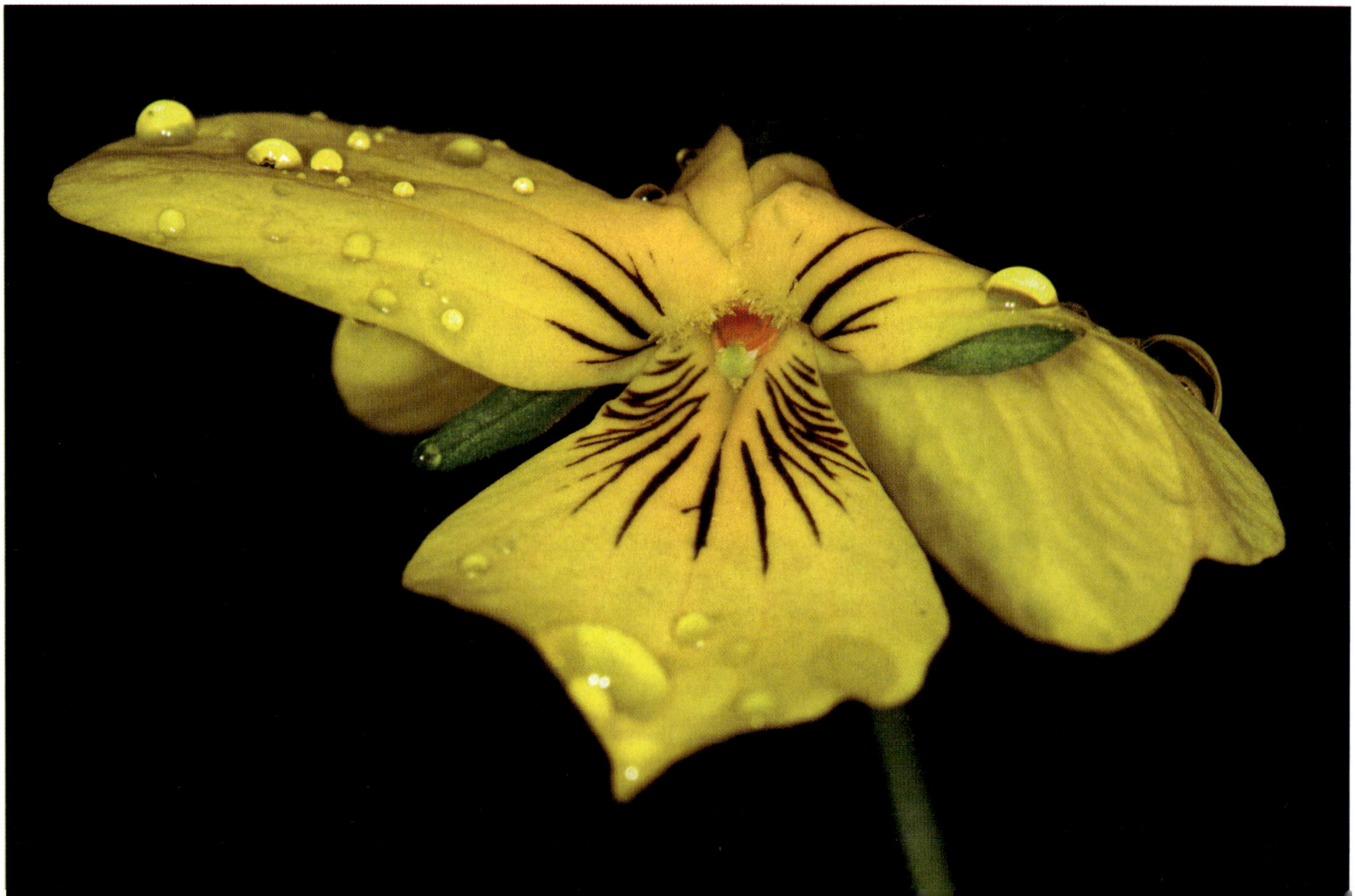

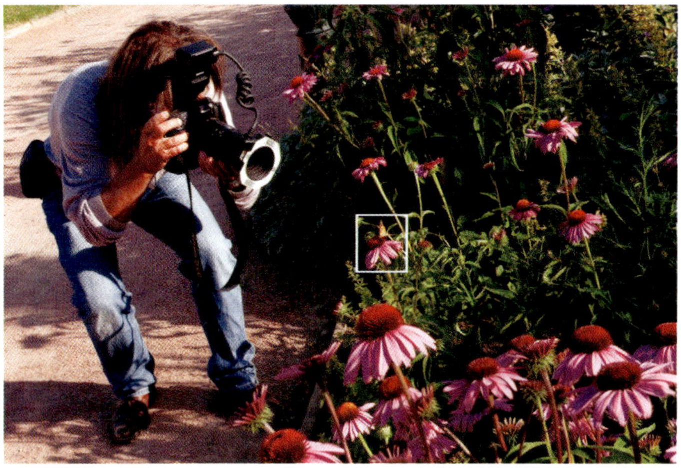

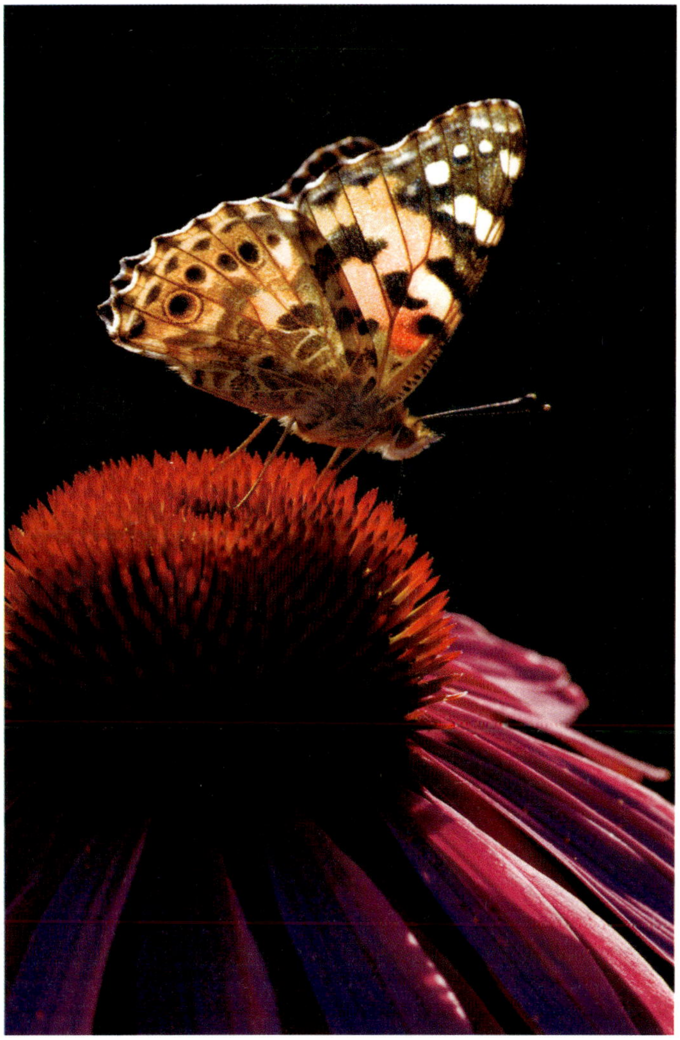

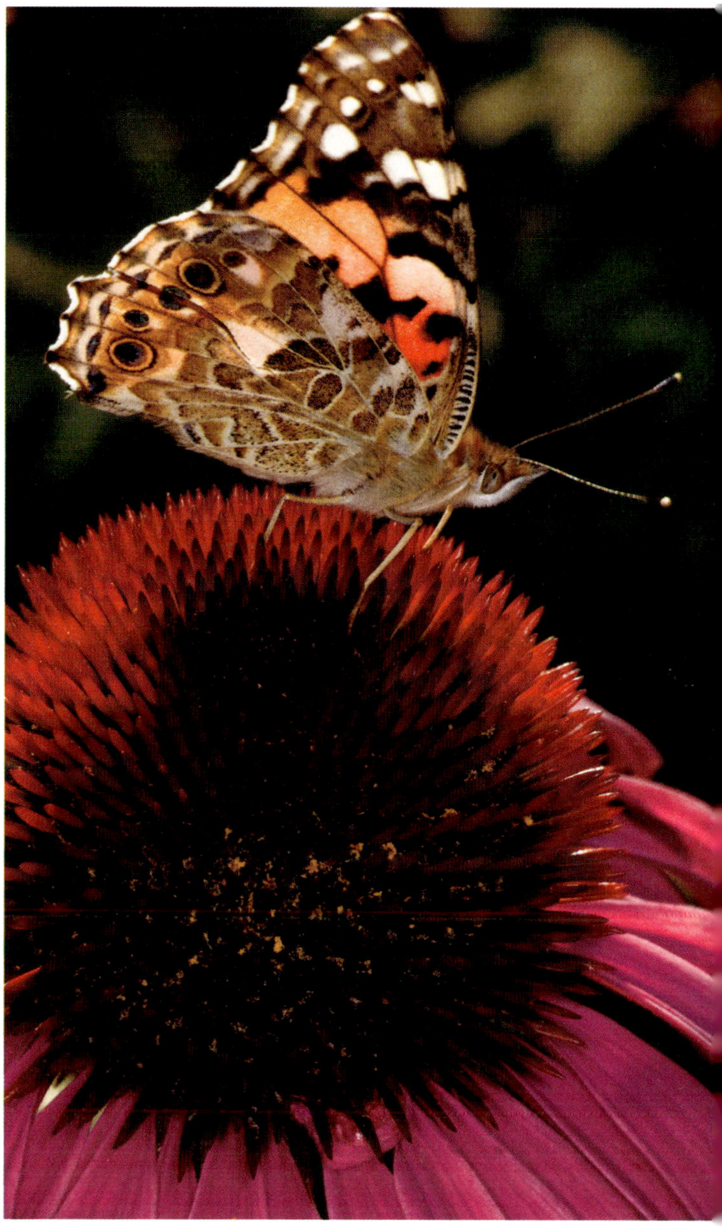

LE CONTRE-JOUR est une autre situation dans laquelle le flash annulaire peut faire la différence entre une photo ratée ou réussie. Elle vaut aussi bien pour les fleurs et les papillons que pour des portraits.

J'avais observé dans un parc public ce qui semblait être une réunion de Belles-Dames, le nom commun d'un papillon fort commun : la vanesse des chardons. Elles butinaient avidement d'innombrables fleurs d'échinacées. La lumière oblique du soir, à contre-jour, illuminait les ailes des papillons et les pétales des fleurs, les rendant presque luminescentes. Comme vous le constatez sur le premier exemple, le fort contre-jour a considérablement assombri les parties opaques de la composition (en haut à gauche). Après avoir pris quelques photos, j'abandonnai cette approche et optai à la place pour le flash annulaire Sigma. L'exposition fut aussitôt meilleure, car la lumière du flash éclairait les parties sombres (en haut à droite).

En haut à gauche : Objectif micro 105 mm, 100 ISO, 1/80 s à *f*/11. En haut à droite : Objectif micro 105 mm, 100 ISO, 1/160 s à *f*/11 et flash.

LA SYNCHRONISATION SUR LE SECOND RIDEAU

La synchronisation sur le second rideau n'est pas difficile à comprendre : quand vous utilisez le flash avec ses paramètres par défaut, l'éclair se produit dès le début de l'exposition. Le flash est en effet considéré comme la source d'éclairage principale, les autres lumières se trouvant dans la scène étant considérées comme très secondaires (en termes d'exposition).

En revanche, lorsque le boîtier ou le flash de l'appareil photo est réglé pour être synchronisé sur le second rideau, le flash n'est déclenché qu'à la fin de l'exposition. La durée d'exposition dont il est question ici va de 1/250 s jusqu'à n'importe quelle pose longue, des minutes ou des heures, selon ce que vous photographiez.

Avez-vous une petite idée de ce que ces synchronisations flash peuvent permettre, sur le plan des expositions créatives ? Peut-être pas. C'est donc le moment de vous éclairer (jeu de mot volontaire ; rideau !).

LA PLUIE LA NUIT dans Central Park, à New York, n'attire pas des hordes de photographes. Les amateurs craignent en effet que leur appareil photo se mouille et soit endommagé. En revanche, les appareils photo anti-ruissellement ne risquent rien. Quand il pleut, toute surface mouillée est comme un miroir. Les enseignes lumineuses, les phares et les feux s'y reflètent, offrant l'occasion de prendre des photos très graphiques et parfois insolites.

Pour prendre une photo comme celle-ci, vous devez attendre sur le trottoir qu'un cycliste passe près de vous. Le flash prêt, la synchronisation réglée sur le second rideau, vous effectuez un filé en suivant le sujet dans le viseur et vous déclenchez. Et voilà un beau filé avec le sujet net et une exposition parfaite.

Zoom 12-24 mm à 18 mm, 400 ISO, *f*/8 à 1/8 s.

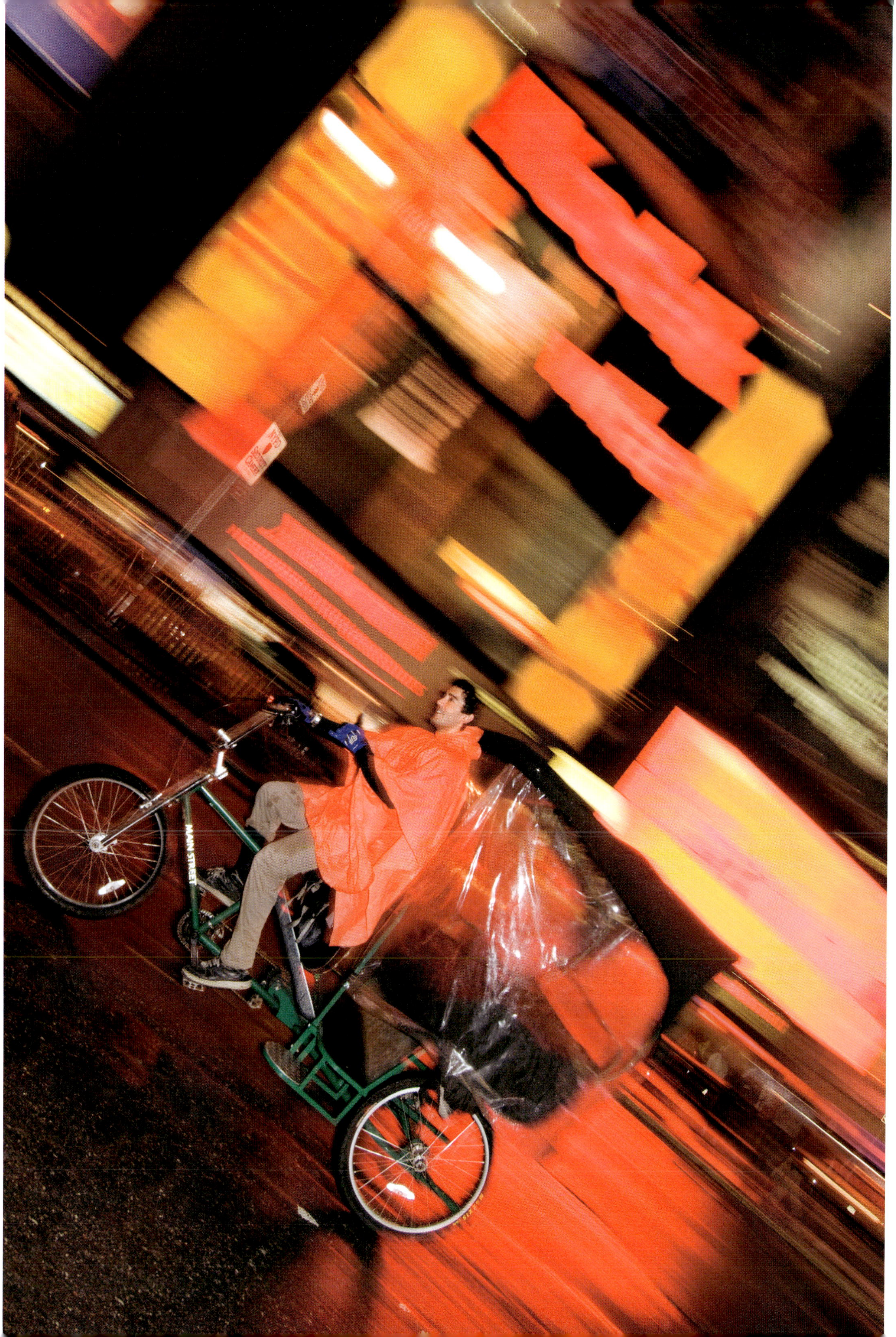
MAIN STREET